제3판

아동심리와 상담

오승아 · 황성원 · 김경희 · 조현주 · 권정임

창지사

머리말

오늘을 살아가는 아동은 조기 교육의 열풍과 학습 스트레스, 급변하는 사회와 불안정한 가정환경 등으로 행복한 아동기를 보내기가 어렵다. 출산율 저하와 더불어 늘어나는 외둥이 가족, 여성의 자아실현을 위해 증가하는 맞벌이 가족은 현실적으로 안정적인 양육 환경을 제공하는 것이 쉽지 않을 것이다. 또한 일찍부터 보육·교육기관에 맡겨지면서 부모와의 빠른 분리가 영유아의 사회정서적 발달에 부정적인 영향을 줄 수도 있다.

가족의 구성원들은 각자의 이해관계가 얽힌 이기주의로 별거와 이혼을 선택하는 부부가 점점 늘어가고 있다. 이러한 가족 해체 현상은 아동의 부적응 행동을 더욱 유발한다. 한 지붕의 가족이더라도 가정 밖에서 생활하는 시간이 많아지면서 부모와 자녀의 대화가 부족하여 가족 간 갈등은 심각해지고, 자녀의 심리적 변화를 미처 알지 못해 문제 행동이 고착된 다음에 발견하는 경우가 종종 발생한다.

다년간 상담을 필요로 하는 아동을 접하면서, 아이들이 동일한 문제 행동을 보여 주지만 문제의 근원이 매우 다르다는 것을 알게 되었다. 반대로 문제의 원인이 같더라도 행동은 전혀 다르게 나타날 수 있다. 그렇기 때문에 한 아동을 이해하기 위하여 그의 성격과 특성, 가족 사항, 친구 관계 등에 대한 객관적인 정보가 필요하다. 아동상담을 잘 수행하기 위하여 이 객관적인 정보를 바탕으로 상담가의 주관적이며 전문적인 분석이 이루어져야 한다. 아동 상담가는 나름대로 아동을 이해할 수 있는 이론적 토대를 갖추어야 할 것이다. 그런 의미에서 이 책은 아동의 심리를 분석하고 상담에 필요한 전문 지식, 상담 관련 계획과 활동 내용에 대한 안내서의 기능을 담당할 수 있을 것이다.

이 책은 영·유아와 아동의 교육과 지도에 여념이 없는 일선의 보육 교사, 유치원 교사, 사회복지사, 아동 상담가가 문제 행동이나 부적응 행동에 대한 이론적 지식을 쌓아 실제 보육과 교육의 현장에서 적절히 활용할 수 있기를 바란다. 현장의 교사뿐 아니라 예비 영유아 교사들이 갖추어야 할 전문 지식의 범위에 해당하는 아동상담의 이론과 실제는 아이들을 개별적으로 이해하고 그들의 성격과 성향에 따라 적절히 대처할 수 있는 상담 기법과 기술을 익히는 데 도움을 줄 수 있을 것이다.

이 책은 모두 5장으로 구성되어 있다. 제1장 아동심리와 상담의 기초와 2장의 아동상담의 이론 부분에서 정신역동적 상담과 인간 중심 상담은 황성원 선생님, 행동주의 상담과 형태주의 상담은 김경희 선생님, 인지상담과 교류 분석, 현실주의 상담은 조현주 선생님, 가족상담은 오승아 선생님, 대상관계 이론은 권정임 선생님께서 집필하였다. 제3장 아동상담의 주요 기법과 과정으로는 오승아 선생님, 김경희 선생님, 권정임 선생님이 담당하였으며, 제4장 아동상담과 심리검사는 김경희 선생님과 권정임 선생님이 맡아 주었다. 마지막 제5장 아동상담의 실제는 오승아 선생님이 정리하여 주었다. 이러한 저자들의 협력 하에 여러 번의 윤독을 거쳐 출간하였으나 여전히 수정, 보완할 부분이 눈에 보여 아쉬움이 남지만 다음의 작업으로 남겨두고자 한다.

몇 년 전까지만 해도 아동상담을 다룬 책들은 그리 많지 않았다. 출판 계획은 이미 오래 전부터 세웠으나 저자들의 바쁜 일과로 인해 번번이 늦어졌다. 다른 아동상담 분야의 서적과 비교하여 책의 구성과 내용에 대한 독자들의 많은 충고와 조언을 구한다.

오랜 기다림에도, 원고를 완성할 때까지 무한한 인내심을 보여 주신 창지사 김기섭 사장님과 임원, 편집부 선생님들께 감사의 마음을 전해드리고자 한다.

2010년 1월

저자 일동

개정판 머리말

아침에 출근하면서 보게 되는 유치원, 어린이집의 노란 버스는 나에게 늘 웃음을 안겨 준다. 잊을 만하면 한 번씩 노란 버스 속 어린 생명의 사고 소식을 접할 때면 안타깝고 슬프지만, 그래도 어린아이는 마냥 좋아서 마치 좋은 그림을 보듯 언제나 웃음 짓게 된다. 아이는 아이인 것만으로도 그냥 좋다. 이미 아득한 과거가 되어 버린 우리 아이들의 어린 시절과 그때 미숙했던 엄마로서의 모습을 떠올리며 웃음 짓기도 한다.

이런 아이들을 안타까운 마음보다는 언제나 웃음으로 대할 수 있기를 기원하면서, 교단 혹은 유아교육현장, 상담현장에서 지금도 정확하고 타당한 지식을 전달하고 예비 전문가를 양성하기 위해 노력하는 저자들은 무거운 책임감을 느끼며 지금도 고군분투 중이다.

이 개정판에서는 그 책임감을 새롭게 다짐하면서 풍부한 내용 전달을 위해 변화된 내용은 일부 보강하였으며 좀 더 세심하게 문장을 다듬었다. 이 책이 예비교사 혹은 예비 상담가를 위한 훌륭한 대학 교재로 활용되길 바라며, 아울러 유아에 대한 이해를 진작시켜 인간에 대한 폭넓은 이해로까지 확장되어 좋은 가정, 좋은 사회를 만드는 데 도움이 되기를 기원한다.

불볕더위에도 기꺼이 읽을 시간과 냉커피를 제공해 준 가족에게 감사를 전하며, 아울러 게으름 피지 않도록 집필을 독려해 주신 창지사 양승수 부장님께도 감사함을 전한다.

2018년 7월

오승아

제3판 머리말

서구의 중세까지 기독교의 원죄설에 의해 아동은 체벌의 대상이었다. 루소가 등장하면서 교육의 코페르니쿠스 대혁명이 일어났다. 그는 인간은 선한데 사회는 악하다면서 어른의 부속품이 아니며 하나의 인격체로 아동을 대할 것을 요구했다. 루소에 의해 시작된 아동 존중은 신교육운동을 거치고 진보주의 철학에 영향을 주면서 지금까지도 이어지고 있다. 아동의 마음은 명품으로 살 수 없다. 아동은 단순한 대상이 아니라 어른만큼 복잡한 인격체이다. 아동은 어른의 축소판이 아니다. 아동에 대한 이해는 인간에 대한 근원적인 이해와 맞물려 있기 때문이다.

그래서 아동기에 형성된 인지와 감정은 일생의 중요한 성장 기반으로 작용한다. 프로이트를 찾아온 어떤 부모는 자녀가 너무 어려서 교육할 것을 망설였다. 몇 살이냐고 물으니 그 부모는 세 살이라 대답하였다. 프로이트는 “3년이 늦었군요”라고 짧게 대답했다. 오래 전 타임지에서 교도소 죄수의 80% 이상이 6살 이하에 이혼한 부모 밑에서 자랐기 때문에 6살까지 이혼하지 말자는 캠페인을 벌인 적이 있었다.

아동기의 성장은 청소년기와 성인기를 거치면서 한 인간의 성장에 중요한 영향을 미친다. 어른과 같이 말로 표현할 수 없는 아동의 문제에는 반드시 그 이유가 있기 마련이다. 아동은 자신의 본능적 고통을 제대로 표현하지 못한다. 아동의 문제 행동에는 부모를 포함하여 주변 환경이 원인이라는 인과관계가 숨어 있다. 쉽게 지나치는 아동의 단순한 문제 행동이라도 방치하게 되면 그 불편한 감정이 쌓여 돌이킬 수 없게 된다. 아동의 문제 행동에 대한 조기 진단과 치료는 한 인간의 삶을 어떻게 채색될 것인가에 대한 해답이 된다.

제3판은 행복한 아동기를 보내는 것에 좀 더 도움이 되고자 하는 마음에서 아동의 깊은 이해를 위해 많이 다듬었다. 이 책이 예비교사 혹은 예비 상담가를 위한 훌륭한 대학 교재로 활용되길 바라며, 아울러 유아에 대한 이해를 진작시켜 인간에 대해 폭넓게 이해할 수 있도록 확장되어 좋은 가정, 좋은 사회를 만드는 데 도움이 되기를 기원한다.

마지막으로 피치 못하게 부딪히는 사건 때문에, 원고를 완성할 때까지 오랜 시간이 필요했는데, 무한한 인내심을 보여준 창지사 양승수 부장님께 감사함을 전한다.

2021년 3월

오승아

차례

01

CHAPTER

Child Psychology
& Counseling

아동심리와 상담의 기초

아동심리와 상담

Child Psychology & Counseling

이 장에서는 아동상담이 아동의 건강한 성장과 발달을 위해 현재 겪고 있는 심리적 스트레스, 갈등, 크고 작은 문제들을 잘 극복하도록 도와주며, 어려움에 처한 내담자가 자기 이해와 자아 통제를 통해 스스로 문제를 해결할 수 있는 능력을 갖추는 것임을 알 수 있다. 아동발달과 아동상담의 관련성을 이해하기 위해 프로이트, 에릭슨, 매슬로우의 이론을 다루고, 상담의 기초 개념을 바탕으로 아동의 심리를 이해하는 상담자로서의 자질과 역할을 설명한다. 상담의 관계가 심리적 조력 관계에 있으며, 긍정적인 상담 관계를 형성하는 데 필요한 기본요소를 살펴본다.

주요용어

- 아동발달과 아동상담
- 아동문제의 이해
- 상담자와 내담자
- 심리적 조력 관계
- 수용, 반영, 공감
- 전이와 역전이

01 아동상담과 발달

Child Psychology & Counseling

아동의 심리를 이해하기 위하여 아동발달에 대한 지식은 기본적으로 필요하다. 스웨덴의 엘렌 케이(E. Key)는 20세기 초를 아동의 세기라 하여 아동발달에 대한 지식이 중요하다고 하였다.

아동상담은 아동의 건강한 성장과 발달을 위해 아동이 겪고 있는 심리적 스트레스, 갈등, 크고 작은 문제들을 잘 극복하도록 도와준다. 상담은 어려움에 처한 대상자를 자기 이해와 자아 통제를 통해 스스로 문제를 해결할 수 있는 능력을 갖추도록 하는 데 있다. 상담의 초기는 병리적 현상과 문제에 초점을 맞추어 왔으나 현재에는 내면적 자아의 형성과 확립에 중요성을 두고 있다.

아동발달은 신체적, 인지적, 언어적, 사회적, 정서적 변화를 수반하며, 모든 아동은 이런 변화의 과정에 있다. 아동은 변화에 잘 적응하기도 하지만 간혹 어려움을 갖고 갈등이나 긴장을 나타내는 경우가 발생한다. 이렇게 발달의 과정에서 일시적으로 나타날 수 있는 문제가 아동상담의 대부분을 차지하므로 아동발달의 특성을 살펴볼 필요가 있다.

아동발달이 아동상담과 갖는 관련성은 여러 가지가 있다. 첫째, 아동발달의 원리는 어느 시기에 특정 부분의 발달이 급격히 이루어지기도 하지만 서서히 지속적으로 나타나는 점진적이며 연속적인 과정이다. 문제 행동을 수정하기 위한 아동상담도 단번에 다루기보다는 점진적인 변화를 일으키도록 한다. 둘째, 아동발달에서 개인차가 크다는 것은 연령과 성별이 같다 해도 신체적, 심리적, 사회적, 문화적 측면에서 개인마다 매우 다르다는 것이다. 아동상담도 개인의 사례가 각기 다르기 때문에 비밀보장과 상담윤리가 반드시 지켜져야 한다. 셋째, 아동발달의 각 측면은 상호 관련성이 있으므로 밀접하게 연결되어 있다. 아동상담에서도 마찬가지로 한 아동을 이해하는 데 있어서 아동의 문제를 종합적으로 판단하는 것이 필요하다. 다양한 영역의 전문가들이 서로 협조하여 한 아동의 심리와 행동을 파악해야 할 것이다.

이처럼 발달의 원리에 근거한 아동의 심리와 행동의 이해는 발달 과정상의 정상적인 분포에서 개인의 일탈 정도를 판단하게 해 준다(하승민·강현아·장정백·서지역·마주리·서혜전, 2008). 아동의 문제는 발달 과정상에 자연스럽게 나타나고 모든 영유아가 지나가는 발달적 기준에 근거하여 문제 정도를 파악할 수 있다.

아동발달이 아동상담자에게 주는 몇 가지 근거는 다음과 같다(이재연·서영숙·이명조, 1996; 김춘경, 2004; 하승민·강현아·장정백 외, 2008).

첫째, 정상적인 발달과 성장에 관련하여 아동의 문제를 개념화하고 진단할 수 있다.

둘째, 상담의 개입을 하기 위한 기본적인 관점을 토대로 가설을 세울 수 있다.

셋째, 개입과 치료를 위한 상담 전략을 개발할 수 있다.

다음은 주요 발달 이론을 중심으로 아동상담과의 관계를 살펴보고자 한다.

1) 프로이트의 심리성적 발달 이론

프로이트(Freud)는 인간이 이성적이고 논리적인 인간이 아니라 감성적이며 무의식에 영향을 받는다고 하였다. 인생 초기의 성격발달이 매우 중요하다고 한다. 프로이트는 성적 에너지인 리비도의 위치가 발달의 과정에서 입에서 항문, 항문에서 남근 등으로 옮아가면서 성격이 형성된다고 하였다. 리비도가 어느 정도 충족되는가에 따라 성격은 아동 개개인마다 달라진다. 리비도의 욕구가 적절히 충족되어지면 정상적인 성격을 가지지만 그 욕구가 지나치게 억압되거나 과잉 충족이 되면 고착행동이 일어날 수 있다.

프로이트의 심리성적 발단 단계를 살펴보면 다음과 같다.

구강기(0~1세)

생후 1년 동안 성적 에너지 리비도가 입으로 빠는 행위에 몰려 있는 시기이다. 영아는 빠는 행위를 통해 욕구를 충족하여 어떠한 것이라도 입으로 가져간다. 적절한 욕구의 충족은 정상적인 성격 발달에 도움을 주어 긍정적인 성격을 형성할 수 있다. 하지만 그렇지 못하였을 때, 입을 통한 욕구 충족이 절제되거나 과잉으로 이루어지면 입, 입술, 혀와 관련된 생활에서 음식물에 대한 집착, 과식, 수다, 흡연이나 음주, 의존성, 타인에의 비난과 분노 등이 나타날 수 있다.

항문기(1~3세)

리비도가 입에서 항문으로 이어지는 시기로 배변 훈련과 연관되어 있다. 배변 훈련은 양육자가 보이는 태도와 반응, 감정에 따라 영아의 성격이 다르게 형성될 수 있다. 영아는 배변을 통한 욕구 충족과 부모의 반응 사이에서 배설의 욕구를 스스로 통제할 수 있다. 하지만 배변 훈련의 미숙으로 양육자가 보이는 부정적인 감정은 자아감 형성과 청결함에 대한 의존적인 태도나 강박적인 태도로 나타날 수 있다. 욕구의 지나친 통제는 고집이 세고 완고하며, 인색한 성격을 갖게 할 수 있고, 결벽증이나 청결함에 대한 지나친 집착을 보여줄 수 있다. 반면에 배변 훈련의 과잉 충족은 정리·정돈을 못하고 지저분하게 어지럽히는 행동이 나타난다.

남근기(3~5세)

이 시기는 리비도가 항문에서 성기로 옮아간다. 성기를 통해 리비도의 만족을 추구하며, 유아의 주요 관심사가 된다. 자기의 신체에 대해 호기심을 갖는다. 남아는 어머니를 대상으로 오이디푸스 콤플렉스(Oedipus complex)를, 여아는 아버지를 대상으로 엘렉트라 콤플렉스(Electra complex)를 경험한다. 이성의 부모에 대해 경쟁자로서 보지만 큰 몸집과 권위로 인해 '거세불안'이라는 두려움을 갖게 되어 결국에는 타협을 하며, 타협은 동일시 현상으로 나타난다. 경쟁심으로 불안을 느끼지만 타협하기까지의 감정 변화가 이 시기 유아의 성격 발달에 매우 중요한 영향을 준다. 그러한 과정을 겪은 유아들은 동일시 현상을 통해 남성이나 여성으로서의 역할을 학습하고, 부모 마음에 들게 하려는 노력을 통해 초자아가 발달한다. 지나친 욕구 불만과 과잉 욕구 충족은 고착 행동을 불러온다. 예를 들어 이성에 대한 관심이 많아 성에 탐닉하거나 이성에 대한 행동이 경직될 수 있다.

잠복기(6세~12세)

또래 관계에 관심이 높아지면서 부모에 대한 오이디푸스·엘렉트라 콤플렉스가 사라지고, 부모와의 동일시 현상이 오히려 강화된다. 학교생활, 숙제, 친구에 관심을 모우는 시기로 왕성한 에너지를 갖고 활동적으로 생활한다. 이 시기에 공격적 행동, 성적 본능, 리비도의 힘은 잠재된 상태에 있다. 잠복기의 아동은 이런 과정을 거치면서 사회적이며 도덕적인 가치관을 획득해간다. 학교에 다니는 이 시기의 아동은 사회적으로 인정받고 싶어 하며, 또래 친구들과 우정을 더욱 키워간다.

생식기(13세 이상)

생식기는 남근기에서 보여 주었던 이성 부모에 대한 성적 욕망이 한 번 더 나타난다. 잠복기 동안 이루었던 성격 구조의 요소인 원초아, 자아, 초자아의 균형이 혼란스러워지면서 심리적으로 불안해진다. 불안정한 청소년기는 극단적인 행동을 시도하기 쉬운 시기이며, 자살, 비행, 신경 이상 등의 행동이 나타날 수 있다.

청소년들의 신체가 성숙해지고 이성에 대해 관심과 성적 충동을 표출하기 시작한다. 리비도가 이성에 대한 사랑 행위로 표출되면서 성적 친밀감과 본능에 대한 만족이 적극적으로 나타난다. 이는 성숙한 사랑의 시작을 나타낸다.

2) 에릭슨의 심리사회적 발달 이론

프로이트가 개인의 무의식과 성적인 에너지에 대해 관심을 가졌다면 에릭슨(Erikson)은 아동이 사회와의 관계 속에서 갖게 되는 사회적이며 문화적인 욕구를 설명하였다. 태어나서 평생 동안 발달하는 자아를 중심으로 아동의 내적 본능과 요구, 사회적이며 문화적인 욕구 등이 어떻게 상호적 맥락에서 조화로운지를 보여 주고 있다.

에릭슨은 프로이트와 달리 자아 또는 자아정체감을 중요시 여겼다. 개인의 자아는 부모와 사회문화적이며, 역사적 환경에 영향을 받는다고 하였다. 확고한 자아정체감을 확립하려면 일생을 통해 여덟 가지의 위기를 성공적으로 해결해야 할 것이라고 하였다. 각 인생의 단계별로 위기 상황이 오는데, 그 위기를 잘 극복하였다면 긍정적인 결과를 얻을 수 있고, 그렇지 않다면 부정적인 성격 형성이 이루어지기 쉽다. 다시 말해서, 영유아의 성격을 긍정적인 면과 부정적인 면으로 구별하였고, 각 발달 단계마다 인간의 대처 양식의 결과는 적응과 부적응의 행동으로 나타난다고 본다.

프로이트가 청소년 시기인 생식기까지 발달 단계를 구분하였다면 에릭슨은 전 생애 동안 각 발달 단계에서 긍정과 부정적인 면에서의 갈등이 있기 때문에 그 가운데 최선책을 찾아가도록 해야 한다고 보았다.

1단계(출생~1세) : 신뢰감 대 불신감

출생 후 1년간의 기간으로 영아가 세상에 대하여 신뢰감을 느끼는 매우 중요한 시기이다. 신뢰감을 갖게 하는 매우 중요한 인물은 엄마이다. 영아의 신체적, 생리적 욕구에 잘 반응하는 양육자인가에 따라 신뢰감을 갖게 되지만 아기의 욕구가 충족되지 못하면 욕구 불만과 주변 환경에 대해 불신감을 갖기 쉽다.

2단계(1세~3세) : 자율성 대 수치심/회의감

이 단계에서 영아는 자율성에 대한 욕구가 강하여 과장된 투쟁이나 떼쓰기를 할 수 있다. 대부분의 행동이 부모에게 매우 의존적이나 가끔 자율적으로 행동하여 부모들을 곤란하게 할 수 있다. 신체 전반에 대한 자율적 통제 능력을 확보하려고 노력한다. 이런 아이들에게 새로운 것에 대한 호기심을 유발하는 기회를 자주 주어야 할 것이다. 반면, 탐색할 시간이나 기회가 주어지지 않는다면 자율적인 태도보다는 오히려 자신의 행동에 대한 수치심이나 회의감을 갖게 할 수 있다.

독립심보다는 의존적 행동이 강화될 수도 있다.

3단계(3세~6세) : 주도성 대 죄책감

유아들은 내적 본능과 사회적 요구 사이에 갈등을 겪는다. 생기와 호기심이 넘치는 이 시기의 유아들에게 활동이나 환경에 있어서 주도적 역할을 수행할 수 있는 여건을 만들어 준다. 놀이에서 자유롭게 활동하고, 유아 스스로 활발히 움직이며 놀이를 주도할 수 있다. 주도성은 유아 내적인 호기심이 질문과 탐색을 재현하는 언어 발달 과정과 함께 이루어진다. 긍정적인 측면은 주도성이지만 지나친 호기심이 성인을 괴롭히거나 부담스럽게 할 때 우호적인 반응을 보여줄 수 없다. 이때 유아는 죄책감을 느끼기 쉽고 부정적인 자아와 자존감을 갖기 쉬우므로 이 시기에 급격히 발달하는 주도성 형성에 유의할 필요가 있다.

4단계(6~11세) : 근면성 대 열등감

6세에서 11세 아동의 생활 경험에 따라 근면성을 갖추거나 갖추지 못할 수 있다. 정옥분(2003)은 근면성을 '아동이 속한 사회에서 성공적으로 기능하고 경쟁하는 데 필요한 기술을 습득하는 능력'으로 정의하였다. 학교교육이 시작되는 이 시기는 읽기, 쓰기, 셈하기 등 중요한 인지적 기술과 사회적 기술을 습득해야 하는 과업이 있다. 이러한 기술을 익히지 못하면 열등감을 느끼게 되며, 아동이 속한 세계에 잘 대처하지 못할 수 있어 자신을 무능력하거나 중요한 존재가 아니라고 지각하게 된다.

5단계(12~18세) : 자아정체감 대 역할혼돈

12세에서 18세까지에 해당하며 이 시기의 발달 과업은 자아정체감의 형성이다. 많은 청소년이 '나는 누구인가'를 고민하며 생활한다. '나는 누구이며, 무엇을 할 수 있을까? 나의 미래는 어떠할까?' 등 자아정체감과 관련한 물음을 던진다. 이러한 자아정체감 형성 과정은 이 시기의 가장 중요한 발달 과업이다. 에릭슨은 이 시기의 다수 청소년이 정체감의 위기를 맞이한다고 하였다. 아동기에서 청소년기로 접어들면서 제2차 성징과 같은 신체적 변화와 이성에 대한 관심, 진로와 진학의 문제, 전공 결정 등 자신의 정체성에 대한 고민이 많아진다. 정체감의 확립은 부단한 자신의 노력에 의해 이루어지므로 그에 실패한 청소년은 역할혼돈을 경험하면서 정체감도 혼란스러워지고, 그 상태를 벗어나고자 비행 행동으로 빠지기 쉬워진다. 역할혼돈 상태가 지속되면 만성적 비행이나 병리적 성격 상태가 지속될 수 있다. 이 시기의 청소년은 사춘기의 신체적 변화에 자신을 적응시키고 직업의 선택, 성적 정체성 확립과 새로운 가치관 탐색에 대해 스스로 노력할 수 있도록 성인의 지도와 관심이 절대적으로 필요하다.

6단계(18~35세) : 친밀감 대 고립감

이 단계는 성인기가 시작되는 단계로 타인과의 관계 형성에 따라 친밀감을 이룬다. 자신에 대한 정체성을 확립하는 시기가 끝나면 성인기에는 청소년기 보다 깊이 있고 일회 이상의 친밀한 관계를 유지할 수 있어야 한다. 에릭슨은 친밀감을 자신의 정체감과 다른 사람의 정체감을 융합시키는 능력이라고 표현한다(정옥분, 2003). 친밀한 관계 형성의 능력은 타인을 이해하고 공감할 수 있는 정서에 달려 있다.

친밀감을 형성하지 못하고, 타인과의 관계를 개인적으로 또는 직장에서 구축하지 못하면 타인과의 교류가 없어 스스로 고립되어 간다. 이럴 때, 모든 사람들은 고독감을 느끼며, 그로 인해 여러 가지 병폐가 생길 수 있다. 일단 대인 관계가 위축되면 타인에 대한 저항이나 반항, 더 나아가 사회에 대한 불만으로 이어질 수 있다.

7단계(35~55세) : 생산성 대 침체성

성인기에 해당하는 이 시기의 성인은 다음 세대를 위해 자녀를 출산하고 양육하며 직업적 성취와 생산성에 역점을 둔다. 생산성을 높이기 위해 중년의 성인은 자녀를 낳아 기르는 생물학적 생산성과 다음 세대를 위해 지식이나 기술을 전수하거나 전수받는 직업적 생산성이 있다. 중년기의 성인은 인생이 저물어가고, 다음 세대에 물려 줄 것이 없다고 생각하면서 침체기에 이른다. 침체기의 성인에게 인생은 지루

하고 의미가 없으며, 불평이 많고 매사에 비판적으로 생각하는 경향이 있다.

8단계(55세 이상) : 자아통합 대 절망감

노년기에 해당하는 이 시기는 지나간 생활을 되돌아보고 만족감과 성공을 느낄 수 있다. 자신의 삶을 의미 있고 만족스러운 것이라고 인식하여 인생을 후회하지 않으면 자아통합을 실현할 수 있다. 이전의 단계를 바탕으로 자신의 정체성과 자아감을 통합한다. 반면에 자아통합이 이루어지지 못하면 지나온 시절을 후회하고 절망감에 빠진다. 노년기의 절망감은 인생의 황혼기에 있어서 필연적으로 나타나는 것일 수 있다. 모든 자식들이 떠나가는 빈둥지증후군을 겪거나 인생의 말년에 느끼는 무력함을 피할 수 없을 때가 있기 때문이다.

3) 매슬로우의 욕구 이론

인간의 내적 성장에는 개인의 강한 추진력이 영향을 준다. 이는 자신의 잠재력을 발달시키기 위해 욕구를 충족시키려는 본능이 있기 때문이다. 인간의 타고난 욕구는 현재의 상태보다 좀 더 성공하고자 하는 자세와 태도를 갖게 한다. 매슬로우(Maslow)는 인간의 타고난 욕구를 모두 5가지로 구분하고 있으며, 욕구의 위계가 있다고 설명한다.

인간의 가장 기본적인 욕구로 생리적 욕구가 있다. 음식, 물, 성 등과 같은 인간에게 생리적으로 필요한 기초 욕구라 할 수 있다. 그다음에 안전에 대한 욕구이다. 생리적 욕구가 충족되면 인간은 안전과 질서를 요구하게 되고, 그에 따라 삶의 안정성을 갖고 싶어 한다. 세 번째로 소속과 애정에 대한 욕구이다. 생활의 안정성뿐만 아니라 우리 인간에게는 소속감이나 사랑의 대상을 찾고 싶어 한다. 가족의 일원으로서 사랑 받고 싶어 하면서 동시에 사랑을 베풀 수 있는 대상이 필요하다. 매슬로우는 여기에서 인간의 욕구는 더 나아가 존중의 욕구를 제시하고 있다. 자신도 타인을 존중하지만 타인의 긍정적 또는 부정적 견해와 반응이 우리에게 주는 자아 존중감의 정도가 달라진다고 본다. 이러한 자아감을 바탕으로 인간은 성장에 대한 욕구가 갈수록 강해져 자아실현의 욕구를 실현하고자 꾸준히 자기를 계발한다는 것이다. 자아실현의 욕구 이전에 지식을 알고자 하는 인지적 욕구와 아름다움에 대한 감상을 즐기고 기쁨을 갖는 심미적 욕구가 있다고 하였다.

각 욕구의 위계에 따라 성장 발달하는 아동은 욕구가 충족되면 상위 욕구로 나아가는데 그렇지 못하면 여러 가지 부적응적 행동이나 신경증적 행동들이 나타날 수 있다는 것이다. 예를 들어 하위 욕구인 생리적 욕구와 안전에 대한 욕구가 만족스럽지 못하면 점진적인 욕구 충족이 이루어지지 않을 것이며, 특히 4가지의 하위 수준의 욕구(생리적 욕구, 안전 욕구, 소속감과 애정 욕구, 존중 욕구)가 충분히 만족되어야 지식과 이해의 욕구에 해당하는 인지적 욕구가 가능할 것이고, 그다음 심미적 욕구에 대한 노력이 생긴다고 보았다.

매슬로우는 인간이 지니고 있는 건강한 특성에 더욱 관심을 갖고, 인간이 상위 수준으로 향하고자 하는 내적 경향성을 갖는다고 하였으며, 자아실현을 향한 내적 경향성이 봉쇄될 때 자아감의 손상이나 삶의 갈등이 생기므로 상담이 필요한 경우가 발생한다고 보았다(김춘경, 2004: 43).

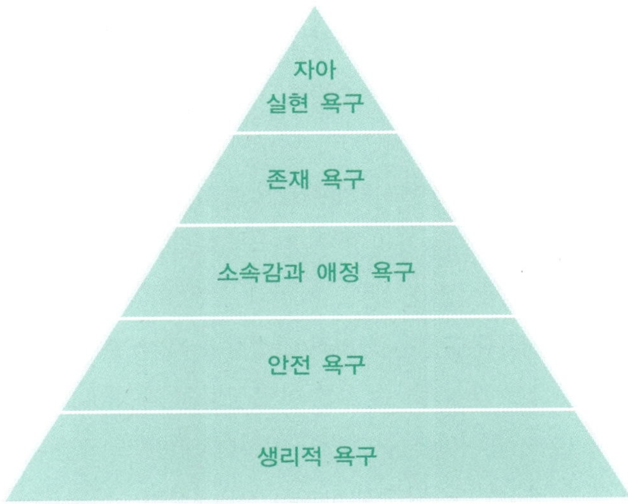

[그림 1-1] 매슬로우의 욕구 단계

02 아동상담의 개념

Child Psychology & Counseling

1) 아동상담의 필요성

현대사회는 많은 영유아와 아동들에게 적지 않은 스트레스를 주고 있다. 스트레스 요인으로는 부모의 직장에 따른 빈번한 이사, 가족의 불화로 인한 별거와 이혼, 가족 간의 사랑 결핍과 모성 실조로 나타나는 문제 행동, 보육·유아교육기관과 학교에서의 왕따 현상 등 다양한 현상이 있겠다. 이런 상황에서 유아와 아동들은 무관심 속에서 조금씩 심리적 상처를 받아왔을 것이다.

예전의 부모는 자녀들이 의식주를 해결하면 잘 살아간다고 믿었지만 산업화되어 가는 과정에서 가족 관계는 황폐해졌다. 또한 아파트 같이 딱딱하고 네모진 주거 환경에서 성장하고, 시멘트와 아스팔트 위에서 자라는 아이들은 이러한 환경 안에서 성격이나 정서가 메마르고 있다. 더구나 우리나라 부모들이 갖고 있는 교육열은 아이들을 일찍부터 조기교육의 현장으로 내몰고 있다.

그러다 보니 유아와 아동은 자라면서 불안과 좌절을 경험하고 청소년기에 알코올, 약물사용, 가출, 자퇴, 중퇴, 탈선, 자살과 같은 비약적인 행동을 서슴없이 하고 있다. 이런 아이들의 대부분은 심리적 안정감과 자아 존중감이 약하다. 이들을 위해 잃어버린 자신감을 찾아 줄 수 있는 아동상담의 과정이 특별히 필요하다.

상담은 문제의 분명한 원인을 규명하여 적절히 개입함으로써 유아와 아동의 삶에 윤활유를 주는 과정이다. 김춘경(2004: 16)에 의하면, 아동기는 심리적 안정감과 자아 존중감을 키우고 긍정적인 자아 개념을 형성하며, 정상적인 사회인으로서 살아갈 사회적 기술을 익혀가는 중요한 시기라고 하였다. 아동기 이전에 형성된 개인의 성격과 행동은 주변 환경의 영향을 그대로 받으며 발달한다. 특정 시기에 수행해야 할 과제를 발달 과업이라 하고, 이를 성취하는 데 있어서 문제가 생기면 청소년기나 성인기에 이르러 사회적 적응이나 성격 발달에 부정적인 영향을 줄 수 있다. 이를 방지하기 위하여 아동상담이 더욱 필요해졌고, 더 나아가 조기에 개입하였을 때, 원 상태로의 복귀가 더욱 빠르게 이루어진다.

상담을 필요로 하는 유아와 아동은 성인 중에 부모를 제외하고, 자기를 이해하고 놀아주며, 도움이 되는 상담자와의 친밀하고 신뢰적인 관계 형성이 무엇보다도 중요하다. 상담 관계는 관련된 사람들과의 상호 동의에 의해 형성되고 유지된다. 강요나 강제보다는 자발적인 태도가 절대적으로 필요하다. 서로 동의하여 이루어지는 상담 활동은 진심에서 우러나온 진솔한 상담 태도부터 상담자가 내담자의 영향을 받는 역전이까지 여러 가지 상황이 벌어질 수 있지만 건전하고 건강한 성장 발달을 도울 수 있는 방안이다.

2) 아동상담의 정의

앞서 언급한 것처럼 상담은 관계 형성이다. 관계를 형성하려면 상담자와 내담자가 있어야 한다. 상담자는 아동상담 전문가이며, 내담자는 유아와 아동으로서 상담 대상이 될 수 있는 문제 행동이나 증상을 보여 주는 아이들이다. 이 둘의 관계는 우선 신뢰와 친밀감이 바탕이 되어야 하며, 이런 관계가 이루어지려면 내담자가 의지할 수 있는 상담자의 상담 기술이 절대적으로 필요하다.

상담으로 개입하기 이전에 생활 지도를 실천한다. 생활 지도는 영어의 guidance로 훈육, 지도라는 말로 번역될 수 있다. 이는 정상적인 발달의 모든 유아와 아동들에게 지도하는 광범위한 활동을 의미한다. 아동의 성장과 발달에 관련된 모든 문제를 취급하며 놀이, 지능, 창의성, 도덕성 등 제반 영역을 포함한다. 생활 지도는 아동 자신이 자기에 대한 이해를 깊게 하여 자율적이고 자주적인 생활습관을 갖고, 보다 안정되고 통합된 발달을 목적으로 둔다(정용부·고영인·신경일, 2005: 12).

생활 지도는 부모 또는 교사가 모든 아동을 대상으로 주변 세계에 대한 이해력을 향상시키고 아이 스스로 현명한 선택과 가치관을 형성할 수 있도록 지속적으로 도와주고 계획하는 경험을 말한다.

대다수의 아동을 대상으로 일반적인 지도와 조언을 하는 것이 생활 지도라면 아동상담은 아이들의 심리적 불편함이 장기간 쌓여 고착될 때 심리치료사의 개입이 절대적으로 필요해진다.

아동상담이 간혹 심리치료와 혼용하여 사용할 때가 있지만 의미는 뚜렷하게 구분할 수 있다. 그러면 이 두 용어를 어떻게 정의할 수 있을까? 심리치료(psychotherapy)는 장기적인 심리적 문제를 갖고 있는 소수의 몇 명을 대상으로 정신건강의 회복을 위해 의학적인 접근을 실시한다.

김춘경(2004)은 아동의 문제를 정상과 비정상으로 나누어 보면서 상담과 심리치료를 구분하는 것에 무리가 있다고 판단하였다. 그럼에도 두 용어를 구분하여 정의한다면 상담이란 태도의 문제와 심리적 갈등에 대해 학습하도록 도와주는 과정으로 정상적인 사람을 대상으로 아동이 직면하고 있는 현실적인 문제와 의식적인 수준에 있는 문제를 다룬다. 반면 심리치료는 아동의 문제가 의식적인 수준을 넘어 무의식적인 갈등이나 성격에 관한 내면적인 특성과 관련이 있어 의학적 수준에서 아동의 문제를 다룬다고 할 수 있겠다.

지금까지 생활 지도, 상담, 심리치료의 용어를 간단히 구분하였다. 대상의 범위가 넓은 쪽에서 좁은 쪽으로 언급하면 생활 지도, 상담, 심리치료 순으로 말할 수 있겠다. 상담보다도 심리치료 대상자가 더욱 극소수임은 분명하다.

상담은 라틴어의 consulere에서 유래한 것으로 원뜻은 고려하다, 반성하다, 깊이 생각하다, 조언을 받거나 구하다 등의 의미를 가진다고 한다. 상담은 원래 법률이나 경제, 종교 분야에서 사용되었는데 1939년 윌리엄슨(Williamson)의 저서 『학생들을 상담하는 방법(*How to Counsel Student*)』에서 상담을 교육과 관련지어 사용하기 시작하였다(안영진·장선철, 2001: 13). 윌리엄슨은 상담을 "훈련과 기술, 신용으로써 상담자가 내담자의 적응 문제를 해결하는 면대면의 관계"라고 정의하였다.

정용부·고영인·신경일(1999)은 여러 학자의 선행 연구를 참고하여 상담의 정의를 다음과 같이 말하고 있다. 상담은 도움을 필요로 하는 사람이 전문적인 훈련을 받은 사람과의 상호작용 속에서 문제를 해결하고 인지적, 정서적, 행동적으로 변화하도록 노력하여 과거보다 더 적절한 삶을 자율적으로 살 수 있도록 하는 과정이라고 보았다. 설처와 스톤(Shertzer & Stone, 1980)에 의하면, 상담은 자기와 환경에 대한 의미 있는 이해를 촉진시키고 장래 행동의 목표나 가치관을 확립해서 명료화하도록 하는 상호작용의 과정이라고 하였다.

여러 학자들의 상담에 대한 정의를 바탕으로 안영진과 장선철(2001)이 정의한 아동상담의 기본 성격을 언급하면 다음과 같다.

- 상담은 도움을 필요로 하는 내담자와 도움을 주는 상담자가 있어야 성립된다. 상담은 내담자 혹은 상담자 중 어느 한 사람이라도 없으면 성립되지 않으며 개인이든 집단이든 어떠한 형태를 유지하든 간에 상관없이 두 참여자가 존재해야 한다.
- 상담은 전문적인 교육과 훈련을 받은 상담자에 의해서 제공되는 전문적인 활동이다. 상담자는 긍정적이고 바람직한 방향으로 내담자를 변화하도록 책임지는 전문적인 관계이다. 그러므로 상담자는 깊이 있는 전문 지식과 기술이 필요하다.
- 상담은 언어나 문자를 매개로 하는 상담자와 내담자의 일대일 관계에서 시작한다.
- 상담에서 상담자와 내담자의 관계는 상호 깊은 신뢰가 바탕이 되며, 이를 기초로 한 관계는 상담을 원만하게 진행하는 데 도움을 준다.
- 상담은 내담자의 문제와 필요에 따라 진행되어야 하고, 내담자 자신이 상담과정에서 경험한 통찰력을 통해 자기 문제를 스스로 해결하게 하여 상담의 책임을 내담자도 질 수 있도록 한다.
- 상담이 진행되면서 자기가 상담 전에 가졌던 생각, 예상, 느낌 등에서 변화를 가져오고 인간적 성장이 함께 이루어지는 상담이 되도록 한다. 더 나아가 내

담자에게 새로운 행동과 태도를 갖도록 돕는다.

3) 아동상담의 유형

상담자와 내담자가 상담에서의 참여 방식에 따라 대면상담과 통신상담으로 구분할 수 있고, 상담의 진행 형태에 따라 개별상담, 집단상담, 가족상담으로 구분할 수 있겠다. 또한 상담의 내용이나 기법에 따라 놀이, 미술, 음악을 활용한다. 이를 놀이를 통한 아동상담, 미술을 통한 아동상담, 음악을 통한 아동상담이라고 정의할 수 있다.

(1) 상담의 참여 방식

대면상담

이 상담은 전통적으로 실시해오던 참여 방식으로 상담자와 내담자가 마주 보며 얼굴 표정, 내담자의 언어, 몸짓, 행동 등 언어적 표현에서 비언어적 행동까지도 잘 관찰하여 다음 회기의 상담에 반영할 수 있는 면대면 상담이다. 대화를 통하거나 상담 매체를 통해 상담자가 내담자를 자세히 파악할 수 있는 장점이 있으며, 상담 내용이나 기법을 내담자의 반응에 따라 적절히 조절할 수 있는 융통성이 있다.

사이버상담

정보통신의 발달로 전화상담에 이어 사이버 공간에서 상담자와 내담자가 대화할 수 있는 시대에 살고 있다. 사이버 공간임에도 불구하고 상담자와 내담자 간에 솔직해질 수 있는 장점이 있지만 일회적이고, 면대면 상담에서 가능한 비언어적인 단서를 찾기가 어렵다. 하지만 편리성, 경제성, 신속성, 시공간의 제약 극복 등과 같은 장점이 있어 상담의 한 방식으로 자리 잡고 있다.

(2) 상담의 진행 형태

개별상담

아동과 상담자가 개인별 상담을 하여 문제나 장애를 가진 아동의 건강한 발달과 성장에 일조하는 것으로 상담자와 내담자 간의 개별적인 상담 관계를 형성하는 상담 형태이다. 직접 상담을 통해 아동의 문제, 아동이 갖는 주변 사람과의 긴장 관계에서 나타나는 갈등이나 불안 등을 해소할 수 있을 것이다.

집단상담

아동 집단을 대상으로 상담자가 사회성을 향상시키거나 집단 간의 관계를 발전시키기 위하여 실시하는 상담의 진행 형태이다. 내담자는 유사한 문제를 갖고 있는 집단상담에서의 참여를 통해 자신의 문제가 다른 내담자에게도 있는 일임을 깨닫고 경험을 나눌 수 있다. 이를 통하여 서로 간에 유대감과 소속감을 느끼며 상호교류를 통해 생활의 문제점을 새로운 관점에서 볼 수 있다. 이처럼 사회적 관계에서 자신과 타인을 새롭게 바라보는 대인 관계 기술과 사회적 기술을 발달시킬 수 있다.

가즈다(Gazda, 1989)는 아동들에게 또래의 영향이 크므로 집단상담에서 또래 아동이나 의미 있는 성인이 실행하는 새로운 행동을 모방하는 가능성이 높아진다고 하였다.

가족상담

아동문제의 원인이 가족 체계에 원인이 있을 때 가족상담이 필요하다. 부모에게 문제가 있는 경우, 아동상담과 부모상담을 병행해야 하듯이 한 아이를 이해하기 위하여 그의 가족을 한 단위로 보고 가족 전체를 면담하기를 권장한다. 가족상담은 아동을 가족의 관계 안에서, 가족을 지역사회와의 관계 속에서 아동문제의 원인이 될 수 있는 역기능적 가족 체계를 치료하는 상담이다. 상담자가 가족상담을 실시한다면 사회적 체계로서 가족의 하위 체계, 생활목표, 가족규칙, 가족신념 등에 대하여 살펴본다.

가족상담의 목적은 가족 전체가 각자의 역할과 기능을 제대로 수행하도록 하여 각 가족 구성원과 가족 전체가 성장하도록 도와준다(김춘경, 2004: 453).

(3) 상담의 내용과 기법

놀이를 통한 아동상담

놀이는 아동의 삶이자 생활이다. 프로이트에 의하면, 아동의 놀이는 성인의 자유 연상과 같이 자연스럽게 생각과 행동의 변화를 나타낸다. 아동은 놀이에서 가족 관계와 주변 환경에 대한 인식을 그대로 반영한다. 엑슬린(Axline, 1947)은 놀이가 "자기표현을 위한 가장 자연스러운 수단"이라고 하였으며, 놀이에 대한 인지적 접근보다는 정서와 사회성에 관한 기능과 아동이 전달해 주는 의사소통 기능에 대해 더욱 관심을 두었다. 다시 말해서 놀이를 통한 참여자의 관계 형성 기능에 초점을 두었다.

아동이 평소에 느끼는 감정과 내재적 갈등을 놀이에서 자연스럽게 표출함으로써 카타르시스(catharsis)를 경험하고 문제 행동의 원인을 치료하는 효과도 갖는다.

미술을 통한 아동상담

놀이가 행동이나 말로 나타난다면 미술은 평면을 통해 아동의 무의식 세계와 욕망, 과거와 현재의 삶, 미래의 꿈이나 환상까지 포함하여 나타낼 수 있는 매우 일반적이면서 자유로운 매체이다. 미술을 통한 아동상담은 말보다는 그림을 통해 자신에게 일어나는 심리적 세계를 표현하는 것이며, 미술 작품을 만드는 과정 자체가 심리적 효과를 나타낸다(Namburg, 1958; Kramer, 1979).

놀이는 미래의 꿈을 나타내기는 힘들지만 미술은 아동이 이상적으로 생각하는 욕구를 표현하기에 적합한 매체이다. 김재은(1998)은 아동화와 아동의 심리적 특징 간에 관계가 있음을 분석하였으며, 특히 아동화의 표현 양식은 아동의 심리를 그대로 투사한다고 하였다. 그림은 자아상의 표현이자 욕구의 표현이며, 성격적 특성뿐 아니라 신체의 병리적 특성까지도 반영한다고 할 수 있다.

음악을 통한 아동상담

음악은 인간 행동의 한 형태로서 독특하고 강력한 영향을 미치며, 장애자나 환자들에게 바람직한 행동을 하게하고, 그 전의 잘못된 행동을 변화시키는 데 도움을 준다고 하였다(김춘경, 2004: 361). 마찬가지로 아동에게도 음악은 다양한 방법을 통해 사람과의 관계를 정립하게 해 준다. 그 다양한 방법에는 감상, 합창, 연주 등이 있다. 음악은 심리적인 반응을 일으킬 뿐 아니라 사회적 현상을 반영하고 타인과 의사소통을 한다. 아동상담에서 음악은 내담자와의 관계 속에서 음악을 도구로 사용하는 것이지 음악 자체를 목적으로 하지 않는다. 음악을 매체로 상담을 하려면 내담자의 증상을 정확히 파악하고 이에 맞는 음악요법을 먼저 계획해야 한다. 내담자에게 잠재하고 있는 고유한 음악성을 일깨워 외부 세계와 소통하게 하고 이를 통해 아동이 자신의 환경과 현실 세계에 대해 보다 긍정적인 인식을 하게 해 준다.

03 아동문제의 원인

1) 아동상담의 주요 문제

아동은 발달 과정상에 일시적이며 다양한 문제를 보여 준다. 아동은 태어나면서 가족의 구성원을 첫 사회적 관계 형성의 대상자로서 상호작용하는 것을 배우기 시작한다. 특히 대인 관계 관련, 개인 내적인 갈등, 자신에 대한 정보, 물리적 환경에 대한 반응, 개인적 차원에서의 학습 기술과 사회적 기술 부족 등은 상담자의 개입을 필요로 한다. 그렇다면 아동에게는 어떠한 심리적 문제가 발생할까? 김춘경이 제시한 문제의 목록을 참고하여 기술하면 다음과 같다(김춘경, 2004: 118-120).

첫째, 정신적 문제(Psychological Problems)가 있다. 정서와 심리적 문제로 공포, 불안, 우울, 토라짐, 변덕 등 급격한 감정 변화 등이 있으며, 낮은 자아감으로 인한 수줍음과 열등감, 주변 환경에 대한 관심 부족, 지나친 결벽증, 상반되는 감정의 억제되지 않은 표현 등을 볼 수 있다. 정신 내적 문제가 있다면 상호 대인간의 관계에 있어서 자신을 중심으로 한 가족, 친구, 타인과의 관계 맺기가 어려울 수 있다.

둘째, 사회적 문제(Social Problems)는 한 사회가 아동에게 제공하는 환경적 요인, 사회경제적 요인, 문화적 요인, 종교적 요인들로 나타나는 현상이 문제되는 것을 말한다. 예를 들어 환경오염으로 인해 아동이 거주하는 지역이 심리적 문제를 일으킬 수 있다는 것이며, 인터넷의 발달과 오랜 컴퓨터 사용 시간은 아동들에게 중독 현상을 불러일으키고 있다. 또 한국의 학부모 열의는 과도한 사교육비와 영어교육에 대한 투자로 나타난다. 가계 소비의 반 이상을 교육비 지출에 하고 있는 점, 이로 인해 바쁜 아동들은 심리적 스트레스에 시달리고 있는 점 등이 사회적 문제의 범주에 속한다.

셋째, 의학적·신체적 문제(Medical·Physiological Problems)가 있다. 의학적 문제들은 심각한 것에서 가벼운 것에 이르기까지 다양하다. 장기 입원을 요하는 질환의 아동들은 심리적으로 나약해져 경우에 따라 상담이 필요할 때가 있다. 또한 정신 지체를 포함하여 발달상의 정신적, 신체적 지체 증상을 보이는 아이들은 상담과 치료를 병행할 필요가 있다.

넷째, 학업적 문제(Academic Problems)가 나타난다. 학령기 아동이 학교 환경에서 나타내는 제반 문제로 역할 수행, 학업 문제, 학습 장애 등이 포함되며, 학교 현장과 관련이 있다.

다섯째, 마지막으로 가족 문제(Familial Problems)와 관련하여 가족 내에서 일어나는 갈등을 포함한다. 예를 들어 부모의 일관적이지 못한 양육 태도로 발생하는 아동의 심리적 불안, 부모의 이혼으로 인한 가족 긴장 상태, 부모 간의 잦은 싸움과 가정폭력, 세대 간의 긴장이 아동들에게 전달되는 갈등 상황 등은 아동상담과 심리치료의 도움을 받아야 한다.

김연숙과 이재연(1993)은 아동상담의 문제를 아래와 같이 구분하여 제시하고 있다.

첫째, 대인 관계 갈등에 관한 문제이다. 아동은 자기의 부모, 형제, 교사와 또래 아동과의 관계에서 어려움을 느끼며 좀 더 좋은 관계를 유지하기 바란다.

둘째, 개인 내적인 갈등 혹은 자기 자신과의 갈등에 관한 문제이다. 아동은 의사결정을 잘 할 수 없으며, 갈등의 결과와 대안을 명료하게 선정하는 데 도움이 필요하다.

셋째, 자기 자신의 정보에 관한 문제를 다룰 수 있다. 자신의 장점과 능력, 소질, 관심, 적성 등에 대해 학습하여 자기 자신을 잘 아는 것이 중요하다.

넷째, 환경에 대한 정보를 요구하는 문제로 성공적인 학교생활을 위한 정보나 직업교육에 관한 정보를 제공한다.

다섯째, 기술 부족으로 인한 문제가 있다. 효율적인 학습 기술, 주장 행동, 경험, 기술과 친구사귀는 법을 습득해야 한다.

또한 라자러스(Lazarus)는 아동상담의 주요 문제를 7가지로 구분하여 BASIC-ID모델을 제안하였다(정용부·고영인·신경일, 1999: 135; 안영진·장선철 2001: 20).

B : 행동(behavior)-싸움, 방해, 훔치기, 떠들기, 미루는 버릇

A : 정서(affect)-분노의 표현, 불안, 공포, 우울

S : 감각·학교(sensation·school)-두통, 요통과 복통, 학교에서의 부적응

I : 심상(image)-악몽, 낮은 자아 개념, 거부에 대한 공포, 지나친 공상과 환상

C : 인지(cognition)-비합리적 사고, 의사 결정에 대한 어려움, 문제 해결의 어려움, 목표 설정의 어려움

I : 대인 관계(interpersonal relationships)-다른 사람 앞에서의 위축(수줍음, 성인과 갈등, 또래와 갈등, 가족 문제)

D : 약물·체중 조절(drug·diet)-체중 조절, 약물 남용, 담배, 술, 그 외의 약물 상용

이상과 같이 여러 가지 아동문제가 있으므로 각 상황에 따라 상담자가 아동이 스스로 문제를 해결하는 통찰력이 생길 수 있도록 상담을 통해 긍정적인 행동을 유도하고, 특정 대상이나 행동에 대한 부정적인 감정을 감소시키도록 도와준다. 궁극적으로는 아동이 자신의 문제를 적극적으로 해결할 수 있는 방법을 찾도록 조력하는 것이다.

2) 아동문제의 의미

김나영과 이승희(2001: 32)는 아동의 문제가 다양한 의미를 포함하고 있다고 말한다. 문제 행동에 숨겨져 있는 의미를 찾고자 '아이는 이러한 문제 행동을 통해 무엇을 말하고 싶고 무엇을 원하고 있는가?'를 공감하고 이해하고자 노력하기를 제안하였다. 아동의 문제를 접근할 때, 겉으로만 보여지는 행동에 중점을 두는 것

이 아니라 문제 행동의 이면에 내재되어 있는 무엇인가를 발견해야 한다고 하였다. 그 무엇인가는 때로 심리적인 이유일 수도 있지만 단순히 신체적 불편함에서 기인할 수 있다. 그렇기 때문에 문제 행동의 원인에 대한 신중한 검토가 필요하다.

문제 행동을 표현하는 방법은 기질이나 현재 처해 있는 상황에 따라 다양하게 나타난다. 기질적 요인일 수도 있지만 신체적 원인에 기인할 수도 있다. 한 아이의 문제를 분석하려면 그와 그의 가족을 중심으로 총체적이며 전체적인 접근이 필요하다. 아동문제의 근본적인 원인은 성인과 비교할 때, 주변 환경의 문제가 주를 이루며 특히 부모와의 관계와 교사와의 관계 등에서 발생한다.

아동의 문제는 원인이 같아도 증상은 다를 수 있다. 예를 들어 욕구 불만이라는 원인은 동일하지만 유아의 기질과 성격에 따라 야뇨나 구토, 공격성 등으로 나타날 수 있으며 발달 단계에 따라 욕구 불만이 많은 영아반은 구토, 울음, 짜증으로 나타나지만 연령이 올라갈수록 공격적 행동, 반항적 행동으로 주의력을 끌고 싶어 한다(김나영·이승희, 2001: 33).

반대로 증상은 같지만 문제의 원인이 다른 경우도 있으므로 원인에 대한 파악이 시급하다.

아동문제의 심리적 의미

김나영과 이승희(2001)는 문제 행동의 증상을 유아가 가진 실제 문제의 그림자일 뿐이라고 하였다. 문제 행동을 없애는 것이 아니라 문제 행동을 나타나게 하는 원인을 규명하는 일이 우선적으로 이루어져야 한다. 문제 행동의 증상은 유아가 도움을 구하는 신호라고 한다. 문제 행동의 배후에는 욕구 불만의 상태가 지속되었다는 의미이다. 욕구 불만의 상태가 오래 지속됨으로써 그 불만을 해결하고자 사회적으로 용인되지 않은 행동으로 자신을 표출하고 싶어 한다. 이런 상태가 지속되기 이전에 아동이 호소하는 메시지를 잘 읽어 근본적인 문제 행동의 원인을 해결하는 것이 필요하다.

아동문제의 교육적 의미

아동의 입장은 문제 행동을 표현함으로써 목적 달성을 위한 수단을 확보하는 것이다. 울음이나 떼쓰기 등을 통해 아동은 자신이 원하는 바를 관철시키고 마음의 균형을 유지하고 있다.

이 시기의 아동에게 어느 정도 주위 환경의 태도나 방식을 통해 자신의 욕구를 충족할 수 있게 해 준다. 문제 행동이 주변 사람에게 가져온 변화와 의미를 생각해 보고 문제의 본질을 이해할 수 있어야 한다.

아동문제에 대한 성인의 입장

문제 행동은 성인을 당황하게 만드는 것이며, 성인의 입장에서 건강한 발달이 이루어지도록 생각하게 한다. 특정 문제 행동이 나타났다면 성인이 어떻게 문제시하는가에 따라 문제 행동의 증상이 되거나 그렇지 않을 수 있다. 성인의 반응이 다를 수 있는 요인을 살펴보면 다음과 같다. 첫째, 부모의 성격이 있겠다. 대부분의 부모들은 활동적인 아동이 건강하고 활발하다고 생각하지만 독서를 즐기거나 조용한 부모들은 그 아이를 주의산만하고 극성스럽다고 생각할 수 있다. 둘째, 교사나 부모들이 아동을 바라보는 관점에 따라 동일한 행동을 다르게 받아들인다. 예를 들어 수업이나 활동에서 다른 활동으로 전이할 때, 주의를 끌면 쉽게 따라오는 아이들을 차분하다고 하고, 다음 활동으로 넘어가는데 매우 많은 시간이 걸리는 아이들을 산만하고 말을 잘 듣지 않는다고 평가할 수 있다. 셋째, 아동에 대한 관심과 사랑 정도에 따라 인내심의 차이가 있기 때문에 그에 대한 태도는 확연히 달라진다고 말한다(김나영·이승희, 2001: 39).

04 상담의 관계

Child Psychology & Counseling

아동상담을 잘 진행하기 위해서 상담자의 역할과 자질이 매우 중요하다. 상담자로서의 태도는 상담 성공 여부를 결정할 정도로 그 영향력이 지대하다. 그러면 상담자의 기본적 자질과 특성을 언급하고, 상담자와 내담자가 긍정적인 상담 관계를 형성하는 데 필요한 기본적 태도를 살펴보고자 한다.

1) 상담자의 역할과 자질

상담자는 아동의 삶에서 특별하고 의미 있는 성인을 말한다. 지시하거나 가르치려 하지 않고 아동이 스스로 자신의 안내를 따를 수 있도록 허용하며 아동을 인간적으로 존중하는 태도를 갖는다. 상담자의 제1자질은 인간관계에 대한 민감한 태도라고 보았다(하승민·강현아·장정백 외 3인, 2008: 35).

상담자가 아동을 수용한다는 것은 그의 독특함을 인정해 준다는 뜻이다(안영진, 2006: 34). 아동을 그만의 생각, 감정, 신념, 아이디어, 욕구, 상상력, 사고력 등을 소유한 개인으로 보고 있다. 상담자는 한 아동의 발달적 측면을 고르게 접근하고, 아동의 세세한 생활상까지 알고자 한다. 그러다 보니 아동은 상담자를 특별한 성인으로 바라볼 수밖에 없다. 특별한 성인으로서 상담자가 아동에게 미치는 영향력에 대하여 곰곰이 생각해야 할 것이다.

그렇다면 상담자는 어떠한 역할을 해야 할 것인가? 안영진(2006: 35)은 상담자가 아동과 함께 하면서도 아동과 분리될 수 있어야 한다고 하였다. 아동의 생활을 가깝게 경험하면서도 아동이 보지 못하는 면을 세세하게 객관적으로 지각할 수 있어야 한다고 하였다. 이는 감정에 동요되지 않으며, 아동의 감정에 공감하면서 상담자와 내담자로서의 역할 수행이 이루어지도록 분위기를 조성해야 한다는 의미이다. 바람직한 상담자는 아동의 놀이 세계를 고려하고, 그들이 놀이를 주도할 수 있는 만큼 선택과 책임을 주는 사람이다.

상담자는 정서적으로 안정되어 있고, 개인의 실수와 한계를 인식할 수 있어야 한다. 상담 가능한 아동을 상담하는 것이지 본인의 능력 밖에 있다고 생각하는 문제의 아동은 과감히 다른 상담자에게 소개하는 것이 더욱 올바른 일이다. 경우에 따라 상담자는 아동이 한 말이나 행동에 상처를 받을 수 있고, 자기 개방에 어려움을 느낄 수도 있다. 따라서 상담자는 자신에 대한 이해를 더욱 잘 할 수 있도록 스스로에게 다음과 같은 질문을 해야 한다(안영진, 2006: 37).

첫째, 상담에서 나는 어떠한 욕구를 충족시킬 수 있는가?

둘째, 상담을 진행하면서 나의 욕구 충족의 열망은 어느 정도인가?

셋째, 상담자로서 나는 내담자를 얼마나 좋아하는가?

넷째, 상담자로서 나는 내담자와 얼마나 함께 있고 싶어 하는가?

다섯째, 상담자로서 나의 태도와 감정은 내담자에게 어떠한 영향을 주겠는가?

여섯째, 내담자는 나를 어떻게 보고 있을까?

이렇게 볼 때, 상담자가 내담자 아동에게 미치는 영향과 상담의 효과는 그의 성격이나 욕구에 따라 크게 달라질 수 있으므로 상담자 자신의 욕구, 동기, 편견, 개인적 갈등, 개인 문제, 정서 갈등에 대한 통찰력이 있어야 할 것이며, 혹시 발생할 수 있는 아동에 대한 부정적 효과를 최소화해야 할 것이다(안영진, 2006: 36-37).

상담자의 자질은 크게 인간적인 자질과 전문적인 자질 두 가지로 구분할 수 있다. 인간적인 자질면에서 아동상담자는 인간 심리를 충분히 이해하여 타인에게 민감하게 반응하고, 상담 관계를 잘 정립해가는 자질이 필요하다. 전문적 자질면에서 상담자는 아동의 발달적 특성과 발달 과정에서 생기는 여러 병리적 문제에 대한 전문 지식을 갖추어야 한다.

하승민, 강현아, 장정백 외 3인(2008: 35–36)은 좋은 상담자에게 필요한 자질을 다음과 같이 제시하고 있다. 첫째, 아동상담자는 객관적 태도를 갖는 것이 필요하다고 보았다. 객관적 태도에는 판단과 감정이 어느 한 편으로 쏠리지 않도록 주의하는 것이다. 둘째, 아동상담자는 내담자 아동을 존중해야 할 것이다. 아동의 성장과 발달 가능성과 잠재력에 대한 긍정적인 태도와 인간애적 태도가 절대적으로 필요하다. 셋째, 아동상담자의 자기 자신에 대한 이해가 요구된다. 다시 말하면 자신의 정서, 능력, 장점과 단점 등에 대하여 충분한 이해가 선행되어야 한다. 넷째, 아동상담자는 인간과 사회에 대한 이해, 그 사이에서의 심리적 관계 등에 대한 지식과 기술을 습득한 전문성을 갖추어야 한다.

2) 상담 관계의 특성

상담은 내담자의 인지, 행동, 정서와 성격에 따르는 문제 행동이나 장애를 극복할 수 있도록 심리적으로 가족이나 부모 또는 영유아가 안전한 상황을 만들어주고, 사회적으로 건전한 행동을 학습하도록 도와주는 조력 과정이라고 하였다. 상담 관계는 상담자와 내담자 사이의 심리적 조력 관계를 말한다.

안영진(2006: 26–29)은 심리적 조력 관계를 모두 10가지로 제시하고 있다. 이 10가지는 상호 연관성이 있어 엄격히 구분하기는 어렵다고 한다.

(1) 상담 관계는 심리적으로 도움을 주는 전문적인 인간관계로서 심층적이고 과학적으로 심리를 다루기 때문에 가치 있고 의미 있는 것으로 생각한다는 것이다. 도움을 주는 사람이나 받는 사람이 의미 있는 관계를 만들려고 노력한다고 본다.

(2) 상담 관계는 정의적인 면에 기초한다. 심리적 조력 과정에서 자아를 개방하고 몰입하며 내담자의 정서와 심리에 민감하게 반응하기 때문에 정의적인 요소를 더욱 강조할 수밖에 없다.

(3) 상담 관계는 인간의 통합성을 강조한다. 모든 사람을 한 인간으로서 존중

하므로 인간의 심리적인 문제에만 국한하여 접근하기보다는 인지적인 면, 정의적인 면, 행동적인 면을 전체 속에서 균형 있게 다루고자 하는 것이 상담 관계의 특징이라고 할 수 있다.

(4) 상담 관계는 상담자와 내담자의 상호 동의가 이루어져 관계가 형성되고 유지될 수 있다. 강요나 압력보다는 서로 간의 입장을 고려하면서 상담을 진행해야 할 것이다. 상호 동의는 대화를 통해서 이루어질 수도 있고, 습관처럼 자연스럽게 이루어질 수도 있다.

(5) 상담 관계는 내담자가 상담자로부터 정보, 조언, 이해, 치료 등을 받아야 하기 때문에 형성된다고 할 수 있다. 상담자는 내담자가 어떠한 도움을 필요로 하는지 명백히 알고 있어야 하며, 당면 문제를 해결하기 위하여 필요한 인격적 성숙 등의 기본 자질 이외에 아동의 발달 수준과 지식 등 전문적인 자질도 갖추어야 한다.

(6) 상담 관계는 소통을 기본으로 한다. 언어적 소통이 있고 비언어적 소통이 있으므로 상담자는 내담자의 말에만 관심을 둘 것이 아니라 몸짓, 표정, 동작, 손놀림 등 다른 방법의 표현에도 주의하여 내담자의 무의적 동기나 정서를 파악하도록 한다.

(7) 상담 관계는 명백한 구조가 있다고 한다. 상담의 구조화라는 의미이며, 상담자와 내담자 간의 약속일 수도 있다. 언제, 어떻게, 얼마 동안 무엇을 할 것인지, 상담에서의 책임과 한계에 대한 논의 등 명료하게 정하여 진행할 필요가 있다.

(8) 상담 관계는 협동적인 노력을 우선으로 한다. 상담자와 내담자가 공동으로 설정한 상담의 목표를 향하여 함께 노력하며, 내담자의 자율성과 주도성을 인정하면서 상담의 관계를 깊이 할 수 있고, 이를 통해 성장과 발달을 도모할 수 있다고 본다.

(9) 상담 관계에서 상담자는 편안해야 할 것이다. 타인에 대하여 수용적이어야 하며, 비합리적인 공포, 의심, 불안 등이 없어야 한다. 정서적으로 항상성과

일관성을 유지하여야 할 것이다.

(10) 상담 관계는 내담자의 변화를 가져올 수 있어야 할 것이다. 문제 행동이나 심리적 증상의 개선을 위해 긍정적인 방향으로의 변화를 초래하도록 상담의 목표를 정해 주도록 한다. 변화의 내용에는 생각과 행동이 좀 더 바람직한 방향으로 나아가도록 하는 관계이다.

이상 상담 관계의 특성을 살펴보았다. 상담자의 개인적 특성은 아동과 상담자의 관계 형성에 큰 영향을 준다. 겔다르드(Geldard, 하승민·강현아·장정백 외 3인, 2008, 재인용)는 상담자의 특성이 인격적 통합, 아동기 모습과 만나기, 공감 능력, 정서적 분리라고 하였다.

인격적 통합은 상담자의 진실하고 일관성 있는 태도를 말한다. 상담자 자신의 원래 모습과 상담자로서의 모습이 일치하여야 하며, 일정한 원칙을 갖고 상담을 진행하는 자세로 안정적이어야 한다.

아동기 모습과 만나기는 상담자 자신의 내부에 존재하는 아동기 모습을 만날 수 있어야 한다는 뜻이다. 상담에 매우 효과적인 영역으로 아동기로 퇴행하는 것이 아니라 아동의 눈높이에 맞추어 함께 어울릴 수 있어야 한다는 의미이다. 아동과 눈높이를 맞춘다면 상담자는 성공적으로 아동을 잘 이해할 수 있을 것이며, 내담자가 자신의 문제에 직면할 수 있도록 도와줄 수 있다.

공감 능력은 아동의 고통이나 아픔, 기쁨과 슬픔을 함께 할 수 있는 능력이다. 타인의 관점에서 문제를 이해하고 파악할 수 있는 감정 이입의 능력은 성공적인 상담의 기준이 되며, 상담자의 말에서 전달되는 감정, 태도, 신념에서 공감 능력을 갖추어야 한다.

정서적 분리는 상담자의 친절하고 따뜻한 태도만으로 상담을 진행할 수는 없다는 뜻으로 일정한 거리를 두어야 내담자 아동의 문제에 오히려 심리적 영향을 덜 받을 수 있다. 아동을 위해 필요하다면 아동의 말을 있는 그대로 수용하지만 아동의 문제에 침착하고 안정된 촉진자로서 자신의 감정에 흔들림이 없다면 객관적으로 상담에 참여할 수 있다는 것이다.

인간의 마음을 다루는 상담자의 태도와 능력은 개인적 차원에서 일관성을 유지하기가 어렵다. 상담자의 인간적인 면, 그의 전문적 지식과 상담 계획의 수립과 진행 과정 등은 꾸준한 슈퍼비전을 통해 지속적으로 상담자로서의 자신을 되돌아보며 그 역할 수행의 장·단점을 검토할 것을 권장한다.

3) 상담자의 긍정적 관계 기본 요소

상담에 참여하는 상담자와 내담자의 긍정적 관계를 형성하기 위한 기본적 요소가 있다. 관계 형성의 질에 따라 상담의 성공 정도가 달라지므로 어떠한 조건을 갖추어야 할 것인지 알아보고자 한다.

(1) 긍정적 관심(unconditional positive regard)

이는 아동을 한 개인으로서 그대로 인정하는 것을 말한다. 아동의 감정, 사고, 행동을 비판하지 않고 긍정적으로 받아들이는 것이다. 내담자 아동에 대하여 찬성이나 반대 등도 하지 않으며, 따뜻한 마음으로 대하는 상담자의 태도가 기본적으로 갖추어질 때, 상담의 관계는 성공적으로 만들어진다. 상담자가 내담자에게 보내는 신뢰는 내담자에게 자기 탐색의 기회를 더욱 제공할 수 있으며, 자기와 환경에 대한 부정적인 감정을 감소시키고 자신의 내적인 감정을 자유롭게 표현할 수 있게 해 준다.

(2) 수용(acceptance)

수용은 내담자의 감정, 행동, 의견이 어떤지 간에 그 행동을 판단하거나 진단하지 않고, 칭찬하거나 평가하지 않고 있는 그대로 받아들이는 것을 말한다(Rogers, 1980; 김춘경, 2004). 다시 말해서 상담자의 편견이나 판단 없이 내담자를 한 인간으로서 받아주고 인정하는 것이다. 인간 존엄성 그 자체를 존중하여 내담자가 자신의 가치를 높이고자 시도하는 모든 노력을 지원하려는 마음의 자세를 말한다. 이렇게 수용적인 태도는 아동이 무엇인가를 실현하기 위해 심리적 지원과 물질적 지원을 아끼지 않으려 한다.

그렇다고 수용이 상담자가 내담자의 모든 반응에 동의하거나 동감하는 것은 아니라는 점을 유의해야 한다. 수용은 아동의 생각과 감정을 지속적으로 탐색할 수 있도록 경청하는 자세로 일관하는 것을 의미한다.

(3) 반영(reflection)

상담자와 내담자 아동의 의사소통에 있어서 매우 중요한 반응 방식으로 상담자가 내담자 아동이 말하면서 나타내는 감정, 내용, 행동 등을 반영하여 재진술하는 것이다. 이 말은 상담자가 아동이 말한 것을 확인하는 단계이며, 다양한 언어기법을 통해 반영적 경청이 나타난다. 반영은 아동이 말한 내용을 재진술함으로써 내용을 상담자가 잘 이해하고 있다는 것을 전하는 의사소통의 도구라고 할 수 있다.

(4) 공감(empathy)

공감 능력은 상담자가 내담자의 입장에 있는 것처럼 내담자의 관점에서 그를 이해하는 능력을 말한다. 아동이 경험한 정서를 함께 느끼는 것을 포함하며, 내담자의 감정을 그의 입장에서 이해한 후 그 느낌을 내담자에게 말로 표현하는 것을 권장한다. 공감하는 방법에는 아동의 발달 수준에 맞추어 놀이, 미술, 음악, 책 등 아동과 소통할 수 있는 도구와 매체를 활용하여 그의 세계를 접해야 가능하다. 이처럼 상담자가 단순히 언어적 표현으로 공감하는 자세를 전달하는 것도 중요하지만 말 이면에 내재해 있는 감정까지도 읽을 줄 아는 것이다. 비언어적 표현에 담겨진 의미와 감정을 파악하여 내담자의 생활과 친숙해져야 한다.

(5) 침묵(silence)

상담자와 내담자 사이에 흐르는 침묵의 시간은 매우 어색할 수가 있다. 상담자와 내담자 모두 상담 관계를 형성할 때, 침묵을 사용할 수 있는데 상담자가 선택한 침묵은 아동이 말하는 것을 수용하여 이야기를 듣고 있거나 더 이야기하게 하고 싶을 때 침묵할 수 있다(김춘경, 2004: 155). 상담자의 침묵은 아동의 생각을 정리해 주고 말로 표현할 시간을 허락해 준다는 것이다. 이러한 태도를 상담자가 끈기 있다고 묘사한다(Gumaer, 1984; 김춘경, 재인용).

내담자의 침묵에는 여러 이유가 있는데 우선 할 말이 없을 때 침묵을 사용한다. 그 외에 말할 것이 불확실하거나 벌 받기 또는 꾸중 듣기 싫거나 두려워 말을 하지 않을 수 있다. 침묵은 여러 가지 목적으로 사용된다. 예를 들어 어떠한 목적을 얻고자, 아무 말도 할 수 없다는 것을 보여 주고자, 상황을 통제하기 위하여 등이 있겠다. 침묵에는 반드시 이유가 있으며, 그 이유는 상담 상황의 단서에서 찾아볼 수 있다.

상담에서 자주 사용하는 침묵은 생산적인 시간이 될 수 있다. 자기 성찰의 시간이기도 하고, 문제 해결을 위한 내담자 스스로 통찰력을 가질 수 있는 시간이기도 한다. 이럴 때, 상담자의 개입은 최소화하는 것이 옳은 일이다.

(6) 일치(congruence)

상담자가 자신과 내담자에게 진실할 수 있는 능력, 내적인 경험과 그에 관한 인식의 합일을 말한다. 내면적인 심리 세계, 그에 대한 인식, 심리 세계의 표현이 모두 일치한다는 것이다(하승민·강현아·장정백 외 3인, 2008: 42). 상담자가 자신의 내면세계와 표현이 일치한다면 언어적, 비언어적 행동이 감정과 일치하여 나타난다. 일치가 이루어지면 상담자는 내담자와 솔직한 관계를 형성할 수 있으며, 상담자 자신의 감정을 자유롭게 표현할 수 있고, 이로 인해 내담자도 솔직하고 진실하게 자신을 표현하게 된다. 상담자는 내담자가 감정을 표현하는 모델이 될 수 있으며, 정확한 감정 표현이 가능하도록 자연스러운 상황을 만들어 주기도 한다.

(7) 솔직함과 신뢰감

상담자의 솔직하고 진지한 태도는 내담자에게 신뢰감을 준다. 솔직한 상담자의 태도에서 내담자는 앞서 언급한 일치를 감지할 수 있으며, 상담의 관계에서 쌓아가는 신뢰감은 내담자에게 자신의 감정, 생각, 문제 등을 깊이 있고 진지하게 접근하는 데 도움을 준다.

상담자에 대한 신뢰감을 잃는다면 상담의 성공을 장담하기 어려우므로 상담자의 기본 자질에서 무엇보다도 중요하다.

(8) 전이(transference)

이는 내담자가 이전에 만났던 사람에게 느낀 감정을 상담자에게 무의식적으로 표현하는 것을 말한다. 아동상담에서는 주로 부모와 아동 사이에 형성되어 있는 정서적 관계와 관련이 있다. 내담자는 상담자를 전이 대상으로 하여 그를 부모나 자기에게 영향을 준 다른 어른인 것처럼 대하는 것이다. 전이가 일어나면 상담자를 의미 있는 사람으로 보아 상담자에게 그 사람에 대한 생각이나 감정을 투사하게 된다.

반면 역전이가 발생한다. 내담자의 태도와 외현적 행동에 대한 상담자 개인의 정서적 반응을 말하는데, 역전이가 자주 발생하면 상담을 제대로 진행할 수 없다. 상담자가 내담자를 자신의 과거 속 인물이나 사건과 연결시켜 무의식적으로 반응이 일어나는 역전이 현상은 상담 치료 과정에서 방해되는 상담자의 심리에서 기인한다고 본다.

상담의 과정에서 전이와 역전이 현상이 언제든지 발생할 수 있지만 이를 대비하여 상담의 과정에서 상담자가 가능한 객관적으로 수용하는 자세가 중요하다.

(9) 비밀보장(confidentiality)

상담의 관계에서 무엇보다도 중요한 것은 상담 내용에 대한 비밀보장이다. 내담자의 사생활과 개인 문제를 보호하기 위하여 비밀을 보장해 주어야 한다. 제3자에게 어떠한 정보도 가능하면 주지 말아야 하며 개인의 동의를 얻어야만 한다. 상담자가 윤리적으로 준수해야 할 첫 의무사항은 상담에서 알게 된 개인에 대한 정보에 대한 기밀 유지, 내담자의 사생활 보장, 상담 기록과 개인 프로파일을 잘 관리하는 것이다.

상담자는 상담 초기 비밀 유지의 원칙을 설명해 주며, 혹 상담 내용을 부모나 교사에게 알려야 하거나 상담의 과정에서 중대한 사항이라면 부모에게 알릴 수도 있다고 미리 알려 주도록 한다. 아동문제에 대한 것은 가급적 아동과 상의하여 결정하는 것이 바람직하다(하승민 · 강현아 · 장정백, 2008: 49).

02 CHAPTER

Child Psychology & Counseling

아동상담의 이론

아동심리와 상담

Child Psychology & Counseling

이 장에서는 아동심리를 파악하는 데 도움을 주는 상담의 주요 이론을 아홉 가지로 선별 하였다. 주요 이론에는 정신역동적 상담, 인간 중심 상담, 행동주의 상담, 형태주의 상담, 인지 상담, 교류분석, 현실요법, 가족상담, 대상관계 이론을 포함하고 있다. 저자들은 상담 이론의 난해함에도 독자들의 이해를 돕고자 각 상담 이론의 인간관과 주요 개념, 문제의 근원을 보는 관점, 상담의 목표, 상담의 과정과 주요 기법, 그 밖의 다양한 기법들을 중심으로 설명하고자 한다. 아홉 가지의 상담 이론에서 각각의 고유성을 유지하면서 아동심리에 관한 이론의 특징과 상담 기법들을 추출하여 소개한다.

주요용어

- 성격 발달
- 방어 기제
- 일치성
- 모델링
- 자아 통합
- 자아 상태
- 스트로크
- 기본 욕구
- 해결 중심
- 투사적 동일시/내사적 동일시
- 무의식과 자유 연상
- 비지시적 상담
- 행동수정
- 게슈탈트
- 인지 모델
- 심리적 욕구
- 삶의 입장
- 선택 이론
- 상담 대상 항상성
- 참자기/거짓자기

01 정신역동적 상담

Child Psychology & Counseling

1) 상담 이론

(1) 이론가

정신역동적 상담은 지그문트 프로이트(S. Freud)의 상담 이론에 기초한다. 프로이트는 1856년 체코슬로바키아의 유태인 부모에게서 태어나 1873년 비엔나 대학의 의대에 진학하였고, 1939년 런던에서 생을 마감할 때까지 신경 장애를 치료하는 데 전념하였다. 히스테리 치료에 최면을 사용한 장 샤르코(J. Charcot)와 연구하면서 프랑스에 1년간 머물렀으나 최면의 효과에 회의를 느낀 프로이트는 인간의 마음에 대한 카타르시스(catharsis)의 효과를 밝혔던 조셉 보로이어(J. Breuer)와 협력 연구하였다.

프로이트는 환자의 신체 증상이 정신에 따라 다르게 반응한다고 생각하여 그들의 마음을 분석하였다. 마음은 환자들의 무의식에서 연유한다는 것을 발견하고, 프로이트 자신에 대한 무의식의 세계를 집중 탐구하기 시작하였다. 이러면서 성격 이론의 기초를 마련하게 되었다.

프로이트는 50년 이상의 관찰과 기록을 통해 인간의 정신역동적 분석 모델을 발달시켰으며, 그를 찾아 온 환자에 대한 임상 연구를 실시하였다. 무의식의 세계에 접근하고자 환자들에게 자유 연상 기법을 활용하였다.

그의 딸 안나 프로이트(A. Freud)는 아동을 연구하면서 놀이를 치료에 도입하였다. 안나 프로이트와의 동시대 인물인 멜라니 클라인(M. Klein)도 정신역동적 상담

이론을 구축하는 데 기여하였다(김춘경, 2004).

안나 프로이트는 1920년대부터 아동을 대상으로 하는 분석을 적극적으로 시도하였고, 아동심리 분석에 놀이를 도입하여 부모와의 협력 안에 상담을 진행하였다. 그녀는 사회적 환경과 내적 환경에 대한 분별 있는 적응은 아동이 노력한 결과라고 하였으며, 놀이에서 아동이 환경에 적응하려는 전략을 해석하기를 제안하였다. 그녀가 제안한 치료의 목표는 아동이 성숙할 수 있도록 지원해 주고, 나약한 자아 기능을 갖고 있다면 교육적 지원을 통해 개선하는 것이라고 보았다.

멜라니 클라인은 오스트리아 빈에서 태어나 1925년 영국으로 이주하여 정신분석 이론을 확립하였다. 안나의 아버지 프로이트가 아동기의 회상을 통해 성인의 임상 연구가 주요 내용이었다면 멜라니 클라인은 아동을 직접 대하면서 무의식이나 내면의 심리보다는 아동이 맺는 사회적 관계에 더욱 많은 관심을 두었다. 그녀는 아동의 놀이가 성인의 자유연상과 같다고 보았으며, 내담자로서 상담자와 맺는 관계에서 나타나는 전이에 대하여 해석하고자 하였다. 이러한 전이를 해석하기 위해서는 아동의 무의식적인 면을 명료화하는 작업이 필요하였다. 핵심적 치료 기법은 투사이며, 투사는 아동이 자기에게 있는 것을 타인에 속한 것으로 투영하는 무의식적 환상이다. 그럼으로써 자신은 원하지 않는 감정을 피할 수 있어 자유로움을 느낀다고 하였다. 클라인은 이러한 면이 아동기에는 정상적일 수 있으나 후에 성인이 되어 중요한 병리적 행동이 나타날 수 있다고 하였다. 이렇게 볼 때, 클라인은 전이와 해석을 아동상담의 중요한 치료 기법이라고 보았다(김춘경, 2004: 52–53).

프로이트에 의하면, 인간의 본성은 정신적 결정론과 무의식에 기초한다. 정신적 결정론은 인간이 생각하고 상상하거나 행동하는 데 있어서 심리적 이유가 있다는 것이며, 무의식에 기초한다는 것은 한 개인이 자신조차도 인식하지 못하거나 의도하지 않았더라도 개인의 생각에 무의식이 영향을 준다는 것이다.

프로이트는 무의식의 세계로 잠재되어 있는 본능적 욕구에 관심을 갖고 있으며, 이러한 본능이나 충동은 생후 초기 6년 동안 심리성적 에너지인 리비도(libido)

의 위치에 따라 다르게 나타난다고 하였다. 인간의 행동은 비합리적인 힘과 무의식적 동기를 갖고 있다고 하였으며, 각 개인에게 표면적으로 드러나지는 않지만 그의 성격을 결정짓는 요소라고 할 수 있다. 인간이 의식하는 마음은 '빙산의 일각'에 불과하다고 하였다.

(2) 성격 발달 단계

프로이트의 성격 발달 단계는 앞서 제1장 아동 발달과 아동상담에서 다루었으므로 여기에서는 병리적으로 나타날 수 있는 단계별 문제의 가능성을 중심으로 언급하고자 한다.

프로이트는 6세까지 성격이 어느 정도 형성된다고 믿었으며, 각 단계별 수준에서 아동이 그다음의 발달 단계로 자연스럽게 전환하도록 도와주어야 한다고 하였다.

구강기(0~1세)

출생에서 1년 동안 유아의 리비도는 구강기에 몰려 있다. 이 시기의 적응은 영아가 빠는 행위에서 적절한 욕구를 충족하고 음식을 씹는 행동을 배우는 데 있다. 구강기의 병리적 문제는 입을 통한 욕구 충족의 조절이 잘 되지 않으므로 빨기, 씹기, 깨물기와 관련하여 흡연, 먹기, 마시기, 죄책감과 의존성, 빈정거림이나 수다스러움 등이 나타날 수 있다.

항문기(1~3세)

리비도가 항문으로 이동하여 배변 훈련을 통해 쾌락을 경험한다. 배변 훈련은 양육자가 보이는 태도와 반응, 감정에 따라 영아의 성격이 다르게 형성될 수 있다. 영아는 배변 훈련이 시작되면서 독립심과 자율성을 확립해가고 주변 성인이 부정적으로 반응하는 것에 대해 인식하기 시작한다. 이 시기에 배변 훈련의 조절은 영아의 성격 형성에 중대한 영향을 미친다. 배변을 통해 즉각적으로 만족하거나 그 만족을 지연시키는 방법을 배운다. 예를 들어 완고하고 인색한 성격은 배변 훈련의 엄격함에서 기인하며, 관대함과 방종은 그 반대의 경우이다.

남근기(3~5세)

이 시기는 자기의 신체에 대해 호기심을 가지며 특히나 생식기에 집중하여 몸을 탐색한다. 자신의 육체나 성적 차이를 자연스럽고 긍정적인 것으로 받아들이는 것이 필요하다. 남아는 어머니를 이성으로 느끼지만 거대한 신체를 가진 아버지에 대해 공격적인 감정을 갖는다. 하지만 아버지의 처벌을 두려워하여 부정적인 감정보다는 그를 모방하는 동일시 현상이 나타난다. 이를 오이디푸스 콤플렉스(Oedipus complex)라 하며, 여아도 아버지를 대상으로 엘렉트라 콤플렉스(Electra complex)를 갖는다. 처음에는 경쟁심으로 공격적인 감정을 갖지만 공포와 불안을 느껴 타협한다. 유아는 동일시 현상을 통해 남성이나 여성으로서의 역할을 학습하고, 부모 마음에 들려는 노력을 통해 초자아가 발달한다. 도덕적 기준을 배우는 이 시기는 엄격한 부모의 주입식 교육을 통해 과잉 통제 받았을 경우 공포감, 죄책감, 자책감, 낮은 자존감 등을 가질 수 있다.

잠복기(6~12세)

성적인 관심사가 학교생활과 더불어 줄어들며, 이 시기의 아동은 또래 친구들과의 활발한 상호작용을 통해 기초 학습의 기술을 배우고 다양한 활동에 열중한다. 그러다 보니 우정의 개념을 확립하고, 사회적 기술을 향상시키는 여러 가지 경험이 필요하다. 사회성을 발달시키는 매우 중요한 시기이지만 그러한 기회를 충분히 갖지 못한다면 고립감, 외로움, 기초 학습 능력의 부족 등이 발생할 수 있다.

생식기(13세 이상)

생식기는 청소년들의 신체가 성숙해지고 점점 이성에 대해 관심과 성적 충동을 표출하기 시작한다. 성적 친밀감과 본능에 대한 만족이 타인과 이성에 대해 좀 더 적극적인 태도를 갖게 한다. 이는 성숙한 사랑의 시작을 나타낸다. 건전하고 성숙한 성 개념의 확립은 이성 친구나 배우자와의 행복한 삶을 보장한다.

(3) 성격 구조

인간의 성격은 크게 원초아(id), 자아(ego), 초자아(superego) 세 가지 구조로 구성되어 있다고 하였다.

첫째, 원초아(id)는 가장 본능에 가까운 욕구로서 갈증, 공격성, 파괴, 배고픔 등 기초적 욕구를 말하며 대부분 무의식의 세계에 내재해 있다. 인간의 통제 밖에 있는 매우 생리적인 유아기 수준의 욕구를 말하며 이기적이며 충동적이고 쾌락을 즐긴다. 성인이 되어도 원초아는 쾌락의 원리를 따른다.

둘째, 자아(ego)는 인간의 성격에서 이성적이며 합리적인 성격을 갖고 있다. 주변 환경과의 관계 속에서 외부의 영향과 현실적 요구를 반영하여 행동한다. 원초적 자아가 강하게 작용할지라도 주변 사람의 충고나 조언에 따라 행동을 스스로 규제할 수 있다. 인간은 원초아와 자아 사이에 균형을 유지하고자 노력한다.

셋째, 초자아(superego)는 현실적인 욕구를 넘어 선과 악을 판단하는 도덕성과 양심에 따르는 행동이나 가치 기준이라 할 수 있다. 보통 종교인이나 사회적 지도자들 사이에서 주로 볼 수 있으며 양심의 원리에 따라 행동하는 것을 말한다. 개인 행동의 도덕적 기준으로서 행동을 제한하고 조정한다.

이 세 가지 구조의 관계를 살펴보면, 원초아는 프로이트가 제시한 성격 구조의 기본 단위이며, 현실과의 상호작용에서 자아를 형성한다. 자아의 주요 역할은 자기 보존이며, 본능적 욕구를 환경에 처한 현실에 따라 조정한다. 잘 기능하는 자아는 쾌락의 원리에 따라 행동하며 동시에 초자아에 해당하는 사회적 규범이나 도덕을 위반하지 않는 올바른 균형 상태를 말한다. 자아는 원초아와 초자아의 욕구와 현실 사이에서 적절한 균형을 유지해야 한다.

2) 문제의 근원

각 개인의 성적 에너지인 리비도가 입에서 항문으로, 항문에서 남근으로, 남근에서 잠복기로 들어가며 조금씩 성장해간다. 성적 에너지를 충족시키지 못하면 불안을 느끼는데 그 불안을 극복하고 최소한으로 자신을 보호하기 위해 자아 방어 기제를 사용한다. 다시 말하여 자아 방어 기제는 자신이 상처 받는 것에서 일시적으로 보호해 준다. 자아 방어 기제를 과도하게 사용하면 현실을 왜곡하여 지각할 수 있으므로 유의해야 한다. 이렇게 자아 방어 기제의 잘못된 사용이 인간의 부적응적 행동을 유발할 수 있다.

자아 방어 기제는 자신이 느끼는 압력과 불안에 대비하여 자신을 보호하는 심리적 기제이다. 클라크(Clark, 1991)는 방어 기제를 내면의 고통스러운 감정을 축소하려는 현실의 왜곡이라 하였다. 다시 말하면 갈등을 해결하고 불안을 제거하기 위해 사용하며 주변 환경에 적응하려는 무의식적 노력이다. 방어 기제의 종류에는 부정(denial), 투사(projection), 고착(fixation), 퇴행(regression), 합리화(rationalization), 승화(sublimation), 대치(displacement), 억압(repression), 반동형성(reaction-formation) 등이 있다.

- 부정 : 현실의 불쾌한 측면을 직시하지 않거나 불안을 유발하는 자극을 인식하지 않으려 한다. 자신에게 불쾌감을 주는 사건이나 일을 스스로 거부하고 부정하는 것을 말한다.
- 투사 : 자신의 특성을 외부의 타인이나 사물의 탓으로 돌린다. 자신의 충동을 인식하여 수반되는 고통을 피하고자 현실로부터 자신을 분리시킨다. 내가 화가 나있는 것을 의식하지 못하고 상대방이 오히려 화를 내어 기분 나쁘다고 말하는 경우이다.
- 고착 : 개인이 현재의 고통이나 스트레스를 피하기 위하여 그다음 단계로 나아가는 것이 아니라 한 발달 단계에 그대로 머물러 있는 경우를 말한다. 조금의 고통을 받더라도 발전된 단계로 진행하기보다는 즐겁고 편안하였던 상황에 남아 있다.
- 퇴행 : 아동이 현재의 수준보다 이전의 발달 단계로 돌아가는 경우로 보통 유아가 동생이 태어나면 영아와 같은 행동을 보인다. 학령기 아동이 공포감이 심할 때, 영유아기 시기에 주로 나타난 행동을 취한다.

- 합리화 : 개인의 행동이 정당하고 합리적이라고 인정을 받고자 하는 것이며, 억지의 변명이나 이유를 생각하여 자신의 행동을 정당화시키려는 노력이다.
- 승화 : 개인의 본능적 욕구를 높은 차원으로 끌어올려 사회적으로 인정할 수 있는 범위와 단계로 발산하는 것을 말한다.
- 대치 : 본능적 욕구가 차단될 때 다른 사람이나 사물에게 그 에너지를 돌리는 것을 말한다. 화가 난 아동이 부모에게 화를 풀 수 없을 때, 자기보다 힘이 나약한 강아지나 동생, 주변 물건에게 화를 낸다.
- 억압 : 의식 중에 불안, 불쾌한 기억, 갈등 등을 억지로 무의식 속으로 들어가게 하여 스스로 의식할 수 없게 차단시켜 버리는 행위를 말한다.
- 반동 형성 : 억압되어 왔던 여러 가지 감정을 의식의 수준에서 정반대의 태도나 특성으로 표현하는 것을 말한다. 친구를 좋아하면서도 그 감정을 표현하기 힘들어 싫다고 말한다.

방어 기제에는 이러한 여러 가지의 종류와 특성이 있는데 아동은 한 가지 혹은 여러 종류의 방어 기제를 사용하여 자신만의 생활양식이나 생활 습관을 만들어간다.

다른 문제의 근원은 무의식적 욕구가 전혀 채워지지 않을 때 나타난다. 프로이트는 풀리지 않는 갈등, 억압, 막연한 상태의 불안이 공존한다고 한다. 불안한 마음은 무의식에 접근하여 본래 갈등을 이해하고 해결하면 없어지지만 그렇지 못하면 인간 내부에 존재하는 원초아와 자아의 특성이 달라 삶의 양극으로 나아가는 긴장 상태가 지속된다고 하였다.

유년시절에 있었던 충격, 갈등이나 억압 등은 자신도 모르게 말이나 행동에서 나타난다. 프로이트는 성격의 세 가지 구조가 동시에 작용하는 가운데 원초아, 자아, 초자아가 서로 갈등하게 되며, 그런 상황에서 자아의 발달이 미약해지면 문제가 발생한다고 보았기 때문에 세 가지의 성격 구조가 균형적으로 잘 이루어져야 함을 강조하였다.

3) 상담 목표

정신역동적 상담의 목표는 무의식에 내재한 불안이나 심리적 상처를 해소하고, 무의식적 욕구가 충족되지 못하였다면 그것이 무엇인지 인식시켜 의식의 세계로 끌어 올리는 것이다. 심리적 상처의 근원적 이유를 파악하고, 그 이유에 대한 통찰력을 키워 내담자가 자발적으로 자신의 문제를 해결해나가도록 도와주는 것이다. 처음에는 내담자 본인도 잘 몰랐고, 의식하지 못했던 사실 등을 끌어오기까지 매우 어려운 과정을 겪지만 정신역동적 상담에 기초한 여러 가지 상담 기법을 적용하여 상담의 목표에 도달할 수 있을 것이다.

4) 상담 기법

(1) 자유 연상법

프로이트가 개발한 자유 연상법(free association)은 내담자가 마음속에 떠오르는 것을 가능한 많이 말하도록 지시하는 방법으로 어떠한 생각이나 감정을 억압하지 않고 마음속에 떠오르는 모든 것을 이야기하도록 격려한다. 전통적으로 내담자는 소파에 편히 누운 상황에서 자연스럽게 말하고 상담자는 내담자 뒤쪽에 앉아 자유 연상을 통한 의식의 흐름을 따라갈 뿐이다.

이러면서 무의식의 생각과 갈등이 자유롭게 의식의 세계로 떠오르면서 어떠한 제재나 규칙 없이 내담자의 생각과 감정이 충분히 드러날 수 있다. 간혹 내담자의 생각에서 말하고 싶지 않은 부분도 있어 감정의 혼란을 겪을 수 있지만 이러한 정서적 표출이 감정의 정화(catharsis)를 가져온다고 하였다.

상담자는 자유 연상에서 언어 이면에 보여지는 내담자의 감정이나 느낌, 억양, 몸짓 등 신체 언어에도 주의를 기울여 내담자의 증상에 대한 단서를 찾고 적절한 해석을 통해 내담자의 심리적 기제를 이해할 수 있다.

(2) 해석

해석(interpretation)은 자유 연상이나 꿈에서 나타나는 것에 대한 의미를 찾아가는 과정을 말한다. 그 과정에는 내담자의 꿈 이외에 상담에서 보여 주는 저항, 내담자의 감정 전이 상태 등에서 보여 주는 내담자의 행동과 말을 분석한다. 해석을 통해 내담자는 자신이 미처 의식하지 못한 문제를 인식할 수 있다. 해석은 정신역동적 상담에서 매우 중요하고 조심스러운 부분으로 상담자의 분석 능력에 따라 해석의 수준은 달라질 수 있고, 이것이 내담자에게 미치는 영향은 크다. 그렇기 때문에 해석할 때 유의해야 할 몇 가지가 있다.

첫째, 해석의 시기는 내담자가 자신의 문제를 의식하기 시작하는 때가 적절하므로 내담자의 거부와 저항에 부딪치지 않도록 유의한다.

둘째, 내담자가 해석을 받아들일 수 있는 내용까지만 해석한다. 그가 상실감과 죄책감 등을 갖게 하지 않도록 해석을 언제 할 것이며, 어느 정도까지 할 것인지에 대한 시기와 수준을 조심스럽게 결정한다.

셋째, 내담자의 무의식적 내용을 해석하기보다 상담의 과정에서 나타내는 내담자의 방어 기제는 무엇이며, 어떻게 저항하는지에 대한 심리와 태도를 먼저 해석하는 것이 바람직하다(하승민 · 강현아 · 장정백 외, 2008; 강갑원, 2004 재인용).

(3) 꿈의 분석

프로이트는 꿈이 소원을 성취하고자 하는 내적 표현이라고 보았다. 꿈은 잠자는 동안 자아방어가 약해지고 억압되었던 감정들이 표면화되고, 내담자에게 이루어지지 못한 소원이 담겨 있다. 이처럼 꿈을 통해 개인의 무의식 세계가 여실히 드러난다고 하였다. 사람은 잠을 잘 때 억압되었던 욕구와 감정이 배출되기 때문에 상담자는 내담자의 꿈에 관해 배우고 해석하는 능력을 가져야 한다. 이러한 꿈에 대한 분석은 내담자에게 억압되어 있는 욕망과 욕구를 표출시키고, 꿈에서의 상징을 해석함으로써 자신의 문제에 대한 통찰력을 얻도록 도와준다.

(4) 저항

저항은 상담 과정에서 문제가 분명히 드러나는 것이 두렵거나 싫어져서 불안을 해소하기 위해 자아 방어 기제를 계속 사용하거나 비협조적인 태도를 갖는 것을 말한다. 저항이 발생하는 원인은 상담을 진행하는 데 있어서 내담자가 고통스러워하거나 자아가 불안해지기 때문이다. 상담자는 저항에 대한 의미를 해석하여 내담자의 문제가 무엇인지 직시하고 저항의 개인별 원인을 파악할 수 있어야 한다. 아울러 내담자가 사용하는 자아 방어 기제를 통찰할 기회를 수시로 가질 수 있어야 한다.

(5) 감정 전이

전이는 과거에 주요 타인에게서 경험하였던 감정, 욕망, 기대 등을 현재의 상황에 적용하거나 불안으로 인한 갈등이나 대인 관계 문제를 현재의 상황에서 반복하는 것을 말한다. 내담자가 상담자를 또 다른 사람으로 인식하기 때문에 감정 전이의 분석과 해석이 필요하다. 감정 전이는 상담 과정에서 과거에 해결되지 않았던 감정이나 반응을 표출할 수 있으며, 과거를 재현할 수 있는 효과적인 상담 기법이다. 상담 및 심리치료 과정에서 전이의 해석이 성공적이면 내담자는 과거로부터 벗어날 수 있으며, 더 나아가 정서적으로 성숙한 인간으로 성장할 수 있다.

02 인간 중심 상담

1) 상담 이론

(1) 이론가

인간 중심적 상담은 칼 로저스(C. Rogers)의 비지시적 상담 이론에 기초한다. 1950년대는 비지시적 상담이라 불렸으며, 1960년대는 내담자 중심의 상담, 1970년대 이후부터 인간 중심 상담이라 불리었다. 이 상담 이론은 인간에 대한 긍정적이고 인본주의적인 관점에 바탕을 두고 있으며, 내담자의 적극적이며 책임감 있는 참여를 강조하고 있다(하승민 · 강현아 · 장정백, 2008: 70).

칼 로저스는 미국의 일리노이 주에서 가족의 유대가 강하고, 종교적인 분위기가 엄숙한 가정에서 태어났다. 그의 가족은 적극적으로 일하는 것을 인생의 중요한 가치로 생각하였다. 위스콘신대학교에서 농학을 공부하였으나 2년 후 세계기독교 학생연맹(WSCF)의 국제 모임에 참석하고자 중국을 방문하였다. 유니온신학교 대학원을 진학하면서 학교 맞은편에 위치한 콜롬비아대학교 사범대학에서 강좌를 수강하였다. 이때 심리학과 정신의학에 대한 관심을 갖게 되었고 유니온 신학교의 레타 홀링워쓰(L. Hollingsworth)의 밑에서 일하면서 아동지도에 점점 흥미를 가졌다. 드디어 아동상담연구소에서 연구원으로 참여하여 아동심리학에 첫발을 내딛게 되었다. 그 후, 뉴욕 로체스터의 아동학대예방협회(SPCC)에서 일하였고 콜롬비아대학교 사범대학에서 박사학위를 취득하였다. 이 기간에 로저스는 치료면접을 수행하면서 내담자와의 상담에 몰두하였고 1939년 『문제아동의 임상치료』

라는 책을 저술하였다. 1940년 오하이오 주립대학 교수가 되었고, 1942년 『상담과 심리치료』에서 로저스는 사람에게 적절한 환경이 주어지면 문제를 스스로 해결할 수 있고, 상담 관계는 상담자의 온정과 공감적 반응에서 출발할 수 있다고 적고 있다. 이는 당시 정신분석학과 지시적 상담이 지배하던 미국 심리학계의 새로운 바람이었다. 로저스는 제자들과 상담회기를 분석하여 내담자 중심의 상담 사례를 발표하였다.

1945년 시카고대학교로 자리를 옮겨 1951년 『내담자 중심 치료』를 출판하였다. 이 시기에 만난 제자 엑슬린(Axline)은 아동 중심 놀이치료의 주요 인물로서 로저스의 영향을 받았다. 그 후 위스콘신대학교로 자리를 옮겨 심리학과와 정신의학과에서 모두 일할 수 있었고, 로저스는 특히 신경증을 앓고 있는 환자들에게 관심이 컸다.

1966년 캘리포니아의 라 졸라(La Jolla)에 있는 서부행동과학연구소에서 연구와 상담 및 치료 활동을 지속하다가 1968년 몇몇 친구들과 인간연구센터를 창설하였고, 1970~ 1980년대 집단을 대상으로 하는 인간 중심 치료 연구에 몰두하면서 여생을 보냈다. 로저스는 내담자 중심 상담을 자주 언급하였으나 1970년대 이후 자신의 상담 이론을 인간 중심이라고 명명하였다.

(2) 인간관

로저스에 의하면, 인간은 삶에 대한 부적응을 억압하기보다는 표현함으로써 좀 더 향상된 자아를 갖게 된다고 보았다. 심리적 적응이 가능할 때, 자기실현이 가능하다는 것이다. 또한 인간은 자기 행동을 조절하고 통제하는 능력을 갖고 있다. 이는 로저스의 인간에 대한 깊은 신뢰감을 보여 주는 것이며 노력하면서 발전해가는 존재라고 생각한다.

인간은 신뢰할 만한 가치가 있고, 근본적으로 협동적이고 건설적이므로 어떠한 고통이나 문제에 있어서도 혼자 해결할 능력을 갖고 있다고 보았다.

다음은 인간 중심 상담 이론에서 보는 인간관을 제시하고 있다(Thompson & Rudolph, 2001: 141).

- 인간은 자신의 권리에 대하여 가치와 존엄성을 갖고 있으므로 마땅히 존중받을 가치가 있다.
- 인간은 자기를 지시할 능력과 권리를 갖고 있으며, 기회가 주어지면 현명한 판단을 내린다.
- 인간은 자기 자신의 가치를 선택할 수 있다.
- 인간은 책임감을 건설적으로 사용하는 법을 학습한다.
- 인간은 자신의 감정, 사고, 행동을 다룰 수 있는 능력이 있다.
- 인간은 자신의 만족한 삶을 향하여 바람직한 변화와 자아실현과 같은 인간적인 발달을 실현할 잠재력을 갖고 있다.

이처럼 인간은 적절한 환경과 조건만 갖추어지면 자신의 잠재력과 성장 가능성을 가진 존재이다. 앞장에서 언급한 정신역동적 상담은 내담자의 무의식에 영향을 받는 인간이었지만 로저스는 인간이 자기를 실현할 수 있는 태도와 능력을 갖추고 있다고 본다.

(3) 성격 구조

성격에는 유기체, 현상학적 장, 자아 등 세 가지 핵심 요소가 있다. 유기체는 사고와 감정, 행동을 할 수 있는 사람으로서 일차적인 행동 목적은 욕구를 만족시키고자 하는 것이다. 이후에는 유기체를 유지하고, 발전시키고, 강화시키기 위해 노력한다.

두 번째 요소는 현상학적 장이다. 현상학적 장은 유기체 다시 말해 개인이 특정 순간에 인식하고 경험하는 주관적인 경험을 말한다. 사람들은 대상을 지각하고 경험하며 그 대상에 의미를 부여한다. 세상 사람들이 각기 다르게 생긴 것처럼 개인마다 자신의 관점에서 세상을 다르게 본다. 의미 부여된 대상은 현상학적 장에서 개인이 지각한 것이다. 따라서 한 개인을 이해하려면 그가 지각하고 있는 현상학적 장을 우선적으로 이해하는 것이 필요하며, 환경과의 상호작용 결과에서 사람들이 현상학적 장에서 지각하는 것 중 일부분이 자아(self)로 분리되어진다

(이숙 외 2004; 재인용, 하승민 외, 2008: 72).

세 번째 요소는 자아이며, 로저스의 이론 중 가장 중요한 성격구조이다. 자아는 현상학적 장에서 개인이 인식하는 경험의 세계를 분리한 부분이다. 자아는 자기에 대한 개념으로 '나는 누구인가', '무엇을 할 수 있고 무엇이 될 것인가'에 대한 고민을 갖고 있다. 타인과의 상호작용에서 자신이 경험한 현상학적 장과 '나'를 분화시켜 마음속의 이미지로 만들어 가며 자아상을 형성할 수 있다(강경미 · 강란혜 · 송주미, 2006: 101).

유아기에 형성된 자아상은 앞으로 성장하는 동안 다양한 사람과 상호작용을 할 예정이며, 많은 경험에 따라 성숙해지고 복잡해진다(하승민 외, 2008: 72).

자아 개념은 현실적 자아(real self)와 이상적인 자아(ideal self)로 나누어지며, 현실적 자아는 자신이 어떠한 사람으로 인식하고 있는지와 관련 있고, 이상적 자아는 미래에 어떠한 사람이 되고 싶은지 등에 대하여 고민하는 부분이다.

모든 유기체는 자신의 현재 상태에서 좀 더 발전하도록 잠재력을 키워 성숙하는데 노력을 기울이는 경향을 갖고 있다. 이를 자아실현 경향성(self actualization)이라고 부른다.

로저스가 인간에게 자아실현 경향성에 대해 언급하면서 현상학적 장에서의 자아와 유기체의 기능이 일치하면 '완전히 기능하는 사람(fully functioning person)'이라 부를 수 있다고 하였다(강경미 · 강란혜 · 송주미, 2006: 102). 완전한 삶의 기능을 보이는 사람들의 특성은 다음과 같다.

- 완전히 기능하는 사람은 경험에 대하여 개방적이다.
- 완전히 기능하는 사람은 매 순간을 충분히 누리며, 실존적 삶을 산다. 과거의 회상이나 미래를 예측하지 않고 매 순간에 새로운 것을 경험한다.
- 완전히 기능하는 사람은 유기체적 신뢰를 갖는다. 타인의 판단보다는 자신의 평가에 의해 행동하며, 만족스러운 행동에 도달하는 방법으로 자신을 신뢰한다.
- 완전히 기능하는 사람은 자기가 선택한 인생을 자유롭게 살아간다. 행동과 그 결과에 책임을 지고 모든 일을 스스로 선택한다.

- 완전히 기능하는 사람은 창조적 삶을 살아간다. 건설적으로 살아가며 사회의 규율에 얽매이기보다는 자신의 요구를 만족시키며 산다.

2) 문제의 근원

인간은 완전히 기능하는 사람으로 살아가고 싶어 한다. 완전히 기능하는 사람은 현상학적 장과 자아가 일치한다. 보통 현상학적인 장에서 분리된 자아는 세상에 대한 개인의 지각과 행동의 근거가 된다. 현상학적 장과 자아가 일치할 때, 자신이 타인으로부터 사랑과 존경을 받고 싶어 하는 욕구가 충족된다. 하지만 경우에 따라 현상학적 장에서의 경험이 자신의 자아와 불일치를 보이면 그 안에서 개인은 불편하거나 위협을 느낄 수 있으며, 불일치 상태가 지속하면 현실에 대한 방어, 왜곡된 사고, 경험 자체의 부인 등 부정적인 반응이 나타나기 시작한다(하승민 외, 2008: 74).

불일치가 심화되면 심각한 심리적 부적응이 생긴다(김순혜, 2001: 43). 현실의 왜곡이 지나쳐 현실적으로 완전히 기능하는 사람이 될 수 없다는 것이다. 심리적 부적응에는 특히 부적합감과 낮은 자아감이 공통적으로 나타난다. 타인과 주변 세계와의 의사소통이 단절되고, 개인의 의사소통 능력도 현저히 떨어진다.

3) 상담 목표

인간 중심 상담의 목표는 사람들이 좀 더 자율적이고 자발적이며, 자신감을 갖도록 도와주는 데 있다(Rogers, 1968). 개인이 자신의 내면세계를 지각하고, 그 안에서 무슨 일이 일어나는지 알게 되면 감정을 두려워하거나 감추는 일을 그만할 수 있다. 타인의 기준에 의해 살아가기보다 자신의 가치를 수용하고 자신의 판단에 믿음을 갖게 된다. 인간 중심 상담에서 목표로 하는 것은 계획과 행동에 대해 고민하고 행동 단계별 성과에 대하여 논의하는 것이다. 또한 미성숙한 행동에서 성숙한 행동으로 변화하고, 방어적 행동을 줄여 욕구 좌절에 대해 인내심을 키우고, 인생의 과업마다 역할 수행을 향상시키는 것이 상담의 목표가 된다(Thompson & Rudolph, 2001: 144).

궁극적 목표는 제 기능을 충분히 발휘하는 사람으로 성장하도록 도와주는 것이다. 완전히 기능하는 사람으로 키워내려면 내담자 스스로 생활에 직면하여 문제를 해결할 수 있으며 자신이 선택한 것을 신뢰하고 자신의 감정을 타인에게 강요하지 않는다. 이러면 개인은 자신과 타인을 존중하고 가치 있는 존재로서 높게 평가할 수 있다.

요약하면, 상담의 목표는 개인이 가진 자아 개념과 개인 경험 간의 불일치를 없애 자아 방어 기제를 제거하고 경험에 대한 왜곡을 줄여 자신에 대한 이해를 더욱 잘 할 수 있게 도와주는 데 있다.

4) 상담 기법

인간 중심 상담은 '거기와 그 때(there-and-then)'로 표현되는 무의식의 세계와 과거의 경험이 문제가 아니라 '여기와 지금(here-and-now)'의 내담자 심리에서 출발한다. 현재 이 순간과 이 장소에서부터 내담자 상담을 시작한다.

인간 중심 상담에서의 상담자 기능과 역할을 언급하면 다음과 같다(강경미 · 강란혜 · 송주미, 2006: 103-104).

- 상담자의 태도가 내담자에게 성격의 변화를 일으키게 한다. 상담자는 자신을 내담자 변화의 도구로 활용한다.
- 상담자는 내담자의 성장을 촉진하는 치료 분위기를 조성한다.
- 상담자는 내담자와의 관계에 있어서 기꺼이 진실한 태도를 가져야 한다. 상담자의 진지한 배려, 수용, 이해는 내담자의 방어적인 태도와 인식을 바꾸게 한다.
- 상담자는 내담자가 자신의 내면에서 진행되는 경험을 이야기 하도록 상담의 초점을 맞추어야 한다. 이를 위해 상담자는 내담자가 현재 갖고 있는 감정을 반영하는 것이 중요하다. 반영은 내담자의 마음에서 느끼는 여러 감정을 거울에 비추듯 상담자가 내담자에게 보여 주는 것을 말한다.

- 상담자는 내담자의 긍정적이며 부정적인 정서 반응을 수용, 인정, 명료화하여 자유로운 언어 표현을 격려하고 지지한다.
- 상담자는 내담자가 문제 행동을 수정하는 데 도움이 되는 대안적 선택을 탐색하는 데 도움을 준다.

이러한 상담자와 내담자의 관계에 기초하여 상담자가 사용할 수 있는 여러 상담 기법을 소개하고자 한다. 상담 기법이 구체적이지 않지만 우선 상담자의 태도와 관련한 인격적 특성에 중점을 두어 설명하고자 하며, 그 밖에 상담의 단계별로 활용할 수 있는 침묵, 명료화, 질문, 격려, 요약, 감정 반영, 직면, 주도 등을 제시하고자 한다.

(1) 진실성과 일치성

진실성은 상담자가 내담자에 대한 느낌이나 생각을 있는 그대로 솔직하고 충실하게 표현할 수 있어야 한다. 내담자와의 관계에 있어서 일어나는 모든 일을 진실하게 말이나 행동으로 나타내는 것을 말한다.

그 가운데 상담자는 거짓된 태도 없이 내면의 경험에 그 경험의 외적 표현이 일치해야 하므로 일치성이 필요하다. 내담자에 대하여 긍정적이나 부정적인 감정이 생기면 상담자의 기분 상태와 내담자에게 전달되는 태도와 감정이 일치하여야 한다. 긍정적인 면만 표현하고 부정적인 면을 표현하지 않는 것은 상담자의 진실한 태도가 아니다.

(2) 무조건적 긍정

인간 중심 상담은 내담자가 인간으로서 갖고 있는 통합적 가치를 인정해 주는 것이므로 그의 내재적 가치와 존엄성을 인정한다. 이처럼 내담자가 어린 유아나 아동이더라도 그의 태도와 행동을 존중해 주어야 한다. 무조건적 존중은 상담자가 내담자에게 하는 진단, 비교, 평가가 아니라 있는 그대로의 가치를 수용하는 자세를 말한다.

상담자가 내담자에게 긍정적 자세를 유지하면 내담자는 자신을 있는 그대로 표현할 수 있는 자유로운 존재가 되어 그동안 드러내지 못해왔던 숨은 감정이나 능력을 발현할 수 있는 가능성이 높아진다. 이는 내담자가 존중 받고 있음을 느끼게 해 주어 상담에 적극 참여하게 된다.

(3) 공감적 이해

상담자가 상담의 과정에서 내담자가 표현하는 경험이나 감정, 의견들을 내담자의 입장이 되어 이해할 수 있는 능력을 말한다. 공감적 이해를 위하여 상담자는 내담자를 정확하고 민감하게 인식하고 이해할 수 있어야 한다. 내담자의 생각이나 감정에 무조건 동의하는 것이 아니라 따뜻한 마음을 갖고 내담자의 입장을 이해하려고 노력해야 한다. 하지만 상담자가 가질 수 있는 객관적 태도는 유지해야 함을 잊지 말아야 한다(하승민 외, 2008: 76).

(4) 다양한 기법들

로저스의 상담 이론이 인간 중심이라고 했듯이 아동에게 적용할 경우 아동중심 상담이라 할 수 있다. 인간 중심의 상담은 상담자와 내담자의 관계 형성에 초점을 두기 때문에 상담 관계를 형성하는 것 자체가 상담 기법이 된다. 구체적인 상담 기법이 없다는 것이 인간 중심 상담의 한계이기도 하지만 내담자를 변화시키는 것은 인간 대 인간으로서의 관계에서 출발한다고 본다. 넬슨(Nelson, 1972)이 인간 중심 상담에 기초하여 소개하는 몇 가지 기법을 제시하면 다음과 같다(김순혜, 2001: 50-52).

- 침묵 : 상담자가 아동의 말을 듣고 있으며, 좀 더 듣기를 원할 때 사용할 수 있다. 아동이 생각을 정리하여 표현하도록 기다려 주기도 하고, 끈기 있는 상담자의 태도를 보여줄 때 침묵한다. 내담자는 편안한 상태에서 자기의 내면을 좀 더 드러내어 깊은 수준의 사고와 감정을 보여줄 수 있다.
- 명료화 : 아동의 상황을 이해하고자 하는 상담자의 의도를 나타내는 반응 기술이며, 아동이 말한 내용이나 표현을 상담자의 말과 용어로 새롭게 다시 표

현해 주는 것이다. 내담자가 진술한 문장을 단순화시켜 명료하게 아동을 이해시키는 과정이다.

- 질문 : 아동의 감정, 사건, 경험을 보다 깊이 파악하기 위해 사용하는 질문으로 폐쇄식 질문과 개방식 질문이 있다. 폐쇄식 질문은 '예/아니오' 같은 간단한 대답을 요할 때와 특정 문제를 조사할 때 사용한다. 개방식 질문은 '어떠하니? 어떠니?'와 같은 내담자가 문장으로 표현할 수 있도록 하는 질문이며, 자기 탐색을 하는 데 도움을 줄 수 있다. 질문을 자주하면 내담자의 방어적 태도를 유발하니 조심스럽게 사용한다.
- 격려 : 아동의 행동을 적극적으로 지지하고 강화해 주는 것이다. 이를 기회로 아동은 자신이 가치가 있고 존중받고 있다고 느낀다. 이는 문제 해결을 스스로 하고 감정 조절도 혼자 통제할 수 있다는 자신감을 갖게 해 준다.
- 요약 : 상담이 종료될 때, 상담 내용에 대하여 간결하게 설명해 주고, 다음 상담 회기를 안내할 때 필요한 상담 기법이다.
- 감정 반영 : 아동이 표현한 감정과 태도를 다른 말로 표현하는 것을 말한다. 아동은 자신이 말한 것을 상담자가 다시 말해 주면 자신을 수용하고 존중하고 있다고 생각한다.
- 직면 : 상담의 과정에서 아동에게서 발견한 모순을 직접적으로 설명하지 않고 부드럽게 지적하는 시도로 직면을 사용하는 경우는 첫째, 아동이 이전에 말한 내용과 다르게 말하여 모순점을 발견했을 때, 둘째 아동이 말한 내용과 반대로 행동할 때, 셋째 상담자의 개인적 경험에 비추어 아동이 거짓말을 한다고 판단할 때에 사용한다. 직면을 통해 아동은 자신의 모순된 행동, 언어, 감정 등을 파악할 수 있다.
- 주도 : 아동이 자신을 위한 행동을 하도록 하는 것으로 스스로 자신의 문제 해결과 관련된 행동을 선택하여 실행하는 주도성을 갖게 한다. 주도할 수 있으려면 문제 해결력을 키워야 할 것이다. 문제 해결 기술이 생기면 행동으로 옮기고, 행동 연습이 이루어지면 상담을 종료할 수 있다.

03 행동주의 상담

Child Psychology & Counseling

1) 상담 이론

행동주의적 접근법은 1950년대에 시작해서 1960년대 초반에는 당시에 지배적이던 정신분석적 관점에서 급속히 분리되었으며, 고전적 조건화, 조작적 조건화, 인지적 관점의 접근법이 대표적이다.

첫 번째 경향은 고전적 조건화(classical conditioning)이다. 울페(Wolpe), 라자러스(Lazarus), 아이젱크(Eysenck, 1950)는 임상 장면에서 공포증을 처치하기 위해 동물을 대상으로 한 실험적 연구에서 나온 결과를 사용하기 시작하였다. 주요 특성은 실험적 분석과 치료 과정의 평가에 초점을 둔 것이었다. 울페는 체계적 둔감법이라는 기법을 발달시켰는데, 이것은 실험적인 연구의 결과에서 나온 학습원리가 어떻게 임상적으로 적용될 수 있는지를 보여 준다.

두 번째 경향은 조작적 조건화(operant conditioning)이다. 조작적 행동은 어떤 인과적인 결과를 산출하기 위해 환경을 조작하는 행위를 포함한다. 고전적 조건화에서는 무릎반사, 타액분비와 같은 어떤 반응적 행동이 수동적 유기체에서 나온다. 조작적 조건화에서는 행동은 능동적 유기체로부터 나온다. 조작적 행동의 예로는 읽기, 쓰기, 운전하기 그리고 먹기 등이 포함된다. 이런 행동들은 일상에서 우리가 하는 중요한 반응을 포함하고 있다. 만약 유기체에서 어떤 보상을 주거나 혐오 자극을 제거시켜 행동을 제한하고 환경 변화를 가한다면 그런 행동이 다시 발생할 확률이 강화된다. 만약 행동 변화가 아무런 강화도 가져오지 않는다면 그 행동이 다시 일어날 기회는 줄어든다. 스키너(Skinner)는 강화된 행동은 반복되고 그렇지 않은 행동은 소거된다고 생각한다. 긍정적 강화(positive reinforcement)는 어떤 행동의 결과에 대한 보상으로 칭찬이나 돈 등의 강화제를 주는 것이다. 강화제는 원하는 물건이나 칭찬 등을 비롯한 반응을 더욱 강화시킬 수 있는 여러 자극이 될 수 있다. 부정적 강화(negative reinforcement)는 불쾌한 결과를 회피하기 위해서 주어진 바람직한 행동을 하는 것을 말한다. 가령 선생님께 야단을 듣지 않기 위해 숙제하거나 지각하지 않는 것과 같다. 부정적 강화와 벌은 다르게 해석되어야 한다. 부정적 강화는 고통을 회피하기 위해 바람직한 행동을 하는 것으로 좋은 행동을 증가시키는 것이지만 벌은 아동에게 심신에 고통을 줌으로써 고통을 회피하기 위해 나쁜 행동을 하지 않게 하는 것, 즉 문제행동을 감소시키는 방법이다. 즉 불쾌한 결과를 회피하기 위하여 행위를 함으로써 그 행동이 강화되는 것이 부정적 강화이다.

세 번째 경향은 행동주의 상담에서의 인지적 경향이다. 고전적 조건화와 조작적 조건화 모형의 행동주의 학자들은 사고 개념에 대한 언급을 배제하였는데 이것은 행동주의가 정신역동적 접근법의 통찰 지향적인 성격에 대한 반동에서 출발했기 때문으로 보인다. 그러나 최근 행동주의는 사고에 많은 비중을 두고 행동의 문제를 이해하고 치료하는 데 있어 인지적 요인을 중심 역할로 선정하고 있다.

최근의 행동주의 상담은 더 이상 학습이론에만 국한되지 않으며, 일련의 기법으로만 좁게 정의되지도 않는다. 행동 변화를 이해하고 설명하는 개념화, 연구 방법, 치료 절차 등을 포괄하고 있다.

2) 문제의 근원

(1) 인간 본성에 대한 관점

최근 행동치료는 인간행동에 대한 과학적 관점에 근거하며 이것은 상담에서 체계적이고 구조적인 접근을 의미한다. 이 관점은 인간은 단지 사회문화적 조건의 산물이라는 결정론적 관점이 아니라 그 자신의 환경을 산출하는 주체자라는 것이다(Bandura, 1974-1977).

스키너(1984, 1971)와 같은 급진적 행동주의자들이 자기 결정과 자유의 가능성을 배제하는 반면에 최근의 경향에서는 내담자에게 스스로를 통제할 기회를 주며 그렇게 함으로써 그들의 자유의 범위를 넓혀 주려고 하고 있다. 행동수정은 내담자의 반응 선택이 늘도록 하기 위해 개인의 기술을 증가시키는 것을 목표로 하고 제한된 선택 행동에 주목함으로써 개인이 전에는 이용할 수 없었던 가능성들로부터 보다 자유롭게 선택할 수 있는 기회를 부여한다. 이와 같은 행동주의 개념에서는 개인이 어떻게 자신의 행동을 수정하는지에 대한 자기 수정을 최종적 적용으로 보고 있다.

(2) 기본 특성과 가정

행동수정은 매우 다양하여 전 영역에 적용할 수 있는 특성을 열거하기는 어려우나 가장 폭넓게 적용되는 특성들은 다음과 같다.

① 행동수정은 현재 개인의 행동에 영향을 주는 것들에 초점을 둔다.

② 행동수정은 밖으로 표출된 행동 관찰을 강조한다.

③ 한 행동을 묘사할 수 있는 구체적이고 객관적인 용어로서 치료 목표를 구체화한다.

위의 세 가지 가정은 행동 치료자들 간의 이질적 관점을 통합시키기 위한 기초로 제공된다.

3) 상담의 목표

(1) 행동수정 상담의 목표

행동수정 상담의 목표에 대한 잘못된 관점에 대표적인 것은 행동수정 상담의 주목표가 단지 장애가 되는 증상의 제거이며 일단 치료가 된다 하더라도 근본적인 원인이 처치되지 않았기 때문에 새로운 증상이 생긴다는 것이다. 그러나 대부분의 행동수정 상담자들은 그들이 사용하는 접근법이 단지 증상의 처치만이라고 생각하지 않는다. 왜냐하면 그들은 상담자의 임무를 내담자의 부적응 행동을 제거하고 보다 적절한 행동으로 대치시키도록 도와야 한다고 생각하기 때문이다. 행동수정 상담의 초점은 현재 행동에 영향을 주는 요인을 중심으로 행동을 어떻게 변화시킬까에 초점을 둔다.

행동수정 상담 목표는 명료하고 구체적이며 이해하기 쉽고 내담자와 상담자에 의해 합의된 것이어야 한다. 행동수정 상담 목표를 결정하는 과정은 상담자와 내담자 간의 상호 협의로 이루어지는데 이는 상담 과정을 안내하는 계약이므로 상담자와 내담자는 상담 과정에서 필요에 따라 목표를 변경할 수 있다.

(2) 상담자의 기능과 역할

행동수정 상담자는 치료에서 능동적이고 지시적인 역할을 담당해야 한다. 왜냐하면 그들은 인간 문제를 해결하논 데 과학적 지식을 적용하기 때문이다.

행동수정 상담자는 내담자가 준 단서에 주의를 기울이며 요약, 반영, 명료화, 그리고 개방된 질문을 사용한다. 그러나 행동수정 상담자는 두 가지 기능을 하는데, 그 하나는 특수한 것에 초점을 두는 것이고 다른 하나는 상황적인 선행사(antecedents)와 문제 행동의 영역, 문제의 결과에 대한 정보를 얻는 것이다(Goldfried & Davison, 1976).

다른 중요한 기능은 내담자를 위한 상담자의 역할 모델이다. 반두라(1969, 1971a, 1971b, 1977)는 직접 경험을 통해 일어나는 학습의 대부분은 다른 사람의 행동을 관찰하여 얻어진다고 지적한다. 그는 내담자가 모방을 통해 새로운 행동을 배우는 것을 상담의 기본 과정에 넣고 있다. 하나의 인간으로서 치료자는 중요한 모델이 된다. 왜냐하면 내담자는 가끔 상담자를 가치 있는 존재로 숭배해서 그의 태도, 가치, 신념 그리고 행동 등을 따라서 한다. 그래서 상담자는 내담자의 동일시의 과정에 결정적인 역할을 한다는 것을 자각해야 한다. 내담자의 생각과 행동 양식에 영향을 주는 힘을 자각하지 않는다는 것은 상담과정에서 자신의 존재가 갖는 중심 역할을 부정하는 것이다.

(3) 상담자와 내담자 간의 관계

행동주의에서 상담자와 내담자의 관계를 기계적이고 조작적이며 극히 비인간적이라고 특징짓는다. 그러나 대부분의 행동주의 상담자들은 따뜻함, 공감성, 진실성, 수용성 그리고 인정 등을 상담 과정에서 일어나는 행동 변화를 위한 필수 조건이라 생각한다.

행동주의 상담에서는 높은 수준의 기술과 감수성 그리고 내담자와의 작업 관계를 형성하는 능력을 필요로 한다. 행동주의 상담자는 능동적이고 지시적이며 조언자 또는 문제 해결자로서 기능을 하는데 이것은 내담자의 자연적 환경에서 행동 변화를 이끄는 모델 역할을 하므로 개인적으로 내담자를 지지하는 것이 중요하다.

4) 기법들

상담과 심리 치료에서 행동주의적 접근법이 중요한 이유는 과학적 방법을 통해 스스로를 수정하는 특수한 치료 절차의 발달 때문이다.

그러나 행동주의 상담자는 학습 이론에서 나온 기법에 너무 엄격히 자신을 구속해서는 안 되고, 행동주의 기법을 다른 기법에 융통성 있게 통합시킬 수 있어야 한다.

(1) 이완 훈련과 관련된 방법

이완 훈련은 일상의 삶에서 만들어지는 스트레스에 대처하는 법을 가르치는 방법이다. 야콥슨(Jacobson, 1938)은 점진적 이완 훈련의 절차를 발달시키는 데 기여하였는데, 그 후 이완 절차는 자주 다른 행동 기법과 결합되어 사용되고 있다.

이완 훈련은 근육을 이완시키는 동안 조용한 환경에서 깊고 규칙적인 호흡과 함께 근육을 이완시키며 정신적으로는 즐거운 상상이나 생각에 초점을 맞춘다. 매일 20~25분 정도 훈련하면 연습 기간 동안 내담자로 하여금 적극적으로 긴장을 느끼고 경험하게 하며, 그의 근육이 점점 긴장되는 것에 주의를 집중시키게 하고 이 긴장을 충분히 경험하도록 하는 것이 도움이 된다. 또한 긴장과 이완 간의 차이점을 경험하게 하는 것이 유용하다.

(2) 체계적 둔감법

고전적 조건화 이론에 기초한 체계적 둔감법은 행동주의 치료 과정에 가장 널리 쓰이고 임상적으로 검증된 기법이다. 이것은 일차적으로 불안이 원인이 된 부적응 행동이나 회피 행동에 적용된다. 이 기법은 우선 불안을 일으키는 자극을 행동적으로 분석하고 불안사출 상황의 위계를 작성한 다음 이완 절차를 학습시키고 상상적인 장면을 통해 치료하는 방법이다. 상황의 설정은 가장 위협이 적게 느껴지는 상황에서부터 가장 위협적인 상황으로 옮겨 가는 식으로 제시된다. 불안을 야기하는 자극은 그런 자극과 불안 반응 간의 관계가 소거될 때까지 이완 훈련을 하면서 반복적으로 이루어지는데, 이런 반조건 형성의 절차는 다음과 같다.

① 배척, 질투, 비탄, 무시 또는 공포증과 같은 특수한 영역에서 불안을 야기하는 자극이 분석된다. 상담자는 불안이나 회피의 정도를 증가시키는 상황의 목록을 작성한다. 내담자가 상상할 수 있는 가장 나쁜 상황에서부터 가장 적은 불안을 야기하는 상황까지 질서 정연한 불안 위계표가 작성된다. 예를 들면 만약 내담자가 배척당하지 않을까 하는 불안을 갖고 있다고 판단되면 가장 불안을 크게 가져다주는 상황은 가족으로부터 거부당하는 것이고 다음은 친한 친구 그리고 다음은 또래 친구에게 거부당하는 것이 될 것이다.

② 처음 얼마 동안은 내담자는 야콥슨(1938)에 의해서 만들어지고 볼페(1969)에 의해서 구체화된 이완 훈련을 받는다. 호숫가에 앉아 있거나 아름다운 들을 거니는 것 같은 편안한 상황을 생각하도록 암시를 받을 것이다. 내담자가 조용하고 평화로운 상태에 들어가는 것은 매우 중요한 일이다. 내담자는 모든 근육을 이완시키고 특히 안면 근육에 강조를 두고 몸 전체를 통해 자신을 이완하는 방법을 배운다. 맨 처음 팔을 이완시키고 그다음으로는 머리, 목, 어깨, 등, 뼈, 가슴 그리고 다리 부분 순으로 이완시킨다. 내담자는 매일 30분 정도 상담 이외의 이완의 연습을 해야 한다. 내담자가 신속히 이완을 학습하면 둔감화 절차가 시작된다.

③ 둔감화 과정은 눈을 감고 완전히 이완된 상태에서 시작한다. 상담자는 일련의 장면을 기술해 주고 내담자에게 각 장면에서 상상하도록 요구한다. 상담자는 이완된 내담자에게 아주 작은 불안을 유발시키는 장면을 상상하도록 요구한다. 치료자는 내담자가 불안을 느낀다는 신호를 보내올 때까지 위계에 따라 점진적으로 시행하는데 내담자가 불안 신호를 보내오는 그 지점에서 일단 멈추어야 한다. 다시 이완을 유도하고 그런 다음 불안 위계에 있는 장면들을 통해 둔감화가 진행된다. 내담자가 가장 장애가 되는, 불안 야기 장면을 상상하면서도 이완 상태로 있을 수 있을 때에 상담은 끝난다.

(3) 토큰법

토큰법은 스키너의 강화 원리를 포함하여, 조작적 조건화의 원리를 적용시킨 행동주의의 기법이다. 그러나 직접적으로 강화인자를 쓰는 대신에 시간 지연 뒤 내담자가 원하는 다양한 물건과 교환할 수 있는 토큰을 보상으로 제공하는 것이다. 이 토큰법은 토큰이라는 강화인자를 갖고 적응 행동을 발달시키려는 목적을 갖고 있다. 때로는 토큰을 뺏음으로써 바람직하지 못한 행동을 소거시키려는 목적으로도 사용된다.

토큰법은 칭찬이나 다른 무형의 강화인자를 쓸 수 없을 때의 행동수정에 적용될 수 있다.

토큰법이 지속적인 효과를 갖기 위해서는 직접적 강화물에서 사회적 강화인자로 바꾸어야 한다. 토큰법은 또한 교실에서 효과적으로 사용될 수 있다. 예를 들면 교사는 학업면에서나 사회생활면에서 어떤 학생에게 보상을 줄 수 있다. 하루가 끝날 때쯤 이 토큰은 학생이 가치 있게 여기는 다른 물건으로 대치될 수 있다.

(4) 벌의 형태

벌은 원치 않는 행동을 소거시키기 위해 치료자가 사용하는 조작적 조건화의 중재 전략이다. 벌은 바람직하지 않은 행동의 결과에 대해 불쾌하거나 혐오스러운 자극을 제공하는 것이다. 벌이 소거되면 행동은 다시 일어난다. 벌을 사용하면 분노나 우울증 같은 부정적인 정서 반응을 일으킬 위험이 따르기도 한다. 만약 벌을 사용하려면 긍정적 강화와 결합시켜 사용해야 한다.

다음은 원치 않는 행동을 소거시키는 데 쓰이는 세 가지 조작적 방법이다.

❶ 타임아웃(time out)

타임아웃은 긍정적 강화로부터의 분리로 설명되어진다. 이 과정은 만약 개인이 긍정적 강화를 겪을 기회가 없다면 목표 행동의 빈도가 감소할 것을 가정한다. 예를 들면 교실에서 소란을 피우는 아동을 다른 아동으로부터 격리시킴으로써 주의 집중을 받기 위해 그 아동이 이용했던 강화인자로부터 격리시킨다. 이 절차는 아주 잠시만 적용해도 극적 효과를 거둘 수 있다. 타임아웃은 다른 기법보다 덜 혐오적이지만 주의 깊은 관심과 부모, 교사 또는 상담자의 일관성 있는 관심을 요구한다. 타임아웃은 공격성, 난폭성 그리고 자기 파괴 행동을 관리하는 데 유용하게 사용할 수 있다.

❷ 과잉 교정(overcorrection)

과잉 교정은 잘못된 행동이 지나치게 일어날 때 특히 효과적이다. 또한 강화로 제공될 대안 행동이 거의 없거나 효과적인 강화인자가 없을 때 유용한 기법이다(Karoly, 1980). 이 절차는 내담자에게 먼저 자신의 부적응 행동 후에 즉각적으로 자연스러운 상황을 재구성하도록 요구한다. 만약 어떤 사람이 집단 속의 다른 사람에게 말이나 신체적으로 공격을 가했다면 공격을 한 내담자로 하여금 전체 집단원뿐 아니라 직접 상처를 받은 집단원에게 사과를 하게 하는 것이다. 이때 공격자는 적절한 행동을 반복해서 실행할 것을 요구받는다.

❸ 반응가(response cost)

반응가는 강화인자가 부적절하거나 바람직하지 못한 행동을 할 때 주어지는 벌의 유형이다. 반응가에서는 행위와 벌 사이의 관계가 명확히 설명되어야 한다. 이 기법에서는 어떤 벌을 부과할 때 보통 이권 또는 물건 등을 감소시키는 형태의 벌을 가한다. 위반 행동을 하면 토큰을 잃게 된다. 토큰 보상 체계와 반응가 절차를 결합시키면 바람직한 행동 변화를 일으키는 데 유용하다.

(5) 모델링

모델링은 관찰 학습, 모방, 사회 학습 그리고 대리 학습 같은 용어로도 쓰인다. 개인이나 집단 모델의 행동 과정이 관찰자에게는 모두 동일한 생각, 태도 그리고 행동을 위한 자극으로 비춰진다. 관찰 학습의 이런 과정을 통해 내담자는 시행착오를 거치지 않고도 바람직한 행동을 하는 법을 배울 수 있다.

반두라(1969, 1971)는 모델링의 세 가지 중요한 효과를 제시했는데 그 각각은 임상치료에 중요한 의미를 갖고 있다.

첫째는 새로운 반응이나 기술을 인지하고 그것을 실행하는 것이다. 관찰 학습은 하나의 모델이나 다수의 모델을 관찰함으로써 새로운 행동 유형을 통합시키는 효과를 가져다준다. 운동에서의 학습 기술, 언어 학습의 유형, 모델을 통한 자폐아동의 말하기 훈련, 사회적 기술의 학습 그리고 병원의 환자들에게 사회로 돌아가서 생활하는 데 필요한 기술을 학습시키는 것 등이 모델링의 첫 번째 예에 포함된다.

두 번째 모델링의 효과는 공포 반응의 제지(inhibition)이다. 이것은 관찰자의 행동이 같은 방식으로 제지될 때 일어난다. 이런 경우에 금지된 공포 반응을 실행하는 모델은 실은 부정적 결과나 긍정적 결과에 의해 고통을 받지 않는다. 이런 예로는 뱀을 다루지만 물리지 않는 모델 등이 포함된다.

모델링의 세 번째 효과는 모델이 다른 사람들을 경쟁하게 하는 단서를 제공하는 식으로 반응을 용이하게 하는 것이다. 이 효과는 어떤 금지가 없을 때에 행동을 증가시키는 것이다. 이러한 예로는 블루진 상품을 소개하는 TV 상업광고에 출연하여 말하는 매력적인 십 대들이 이에 속한다. 그 프로그램을 보는 다른 청소년들은 그런 풍조를 모방할 것이다. 행동을 바꾸게 하거나 행동에 영향을 주는 또는 다른 모델로는 사회적인 모임에서 먼저 그 자리를 떠나는 사람을 예로 들 수 있다. 나머지 사람들도 그런 행동을 곧 따르게 된다.

(6) 주장 훈련(assertive training)

대부분의 사람은 자신을 적절하고 정당하게 주장하는 데 어려움을 느낀다.

주장 훈련의 기본 가정은 사람들은 자신의 느낌, 생각, 신념 그리고 태도를 표현할 권리를 갖고 있다는 것이다. 주장 훈련의 목표는 내담자가 어떤 상황에서 주장적으로 행동할지를 선택할 수 있도록 하기 위해 그의 행동 목록을 증가시키는 것이다.

내담자가 일반적으로 치료 과정에서 적용하는 주장 훈련의 여섯 가지 임상적인 전략이 있다. 교시, 피드백, 모델링, 행동 연습, 사회적 강화 그리고 과제 등이 그것이다(Bellak & Hersen, 1977).

- 교시 : 상담자는 내담자에게 그의 특수한 행동을 말해 준다. 명확한 교시는 내담자가 눈을 맞추고 소리를 높일 수 있게 도와준다.
- 피드백 : 이것은 교시가 끝나고 일련의 행동을 실행하는 내담자에게 주어지는 상담자의 논평을 말한다. 긍정적 또는 부정적 피드백은 뚜렷한 행동변화에 영향을 준다.
- 모델링 : 때때로 상담자는 내담자가 흉내 내도록 하기 위해 바람직한 행동을 적극적으로 보여 주기도 한다. 살아 있는 모델이나 비디오테이프를 볼 수 있는 모델이 쓰인다.
- 행동 연습 : 이것은 치료 기간 동안의 역할놀이이다. 인간관계 상황에 대한 효율적인 또는 비효율적인 행동들이 비판되며 여러 상황에서 실행된다.
- 사회적 강화 : 이것은 내담자가 바람직한 반응을 했을 때 내담자를 칭찬하는 것이다. 칭찬을 통해 목표 반응이 점진적으로 조형된다.
- 과제 : 주장 훈련의 통합된 면은 행동적 본질에 대해 특수한 과제를 부과하는 것이다. 이런 과제를 통해 내담자는 치료 기간에 배운 것을 실제 생활에 적용시킨다. 내담자는 요구를 받아들이기도 하고 거절하기도 하며 적절한 때에 자신의 감정과 생각을 표현할 수 있다. 내담자는 자신의 과제를 이행하는

데 직면하는 어려움을 겪으면서 보다 주장적일 수 있다. 효과적인 주장 훈련 프로그램은 단지 어려운 상황을 처리하는 기술과 기법만을 내담자에게 주는 것이 아니고 그 이상의 기능을 한다. 그런 프로그램들은 개인으로 하여금 주장을 방해하는 신념에 도전하게 하고 건설적인 자기 진술을 하게 하여 주장적 행동에서 기인되는 새로운 일련의 신념에 적응하게 해 준다.

(7) 자기 관리 프로그램과 자기 지시적 행동

자기 관리 전략은 자기 충고, 자기감시, 보상, 자기 계약 그리고 자기 통제를 포함한다.

자기 관리 프로그램에서는 개인이 통제하거나 변화시키고 싶은 특수한 행동을 스스로 결정할 수 있다. 자신이 어떤 목표를 이루지 못하는 것이 특수한 어떤 기술이 부족하기 때문이라는 것을 알게 되는 경우 자기 지시적인 접근법은 변화를 이끌 수 있는 계획과 변화를 위한 지침을 제공해 줄 수 있다.

자기 관리 프로그램은 광범위한 문제를 처리하도록 고안될 수 있다. 여기에는 나쁜 학습 습관, 불면증, 시간 관리의 낭비성 등이 포함될 수 있다. 이런 프로그램의 가치는 개인이 자기 행동에 대한 책임을 지도록 가르치는 데 있다.

(8) 복합 모형 치료

복합 모형 치료는 라자러스(Lazarus, 1971)에 의해 발달된 포괄적이고 심신 상관적인 접근법이다. 이것은 개방적인 체계이고 기법적인 면에서는 절충주의(eclecticism)이다.

❶ BASIC ID

라자러스(Lazarus)의 복합 모형 접근법은 인간이 움직이고, 느끼고, 접하고, 상상하고, 생각하고, 관계하는 데 있어서 복합적인 존재라는 것이 전제이다. 성격의 기능에는 일곱 가지 영역이 있는데, 행동(Behavior), 정서(Affect), 감각(Sensation), 심상(Imagery), 인지(Cognition), 대인관계(Inter personal), 약물 혹은 생물학(Drugs/Diet)

적 기능이 그것이다. 비록 이런 양식들은 상호작용적이지만 이것들은 분화된 기능을 갖고 있으며 유용한 영역으로 나누어진다.

이 양식들의 첫 글자들은 BASIC ID의 각 양식을 설명할 수 있어야 한다는 관점을 갖는다. 내담자는 여러 가지 특수한 문제로 인해 고통을 받기 때문에 여러 가지 특수한 치료법을 적용하는 것이 효과적이다. 복합 모형 치료자는 내담자가 치료에서보다 많이 배우게 될수록 옛날의 문제를 재경험하는 기회는 더욱 줄어들게 될 것이라고 생각한다. 변화를 가져오는 것은 복합적인 기법들의 기능이다. 내담자는 BASIC ID를 포함하고 있는 질문에 대답한다. 다음에 나오는 것들은 라자러스의 질문에 기초한 평가 과정의 수정 모형이다.

- 행동(Behavior) : 당신은 얼마나 행동적인가? 무엇을 시작하려 하는가? 무슨 행동을 그만두려고 하는가? 강점은 무엇인가? 원하는 것을 얻을 수 없게 방해하는 특수한 행동들은 어떤 것인가?
- 정서(Affect) : 당신은 얼마만큼 정서적인가? 무엇이 당신을 웃게 하거나 울게 하는가? 무엇이 당신을 슬프게, 미치게, 즐겁게 또는 놀라게 하는가? 어떤 정서가 문제시되는가?
- 감각(Sensation) : 당신의 지각에서 나온 기쁨이나 고통에 얼마나 좌우되는가? 보고, 듣고, 냄새 맡고, 만지고, 맛보는 방식으로 특별히 좋고 나쁨을 느끼는가?
- 심상(Imagery) : 자신이 상상한 것을 어떻게 기술하려 하는가? 자신의 몸에 대한 인상은 어떠한가? 현재 자신을 어떻게 보는가? 미래에는 자신을 어떻게 볼 것 같은가?
- 인지(Cognition) : 어느 정도의 사색가라고 생각하는가? 자신의 지적 욕구를 충족시키는 방법은 무엇인가? 당신의 사고가 정서에 어떻게 영향을 주는가? 가장 좋아하는 가치나 신념은 무엇인가? 삶에서 주요한 '해야 한다', '꼭 해야 한다', '하지 않으면 안 된다'는 무엇인가? 효과적으로 삶을 사는 방법은 무엇인가?
- 대인관계(Inter personal) : 어느 정도로 사회적인 존재인가? 어느 정도로 다른 사람과 친근해지려 하는가? 삶에서 중요한 사람들로부터 무엇을 기대하

는가? 그 중요한 사람들은 당신으로부터 무엇을 기대하는가? 변화하고 싶어 하는 다른 사람과의 관계에서는 어떠한 것이 있는가? 만약 그렇다면 어떤 종류의 변화를 원하는가?

- 약물 혹은 생물학(Drugs/Diet) : 건강에 대한 의식이 있는가? 자신의 건강에 대해 관심을 갖고 있는가? 처방된 약을 복용하는가? 식사와 운동 그리고 신체적인 적합성을 유지시키는 습관에는 어떤 것이 있는가?

복합 모형 치료자는 개인은 독특하고 다양한 욕구와 기대를 갖고 있으며 그렇기 때문에 다양하고 폭넓은 치료 양식을 적용해야 한다는 것을 자각하고 있다. 이 접근법은 많은 내담자들이 기술을 습득하려는 욕구를 갖고 있으므로 치료자는 기꺼이 내담자를 가르치고, 안내하고, 훈련시키고, 본받도록 하며 지시해야 한다는 가정에 기초하고 있다. 그들은 정보와 교시 그리고 피드백을 제공한다. 그들은 자기 패배적인 신념에 도전하도록 하고 건설적인 피드백을 제공하며 긍정적 강화를 주고 적절한 자기 개방을 한다. 치료자는 내담자가 현재 위치에서 탐색을 위한 생산적인 영역으로 옮겨가도록 하는 데에서 출발해야 한다. 내담자의 상황을 이해하는 데 실패하면 내담자로 하여금 분리되었다는 느낌과 이해받지 못한다는 느낌을 갖게 하기 쉽다.

인지상담 | 라자러스의 다중양식치료법(인지행동치료법)

① 행동(Behavior) : 소거, 역조건 형성, 긍정적 강화, 부정적 강화, 처벌
② 정서(Affect) : 소유하고 수용하는 감정
③ 감각(Sensation) : 긴장 이완, 감각적 쾌감
④ 심상(Imagery) : 자기상 변화, 대처심상
⑤ 인지(Cognition) : 인지적 재구성, 자각
⑥ 대인관계(Inter personal) : 모델링, 불건전한 공포 분산, 역설적 책략
⑦ 약물 혹은 생물학(Drugs/Diet) : 의학치료, 운동이행, 영양섭취, 물질 남용 중지

04 형태주의 상담

Child Psychology & Counseling

1) 상담 이론

펄스(Perls)에 의해 발전된 형태주의 상담 이론은 수정된 정신분석, 현상학적, 실존주의 및 형태 심리학에서 그 근원을 찾아볼 수 있으며, 실재성 자각 및 경험의 수용, 그리고 전체 및 책임감을 강조하고 있다. 개체의 생활 과정을 유기체-환경 간의 끊임없는 상호작용의 형태(Gestalt)로 보아 유기체적 자기 조절로서 환경과 유기체 간의 신축성 있는 전경-배경(figure-ground) 관계의 균형을 유지함으로써, 전체로서의 성장이 촉진된다고 본다. 또한 환상, 꿈을 다루는 것도 게슈탈트치료의 큰 특징이다

인간은 본질적으로 선하지도 악하지도 않으며 전체적이고, 현재 중심적이며, 선택의 자유에 의하여 잠재력을 각성할 수 있는 존재이다. 인간은 신체, 정서, 감각 그리고 지각 등 각 부분의 기능이 서로 관련을 갖고 전체로서 완성되려는 경향이 있다. 인간은 환경의 일부분으로서 그가 속한 환경을 떠나서는 이해될 수 없으며, 내외적인 자극에 대하여 스스로 선택하는 능동적인 행위자이다. 인간은 자신의 모든 감각, 사고, 감정 그리고 지각을 완전하게 각성할 수 있는 잠재력을 갖고 있다. 인간은 자기 각성을 통해서 선택할 수 있기 때문에 내외적인 행동에 대해서도 책임을 질 수 있으며 자기 자신의 삶을 효과적으로 통제할 수 있는 능력을 가지고 있다. 인간은 현재에서만 자기 자신을 경험할 수 있다. 과거와 미래는 회상과 예상을 통해 현재로서 경험 되어질 수 있는 것이다.

(1) 주요 개념

❶ 게슈탈트(Gestalt)

게슈탈트란 전체, 형상, 형태, 모습 등의 뜻을 지닌 독일어로, 게슈탈트는 개체가 대상을 지각할 때 그것들을 산만한 부분들의 집합이 아니라 하나의 의미 있는 전체로 자신의 욕구나 감정을 조직화하여 지각한다는 것을 뜻한다. 그런데 이때 개체가 완결된 형태로 게슈탈트를 형성하지 못하거나 자연스럽게 조정, 해결하지 못하면 심리적, 신체적 장애를 가져올 수 있다.

❷ 전경(figure)과 배경(ground)

어떤 대상을 지각할 때 관심 있는 부분은 지각의 중심 부분으로 떠오르고, 나머지는 배경으로 물러나는 것을 체험할 수 있다. 이처럼 관심의 초점이 되는 부분을 전경이라 하고, 관심 밖으로 물러나는 부분을 배경이라고 한다. 개체가 게슈탈트를 형성하여 지각한다는 것은 '개체가 어느 한 순간에 가장 중요한 욕구나 감정을 지각하여 전경으로 떠올린다.'는 뜻이다. 건강한 개체는 매순간 자신에게 중요한 게슈탈트를 선명하고 강하게 형성하여 전경으로 떠올릴 수 있고 그것을 충족시켜 해소하기 위해 적극적 활동 및 환경과의 접촉을 통해 균형 상태를 유지한다. 건강하지 못한 개체는 전경과 배경을 명확히 구분하지 못하여 매 순간 자신이 가진 욕구 및 욕구를 충족시키기 위해 필요한 것이 무엇인지를 각성하지 못하고 결과적으로 욕구를 충족하기 위한 활동이나 환경과의 접촉에 실패한다. 개체가 전경으로 떠올렸던 게슈탈트를 해소하고 나면 그것은 배경으로 물러나고, 다시 새로운 게슈탈트가 형성되어 전경으로 떠오르며, 새롭게 형성된 게슈탈트 또한 다시 해소되어 배경으로 물러난다. 이와 같이 되풀이되는 유기체의 순환 과정을 '게슈탈트의 형성과 해소' 혹은 '전경과 배경의 교체'라고 한다.

❸ 미해결 과제(unfinished business)

'미해결 게슈탈트' 혹은 '미해결 과제'란 개체가 게슈탈트를 형성하지 못했거나 형성된 게슈탈트가 적절히 해소되지 못하여 배경으로 물러나지 못한 상태를 의미한다.

이러한 미해결 과제는 계속해서 이의 해결을 요구하며 전경으로 떠오르려 함으로써 개체가 현재 자신의 경험과 욕구를 명확히 알아차릴 수 없고 그 순간의 타인 또는 환경과의 진실한 접촉을 방해하기 때문에 개체의 적응에 장애가 된다. 미해결 과제는 항상 전경으로 떠오르려고 노력하기 때문에 항상 '지금 그리고 여기(here and now)'에 그 모습을 드러내고 있으며, 따라서 개체는 단지 그것을 회피하지 않고 알아차리기(각성)만 하면 되므로, 미해결 과제를 해결할 수 있는 방법은 '지금 그리고 여기'에 대해 각성하는 것이다.

❹ 현재(now)

현재는 유일한 현실이다. '여기 그리고 지금'을 제외하고는 아무것도 존재하지 않는다. 과거에 대한 기억과 미래에 대한 기대도 역시 현재의 시점에서 경험된다. 지금 여기에 있는 나를 적절하게 이해하지 못할 때 과거나 미래로 도피하려는 충동이 생긴다. 현재의 초점은 자신만이 자신의 삶을 조정할 책임이 있음을 강조하는 것이며 책임은 '현재 하는 것'을 회피하지 않는 것을 의미한다.

❺ 각성(awareness)과 접촉

각성이란 개체가 자신의 '있는 그대로'의 실존과 '현실적인 현존' 간의 관계를 맺는 것으로 자신의 욕구나 감정을 지각한 다음 게슈탈트를 형성하여 전경으로 떠올리는 행위를 의미한다.

각성이 원활하게 이루어지려면 과거나 미래에 지나치게 빠지지 않고 현재 자신의 욕구와 경험에 초점을 맞추며 현재의 경험과 감정 그리고 행동에 대해 책임질 수 있어야 한다. 각성에는 자아의 각성과 세계의 각성, 그리고 자아와 세계 사이의 조정적 환상의 각성이라는 세 단계가 있다. 건강한 사람은 자아의 각성과 세계에 대한 각성에 완전하게 관계하는 사람이다. 자아와 세계가 접촉하지 못하도록 가로막는 기능을 하는 환상에 대한 각성을 통해 현실 세계와 자아 사이의 장벽을 무너뜨려 현실을 있는 그대로 볼 수 있게 될 때(지금 그리고 여기에 대한 각성을 잃지 않을 때) 심리적 건강을 찾을 수 있다. 접촉이란 전경으로 떠오른 게슈탈트를 해소하기 위해 현재를 있는 그대로 경험하고 환경과 상호작용하는 행위를 의미한다. 효과적 접촉이란 자신의 개별성을 상실하지 않은 채 환경이나 다른 사람과 상호작용 하는 것으로서 효과적 접촉이 일어나기 위해서는 명확한 각성, 충분한 에너지, 자신을 표현할 수 있는 능력이 필요하다.

(2) 성격 변화의 단계

펄스(Perls)는 심리치료를 통한 성격 변화의 단계 혹은 상담이 진행되는 단계를 다섯 개의 심리층 개념으로 설명하였다. 다음의 단계를 거쳐 보다 나은 게슈탈트식 생활에 접근하게 된다고 한다.

첫째 층은 '피상층/허위층(cliche or phony layer)'이다. 사람들이 형식적이고 의례적인 규범에 따라 피상적, 상투적으로 만나는 단계로 거짓된 반응을 하기도 한다.

둘째 층은 '공포층/연기층(phobic or role playing layer)'이다. 사람은 자신의 고유한 모습으로 살아가지 않고 주변과 환경의 기대에 따라 살아간다. 다른 사람의 도움을 얻는 것이 중요하다고 여기며, 환경에 적응하기 위해 자신을 있는 그대로 드러내는 것이 아니라 타인에게 잘 보이려는 행동을 하게 된다. 이때 기준은 부모 혹은 사회규범이 된다.

셋째 층은 '난국층' 혹은 '막다른 골목(impasse)'이다. 상위의 상담 과정을 통해 역할 연기의 무의미성을 깨닫지만, 스스로 자립할 수 있는 능력은 생기지 않은 상태이므로 실질적인 딜레마에 빠지게 되어 심한 허탈감과 공포감을 체험하게 된다. 주로 내담자는 '어떻게 해야 할지 모르겠어요.', '모든 게 혼란스러워요.'와 같은 표현을 자주 사용한다.

넷째 층은 '내적 파열층(implosive layer)'이라고 부르며, 자신이 억압하고 차단해왔던 욕구와 감정을 인식하지만, 차단되어 온 만큼의 파괴력을 가지고 있어 이를 발산할 경우 관계가 악화될 것이라는 두려움을 느끼고 밖으로 표출하지 못하며 아직 억압하는 모습을 보인다. 진실한 자기가 되기 위해서는 내적 파열층을 통과해야만 한다.

다섯째 층은 '폭발층 혹은 외적 파열층(explosive layer)'이라고 하는데, 감정 및 욕구를 더 이상 억압하지 않고 드러내는 단계이다. 자신의 욕구와 감정을 분명하게 알아차려서 강한 게슈탈트를 형성한다. 이렇게 형성된 게슈탈트는 환경과의 접촉을 통해 완결된다. 이전에 갖고 있던 과장된 모습은 사라지고, 왜곡된 자아에 사용되던 에너지가 해방되며 이러한 파열을 통해 내담자는 비로소 고통과 즐거움을 느끼게 된다.

성격 변화의 단계들을 각성–접촉 주기와 관련해 보면 피상층과 공포층은 아직 게슈탈트 형성이 잘 안 되는 단계이고, 난국층은 게슈탈트 형성은 되었으나 에너지 동원이 잘 안 되는 단계이며, 내적 파열층은 에너지 동원은 되었지만 행동으로 옮기는 단계에서 차단되어 게슈탈트가 완결되지 않은 상태이며, 외적 파열층은 마침내 개체가 게슈탈트를 해소하고 완결 짓는 단계라고 할 수 있다.

2) 문제의 근원

형태주의에서는 신경증의 층을 다섯 가지로 보았다. 먼저, 피상층과 공포층 단계에서 판에 박힌 진실되지 않은 방법으로 다른 사람에게 반응한다. 난국층은 부정하려고 했던 자신의 어떤 면을 직시할 때 나타나는 고통을 이야기하며, 내적 파열층은 극도의 무력감을 부정하고 피하지 않고 완전히 경험하게 될 때 진짜 자기와 접하는 층이며, 마지막으로 외적 파열층은 가짜 역할과 위장에서 해방되는 층을 말한다.

형태주의에서 접촉은 변화와 성장을 일으키기 위해 필수적이다. 바람직한 접촉이란 자연스러운 상호작용을 일컬으며 자신의 개별성을 잃지 않고 다른 사람과 상호작용하는 것을 일컫는다. 유기체의 순환과정에서 접촉을 방해하는 요소로 내사, 투사, 반전, 융합, 편향이라는 다섯 가지 저항방식을 살펴보자.

① 내사: 타인의 신념과 기준을 우리 자신이 가지고 있는 것과 융화함이 없이 무비판적으로 수용하는 것이다.

② 투사:내사의 반대로 내가 접촉하기 싫어하는 나의 어떤 면을 타인에게서 봄으로써 자신이 느끼는 감정이나 자기를 부정하는 것이다.

③ 반전:자신의 감정을 타인에게 표현하지 못하고 방향을 바꾸어 자신에게 표현하는 것이다.

④ 편향:감당하기 힘든 내적 갈등이나 외부 환경적 자극에 노출될 때, 이러한 경험으로부터 압도당하지 않기 위해 자신의 감각을 둔화시킴으로써 자신 및 환경과의 접촉을 약화시키는 것이다.

⑤ 융합:밀접한 관계에 있는 두 사람이 서로 간에 차이점이 없다고 느끼도록 합의함으로써 발생하는 접촉 경계 혼란이다. 일심동체의 관계와 같아서 서로 간에 어떤 갈등이나 불일치도 용납하지 못한다.

형태주의에서는 부적응 행동의 원인을 아래와 같이 설명하고 있다.

❶ 각성의 결여

자아가 무엇을 어떻게 할 것인가를 통제하는 것이 아니라 환경의 기대에 맞도록 형성된 자아상에 의하여 자신도 모르게 지배되는 경우이다.

❷ 자기 책임의 결여

환경에 의존하는 상태를 유지하고 자신이 스스로 책임지지 않기 위해 외부환경을 교묘하게 조정하려는 경우이다.

❸ 환경과의 접촉 상실

개인이 자신에게 지나치게 엄격하게 되어 외적 환경을 수용하지 못하고 타인을 포함한 환경과의 접촉으로부터 회피하려는 경우와 자신을 잃어버리고 환경으로부터 모든 것을 통합하려고 하는 가운데 자아(하고 싶은 것)가 전적으로 자아상(해야 하는 것)에 의하여 포섭된 경우이다.

❹ 형태 완성의 무능력

선입견과 충동적 행동, 근심, 중압감 등으로 게슈탈트를 형성하지 못하고 미완성된 일들에 사로잡혀 현재 상황에 필요한 충분한 각성을 할 수 없는 경우이다.

❺ 욕구의 부인

사회적으로 용납될 수 없는 욕구들을 인정하지 않거나, 없는 것으로 여기고자 함으로써 욕구로부터 생성될 수 있는 힘을 건설적인 행동으로 바꾸는 대신 욕구의 존재 자체를 부인하고 욕구로부터 생성될 수 있는 힘을 상실한 경우이다.

❻ 자아의 양극화

신체와 정신, 자기와 외부 세계, 미성숙함과 성숙함, 생물학적인 것과 문화적인 것, 개인적인 것과 사회적인 것, 사랑과 미움, 무의식과 의식 등 생활에서 상반되는 것 사이에서 유발하는 갈등을 해결하지 못하는 경우이다.

3) 상담의 목표

형태주의 상담 이론의 목적은 게슈탈트의 생성과 해소의 과정에 방해를 받아 현재의 환경에서 부적응을 경험하고 있는 내담자에게 이러한 방해 요인을 제거하고 전경을 보다 분명하게 각성할 수 있도록 도와 자신의 삶에 대한 책임을 질 수 있는 전체로서의 자아를 형성하도록 돕는 것이다.

구체적인 상담 목표를 살펴보면 다음과 같다.

❶ 체험의 확장

개체가 자신의 욕구나 충동을 억압하지 않으면서 동시에 환경의 자극이나 상황에 대해서도 열려 있어 자신의 욕구를 자연스럽게 지각하고 표현하며, 환경과 자유롭게 유기적으로 교류할 수 있도록 한다.

❷ 통합

자신의 전체를 통합적으로 지각하지 못하고 일부분만을 자신의 것으로 인정함으로써 분할되고 소외된 인격의 부분들을 다시 접촉하고 체험하게 함으로써 마침내 내담자가 이들을 자신의 인격의 일부로 통합시키도록 한다. 즉 내담자가 자신에 대한 새로운 개념 형성을 할 수 있도록 돕는다.

❸ 자립

내담자가 스스로 자신을 보살필 수 있다고 믿으며 상담자는 내담자의 자립능력을 일깨워 주고 그 능력을 다시 회복하도록 도와준다.

❹ 책임 자각

모든 것은 개인이 선택한 것임을 자각하도록 한다. 내담자가 자신을 자학하거나 열등감을 만들어내어 책임을 회피하는 경우에도 이는 내담자 자신의 선택인 것임을 각성하도록 도와 내담자가 타인에게 의존하려는 자세를 버리고 자립하게 하여, 자신의 행동을 스스로 선택하고 책임질 수 있도록 도와준다.

❺ 성장

개체는 스스로 자신의 가장 이상적인 상태로 변화하고 스스로 성장해 나가는 생명체라는 신념을 갖고 내담자의 증상을 제거하기보다는 성장에 더욱 관심을 기울인다.

펄스는 "상담치료의 목표는 내담자의 어떤 병적인 부분을 제거하거나 교정하는 것이 아니라 내담자의 자생력을 북돋아 주어 스스로 혼란을 극복하고 마침내 새로운 변화와 성장을 향해 나아가도록 도와주는 데 있다고 하였으며, 유기체가 계속 존속할 수 있는 것은 바로 새로운 것을 동화시켜 변화하고 성장하는 데 있다"고 하였다.

❻ 실존적인 삶

실존적인 삶이란 남보다 나은 자신을 입증하는 대신에 자기 자신이 되려고 노력하는 삶이다. 즉, 자기 자신의 진정한 존재 가능성을 매 순간 실현시키는 것에서 삶의 진정한 의미를 찾는다. 상담자는 개조자의 역할을 거부하고 내담자가 스스로 자기 자신이 되는, 즉 실존적 삶을 살 수 있도록 격려한다.

상담자는 내담자가 모든 감정들을 더 충분히 경험하도록 도와주며, 내담자 자신이 자신의 경험들을 해석할 수 있게 한다.

상담자의 태도는 아래와 같다.

- 관심과 감동 능력 : 상담자는 내담자의 존재와 그의 삶에 대해 진지한 흥미와 관심을 보일 수 있어야 하며, 그의 이야기에 심취하고 감동할 수 있는 능력을 갖고 있어야 한다.
- 존재 허용적 태도 : 내담자 스스로 자신의 삶을 살도록 허용해 주어야 한다. 상담자의 가치관과 계획에 따라서가 아니라 내담자 스스로의 본성에 따라 자신의 존재를 실현해 나가도록 허용해 주어야 한다.
- 현상학적 태도 : 모든 상담 행위는 나타나는 생명 현상의 흐름에 따라 진행되어야 한다. 즉, 상담자는 항상 내담자로 하여금 스스로 문제를 발견하고, 탐색과 실험을 통하여 그것을 스스로 해결해 나가도록 도와주어야 한다.

상담자는 아래와 같은 과제를 통해 상담 과정을 거쳐야 한다.

- 각성과 접촉의 증진 : 형태주의 상담자의 주된 치료적 과제는 내담자로 하여금 자신의 욕구와 감정을 분명히 알아차리고 이를 환경과의 접촉을 통해 잘 해소할 수 있도록 도와주는 데 있으므로 상담은 내담자의 각성과 접촉을 증진시키는 데 주력해야 한다.
- 좌절과 지지(support) : 진정한 성장은 좌절을 통해서 가능하다는 특별한 의미를 부여하여 내담자의 자립적인 태도나 행동은 격려하고 지지해 주되, 의존적인 태도나 회피 행동은 좌절시켜야 한다(Perls, 1969b).
- 저항의 수용 : 저항이란 내담자가 유기체의 통합성을 위협하는 외부압력에 대해 자신을 보호하려는 정당한 노력으로, 상담자는 저항에 맞서 싸울 것이 아니라 내담자의 저항을 받아들이는 것이 저항을 극복하는 길이다.

4) 기법들

상담의 전 과정은 '여기 그리고 지금', '책임', '자기 각성'에 초점을 맞추어서 진행된다. 상담자가 현상에 대해 해석하거나 탐색하거나 설득하려는 과정이 아니고 '여기 그리고 지금'에서 상담자 자신이 내담자와 더불어 상호작용하는 과정이다.

❶ '여기 그리고 지금'에 대한 자각–감각적, 신체적 자각의 단계

상담자는 내담자의 감각을 집중시키고 내담자에게 자신을 경험하고 자신의 실존적 의미를 말로 표현하도록 요구한다.

"당신은 지금 무엇을 하고 있습니까? 어떻게 느끼고 있습니까?"

'왜'라는 질문 대신에 '무엇을', '어떻게'라는 질문의 형태로 현재 일어나고 있는 것에 대한 자각을 촉진한다.

❷ 욕구 좌절에 대한 자각–심리적 자각의 단계

심리적 욕구들이 충족되고 있지 못하고 있다는 것을 자각할 수 있도록 심리여행을 하는 가운데 내담자가 창조적 존재로서 자신의 잠재력을 자각할 수 있도록 촉진하게 된다. 이 때 행동 변화의 토대가 되는 것은 자신의 욕구 충동에 대한 자각과 수용임을 깨닫도록 한다.

❸ 자아 통합의 촉진과 실현–자아 통합의 단계

내담자가 성숙해 가는 자아 통합의 과정은 다음과 같다.

- 발견 : 자신에 대해 현실적으로 이해하게 되고 이전 상황을 새로운 관점으로 보게 되며 중요한 타인에 대해서도 새로운 관점을 가지게 된다.
- 조절 : 내담자 자신이 선택권을 가지고 있음을 인식하고 새로운 행동의 결정 및 어려운 상황에 대처하는 기술을 익힌다.
- 동화 : 환경에 영향을 미치는 방법에 대한 학습 단계로 일상생활 속에서 부딪치는 문제들을 다룰 수 있는 능력이 있음을 깨닫는다. 자신의 입장에서 행동하고 자신의 능력에 대한 자신감을 가지며 자신이 원하는 것을 얻도록 하는 선택을 할 수 있음과 동시에 자신이 원하는 것과 사회적 요구 간의 균형을 이루어간다.

상담 기법들을 살펴보면 다음과 같다.

(1) 욕구와 감정 자각

개체가 자신의 욕구와 감정을 자각함으로써 게슈탈트 형성을 원활히 할 수 있고 또한 환경과의 생생한 접촉이 가능해지기 때문에, 상담자는 내담자들의 생각이나 주장 혹은 질문들의 배후에 있는 욕구와 감정을 자각하도록 주의를 환기시킨다. 특히 지금 여기에서 일어나는 욕구와 감정을 자각하는 것이 중요하다. 실제 장면을 연상하는 환상을 통해서 경험을 지금 여기에 재연할 수 있다.

(2) 신체 자각

우리의 정신작용과 신체작용은 서로 불가분의 관계에 있다. 따라서 내담자로 하여금 자신의 신체 감각에 대해 자각하도록 함으로써 자신의 감정이나 욕구 혹은 무의식적인 생각을 알아차릴 수 있도록 돕는다.

(3) 환경 자각

내담자들은 흔히 미해결 과제로 자기 자신에게 몰입해 있기 때문에 주위 환경에서 일어나는 사건들이나 상황을 알아차리지 못한다. 내담자로 하여금 주위 사물과 환경에 대해 지각하도록 함으로써 환경과의 접촉을 증진시킬 수 있도록 돕는다.

(4) 언어 자각

내담자가 사용하는 언어 소재가 불명확한 경우 상담자는 내담자로 하여금 자신의 감정과 동기에 대해 책임을 지는 형식의 문장으로 바꾸어 말하도록 함으로써 내담자의 책임 의식을 높일 수 있도록 돕는다.

이 기법은 자각의 연속선을 확장시켜 주며 자신의 감정을 다른 사람에게 투사하는 대신에 그 감정을 인식하고 받아들이는 것을 돕도록 고안된 것이다.

(5) 과장하기

내담자가 어떤 상황에서 자신의 감정을 체험하지만 아직 그 정도와 깊이가 미약하여 감정을 명확히 자각하지 못하고 있을 때, 상담자는 내담자의 행동이나 언어를 과장하여 표현하게 함으로써 내담자가 감정을 자각할 수 있도록 돕는다.

이 기법은 내담자로 하여금 자신의 말에 진정으로 귀를 기울여 듣게 하는 효과가 있다.

(6) 반대로 하기

내담자가 회피하고 있는 행동과 감정을 만나게 해줌으로써 스스로 차단하고 있는 자신의 성장 에너지를 접촉하게 해 주는 방법으로, 내담자가 흔히 보이는 행동은 억압된 반대의 표현일 수 있다. 따라서 반대되는 행동을 해 보도록 요구함으로써 억압하고 통제해 온 자신의 다른 측면을 접촉하고 통합할 수 있도록 돕는다. 이 기법은 내담자가 부정하려고 노력해 온 자신의 속성을 받아들이도록 돕는다.

(7) 머물러 있기(staying with the feeling)

내담자들은 일반적으로 고통스러운 감정뿐만 아니라 받아들이기 힘든 좋은 감정에 대해서도 중단시키는 경향이 있는데 그 감정을 피하거나 대항해서 싸우기보다는 그 감정을 그대로 받아들이고 동일시함으로써, 그것을 중단(stop)시키는 대신에 완결(finish)시킬 수 있도록 돕는다.

(8) 빈 의자 기법

형태주의 상담에서 가장 많이 사용하는 기법 가운데 하나로, 현재 상담 장면에 없는 사람과 상호작용할 필요가 있을 때 사용되며, 내담자는 그 인물이 맞은편 의자에 앉아 있다고 상상하고 그와 대화를 나눔으로 자신의 억압된 부분과의 접촉을 돕고 자신의 내면세계에 대해 더욱 깊이 탐색할 수 있도록 돕는다. 내담자의 어떤 측면에 대해 추상적으로 말하는 것보다 빈 의자와 직접적인 대화를 함으로써 자신의 내면을 더 명확하게 들여다볼 뿐만 아니라 행동적 상호작용을 유도할 수 있다.

(9) 자기 부분들 간의 대화

내담자의 인격에서 분열된 부분들을 찾아내어 대화를 나누게 함으로써 분열된 자기 부분들을 통합시키는 방법이다. 상담자는 내담자의 분열된 자기들을 빈 의자에 바꾸어가며 앉혀서 서로 간에 대화를 시킴으로써 서로 간의 갈등을 줄일 수 있도록 돕는다.

(10) 꿈 작업(dream work)

꿈을 해석하거나 분석하지 않고 내담자가 스스로 해석하도록 돕고, 꿈을 현실화하여 재연시킨다. 형태주의 상담에서는 꿈은 모두 내담자의 욕구나 충동, 감정이 투사되어 상징적으로 나타난 것으로(Perls, 1969), 내담자로 하여금 꿈에 나타난 사람, 사물과 동일시하여 자신을 투영해 보도록 함으로써 이제까지 억압하고 회피해 왔던 자신의 욕구와 충동, 감정들을 다시 접촉하고 통합할 수 있도록 돕는다.

공격성을 억압하고 있는 내담자가 살인자에게 쫓기는 악몽을 꾸었다고 할 때, 상담자는 내담자로 하여금 자기 스스로 살인자 역을 연기해 보도록 시킨다. 그렇게 함으로써 내담자는 자신의 공격성을 자각하고 접촉할 수 있게 된다. 이러한 작업을 통해 내담자가 자신의 공격성을 자각하고 접촉하게 되면 내담자는 자신의 공격성을 조절할 수 있는 능력이 생기게 되고 그렇게 되면 이제 더 이상 이를 억압할 필요를 느끼지 않게 되어 악몽도 사라지게 된다.

(11) 실험

형태주의 상담의 핵심적인 기법으로, 상담자가 내담자의 문제를 명료화해 주고 자각을 증진시켜 주는 동시에 또한 상담 작업을 원활하게 하기 위해 내담자에게 특정한 장면을 연출하거나 시행해 보도록 제안하는 것이다. 특정한 기법이라기보다는 상담자가 상담하는 과정에서 창조적인 아이디어를 생각해 냄으로써 상담을 촉진시키는 독특한 과정이라 할 수 있다.

05 인지상담

Child Psychology & Counseling

벡(Aron T. Beck)은 인지상담라고 알려진 접근을 발전시켰는데, 이 접근에서 정서 장애는 개인이 자신의 경험을 어떻게 구조화하느냐에 의해 결정된다고 하였다. 벡(Beck)은 개인이 자신의 정서적 어려움을 부정적 사고, 왜곡된 신념을 인식하고 이를 변화시킴으로서 해결할 수 있다고 주장하였다.

인지치료의 주요 초점은 왜곡된 신념을 이해하고 부적절한 사고를 변화시키는 것이다. 따라서 상담자는 내담자가 겪는 정서적 고통이나 부적절한 행동에 영향을 미치지만 자신이 인식하지 못하는 부정적인 자동적 사고나 비합리적으로 왜곡된 신념 체계를 찾아서 변화시키는 데 관심을 두어야 한다.

1) 인간관

벡은 내담자들의 자동적 사고, 즉 정서 반응을 이끌어 내는 특정 자극에 의해 유발된 개인화된 관념에 초점을 맞추었다. 정서 장애를 가지고 있는 사람들은 자기비하의 방향으로 객관적인 현실을 왜곡하는 '특징적인 논리적 오류'에 몰입하는 경향이 있는 것처럼 보인다고 하였다.

인지상담은 개인의 인지가 자신의 느낌이나 행동의 중요 결정인자라는 가정에 기초한다. 개인의 인지를 포함하고 도식으로 조직화되어 있는 가치와 지각은 자신, 타인, 세계에 대한 견해를 구성한다(노안녕, 2005). 이렇게 구성된 가치와 지각은 심리 장애에 대한 유전적 취약성에 의해 영향을 받기도 하지만 잘못된 전제와 가정에 근거할 수도 있다. 잘못된 가정에 기초한 인지는 역기능적 도식을 발달시킨다. 따라서 개인이 자신, 타인, 세계에 대한 부정적 도식을 가지면, 자신의 경험에 대한 지각은 대부분 부정적일 것이다(Okun, 1990).

2) 주요 개념

인지상담의 주요 개념인 기본 원리, 주요 용어, 인지 모델, 다양한 인지 왜곡의 형태에 대해서 살펴보자.

(1) 기본 원리

인지상담의 기본 원리는 인지 모델에 근거한다. 벡(Beck)이 제시한 기본 원리는 다음과 같다.

첫째, 개인이 상황과 환경을 구조화하는 방식이 자신의 행동과 감정의 방식을 결정한다.

둘째, 외적 상황, 적응 능력, 다른 전략이 갖는 잠재적 이익, 위험, 비용의 평가를 포함하는 지각에 대한 해석은 적극적이며 지속되는 과정이다.

셋째, 개인은 심리적 고통을 초래하는 독특한 민감성과 취약성을 가진다.

넷째, 개인의 독특한 민감성과 취약성의 정도에 따라 성격 조직 내에서의 기본적인 차이를 만들어 낼 수 있다.

다섯째, 인지 조직의 정상적 활동은 스트레스에 의해 부정적인 영향을 받는다.

여섯째, 우울이나 불안 장애와 같은 심리적 증상은 특별한 증상을 나타내는 독특한 내용을 가지며, 지나치게 활동하는 도식으로 구성되어 있다.

일곱째, 스트레스를 받으면서 다른 사람들과 상호작용하는 것은 서로를 강화하는 부적응 인지의 순환을 만들어 낸다.

여덟째, 개인은 위협이 신체적이건, 상징적이건 간에 상관없이 위협에 대해서 신체 반응을 보일 것이다.

(2) 주요 용어

주요 용어로 자동적 사고, 역기능적 사고, 도식, 모드에 대해서 알아보자.

자동적 사고(automatic thought)

정서적 반응을 이끌어 내는 특정 자극, 사건에 의해 유발된 개인화된 관념, 즉 상황이나 자극에 의해 마음속을 스쳐가는 실제적인 단어나 영상으로, 특정한 상황과 관련하여 생기며 인지의 가장 표면적인 수준을 일컫는다. 이러한 자동적 사고는 꼭 언어적인 것만은 아니며 심상적인 것도 함께 동반하는 경우가 많다. 자동적 사고에서 '자동적'이라는 명칭이 붙은 것은 생각들이 자신의 의지와는 상관없이 떠오르고, 정서 문제를 경험하는 개인의 입장에서는 이러한 생각을 했다는 것조차 자각할 수 없는 경우가 대부분이기 때문이다(이장호 · 정남운 · 조성호, 2005).

역기능적 가정(dysfunctional assumption)

개인이 가지고 있는 비합리적인 믿음이나 신념, 즉 개인이 가지는 인지삼제(Cognitive Triad), 즉 자신(self)과 자신의 미래(future) 그리고 자신의 경험을 바라보는 것(world)에 있어서의 비합리적인 가정을 일컫는다. 개인이 가지는 이러한 가정은 조건적 가정(예: ~하면 ~하다. 나는 공부를 못하면 무가치하다.)과 무조건적 가정(~하다. 나는 무가치하다.)으로 크게 나누어 볼 수 있다. 이런 역기능적인 가정은 핵심 신념으로 중간 믿음과 밀접하게 관련이 있으며 궁극적으로 자동적인 사고에 영향을 미쳐서 개개인에게서 표출되어지는 인지, 정서, 행동에 영향을 미친다. 내담자가 가지는 역기능적 가정은 내담자가 일반적으로 범하는 인지적 오류(예: 과잉 일반화, 임의적 추론, 흑백 논리, 이분법적 사고 등)들을 통해서 기저에 내재되어 있는 역기능적 가정의 단서를 파악할 수 있다. 상담자는 내담자가 가지는 역기능적 가정을 인식하고 검증하게 함으로써 내담자 스스로 생각하는 것을 배우도록 해야 한다.

도식(schema)

도식은 세상을 기본적으로 이해하는 틀, 마음의 기반을 일컫는다. 즉, 정보를 체제화하고 해석하는 인지적 개념 또는 틀이라고 할 수 있다(심리학 용어사전). 이러한 도식은 개인의 비교적 안정적인 인지 패턴이다. 도식에는 감각, 기억, 정서, 인지가 모두 포함되어 있다. 이러한 도식은 세상에 대한 지식의 조직화가 이루어지면서 형성되어진다. 개인이 어떤 상황에 직면하게 되면 그 상황과 연관된 도식이 활성화된다. 도식은 언어적 혹은 영상적 내용으로 된 생각으로 정의되는 인지의 형태로 개인의 자료들을 변화시키는 기초가 된다. 따라서 도식은 개인이 접하는 자극들을 선별하고 구분하여 부호화하기 위한 기초를 이루며 도식의 틀을 통해서 자신의 경험을 범주화하고 평가한다. 도식은 정보처리를 하는 과정에 있어서 시간을 단축하고 신속한 의사결정이 가능하게 함으로서 보다 효율적으로 정보를 처리할 수 있도록 돕는다. 하지만 도식이 부적응적으로 형성이 되었을 경우, 자극에 대한 반응이나 정보처리에 있어서 제대로 평가하지 못할 수 있다. 이러한 도식은 외부적으로 드러나 있지 않기 때문에 평가하기는 쉽지 않다.

모드(mode)

개인이 가지는 인지, 행동, 정서의 특정한 상태, 예를 들어 개인이 우울 모드 상황에 있으면 정서적인 것뿐만 아니라 인지, 행동적인 부분에서도 이러한 우울 모드 상황에 있게 된다. 이런 우울 모드에 있는 내담자의 경우 행동을 적극적이고 활동적인 모드로 변화시켜 주게 되면 다른 정서, 인지적인 부분도 활동 모드로 변화하게 되어서 궁극적으로 내담자의 우울 모드는 활동 모드로 바뀌게 된다. 이런 모드의 변화를 통한 내담자의 즉시적 변화는 하나의 표면적인 문제(예: 인지)가 변경되면 다른 표면적인 문제(예: 행동, 정서)에도 변화를 일으킨다는 심리 및 행동 요소 간의 동시성과 상호의존성 측면에서 근거한 것이다.

(3) 인지 모델

인지 모델에서는 사람들의 감정이나 행동이 어떤 사건에 대한 그들의 지각에 의해서 영향을 받는다고 가정한다. 사람들의 느낌을 결정하는 것은 그 상황 자체가 아니라 그들이 그 상황을 해석하는 방식에 달려 있는 것이다(Beck, 1997; Ellis, 1962).

인지 모델은 자동적 사고, 중간 신념, 핵심 신념으로 구성되어 있다. 개인이 가지는 신념과 자동적 사고로 인해서 개인의 정서나 행동을 결정하게 되는 것이다([그림 2-1] 참조).

자동적 사고는 개인의 마음속에 계속적으로 진행되는 인지의 흐름이며, 사건에 의해 빠르게 일어나는 평가적인 사고이다. 자동적 사고는 특정한 자극에 의해 유발된 개인적인 생각으로 노력 혹은 선택 없이 자발적으로 일어난다. "지금 자신의 마음속에 어떤 생각이 스치는가?"를 탐색해 본다면 그러한 과정이 자동적 사고를 발견할 수 있도록 해 줄 것이다. 결국 자동적 사고는 개인이 자신의 경험으로부터 생성한 신념과 가정을 반영한다. 중간 신념은 개인이 자동적 사고를 형성하는 극단적이며 절대적인 규칙, 태도와 가정을 의미한다. 핵심 신념보다 다소 쉽게 수정될 수 있으며, 주로 다른 사람과의 관계를 통해 태도나 규칙들을 발전시킬 것이다. 이 신념은 핵심 신념의 영향을 받으며 개인이 인식하지 못하는 경우가 대부분이다(cf. 전의식). 핵심 신념은 많은 자동적 사고에 바탕이 되는 자신에 대한 중심적 생각이다. 어린 시절부터 형성해 온 자신, 타인, 세상에 대한 가장 중심적인 믿음이며, 근원적이고, 깊은 수준의 신념(cf. 핵심 감정)이다. 이러한 핵심 신념은 개인의 모든 영역에 영향을 미치고, 경직되어 있으며, 지나치게 일반화되어 있다(cf. 무의식).

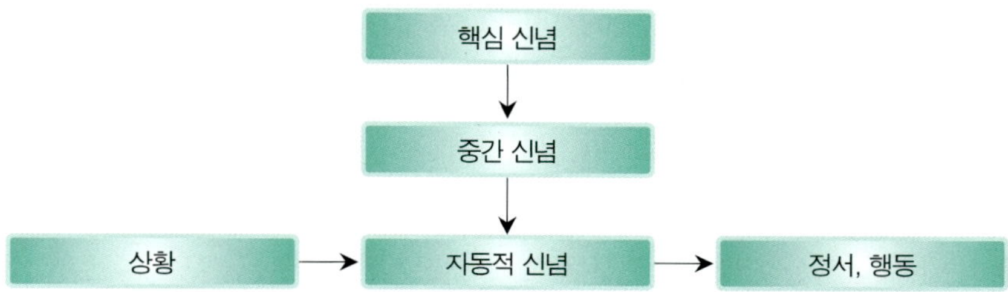

[그림 2-1] 인지 모델의 구성

(4) 인지 왜곡의 형태

인지 왜곡은 그릇된 가정 및 잘못된 개념화를 말하며, 사고에 있어서 체계적인 오류를 지칭하는 것이다. 인지 왜곡은 정보처리가 부정확하거나 효과적이지 않을 때 발생하며 대개 비현실적인 세계관을 나타내거나 비논리적인 추론과 관련되어 있다.

인지 왜곡의 유형에는 임의적 추론(arbitrary inference), 선택적 추론(selective abstraction), 과잉 일반화(overgeneralization), 극대화(magnification) 혹은 극소화(minimization), 개인화(personalization), 이분법적 사고(dichotomous thinking), 긍정적인 면의 평가 절하 등이 대표적이다.

임의적 추론

충분하고 적절한 증거가 없는데도 작위적으로 결론에 도달하는 것을 의미한다. 이러한 왜곡은 결국 상황에 대한 비극적 결말이나 최악의 시나리오를 만들어 낸다.

선택적 추론

사건의 일부분만을 근거로 결론을 내리고, 전체 맥락 중의 중요한 부분을 간과하는 것을 말한다. 때로는 '정신적 여과'라는 용어로 쓰이는데, 선택적 추론은 관심을 두는 부분에 실패를 주로 하며, 단지 부족한 점에 관한 것만 남아 있다는 것을 가정하고 있다. 개인은 선택적 추론을 통해서 가용 자료를 무시하고 자신의 우울한 생각을 정당화하거나 지지하는 단일의 근거만을 채택한다.

과잉 일반화

단일 사건을 근거로 해서 극단적인 신념을 가지고 그것들을 유사하지 않은 사건이나 장면에 부적절하게 적용하는 과정을 말하며, 과잉 일반화의 결론은 거의 극단적으로 부정적이다. 예를 들어 모임에서 남자들이 자신에게 말을 걸지 않았다고 해서, 어떤 여성은 '나는 여성적인 매력이 전혀 없어'라고 과잉 일반화할 수 있다.

극대화 혹은 극소화

이러한 인지 왜곡은 개인이 부정적인 사건이나 의미를 실제보다 과장시키거나 긍정적인 면을 최소화할 때 생길 수 있다. 자신의 실수나 결점을 극대화하고, 긍정적인 것들을 극소화한다면, 결국 자신이 부적절하며, 타인들보다 열등하다고 생각하고 또 우울하다고 느끼게 될 것이다.

개인화

개인이 자기 자신과 관련지을 만한 단서나 사건이 아님에도 불구하고 자신과 관련된 일이라고 지각하는 것을 말한다. 종종 잘못된 귀인이라고 불리기도 하는 개인화는 책임져야 할 사람은 아무도 없었다는 가정을 내포하고 있다.

이분법적 사고

이러한 왜곡의 주요한 특징은 완전한 실패 아니면 대단한 성공과 같이 극단적으로 구분하려는 경향이다. 즉, 흑백논리로 사고하고 해석하거나 또는 경험을 극단으로 범주화하는 것을 말한다. 이분법적 사고를 하게 되면, 사건이나 상황들은 좋은 것이 되든지 나쁜 것이 된다. 이러한 사고는 자동적으로 부정적인 신념으로 이끌도록 함으로써 낮은 자존감을 불러일으킨다고 한다.

긍정적인 면의 평가 절하

이러한 왜곡은 자신의 긍정적 경험, 수행한 일이나 자세, 태도 등을 고려하지 않고 자신에게 비이성적으로 말하거나 특징짓는다. 예를 들어, 성공한 계획이 있었다면, 계획은 성공적이었지만 내가 유능하거나 노력을 해서가 아니라 단지 운이 있었을 뿐이라고 생각한다. 특히 우울하거나 불안하고 화가 났을 경우에는 자신의 긍정적인 면에 대해서는 조금도 고려하지 않으려고 할 것이다.

3) 상담 과정과 기법

(1) 상담 목표

인지상담의 기본적 목표는 내담자가 보다 효과적으로 기능하도록 사고의 편견이나 인지 왜곡을 감소, 제거하는 것이다. 즉, 상담 과정 속에서 내담자가 환경적 자극의 의미를 받아들이고 해석하는 방식, 즉 자동적 사고를 변화시키고 부적응적인 도식을 재구성하여 새로운 사고를 시작하도록 변화시킨다. 따라서 상담자의 관심은 부적응 행동이나 감정을 유지시키는 내담자의 정보처리 방식이다. 인지 상담자는 내담자가 자신의 기존에 가지고 있는 정보 처리의 오류를 확인하고 수정할 수 있도록 도와준다.

상담자는 목표를 세울 때 내담자와 합의하여 상담 목표를 정한다. 상담 목표는 명료하고 구체적일수록 상담자가 내담자와 함께 내담자의 신념 체계를 변화시키는데 적절한 방법을 선택할 수 있을 것이다.

(2) 상담 과정

인지상담은 내담자의 역기능적인 사고와 신념 체계를 탐색, 확인한 후 그 사고와 신념에 도전하여 변화시키는 것을 목표로 한다. 상담은 다음과 같은 순서로 진행된다.

첫째, 내담자가 호소하는 문제를 구체화하고 내담자와 합의하여 상담 목표를 정한다.

둘째, 내담자의 현재 문제의 원인이 자신의 신념 체계, 자동적 사고 등 인지적인 요인과 관련되어 있다는 것을 확인시킨다.

셋째, 내담자의 현재 생활에서 문제를 일으키는 인지적인 요인들을 구체적으로 탐색한다. 이러한 과정을 통해서 내담자는 자신의 역기능적 신념이나 자동적 사고를 탐색하고, 이러한 자신의 인지적인 요인들이 자신의 정서와 행동에 어떤 영향을 미치는지를 인식하게 된다.

넷째, 사건이나 상황에 대한 내담자의 해석, 즉 자동적 사고의 현실적 타당성을 따져 본다. 예를 들어, 시험 점수를 나쁘게 받은 학생이 '자신은 형편없고 쓸모없다'고 자동적 사고를 하면, 우울하거나 무기력감을 느낄 것이다. 이와 같은 자동적 사고 때문에 힘들어하는 내담자가 상담자와 상담을 통해 자신의 현재 무기력감에 대한 것이 자동적 사고 때문이라는 것을 객관적으로 탐색하게 되면, 내담자는 자신의 자동적 사고가 과장되어 있다는 것을 인식하게 된다.

다섯째, 사건이나 상황에 대한 보다 객관적이고 타당한 대안적 해석을 탐색해 보고 이것을 기존에 가지고 있었던 부정적인 자동적 사고와 대치하는 과정을 거친다. 예를 들어 '시험 점수를 나쁘게 받았다고 해서 내가 형편없거나 쓸모없는 것은 아니다.' 시험은 노력했지만 못 볼 수도 있고, 내가 노력을 현실적으로 따져보면 실제 공부량도 많지 않았을 수 있다. 내가 부족했던 부분에 노력을 좀 더 한다면 충분히 좋은 점수를 받을 수 있을 것이다.

(3) 상담 기법

다양한 인지상담 기법이 내담자가 상담 목표를 달성하도록 돕는 데 사용된다. 인지상담의 기본적인 기법은 내담자의 자동적 사고나 비합리적 신념을 실험이나 논리적 분석을 통해 탐색, 조사하는 것이다. 내담자의 부적절한 사고 패턴을 인식하도록 돕는 데 자주 사용되는 기법을 살펴보고자 한다.

특별한 의미 이해하기

내담자의 자동적 사고와 인지 도식에 의존해서 단어들은 개인에게 다른 의미를 가진다. 예를 들어 우울한 초등학생은 우울한 용어보다는 자주 '심심한', '외로운', '하기 싫은' 등과 같은 단어를 사용한다. 따라서 내담자가 사용하는 단어의 의미가 무엇인지를 탐색하여 질문하는 것은 상담자와 내담자에게 내담자의 사고 과정을 이해하는 데 도움이 된다. 특히 아동과 청소년, 성인이 사용하는 용어의 의미가 다를 수 있으므로 아동 내담자의 경우 원하는 것을 그들의 언어 표현으로 구체화하는 과정이 반드시 필요하다.

절대성 진술에 도전하기

내담자들은 모든, 언제나, 결코, 항상 등과 같은 단어를 많이 사용한다. 상담자는 내담자가 사용하는 절대성 진술을 확인하고 거기에 대해서 질문하거나 도전할 수 있도록 도와주어야 한다. 상담자는 내담자가 어떤 절대성 단어를 자주 사용하는가를 파악하여 내담자에게 도전하여 그러한 진술이 잘못되었음을 깨닫도록 한다.

재귀인하기

내담자는 자신의 상황이나 사건에 대한 책임 소재가 분명하지 않으면, 그러한 상황이나 사건의 책임을 주로 자신에게 귀인시킨다. 어떤 내담자의 경우는 부적절한 귀인으로 인해서 극심한 우울이나 죄책감을 느끼기도 한다. 따라서 상담자는 내담자의 잘못되거나 부적절한 귀인을 탐색하고 책임 소재를 정확하게 구체화시킴으로써 적절하게 재귀인할 수 있도록 해야 한다.

인지 왜곡 탐색과 명명하기

이 기법은 내담자가 사용하는 인지 왜곡이 앞에서 설명한 이분법적 사고, 개인화, 극대화 혹은 극소화, 과잉 일반화, 선택적 추론, 긍정적인 면의 평가 절하 등 중에서 구체적으로 어떤 것에 해당하는지 명명하도록 하는 것이다. 자신의 인지 왜곡을 명명함으로써 추론을 방해하는 자동적 사고에는 어떤 것이 있는지를 확인할 수 있다.

장점과 단점 열거하기

내담자로 하여금은 자신의 특정한 신념이나 행동에 대해서 장점이나 단점을 열거하도록 하는 것이다. 예를 들어, 실패 도식을 가지고 있어서 스스로 자신이 하는 일에 항상 실수할 것이라고 생각하는 내담자의 경우, 내담자에게 그러한 도식을 유지함으로써 갖게 되는 장점과 단점을 나열하게 함으로써 실패 도식이 얼마나 자신을 힘들게 하는지를 자각할 수 있도록 도와줄 수 있다.

인지상담 | 구조화 과정

1. 주제의 설정

내담자를 상담의 장으로 끌어들이는 것으로 내담자가 상담 과정을 더 잘 이해할 수 있도록 해 주며, 구조화된 상황에서 상담에 능동적으로 참여할 수 있게 해 준다.

2. 기분의 검토

내담자가 주관적으로 보고하는 내용에 추가하여, 우울이나 불안 등의 자기 보고식 질문지를 통해 내담자를 객관적으로 평가할 수 있다. 객관적 검사가 불가능하면 0–100점 척도로 기분을 주관적으로 평가할 수 있다.

3. 현재의 문제 검토, 문제 확인 그리고 목표 설정

상담자는 내담자의 문제를 검토하고 내담자에게 최근의 문제들을 이야기하도록 요구하고, 내담자의 주요 문제를 확인하는 데 주의를 기울인다. 이를 통해서 상담 목표를 설정한다.

4. 인지 모델에 대하여 내담자를 교육시키기

이는 내담자 스스로가 인지 상담자가 되도록 가르치는 것이다. 내담자 자신의 인지 모델에 대하여 가르치고 상담에 대한 사전 정보를 제공한다. 단 자신의 생각을 끄집어내는 데 실패한 것에 대하여 스스로 비난하지 않도록 주의해야 한다.

5. 내담자의 상담에 대한 기대를 알아내기

상담자는 상담의 진전에 있어서 내담자도 책임을 공유한다는 점을 알려 주고, 내담자를 상담의 장으로 끌어들이도록 한다.

6. 장애에 대한 내담자 교육시키기

많은 내담자들은 자신의 장애에 대한 진단을 알고 싶어 할 수도 있고, 본인이 비정상적인 것은 아닌지에 대해서 알기를 바란다. 상담자의 경우 좀 더 일반적이고 알아들을 수 있는 말을 사용하는 것이 좋다. 또한 내담자가 가지고 있는 장애에 대한 정보를 주어 자신의 문제의 일부분은 장애의 탓으로 돌려 자기 비난을 줄일 수 있도록 하는 것도 유용하다.

7. 상담시간의 마지막의 요약과 과제 설정

내담자의 이야기들은 상담 중간 중간에 요약을 하면서 상담 마지막에 묶어서 정리하고, 중요한 부분을 강조하도록 하며 내담자 스스로 요약할 수 있도록 격려한다. 내담자에게 주어지는 과제의 경우 내담자와 협의에 의해서 결정이 되며 내담자 본인을 위한 것임을 강조하고, 부담을 느끼지 않도록 한다(예: 독서치료, 활동 관찰이나 계획표 만들기).

8. 피드백

피드백을 요청하는 것은 상담 관계를 강화하고, 내담자의 생각에 관심이 있다는 점을 전해줄 수도 있다. 이를 통해 내담자가 표현할 수 있는 기회를 제공한다.

9. 이전 상담시간과의 연결

최근의 상황 정보를 탐색하거나 약물치료가 필요한 경우 약물을 검토할 수 있다. 이전 회기와의 연결을 시도하고 과제를 주었다면 과제를 검토한다.

06 교류분석

교류분석(Transactional analysis theory approach)은 1950년대 중엽 미국의 정신 의학자 에릭 번(E. berne)에 의하여 상담 및 심리치료의 한 방법으로 발전되었다. 국제교류분석협회(ITAA)에서는 "교류분석은 성격이론이며 개인의 성장과 변화를 위한 체계적인 심리치료법" 이라고 정의 내리고 있다. 인간은 언어적 또는 비언어적인 메시지를 상대방에게 전달하여 의사소통을 한다. 의사소통을 통한 교류는 자신이 형성한 자아와 삶의 태도를 반영하여 나타난다. 번은 처음에 정신분석 훈련을 받고 그것에 한계를 느끼게 되어 경험적이고 현실적인 접근에 초점을 맞춘 교류분석을 제창하기 시작하였다. 교류란 대화, 의사소통, 거래 등으로 번역되며, 이는 자극과 반응으로 구성된 인간 의사소통의 기본 단위를 의미한다.

교류분석에서는 인간이 세 가지의 분리된 자아 상태, 즉 부모(parent), 성인(adult), 아동(child) 자아 상태를 가지고 있다고 가정한다. 이는 프로이트의 초자아, 자아, 원초아와 비슷한 속성을 가지고 있지만, 번의 자아 상태는 경험적이고 사회적인 사실을 나타낸다는 점에서 정신분석과 차이가 있다. 이 접근은 주로 대인 관계 및 의사소통에 있어서 문제가 되는 장면에서는 어디서나 적용할 수 있다는 장점이 있다.

1) 인간관

번은 인간의 본성을 긍정적으로 보았다. 교류분석에서 인간은 환경 조건과 아동기의 조건들을 초월하고 재결단할 수 있는 능력을 가진 반(anti)결정론적인 인간관을 주장한다. 즉, 인간은 매우 귀중한 존재로 태어나지만 시간이 지나면서 부모와 환경이 어려움을 경험하는 힘든 존재로 그들을 만들 수 있다고 믿었다.

따라서 교류분석에서는 인간은 자기의 환경 조건과 초기 경험의 조건을 개선할 수 있는 능력을 가지고 있다는 입장을 취한다. 그래서 사람들이 교류분석을 학습하고 의미를 개인의 삶에 적용한다면 자신의 귀중한 존재를 회복할 수 있는 잠재능력을 가지게 될 것이다.

2) 주요 개념

교류분석을 이해하기 위해 주요 개념으로 자아 상태, 심리적 욕구, 시간 구성하기, 삶의 입장 등에 대해서 살펴보자.

(1) 자아 상태

인간은 세 가지 분리된 자아 상태, 즉 부모, 성인, 아동의 자아 상태를 가지고 있으며, 이러한 자아가 성격의 구성 요소로서 각각의 특성을 가지고 있다.

부모 자아(Parent :P)는 어버이 자아라고 하는데, 어버이 자아는 출생에서 5세 사이에 외부의 경험원들, 즉 주로 부모를 통해서 모방 학습에 의해서 형성되는 행동, 사고, 지각과 감정들을 말한다. 부모 자아는 우리가 의미 있는 권위적 인물, 특히 부모로부터 가르침을 통해 가치를 통합하는 방법이다. 부모자아는 '가르침받은 나'를 말하며, 권위적, 비판적, 보호적인 특성으로 요약할 수 있다. 부모 자아에는 양육적 기능과 통제적 혹은 비판적 기능, 두 가지 기능이 작용한다.

어른 자아(Adult: A)는 지금 여기에서 바로 반응하는 행동, 사고, 감정들을 말한다. 어른 자아는 생의 초기에 유아의 언어 능력이 향상됨에 따라 발달되기 시작하는데, 이런 능력은 사춘기 직후까지 계속 발달된다. 어른 자아는 객관적으로 현실을 파악하고자 하는 속성이 있다. 외부와 자기 내면의 다른 자아 상태(즉 P 와 C)의 모든 원천으로부터 정보를 수집하여 저장하고 이용한다. 어른자아는 생각하는 나를 말하며, 이성적, 현실적, 합리적인 특성을 지닌다. 이렇게 보면 어른 자아는 프로이트의 자아(ego)와 같이 행위에 관한 정보 수집, 자료 처리, 현실적인 가능성을 추적하는 기능을 하는 일종의 자료 처리 컴퓨터라고 할 수 있다.

어린이 자아(Child: C)는 개체에게서 자연이 나타나는 충동 및 감정 그리고 생의 초기에 경험한 감정들과 그러한 감정에 대한 반응 양식들로 구성되어 있다. 어린이 자아는 느끼는 나를 의미하며, 본능적, 직관적, 순응적인 특성을 가진다. 출생 후에서 5세까지의 외적 사건, 주로 부모에 대한 반응이나 내적 감정의 기록들로 느낌 축적에 의해서 형성된다고 할 수 있다. 이 자아 상태는 개인에게서 진정으로 즐길 수 있는 유일한 부분이므로 정상적인 생활 기능에 중요한 역할을 한다. 또한 이러한 자아 상태에서는 때로는 부모의 인정을 받기 위해 자신의 기쁨이나 행동을 포기하고, 어른스러운 추리나 행동을 보이기도 한다.

위와 같은 세 가지 자아 상태는 두 사람 혹은 그 이상의 사람들 간의 의사소통 혹은 인간관계의 상황에서 어느 한 자아가 선택적으로 개인의 행동의 원동력으로 작용한다. 그리고 어떤 상태의 어느 자아가 그 개인의 행동의 원동력으로 작용하느냐에 따라 그 인간관계 및 의사소통의 양상이 달라지게 되며, 문제도 발생하게 된다.

어버이 자아가 어른 자아를 침범하는 경우에는 편견이 생겨나고, 어린이 자아가 어른 자아를 침범하는 경우에는 망상이 일어난다. 범죄인이나 비양심적인 사람은 어린이 자아가 어른 자아를 침범할 때 나타난다.

(2) 심리적 욕구

교류분석에서는 욕구에 대한 기본적인 가정으로 인간은 생리적 욕구와 심리적 욕구를 가지고 태어난다고 한다. 이러한 욕구를 충족하기 위해서는 아이는 다른 개인과 관계를 맺어야 한다. 즉, 환경 대상과의 교류가 일어나야 한다. 또한 이러한 기본적인 생리적 욕구 이외에도 자극 열망, 구조 열망, 인정 열망의 세 가지 욕구를 가지고 있는데 이를 심리적 욕구라고 한다.

자극 열망은 인간이 타인으로부터 신체적 접촉을 받고 싶어 하는 욕구를 말한다. 이는 인간은 신체적 접촉을 통한 친밀감을 원한다는 것을 의미한다.

구조 열망은 인간이 인생을 어떻게 보낼 것인가의 방법을 스스로 찾고 발달시키려는 욕구를 말한다. 교류분석에서는 인간이 발달시키는 그 어떤 유형을 구조라고 부른다. 인간은 구조 열망을 통해서 자신의 인생이라는 시간을 어떻게 보낼 것인가에 대한 딜레마를 인식한다.

인정 열망은 인간이 가지는 기본적인 욕구로 인간은 인정을 필요로 한다는 것을 말한다. 사람들은 인정을 받기 위해서 번이 스트로크(stroke)라고 부르는 것을 주고받는다. 스트로크는 결국 다른 사람의 존재를 인정하는 어떤 행동을 의미한다. 다른 사람의 존재를 인정할 때 사람들은 스트로크를 주게 되고, 이 스트로크는 정적일 수도 있고 부적일 수도 있다. 개인이 사용하는 스트로크를 주고받은 형태는 대부분의 사람들의 생활 태도에 의해서 결정되며, 스토로크를 교환하면서 교류에 참여하게 되는 것이다. 교류분석 상담자는 스트로크가 전혀 없는 것보다는 부정적인 스트로크라도 있는 것이 더 낫다고 말한다.

(3) 시간 구성하기

인간은 스트로크를 추구하는 데 있어서 여섯 가지 방식으로 시간을 구성할 수 있다. 여섯 가지에는 철회, 의례, 시간 보내기 놀이, 활동, 게임, 친밀로 구성된다.

철회는 자신을 타인으로부터 멀리하고 대부분의 시간을 공상이나 상상으로 지내는 것을 말한다. 혼자 있으므로 어떤 교류도 발생하지 않으며 어떤 위험도 없으며, 어떤 스트로크도 발생하지 않는다.

의례는 '잘 지내?', '안녕'과 같이 미리 정해진 사회적 교류를 내포하고 있는 것이다. 그렇지만 이러한 교류는 감정 없이 발생하는 경우가 대부분이다.

시간 보내기 놀이는 사회적으로 수용될 수 있는 방식으로 서로에게 스트로크를 준다. 놀이는 자기표현의 한 방법이며, 단지 피상적인 교류나 대화를 포함한다.

활동은 어떤 과제나 작업을 중심으로 시간이 구성된다. 이것은 밝고 무리가 없이 실용적인 형태를 취하면 건설적인 교류가 될 수도 있다. 활동은 외적인 현실을 다루는 방식으로 다른 사람들과 좀 더 깊은 상호작용을 하기도 한다.

게임은 스트로크에 대한 욕구가 부정직하거나 왜곡된 방식으로 충족되는 것이다. 이는 일종의 방어 기제이며, 신뢰와 애정이 뒷받침된 진실한 교류가 이루어지지 않으므로 부정적인 스트로크를 교환하고 있는 것을 말한다.

친밀은 두 사람이 서로 신뢰하고 상대방에 대하여 순수한 배려를 하는 진실한 교류라고 말할 수 있다. 따라서 무조건적으로 스트로크를 주기도 하며, 친밀은 교류분석에서 추구하는 이상적인 시간 구성 방법이다.

(4) 삶의 입장

교류분석에서는 인간은 매우 귀중한 존재로 태어나지만, 얼마 되지 않아서 부모나 환경이 인간을 태어날 때와는 다른 존재로 만들 수 있다고 주장한다. 따라서 부모의 양육 태도, 가정환경, 출생 순위 등으로 형성된 다양한 자아 상태는 자신의 기본적인 욕구를 충족시키려는 노력과 결부되어 삶의 입장을 형성하게 된다. 사람들은 삶의 초기 기간 동안 자신의 기본적인 삶의 입장을 형성하고 '긍정(OK)' 혹은 '부정(not OK)' 감각을 발달시킨다. 결국 초기 어린 시절에 형성된 삶의 입장에 의해서 개인은 아동기에 자기 삶의 각본을 만들게 되고 청소년기에는 좀 더 정교화된다. 삶의 입장은 자기 긍정–타인 긍정(I'm OK–You're OK), 자기 긍정–타인 부정(I'm OK–You're not OK), 자기 부정–타인 긍정(I'm not OK– You're OK), 자기 부정–타인 부정(I'm not OK– You're not OK)으로 나누어 볼 수 있다.

자기 긍정–타인 긍정은 상호 존중을 나타내는 것으로 자신과 타인에 대한 긍정적인 삶의 태도를 가지고 있는 것을 말한다. 교류분석 목표 중 가장 핵심을 이루고 있는 것이다. 인생에 대해서 이러한 입장을 가지고 있는 사람은 현실적인 기대를 하고 있고 대인 관계를 좋게 유지하며 건설적으로 문제를 해결할 수 있다. 일종의 승자각본(winning script)으로 아동은 이러한 긍정적인 태도로 인해 자율적으로 삶을 살아갈 수 있다.

자기 긍정–타인 부정은 삶의 입장은 투사적인 입장이다. 이 입장의 사람들은 자신이 희생자라고 느낀다. 학대받은 아동이나 심하게 무시당하거나 비난을 오랫동안 받았을 때, 나쁜 사람은 내가 아닌 다른 사람이라고 생각할 것이다. 이러한 태도를 가진 사람들은 다른 사람의 반응이 없이도 생존할 수 있다고 믿으며, 타인에게 위협을 가하는 충동을 일으킬 수 있다.

자기 부정–타인 긍정은 보편적으로 아동기 의존적 태도를 취하는 입장을 말한다. 아동은 다른 사람의 도움 없이는 생존의 위협을 느끼기도 하고 좌절을 경험하기도 한다. 이는 타인을 긍정적으로 평가하고 자기보다 우월한 것으로 지각하는 결과를 낳는다.

자기 부정–타인 부정은 긍정적인 스트로크를 부모에게서 기대할 수 없는 아동이 마지막에 도달할 수 있는 입장이다. 아동이 부모에 대해서 비판적, 부정적 반응을 강하게 경험하면서 자신은 무가치하고 타인에게는 거부적 태도를 가지게 된다. 극단적으로 이러한 입장이 강한 사람은 자살이나 타살의 충동을 느낄 수 있다.

3) 상담 과정과 기법

(1) 상담 목표

교류분석의 상담 목표는 사람들이 전 생애를 통해서 자기 긍정–타인 긍정이라는 확고한 삶의 입장을 가질 수 있도록 돕는 것이다. 이런 목적을 달성하기 위해서 다양한 분석 방법이 사용된다.

자기 긍정–타인 긍정이라는 삶의 입장을 가지기 위해서는 세 가지 자아 상태가 건전하게 발달되어야 한다. 교류분석 상담자의 역할은 주로 교사의 역할이라고 할 수 있다. 따라서 상담자가 교사의 역할을 하면서 이러한 세 가지 자아 상태에 대해서 제대로 잘 가르친다면, 아동이나 청소년들에게 이 교류분석은 다른 상담보다 훨씬 더 효과적일 수 있다. 예를 들어 내담자인 아동에게 세 가지 자아 상태를 가르친다면, '부모 자아'는 우리에게 무엇을 해야 하는지를 말해 주는 것이고,

'성인 자아'는 어떤 것을 어떻게 이해하는지를 알려 주는 것이고 마지막으로 '어린이 자아'는 재미를 위해서 무엇을 해야 하는지를 알려 주는 것을 의미한다.

아동이 교류분석의 세 가지 자아 상태, 다양한 용어를 사용하는 법을 배우고 나면, 상담자는 아동이 자신의 교류를 분석하고 자신의 행동이 다른 사람의 행동에 어떻게 영향을 미치는지 그리고 다른 사람의 행동이 자신의 행동에 어떻게 영향을 미치는지를 볼 수 있도록 도와주어야 한다.

교류분석을 통해서 내담자는 결국 주어진 상황에 적절하게 반응하고 다른 사람과 소통하기 위해서 자신의 성격을 구성하고 있는 세 가지 자아 상태를 건전하게 발달시킬 것이다.

(2) 상담 과정

교류분석의 상담 과정은 교육과정으로 본다면 좀 더 이해하기 쉬울 것이다. 자기 긍정-타인 긍정의 입장을 강조하는 교류분석은 상담자와 내담자 간에 이루어지는 계약으로 상담이 시작된다. 상담자의 역할은 주로 훈육에 가까우며, 내담자가 자신을 구속하고 있는 것을 인식하고 제거해서 자유로움을 느끼고 새로운 행동을 시도하고 각본을 다시 쓰고, 자기 긍정-타인 긍정이라는 입장을 기를 수 있는 지지적인 환경을 교육시키는 것이다. 내담자는 교류분석의 단어를 알아야 하며, 자신의 자아 상태, 교류분석, 각본을 제대로 파악해야 한다.

교류분석의 상담 과정은 내담자와 상담자가 계약을 맺는 것으로 시작하고, 구조분석, 교류패턴분석, 게임분석, 각본분석의 네 가지 유형의 분석 과정을 거쳐서 재결단 과정으로 이루어진다.

상담자와 내담자 간의 계약이 이루어진 후에, 교류분석이 인간의 본성에 관한 관점과 인간이 살면서 만나게 되는 어려움을 설명할 때, 첫 번째 단계는 성격에 대하여 구조분석을 시작하는 것이다.

구조분석이란 개인으로 하여금 자신의 자아 상태 구조를 자신이 분석하도록 돕는 과정이다. 이 과정을 통해서 내담자가 자신이 갖고 있는 자아의 구조를 자신이 직접 파악할 수 있도록 한다. 자아 상태 중 어느 상태에 있는지, 독자적으로 되어 있는지, 아니면 다른 자아 상태와 조금씩 중복되어 있는지를 발견해 보도록 한다. 만약 서로 중복되어 있으면 이것은 오염 상태(CONTAMINATE)라고 하며, 이런 상태는 명료한 사고나 합리적인 의사결정을 하는데 곤란을 받게 한다.

두 번째 과정은 교류패턴 분석인데, 이는 사람들이 서로 행동하고 말하는 것과 관련된 것을 분석하는 것을 의미한다. 교류는 사회적 의견 교환의 기본적 단위이다(Berne, 1964). 따라서 두 사람 이상의 사람들 사이에 벌어지는 행동은 그들 간의 의사 교류를 분석함으로써 가장 잘 이해될 것이다. 이 분석은 개인이 맺는 대인관계의 질을 평가하는 과정이라고 할 수 있다. 결국 이런 분석을 통해 개인은 자신이 상대방과 의견 교환을 하거나 대화를 할 때, 어떤 형태를 가장 많이 사용하는지, 교차적 교류가 일어난다면, 그것은 또한 무엇을 의미하고 앞으로 그 상황을 어떻게 해결해 나갈 수 있는지를 깨달을 수 있다.

교류패턴 분석을 교류 유형별로 나누어 볼 수 있는데, 유형에는 상보 교류(complementary transaction), 교차 교류(crossed transaction), 이면 교류(ulterior transaction) 등 세 가지가 있다. 상보 교류는 개인의 어떤 자아 상태가 상대방의 어떤 자아 상태에 보낸 자극에 따라서 예상했던 반응을 하는 것이다. 즉 개인의 세 가지 자아 상태와 상대방의 세 가지 자아 상태가 서로의 욕구를 충족시키는 교류를 말한다. 그러므로 상보적인 의사소통은 끝없이 계속될 수 있다([그림 2-2] 참조).

교차적 교류는 상대방이 원하는 욕구가 무시되거나 잘못 이해되어 나타나는 반응의 교류이다. 이때 개인은 상대방의 어떤 자아 상태에 보낸 자극에 대해서 예상치 못한 전혀 엉뚱한 반응을 하게 된다. 그러므로 개인이 엉뚱한 반응을 하는 것은 예상치 못한 것이었기 때문에 당황하여 적절한 반응을 못하며, 이 경우 상대방의 욕구는 무시되거나 대화가 중단될 수도 있다. 예를 들어 교사가 자신의 부모 자아(권위적인 태도)로 아동의 아동 자아 상태에 대화를 걸어오면, 그 상황에 맞게 아동이 교사의 태도를 파악하여 반응하는 것이 필요하다. 만약 아동이 교사의 욕구를 적절하게 파악하지 못하고 아동이 똑같이 부모 자아로 반응하면, 아동은 교사로부터 건방진 학생이라는 오해를 살 수도 있을 것이다([그림 2-2] 참조).

저의적 교류는 이중적인 메시지가 동시에 전달되는 교류를 의미한다. 한 가지 자극을 가지고 두 가지 사실을 동시에 의미하는 복잡한 교류 방식이다. 예를 들어 개인이 숨겨진 의도로 하는 심리적 게임이 저의적 교류에 속한다. 저의적 교류는 때로는 심리적 혼란을 유발하기도 하고 교류분석에서는 저의적 교류가 정신질환의 주된 원인이라고 한다([그림 2-2] 참조).

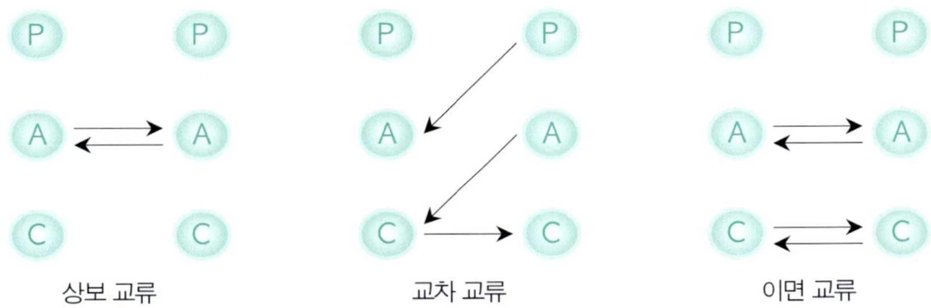

[그림 2-2] **교류분석 도표**

대부분의 사람들은 심리적 게임을 한다. 게임이란 심리적 게임을 의미하여 숨겨져 있지만, 이익을 얻도록 계획된 일종의 상보적인 저의적 교류가 연속적으로 일어나는 것을 말한다. 게임은 깊은 수준의 현실적 상호작용의 의미를 감추기 위해 피상적 수준에서 협동적으로 상호작용하는 방법이다. 이런 게임을 지속하는 이유는 게임이 항상성 기능을 하기 때문이다(Berne, 1964). 항상성이란 결국 개인이 자신의 심리 내적 과정을 조절함으로써 내적인 심리적 평형상태를 유지하려는 경향성인 것이다. 사람들이 게임을 하는 것은 많은 방어기제들이 하는 것처럼 자신의 삶 속에 항상성을 유지하는 기능을 한다.

그러므로 상담자는 내담자가 하는 게임이 어떤 종류인지를 파악해야 한다.

상담자에게 게임은 기본적으로 정직하지도 않고 재미있지도 않다. 상담자는 내담자가 하고 있는 게임분석을 통해서 심리적 게임을 중단하고 직접적이며 솔직한 친밀감을 교류할 수 있도록 하는 것이 필요하다. 상담자는 적절한 게임분석을 하기 위해 세심한 관찰과 경청을 통해서 개인이 게임에서 얻는 이해득실을 정확하게 평가하는 능력을 갖추어야 한다.

마지막으로 각본분석은 상담자의 조력이 없이 내담자에 의해서 행해진다. 개인이 표현하는 각본에는 대부분 중심 주제가 있다. 이러한 주제는 개인의 삶의 선택과 문제를 자각할 수 있도록 해 준다. 상담자는 내담자가 자신의 생활 각본을 어떻게 획득했는지 인식하게 하고 삶의 역할(기본적인 심리자세)을 좀 더 명확히 이해할 수 있게 돕는다. 각본분석으로 하여금 내담자는 자신의 생활 각본을 연기하도록 어떻게 강요받고 있는지를 알게 되고 결국 대안적인 삶의 선택을 제공받을 수 있다.

각본분석은 내담자가 초기의 결정을 변경할 수 있는 가능성을 열어주는 것이 목적이다. 상담자는 내담자에게 자신의 생활 각본의 줄거리가 적합한지, 이야기들이 현재 생활 경험과 적합한지 깨닫도록 하기 위해서 아동기 때 가장 좋아했던 이야기를 회상하도록 하며, 일부분은 연기를 해 보는 것을 요구하기도 한다. 이러한 분석 과정을 통해 내담자는 자신의 생활에 대한 이해를 공고히 할 수도 있고 자신의 생활에 대한 결단도 적절히 내릴 수 있게 될 것이다.

(3) 상담 기법

교류분석 상담자들은 상담 과정에서 자신들이 직접 개발한 기법을 사용하기도 하고 상담 목표를 달성하기에 적절하다고 생각되는 기술이면 다른 접근에서 개발한 기법들을 기꺼이 사용하기도 한다. 상담 기법은 상담자의 태도 및 자질을 의미하는 상담 분위기 조성법과 통념적인 교류분석의 상담 기법인 조작 기법이 있다(노안영, 2005).

상담 분위기 조성법

상담에 대한 계약을 하기 위해서 효율적인 관계 형성 기법들이 요구되는데 여기에 허용, 보호, 잠재력 등이 포함된다.

허용(permission)은 부모의 금지령을 해제시키고 모든 자아 상태가 기능하도록 허용하는 것을 말한다. 대부분의 내담자는 부모의 많은 금지령에 의해서 행동한다. 그러므로 상담자는 상담에서 내담자가 부정적인 금지와 명령의 굴레로부터 벗어나서 허용적인 분위기를 느낄 수 있도록 노력해야 한다. 상담자는 내담자로 하여금 자신의 모든 자아 상태를 경험하도록 하고 게임을 하지 않아도 될 분위기를 허용해야 한다(이현림, 2000).

보호(protection)란 내담자의 어린이 자아를 보호해 주는 것이다. 이는 상담자의 부모 자아가 내담자의 어린이 자아를 지지해 주고 격려해 주는 것을 말한다. 상담 과정에서 상담자는 내담자와의 허용적인 분위기에서 내담자의 부모에 의한 금지와 명령을 쫒지 않고 자신의 부모 자아, 어른 자아, 어린이 자아를 이용하도록 해야 한다.

잠재력(potency)이란 상담자가 특정 상담 과정에서 적절한 상담 기술을 사용하는 능력을 말한다. 그러므로 상담자는 자아 상태, 의사 교류, 게임, 각본 등과 관련된 내용을 분석하고 바람직하게 이들을 변화시킬 수 있는 상담 기술을 익힐 수 있는 기회를 통해 자기 성장에 매진해야 할 것이다.

조작 기법(operation)

교류분석에서 말하는 조작 기법이란 구체적인 상담자의 행동, 즉 상담 기법을 말하는데 이것은 치료적 조작(therapeutic operations)을 이르는 것으로 이것의 기본 기술로는 질문, 맞닥뜨림, 설명, 예시, 해석, 구체적 종결의 기술을 들고 있다.

대부분의 내담자는 자신의 어른 자아를 사용하는 데 어려움을 갖고 있다. 상담자는 내담자의 행동에서 어른 자아의 기능을 못한다고 관찰되면, 내담자가 어른 자아로 반응할 때까지 내담자에게 질문을 하며 상담자가 상담에 필요한 질문을 내담자에게 하여 내담자의 성인 자아의 기능을 돕는다. 이때 주로 질문 기법이 사용되며, 질문은 내담자로 하여금 강압적이어서 부담감을 느끼게 하므로 많은 질문을 하는 것을 신중히 선택해야 한다.

직면은 내담자의 행동이나 진술 가운데서 일관성이 없거나 모순을 발견할 때 상담자가 지적해 주는 기법이다. 상담자가 단순히 내담자의 행동들에 나타나는 모순들, 특별히 언어적 표현과 비언어적 행동 간에 모순들을 지적해 줌으로써, 교류분석에서 직면은 내담자의 어린이 자아, 부모 자아, 혼합된 성인자아를 자유롭게 해 주기 위하여 사용된다. 이 과정에서 상담자는 내담자의 부정적인 생활 자세, 생활 각본, 게임에 대해 각성할 수 있도록 하고 이런 것들로부터 해방될 수 있도록 한다.

설명은 상담자가 성인 자아 대 성인 자아의 입장에서 내담자에게 가르치는 기법이다. 이 기법은 내담자가 현재 그렇게 행동하고 있는 이유에 대해 이야기하는 것으로 내담자가 현실을 잘 직면하지 못할 때 효과적으로 이용될 수 있다.

예시(illustration)는 직면과 함께 사용되는 경우가 일반적이며, 직면의 긍정적인 효과를 강화시킬 목적으로 직면 이후에 상담자가 일화나 미소 혹은 비교 등의 방법을 이용하는 기술이다. 결국 예시는 내담자의 성인 자아의 정상적인 기능을 확고히 하기 위한 것이다.

해석(interpretation)은 상담자가 내담자의 행동 이면의 이유를 내담자가 볼 수 있도록 도우려는 방법이다. 이것은 전통적 정신분석적 과정과 유사하며, 성공적이기 위해서는 해석의 과정이 상담자의 성인 자아와 내담자의 성인 자아 간의 교류가 되어야 한다.

구체적 종결(crystallization)은 상담자가 내담자에게 성인 대 성인으로서 이제 더 이상 인정 자극을 받기 위해서 게임을 할 필요가 없게 된 것을, 그리고 정상적으로 행동할 수 있음을 설명해 주는 것을 말한다.

07 현실요법

Child Psychology & Counseling

현실요법에서는 인간 욕구가 모든 인간 행동의 근원이라고 한다. 유아부터 어른에 이르기까지 자신을 둘러싼 세상을 통제하려고 하고, 이런 과정을 통해서 자신의 내적인 욕구를 충족시키려고 한다고 주장한다. 결국 인간은 자신의 욕구를 충족시키기 위해 행동을 선택하고 어떤 행동을 선택할 것인가는 전적으로 인간 자신에게 달려 있는 것이다. 따라서 현실요법 상담자는 내담자가 효과적이고 책임질 수 있는 방법으로 자신의 욕구를 충족시킬 수 있도록 조력해야 한다.

1) 인간관

현실요법에서는 인간을 스스로 자신이나 환경을 통제할 수 있으며 성장할 수 있는 힘(growth force)을 가진 존재라고 본다. 즉, 인간은 모두 성장할 수 있는 이 힘을 가지고 자신의 환경을 통제하면서 욕구를 충족시키고 성공적인 정체감을 발전시킬 수 있다. 따라서 어려움에 직면하거나 만족스럽지 못한 현실 상황에서 변화를 가져오게 하는 것은 자신의 행동을 바꾸겠다는 결심에서 나온다고 할 수 있다.

우볼딩(Wubbolding, 1988)이 제시한 현실요법의 다섯 가지 원리를 통해 현실요법에서 가정하는 인간관에 대해서 살펴보면 다음과 같다.

첫째, 인간은 자신이 원하는 것을 욕구와 바람을 달성하도록 동기화 되어 있다. 인간의 욕구는 모든 사람에게 보편적이다. 개개인에게 욕구 혹은 바람, 소망(wants)은 독특하면서 또한 연령과 문화마다 상이한 특성을 갖는다. 현실요법은 인간이 생리적 욕구(생존)와 심리적 욕구(소속감, 힘, 즐거움, 자유)를 가지고 있으며 이러한 욕구를 개개인에 따라 특정한 방법으로 성취한다고 본다.

둘째, ① 인간은 바라는 것과 스스로 환경으로부터 얻고 있다고 지각하는 것 사이에 차이가 있으므로 자신에게 필요한 구체적 행동을 수행하게 된다. ② 이러한 차이는 욕구나 소망에 대한 좌절감을 일으킨다. ③ 따라서 차이 혹은 좌절은 성취되지 않은 욕구나 소망(wants)을 성취하기 위한 구체적 행동을 생성한다(노안녕, 2005).

셋째, 인간의 전행동은 행동하는 것(doing), 생각하는 것(thinking), 느끼는 것(feeling) 그리고 생물학적 행동으로 구성되어 있으며, 인간 행동에는 목적이 있다. 인간의 행동은 개인의 욕구와 소망을 성취하고 있다고 지각하는 것의 차이를 줄일 수 있도록 계획된다.

넷째, 행동하기, 생각하기, 느끼기는 서로 각각 분리되지 않고, 내부로부터 생성되며, 대부분의 이런 행동은 선택된다.

다섯째, 인간은 세상을 자신의 지각을 통해서 판단한다. 지각에는 낮은 수준과 높은 수준이 있으며 지각의 낮은 수준은 사건 혹은 상황의 지식을 함축하며 높은 수준은 그러한 사건이나 상황에 의미와 가치를 부여하는 것이다.

2) 주요 개념

현실요법의 주요 개념인 기본 욕구, 통제 이론, 전행동, 선택 이론에 대해서 살펴보자.

(1) 기본 욕구

현실요법에서 가정하는 인간의 다섯 가지 기본 욕구에는 생존 혹은 자기 보존, 소속감, 힘, 즐거움, 자유의 욕구가 있다. 이러한 욕구들은 주로 타고난 것이며, 일반적이고 보편적이며 또한 중복적인 것이다. 또한 개인의 욕구는 순간적으로 충족되었다가도 다시 반드시 충족되지 않는 상태가 되므로 언제나 충족된 상태가 되지 않는다. 결국 불충분한 상태가 동기를 일으키는 것이다.

생존 혹은 자기 보존의 욕구

모든 생명체는 삶을 영위하고 재생산하는 생존 욕구를 가지고 있다. 개인의 많은 행동들이 이 욕구와 연관되어 있는데, 이 욕구는 인간의 몸을 기계적으로 움직이게 하는 구뇌로부터 생성된 것이다. 자율 신경 조직의 역할, 호흡, 소화, 혈압 조절 등 신체 구조를 움직이고 유지하도록 하는 과업을 수행한다.

소속감의 욕구

개인은 소속감의 욕구를 충족시키려고 한다. 사람들은 가정, 학교, 직장, 사회에 소속되어 다른 사람과 상호작용하면서 소속감을 느끼려고 한다.

예를 들어 부모는 자녀에게 사랑을 베풀고, 부부는 사랑을 통해서 서로의 관계가 돈독해지며, 친구와 동료들은 서로 우정을 나눈다. 특히 청소년의 경우는 부모와의 관계보다는 서서히 친구와 또래 집단에서 소속감의 욕구를 충족시키려고 한다.

글래서(Glasser)는 소속감의 욕구를 사회 집단에 소속하고자 하는 욕구, 직장에서 동료에게 소속하고 싶은 욕구, 가족에서 소속하고 싶은 욕구로 분류하였다. 결국 소속감의 욕구는 인간이 사회적 동물로서 인간이 살아가는 데 원동력이 되는 욕구이다.

힘 욕구

개인은 힘, 성취, 능력, 업적, 인정, 존중을 얻고자 한다. 이러한 욕구로 인해서 인간은 경쟁하고 성취하고자 하고 업적으로 남기려고 한다. 따라서 힘의 욕구가 만족된다는 것은 성취하거나 업적을 이룬다는 의미로 보아야 할 것이다.

힘의 욕구의 또 다른 면은 어느 정도는 자신의 환경을 통제하고 싶어 한다는 것이다. 즉, 개인은 자신의 뜻대로 모든 일이 이루어지기를 바라며 동시에 그러한 힘이 자신에게 있기를 바란다. 그러므로 개인이 통제를 당하게 될 때에는 무관심, 반사회적 행동 또는 기타 다른 부정적인 행동을 통해 반항하게 될 것이다.

즐거움 욕구

인간에게는 즐거움의 욕구가 있다. 유아들도 편안한 느낌을 즐기려고 하며, 대부분의 시간을 즐겁게 지내는데 써버린다. 이 욕구가 효과적으로 만족되면, 지루함, 무관심, 우울과는 반대되는 결과 즉 재미, 즐거움, 웃을 수 있는 것들이 생기게 되는 것이다.

글래서는 즐거움 욕구는 기본적이고 선천적인 것이라고 말한다. 이 즐거움의 욕구를 충족시키기 위해서 때로는 생명의 위험을 감수하는 행동을 하기도 한다.

즐거움에 대한 욕구 충족 활동에는 놀이를 포함해서 학습, 과제를 해 나가는 것, 즐거운 활동 등이 포함된다. 유아는 새로운 것을 학습하거나 과제를 하면서 느끼는 즐거움이 크다. 그러나 학교에 진학하면서 공부나 학습이 즐거움이기보다는 일이 되어버리므로 학습이나 과제가 즐거움을 더 이상 충족시킬 수 없다는 것을 인식하게 된다. 결국 학령기 아동이 즐거움의 욕구를 학교생활에서 지속적으로 충족할 수 있도록 하기 위해서는 교사는 가르칠 때 재미있게 해야 하며 즐거운 학습 활동에 대한 이야기를 통해 시간을 보내야 할 것이다.

자유 욕구

자유 욕구는 독립과, 자율에 대한 것이다. 자유에 대한 욕구란 완전한 인간으로서 기능을 발휘하려면, 여러 가능성 중에서 고를 수 있는 기회와 부당한 억제 없이 스스로 행동할 수 있는 기회가 주어져야 한다는 것을 의미한다. 이것은 결국 인간이 자유롭게 선택할 수 있다는 내적인 자유를 말한다. 아동의 자유 욕구는 자신이 하고 싶은 대로 선택할 수 있을 때만 충족된다. 만약 아동이 선택하거나 스스로 통제할 자유를 갖지 못한다면, 그 아동은 다른 욕구를 충족시킬 수 없다.

(2) 통제 이론

통제 이론에서는 인간의 두뇌가 하나의 통제 체제처럼 작용한다는 것을 강조한다. 통제 이론은 인간이 왜 어떻게 기능하는지를 설명하며, 개인의 내적 동기가 행동을 통제한다는 것이다. 글래서는 파워즈(Powers, 1973)의 이론적인 연구를 기초로 인간의 다섯 가지 의지력, 또는 욕구가 인간에게 동기를 유발한다고 보았다. 인간의 욕구는 선천적이며, 인간의 모든 행동은 소속, 힘 또는 성취, 재미 또는 즐거움, 자유 또는 독립 생존의 욕구를 충족하고자 한다. 이러한 욕구를 효과적으로 만족시키면 결과적으로 통제의 느낌을 가지게 되거나 다른 이론에서 말하는 자기실현, 자기만족, 충분히 기능하는 인간의 느낌을 갖게 되는 것이다(Wubbolding, 2000).

(3) 전행동

글래서는 인간의 행동에는 목적이 있다며 주장하면서 인간의 전행동에는 행동하는 것(doing), 생각하는 것(thinking), 느끼는 것(feeling), 생물학적 행동(biological behavior) 네 가지가 있다고 하였다. 즉 이 네 가지로 구성된 인간 전행동에는 목적이 있다. 인간 행동의 목적은 그 행동이 부정적이든, 긍정적이든지 간에 통제감을 습득하거나 욕구를 충족하고자 하는 데 있다. 이러한 인간의 행동 체계를 자동차의 네 바퀴에 비유하여 설명하고 있다. 앞 두 바퀴는 행동하는 것과 생각하는 것이며, 두 개의 뒷바퀴는 느끼는 것과 생물학적 행동을 말한다. 전행동의 네 가지 구성 요소는 서로 유기적으로 관련되어 인간의 통제감을 얻거나 기본 욕구를 충족시키려고 한다.

(4) 선택 이론의 원리

선택 이론은 개인의 자유를 강조한다. 개인이 느끼는 수많은 부정적인 감정들을 포함하여 정신병까지도 선택할 수 있다고 본다. 선택 이론에서는 관계를 유지하면서 다양한 행동으로 강화하는 수많은 외적 통제들을 대체하여 선택해야 한다고 강조한다. 외적 통제에는 비난하는 것, 구별 짓는 것, 처벌하는 것, 보상하는 것, 불평하는 것 등이 포함된다.

현실요법의 목표는 행동이 변화됨으로써 결과적으로 욕구의 충족과 행복을 가져오게 되는데 있다. 현실요법 상담자는 내담자들이 자신들의 욕구가 효과적으로 충족되지 않을 때 불편함, 걱정, 우울, 죄의식, 두려움, 그리고 수치심과 같은 것을 느낀다고 믿는다.

3) 상담 과정과 기법

현실요법의 상담 목표와 상담 과정을 살펴보고, 그 과정에서 사용되는 상담 기법에는 어떤 것이 있는지 알아보자.

(1) 상담 목표

현실요법의 상담 목표는 내담자가 책임질 수 있고 만족스러운 방식으로 자신의 심리적 욕구인 소속감, 힘, 자유, 즐거움을 달성하도록 돕는 것이다. 글래서는 상담을 받고자 하는 사람들은 자신의 기본적인 욕구를 충족할 수 없기 때문에 고통과 어려움을 겪고 있다고 말하였다. 이 경우 증상의 심각성은 개인이 자신의 욕구를 충족하지 못하는 정도를 반영한다고 보았다(Glasser, 1965). 따라서 현실요법의 주요한 상담 목표는 내담자가 진정으로 원하는 것이 무엇인지를 그의 기본 욕구를 바탕으로 파악하도록 하는 것이다.

내담자가 바람직한 방식으로 욕구를 달성할 수 있도록 하는 데 있어 현실요법에서는 책임감, 현실, 옳거나 그름을 강조한다(노안녕, 2005). 글래서는 관계와 존경에 대한 욕구가 현실적이고(realistic), 책임감 있게(responsible), 그리고 옳은(right) 방법으로 충족되는 방법을 알지 못하거나 취하지 않을 때 정신의학적 문제가 생긴다고 보았다.

(2) 상담 과정

현실요법는 내담자의 기본적인 욕구를 파악하여, 그 욕구가 바람직한 방식으로 충족될 수 있도록 하는 상담 접근 방식이다. 현실요법의 상담 과정은 일반적으로 다음과 같이 진행된다.

1단계: 내담자와 상담 관계 형성하기

내담자가 상담 관계에 자발적으로 참여하도록 원만한 관계를 형성한다. 이 단계에서 상담자는 내담자가 원하는 것이 무엇인지 혹은 지금 내담자가 무엇을 통제하고 있는지를 알아내야 한다. 내담자가 상담자와 내담자 간의 강한 유대 관계를 마음속으로 수용함으로써 신뢰 관계를 공고히 한다.

2단계: 내담자의 현재 행동에 초점 두기

현실요법에서는 내담자의 감정보다는 행동에, 과거보다는 현재에 초점을 둔다. 현재의 바람, 욕구, 지각이 탐색되며, 이 과정의 질문은 "당신(내담자)은 지금 무엇을 하고 있느냐?"가 사용된다. 이런 질문을 통해서 상담자는 내담자가 원하는 것을 얻기 위해 지금 무엇을 하고 있는지를 탐색하고 확인하는 것이다.

3단계: 행동 평가하기

행동 평가는 내담자의 현재 행동이 자신의 욕구 충족에 도움이 되는지 아니면 방해가 되는지를 포함하여 스스로 자신의 행동을 평가하도록 하는 과정이다.

4단계: 책임 있게 수행할 수 있는 행동 계획하기

내담자가 보다 효과적으로 자신의 욕구를 성취할 수 있는 행동을 수행할 수 있는 계획을 수립한다. 이 단계에서는 내담자의 현재 행동 중에서 비효율적이고 방해가 되는 행동을 찾아내어 그것을 효율적이고 긍정적인 것으로 변화시키기 위해 계획을 짜는 활동을 포함한다. 이 단계에서 상담자는 내담자가 좀 더 적극적으로 계획할 수 있도록 조력하고 격려하는 것이 중요하다.

5단계: 계획 실천에 대해 약속하기

상담자는 내담자가 자신이 계획한 활동과 행동을 실천하겠다는 다짐을 요구하고 약속을 받아야 한다. 약속은 상담자에게 만큼 자기 자신에 있어서도 강력한 것이기 때문이다.

6단계: 계획을 제대로 수행 또는 실천하지 못한 경우 변명을 수용하지 않기

상담자와 내담자가 활동 계획을 수립하고, 계획 실천을 약속했음에도 불구하고 내담자가 제대로 계획을 실행하지 못했을 경우, 상담자는 내담자의 어떠한 변명도 수용해서는 안 된다.

7단계: 처벌을 사용하지 않기

현실요법에서는 처벌을 사용하지 않는다. 상담자는 내담자가 약속한 바를 지킬 수 있는 행동을 하도록 함으로써 지지자의 역할을 한다.

8단계: 절대 포기하지 않기

상담자는 내담자의 변화 가능성에 대해서 희망을 버리거나 그 가능성을 버리지 않는다. 상담자는 내담자가 포기하지 않고 지속적으로 변화를 할 수 있도록 관심을 갖고 조력해야 한다.

(3) 상담 기법

현실요법은 상담 기법에 지향된 접근 방식은 아니다. 따라서 특별한 기법을 사용하기보다 상담자와 내담자의 친밀한 관계를 바탕으로 내담자가 스스로 자신의 욕구와 바람을 알고 바람직한 방법으로 달성할 수 있도록 조력한다(노안녕, 2005). 현실요법 상담자들이 주로 이용하는 조력 전략과 반응 기법을 살펴보자.

상담자 태도

현실요법 상담자들이 내담자에게 취하는 주요 태도는 친밀한 상담 관계를 기초로 하여 내담자를 변화로 이끈다. 이 과정에서 내담자의 변명을 수용하지 않고, 처벌이나 비판을 하지 않으며 결코 포기하지 않고 조력하는 태도를 보인다.

역설적 기법

현실요법에서 상담자는 내담자에게 모순된 요구나 지시를 주어 그들이 딜레마에 빠지게 함으로써 변화시키려고 하는 역설적 기법을 사용한다. 예를 들어, 실수하면 안 된다고 강박적으로 생각하는 내담자에게 실수를 해 보도록 할 수 있다.

역설적 기법은 매우 강력한 기법일 수 있으므로 이에 대해 충분한 훈련을 받은 상담자가 실시하거나 철저한 지도, 감독 하에서만 실시되어야 한다.

직면하기

현실요법 상담자들은 내담자의 변명을 받아들이지 않고 또한 내담자를 포기하지 않으므로 내담자가 현실적 책임과 관련된 모순을 보이면 직면을 사용한다. 상담자는 직면하기를 통해 내담자가 변명을 할 때 긍정적인 태도를 유지하면서 변명을 수용하지 않는다.

유머 사용하기

현실요법은 즐거움이나 흥미를 기본 욕구로 강조한다. 상담자와 내담자가 서로 동등한 입장에서 흥미 욕구를 공유하며, 유머를 통해 내담자와 친밀한 관계를 유지한다. 유머의 사용은 친밀한 상담 관계가 형성된 이후에 이루어져야 한다.

참조 1 아동을 위한 현실요법의 상담 모델 10단계

현실요법 상담 모델 10단계는 주로 아동상담을 할 때, 부모나 교사들이 도움을 받을 수 있는 효과적인 방법이다. 상담자가 정서나 행동 문제를 보이는 아동의 부모나 교사와 상담을 할 때, 이러한 방법을 그들에게 제시하여 단계를 밟을 수 있도록 해야 한다. 이는 글래서의 선택 이론 모델과 일치하고 있다. 10단계는 다시 크게 세 단계로 나누어지고, 각각 특정한 목적이 있다. 첫 번째 단계는 단계 1에서 단계 3이, 두 번째 단계는 단계 4에서 단계 6이, 세 번째 단계는 단계 7에서 단계 10으로 구성되어 있다.

첫 번째 단계의 목적은 교사나 부모가 아동과 친밀한 관계를 맺도록 하는 것이다.

단계1 아동이 시도했지만 도움이 되지 않았던 것이 무엇인지를 적어본다. 기존에 효과적이지 않았던 방법이나 개입을 더 이상 하지 않는 것은 아동의 행동을 긍정적으로 변화시키는 데 자극이 된다.

단계2 만약 위의 단계를 성공하지 못했다면, 성인(교사, 부모 등)과 아동 간에 이루어지고 있는 상호작용을 중단시키기 위하여 보조 개입 변화 목록을 만든다. 예를 들어 아동의 행동을 보고 아동이 이전과 같은 자극적인 행동을 그대로 한다면, 아동이 성인에게 기대하는 행동이 무엇인지 자문해 보고 기대한 행동을 하지 않거나 성인 자신이 고치고 싶어하는 아동의 행동을 더 시도하라고 요구하는 역설적 상담 전략을 시도해 본다.

단계3 때에 따라서, 아동이 보다 나은 미래를 갖도록 도울 수 있는 일의 목록을 작성해 본다. 이러한 일은 구체적인 것들이다. 예를 들면 부모 또는 교사가 아동에게 심부름을 해달라고 요구하기, 과제를 수행하는 방법을 아동이 선택하도록 하기, 부모와 아동 모두가 관련된 일에 아동의 의견을 물어 보는 것, 집안일 중에서 아동이 할 수 있는 것을 책임지고 할 수 있도록 맡기는 것 등이다.

첫 번째 단계에서 성공적인 중재나 변화가 없다면, 두 번째 단계를 거치게 된다. 두 번째 단계의 목적은 실제로 간단한 현실요법을 이용하여 아동상담을 해 보는 것이다.

단계4 다음과 같은 간단한 상담접근을 시도해 본다.
- 아동에게 바람직하지 못한 행동을 그만하도록 요구한다. 말은 가능한 적게 하고 되도록 비언어적인 몸짓을 한다. 협박은 절대로 하지 않는다.
- "그게 가능할까?"라는 질문을 시도해 본다.
- 아동의 협조적인 노력을 인정하는 것은 중요하지만, 그 행동이 마치 아동이 아닌 성인을 위한 것처럼 행동하는 아동에게는 고마움을 표시하지 않는다.

단계5 이전의 협상에서 합의된 규칙이 있다면 그 규칙들을 강조하는 현실요법 질문을 사용한다.

- 너는 무엇을 했니?
- 규칙은 무엇이지?
- 네가 하기로 했던 것은 무엇이니?
- 무엇을 하겠니?

단계6 기본적인 현실요법 질문을 사용하고 계약서를 쓰거나 악수하고 끝낼 수 있다.
- 무엇을 했니?
- 그 행동이 너에게 어떻게 도움이 되었니?
- 자신을 위해 할 수 있는 행동은 무엇이니?
- 무엇을 하겠니?

아동에게 계약서를 적도록 한다면 서명을 하도록 한다. 계약서상에는 지킬 수 있는 약속이 포함되어 있어야 한다. 처벌보다는 아동이 바람직하거나 바람직하지 않은 행동으로 인해 나타나는 결과를 적절히 경험할 수 있도록 도와준다.

세 번째 단계는 교실 안 교수-학습 과정에서 어려움을 주는 행동을 하는 아동들을 위해 고안된 것으로, 교실 상황에서 나타나는 문제 행동을 해결하는 것이 목적이다. 그러나 교실 상황에서뿐만 아니라 가족 내에서 다른 가족 구성원의 권리를 침해할 때에도 사용될 수 있다. 세 번째 단계의 기본적인 개입 방법은 고립이라고 할 수 있다.

단계7 교실에서는 타임아웃(time-out)을 권장한다. 조용한 구석, 교실의 한가한 곳, 혹은 개인 열람석 등이 사용될 수 있다. 타임아웃이 처벌로는 사용되어서는 안 되며, 타임아웃을 받은 아동이 다른 아동으로 하여금, 바보처럼 생각하도록 해서도 안 된다. 문제 행동이 일어나면 의논하지 않고 단호하게 조용한 구석, 교실의 한가한 곳으로 보낸다. 아동이 집단으로 돌려보내기 전에 아동이 계획을 세우도록 한다.

단계8 몇몇 아동은 교실 밖에서의 타임아웃을 요구할 수도 있다. 기관에 따라서는 타임아웃 방이 따로 만들어져 있을 수도 있고, 또한 빈 교실이 이용될 수도 있다. 교실로 다시 돌아가기 위하여 만들어진 계약서나 계획들은 현실요법에서 사용하는 질문에 따른다.

단계9 어떤 아동은 수업을 방해하지 않고서는 생활을 하기가 어렵다. 이런 학생들을 위한 프로그램이 준비되어 있을 필요가 있다. 이러한 프로그램에는 규칙이나 기대치 정하기 과정이 포함되어 있을 필요가 있다.

단계10 아동의 방해 행동이 계속될 경우, 방해 행동이 계속 되어서 예상되는 결과를 경험할 수 있도록 한다. 견학가거나 비디오를 시청하게 함으로써 자신의 방해 행동의 결과를 간접적으로 경험하게 하여 논리적 귀결에 대한 아동의 자각을 증대시킨다.

참조 2 선택 이론의 기본적인 원리

개인의 자유를 촉진시키는 선택 이론의 원리는 다음과 같다.

- **원리 1:** 개인의 행동을 통제할 수 있는 사람은 자신이다. 개인은 처벌이나 강요를 받을 때, 도리어 수행은 떨어진다. 개인 자신의 행동을 스스로 통제할 수 있다고 깨닫기 시작할 때, 개인적 자유를 새롭게 정의하기 시작하며 훨씬 많은 자유를 가진다는 것을 알게 된다.
- **원리 2:** 타인에게서 얻을 수 있는 모든 것은 정보인데 그 정보를 어떻게 처리할 것인가는 개인의 선택에 달려있다.
- **원리 3:** 지속적이고 계속 생길 수 있는 심리적 문제는 관계의 문제이다.
- **원리 4:** 관계의 문제는 개인 현재의 삶의 일부분이다.
- **원리 5:** 과거에 일어난 고통스러운 일이 현재 개인에게 영향을 주고 있지만, 과거를 다시 들추어내는 것은 중요하지 않다. 즉, 과거를 캐내는 것이 현재 또는 미래의 중요한 관계를 향상시키는 데 도움이 되지 않는다.
- **원리 6:** 개인은 기본적 욕구인 생존, 사랑과 소속감, 힘, 자유, 즐거움에 의해 행동한다.
- **원리 7:** 개인은 단지 각자의 질적 세계에 있는 사진첩을 만족시킴으로써 기본 욕구를 충족시킬 수 있다.
- **원리 8:** 개인이 할 수 있는 모든 것이 행동이다. 모든 행동 즉 전행동에는 행동하는 것, 생각하는 것, 느끼는 것, 그리고 생물학적 행동으로 구성되어 있다.
- **원리 9:** 전행동은 동사, 보통 부정사와 동명사의 형태를 띠며, 가장 쉽게 인식할 수 있은 용어로 표현된다.
- **원리 10:** 전행동은 선택되지만, 행동하는 것과 생각하는 것을 직접적으로 통제할 수 있다. 행동하는 것과 생각하는 것을 선택하는 방법을 통해서 간접적으로 느끼는 것과 생물학적 행동을 통제할 수 있다.

08 가족상담

Child Psychology & Counseling

[서울신문]

상습적인 범죄자는 감정과 공격성 등을 조절하는 뇌 기능이 현저히 낮은 수준이라는 연구결과가 나왔다. 이는 강북삼성병원 정신과 신영철 교수팀이 법무부 용역으로 청송감호소 피감호자들에게 전문신경심리기능검사를 실시한 결과 밝혀졌다.

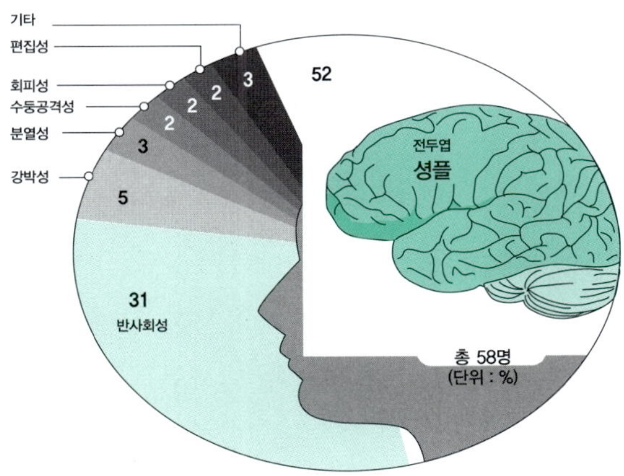

〈자료: 강북삼성병원 신영철교수팀〉

전문가들은 이런 결과를 들어 상습범죄를 예방하기 위해서는 단순구금보다 긍정적 사고를 갖도록 새로운 인식과 행동 반응을 연습시키는 인지치료와 심리치료를 병행해야 한다고 조언했다.

연구팀은 '성격 장애로 인한 상습범죄자의 행동 교정 프로그램 개발을 위한 연구' 보고서에서 피감호자 58명의 전두엽(前頭葉) 기능을 측정한 결과 평균이 전체 분포의 하위 15% 수준이라고 밝혔다. 일반 성인은 평균 50% 이상의 분포를 보인다. 대뇌의 앞부분인 전두엽은 사회적 행동, 감정 조절, 행동 억제, 타인의 배려, 미래를 고려한 판단 등 고등 행동을 관장한다.

또 대상자 가운데 강도나 성폭력 등을 저지른 '폭력적 범죄 집단'은 절도나 사기, 약취 유인 등을 저지른 '비폭력적 범죄 집단'보다 전두엽 기능이 현저히 낮은 것으로 조사되었다. 연구팀은 "전두엽의 기능 저하가 상습적이고, 폭력적인 범행에 영향을 준다는 사실이 밝혀졌다."고 설명했다. 조사 방법은 주로 심리학에서 사용하는 위스콘신 카드분류검사(WCST) 기법으로, 대상자가 주어진 카드를 모양이나 색깔을 기준으로 분류하는 행동을 분석함으로써 문제를 해결하고 상황에 대처하는 능력 등을 측정하게 된다. 예를 들면 색깔로 분류해야 할 카드를 모양을 기준으로 분류한 피조사자가 '틀렸다'는 조사자의 조언에도 불구하고 기준을 바꾸지 않으면 오차가 높아져 전두엽 기능이 떨어지는 결과가 나오게 된다.

이는 피감호자 162명의 자기보고형 설문지 조사에서 충동성 척도가 높을수록 분노 표현 척도는 높은 반면 분노 조절은 잘하지 못하는 것으로 나타난 것과도 무관치 않다. 연구팀은 "이 같은 피감호자는 폭력적 범죄를 저지를 가능성이 높고, 시설 내 적응이 어려울 것으로 보인다."고 분석했다.

또 임상심리 전문가가 피감호자 37명을 직접 면담한 결과 46%인 17명이 알코올·약물 의존 등 물질 관련 장애나 우울증, 공황 장애 등 정신과적 장애를 앓고 있었다. 58명을 대상으로 성격 장애 유무를 살핀 결과에서는 48%인 28명이 장애를 갖고 있었으며, 이 가운데 18명은 '반사회적 성격 장애'를 앓고 있는 것으로 나타났다.

책임연구자인 신 교수는 "만성적·상습적 범죄자에게는 개인별 성격이나 정신과적 질환 유무에 따라 심리치료나 재활 훈련 등 각각 다른 치료 프로그램이 필요하다."면서 "정신과적 장애는 면담과 약물치료 등으로 회복이 가능하며, 전두엽 기능은 약물치료 등 신경생물학적 측면에서 접근할 수 있다."고 지적했다. 서울대병원 정신과 신민섭 교수는 "비행 청소년이나 공격성이 높은 사람을 대상으로 전두엽의 기능을 높여주는 컴퓨터 게임 등 프로그램이 개발돼 있다."면서 "이러한 인지재활치료로 분노를 조절하는 법 등을 익히면 재범행을 어느 정도 예방할 수 있다."고 밝혔다. 그는 "특히 전두엽은 20세까지 발달하므로 소년범의 재범 예방에 확실한 효과를 보일 것"이라고 강조했다.

[출처: 2005년 4월 13일 유지혜 기자 wisepen@seoul.co.kr]

감정 조절과 관련된 신문기사였지만 어린 시절 감정 조절을 잘하는 법을 배우지 못할 경우 야기되는 후속 발달의 결과를 제시해 주는 기사라고도 볼 수 있다. 그럼 감정 조절 잘하기는 어디에서 배워야 하는가 하는 의문이 남는다. 모든 발달 이론에서 강조되듯이 아동은 여러 성인과의 특히 부모와의 상호작용 속에서 정서의 다양함을 배우고 생존과 관련된 표현도 익힌다. 부모가 반응하는 방식대로 아동은 반응한다. 아동은 긍정적으로 느끼면 긍정적으로 반응하고 부정적으로 느끼면 부정적으로 반응한다. 즉, 아동의 감정은 부모가 보여 주는 반응을 통해, 아동은 상대방에게 어떤 반응을 보여줄지를 배우게 된다. 아동의 감정에 대해서는 관대하되, 행동에 대해서는 엄격하게 가르쳐 주도록 해야 한다.

가족이란 신체적, 심리적 공간을 공유하는 개인의 집합체일 뿐 아니라 하나의 자연발생적인 사회 체계로서 고유한 성격(① 규칙 ② 역할 ③ 의사소통 패턴 ④ 권력구조 ⑤ 문제해결 방법)과 생활 주기를 가진 살아 있는 유기체(living organism)이다.

한 개인을 이해하기 위해서는 그 사람의 외적 환경만을 파악해서는 안 된다. 내적, 외적 모두 고려해야 하는데 외적 환경 중 가장 중요한 것이 가족이다.

가족이라는 집단(맥락) 안에서 자아상(self-image)과 self-identity가 형성된다. 개인이 나타내는 패턴은 개인이 지닌 정체성과 관계가 있다. 개인의 부적응 양상을 개인의 역동 내에서 보는 것이 가족치료(가족상담)의 관점이다(김수연, 2012).

우리나라에 가족상담[1)]이 처음 소개된 시기는 1970년대 후반부터 1980년대 초반이다. 가족상담이 정착된 시기는 1990년대 중반부터 2000년까지이다. 가족상담 관련법과 제도는 다음과 같다. 가족상담 서비스 제공과 서비스 제공자에 관한 법적 근거는 「건강가정기본법(법률7413호)」에서 찾아볼 수 있다. 거기에는 건강가정에 관한 정책, 사업, 전담조직과 함께 건강가정사의 직무(대통령령) 및 자격(시행규칙)에 대한 규정이 명시되어 있다(정문자 외, 2007).

현재 아동상담이나 가족상담 시에 가장 범하기 쉽고 저지르기 쉬운 큰 실수

---

1) 우리나라에서 가족상담은 가족치료, 가족상담 및 심리치료 등의 용어로 혼재되어 사용되고 있다. 이에 저자는 인용구의 내용은 충실히 하되, 가족치료, 가족상담 및 심리치료는 가족상담이란 용어로 통일하였다.

중 하나는 어떤 경우에도 아동을 포함하는 가족 전체가 참여하는 모임들을 충분히 활용하지 못한다는 것이다. 아동 치료자[2)]는 성인이 없는 자리에서 아동과 상담을 하고 가족 상담자는 종종 아동, 특히 어린 유아를 빼놓고 상담을 한다. 이들을 제외시키는 중요한 이유는 양쪽 편이 참여하는 합동 모임을 진행하는 데 필요한 기법을 개발하려는 노력이 거의 없었기 때문이다(성영혜, 1997).

두 번째 오류는 많은 임상 전문가들이 아직 가족상담을 독립된 치료적 개입방법이라고 보기보다는 임상적인 문제에 접근해가는 부수적인 방법으로 생각하는 경향이 있다(김유숙, 2006). 정신병리와 관련된 연구들에서 개인 및 가족의 적응이나 역기능으로 가는 경로는 다양함이 밝혀졌다. 어떤 개인이나 가족은 특별한 문제를 가지고 출발하지만 오랜 시간이 지남에 따라 문제의 특성이 변화하기도 하고 어떤 경우에는 특별한 문제없이 건강하게 시작하고 건강을 유지하기도 하고 반대로 장애로 발전되기도 한다. 하지만 어떤 개인이나 가족은 위험원이나 디스트레스에서 출발하고 그 경로를 유지하기도 하고 아니면 잘 기능하게 되는 경우도 있고 문제가 더 심해지기도 하고 좋아지기도 하는 등의 악순환을 반복하기도 한다. 이런 다양한 정신병리로의 발달경로는 개인에 대한 임상적 접근만으로는 설명이 어렵고, 예방도 쉽지 않다는 것을 제시해 준다(오승아, 2003). 개인의 문제는 개인상담만으로는 어려울 수 있으므로 가족상담이라는 독립된 치료적 접근이 필요한 이유이기도 하다.

일반적으로 가족에게 역기능이 존재하거나 또는 그러한 역기능이 주된 호소문제와 관련이 있다고 판단될 때, 가족상담을 권한다(Barker, 1986, 재인용). 그런데 이러한 기준은 지나치게 포괄적이어서 애매하다. 따라서 우리는 먼저 무엇이 역기능인가를 살펴야 하는데 아직 상담자 간의 합의된 기능적 표준이 없는 실정이다. 어떤 가족은 지나치게 제각각이어서 심각한 문제가 있다고 예상되나, 임상적인 관점에서 문제가 없는 경우가 있으며 그와는 달리 우리에게는 지극히 정상적인 가족처럼 보이지만 실제로는 심각한 문제를 가진 가족 구성원을 포함한 경우도 있다.

2) 아동 치료자는 아동 상담가+치료사를 포괄한 용어로 사용한다.

〈역기능 가족〉

① 개방적, 자발적인 경험 확대를 방해한다.

② 이중 메시지를 전달한다.—이중 메시지를 인식하지 못하며 이중 메시지에 의해 혼란을 경험한다. 그 결과, 상호 관계에 대한 두려움, 불신감, 좌절감, 낮은 자존감을 경험한다.

③ 가족원들은 서로 경계하거나 적대적이다.

④ 가족원 간에 거리감이 있다.—억압된 분위기에서 권태롭고 우울하게 단지 습관이나 의무로 살아가고 있다. 따뜻함이나 우애의 분위기는 거의 없다.

⑤ 통제감을 느끼며 수동적이고 힘이 없다.

⑥ 가족원의 행동과 견해에 융통성이 없다.

⑦ 가족규칙은 일관성이 없다.

⑧ 가족원 간에 힘의 구조가 수시로 바뀐다.—책임감을 무디게 한다.

⑨ 가족원에게 무관심하거나 대화가 없다.

⑩ 가족원 간의 분화가 없다(김수연, 2012).

경험이 적은 상담자에게는 가족의 역기능을 판단하기란 결코 쉬운 일이 아니므로 가족상담의 보다 구체적인 지표가 필요하다. 가족상담을 적용하기 위한 지표는 다음과 같다(Walrond-Skinner, 1978).

첫째, 어떤 증상이 역기능적인 가족 관계에 얽혀 있다고 판단될 경우이다.

둘째, 도움을 구하는 사람의 호소가 특정 가족 개인의 문제보다도 가족 간의 관계 변화에 있다고 판단될 경우이다. 부부 관계, 부모-자녀 관계, 형제간의 갈등을 호소하는 것이 그 예가 될 것이다.

셋째, 가족이 서로 분리되는 것에서 어려움을 겪는 경우이다. 아동과 청소년이 관련된 많은 문제 행동의 이면에는 분리에 대한 갈등이 내재된 경우가 많은데, 이 경우에는 가족상담의 개입이 상당한 효과를 거둘 수 있다(김유숙, 2006).

아울러 정상 가족의 특징은 가족상담의 개입이 필요한 가족을 구분하는 데 도움이 될 것이다.

〈정상 가족〉

① 가족원들은 관심과 온정 그리고 사랑을 경험한다. 즉 가족원은 서로를 양육한다.

② 가족원들이 감정이입적이고 서로 신뢰하며 솔직하다.

③ 서로의 개별성을 인정하고 다른 사람의 견해를 존중한다.

④ 서로 유머와 즐거움을 나눈다.

⑤ 상황에 대한 일치와 불일치에 대해 솔직하다.

⑥ 가족 간의 대화가 직접적이다.

⑦ 자신에 대한 가치감을 갖고 서로 나눈다.

⑧ 가족규칙에 융통성이 있고 문제를 건설적으로 해결한다.

⑨ 변화는 불가피하며, 변화를 수용하고 그것을 창조적으로 사용하기 위해 노력한다(김수연, 2012).

1) 가족상담의 기본 개념

가족상담은 아동을 가족의 관계 속에서 그리고 그 가족을 지역사회의 관계 속에서 보면서 아동 문제의 원인이 될 수 있는 역기능적 가족 체제를 치료하는 상담 접근 방법이다. 가족상담은 가족을 유기적인 관계를 지닌 한 단위로 이해한다. 정신병, 신경증, 심신증, 비행과 같은 문제행동을 내담자 개인이 지닌 증상이나 문제로서 치료하는 것이 아니라 가족 전체의 인간관계에 대한 왜곡의 표시로 보고, 가족 내의 교류 패턴에 직접, 간접으로 개입하여 가족 체계의 문제점을 개선시키기 위한 심리적 원조이다(송정아 · 최규련, 1997).

가족상담의 정의에서 강조된 두 가지 개념은 가족관계와 가족체계이다. 사실 아동상담자가 가족치료이론을 통해 갖추어야 할 기본 개념은 아동문제를 진단할 때 아동과 가족과의 관계와 가족체계론적 입장에서 아동의 문제를 볼 줄 아는 시각이다(김춘경, 2007).

가족상담의 목적은 가족 전체가 각자의 역할과 기능을 제대로 수행하도록 함으로써 각 가족 구성원과 가족 전체가 성장하도록 도와주는 것이다. 이를 위해 상담자는 아동들을 위해 안정되고 격려해 주는 환경을 제공하는 행복하고 지지적인 가족이 될 수 있도록 도와줌으로써 가족들의 대인적 상호 관계와 가족 구성원들의 행동과 태도를 향상시켜 준다. 가족상담의 구체적인 목적을 정리해 보면 다음과 같다(김춘경, 2007).

첫째, 감정과 생각을 자유롭게 표현하도록 하며 원하는 변화를 설명하도록 한다.

둘째, 의사소통 능력을 향상시키며 다른 가족 구성원들의 문제 행동 원인을 좀 더 이해하도록 한다.

셋째, 자기 자신과 견해가 다르고, 애매모호하고 혼돈된 다른 가족 구성원들의 욕구를 인정하고 존중하며 수용할 수 있는 개인 능력을 향상시킨다.

넷째, 가족 내에서 가족 구성원들의 역할과 기능을 수행하도록 한다.

다섯째, 가족규칙을 명백히 한다.

후버(Huber, 1994)는 부부, 가족상담을 실시하기 위해 가족상담 전문가가 갖추어야 할 필수적인 조건을 다음과 같이 지적하였다(정문자 외, 2007).

- 가족상담 전문가는 다양한 이론적 모델을 알아야 하며 특히 체계적 사고와 포스트모던 사고를 접해야 한다.
- 가족상담 전문가는 관계 기술과 의사소통 기술을 익혀야 한다.
- 가족상담 전문가는 내담자 가족의 문제에 효과적인 개입을 하기 위해 바탕이 되는 개인적 자각이 필수적이다.
- 가족상담 전문가는 자기 자각에서 더 나아가 가족을 둘러싸고 있는 성과, 권력, 문화적 쟁점에 민감해야 한다.
- 상담가는 전문가로서의 전문적, 윤리적 이슈를 잘 숙지하고 있어야 한다.

2) 가족상담 모델

가족상담의 태동기인 1970년대까지의 가족상담의 초기 모델은 심리치료 모델을 가족상담에 접목하여 발전된 것이기도 하였다. 이 시기까지 발달한 대표적인 가족상담 모델로는 다세대모델, 구조적 모델, 경험적 모델이 있으며 심리치료 모델을 가족상담에 접목한 모델로는 대상관계 가족상담과 인지행동적 가족상담 모델이 있다(정문자 외, 2007). 이런 초기이론은 서로 강조하는 초점과 주요 개념, 상담목표 및 기법에서는 차이가 있지만 공통적으로 강조하고 있는 부분은 지금까지도 가족상담 모델에서 중요한 부분이 되고 있다(Gurman, 1979).

- 상담의 첫 단계에서 가족에 대한 평가를 강조한다.
- 문제 발생에 대해 특정 가족원에 초점을 두는 것이 아니라 가족원 모두의 책임을 강조한다.
- 가족의 의사소통 유형 파악 및 수정을 강조한다.
- 상담의 목표가 유사하다. 즉, 가족 역할의 융통성과 적응력 도모, 부부간의 권력(power) 균형, 가족 집단 내에의 개별성 확립, 구체적이고 명료한 의사소통 도모하기가 상담의 목표이다.

1980년대 이후의 후기 모델에서는 개인이 자신의 가족이나 관계를 어떻게 경험하는지, 자신의 경험의 세계에 어떤 의미를 부여하며, 어떻게 구성하는지를 파악하는 것이 문제 해결 과정에서 더 중요하게 되었다. 그리하여 상담가는 내담자보다 더 많이 알고 있는 유능한 전문가가 아니라 내담자의 경험 세계를 재창조하는 과정에서 협력해야 할 동반자의 입장이 강조되었다. 가족상담 후기 모델은 해결 지향 모델, 해결 중심 모델, 협력 언어 체계 모델을 예를 들 수 있다(정문자 외, 2007).

현재 임상 현장에서 가족상담을 실시하고 있는 사람들은 여러 모델 가운데 해결 중심 모델, 보웬 모델, 사티어 경험주의 모델, 정신역동 모델, 구조적 모델 순으로 가장 많이 사용하고 있으며 향후 적용하고자 하는 모델로 이야기모델, 경험적 모델 등을 선호하고 있다(정문자 외, 2007). 이에 해결 중심 단기 가족상담 모델을 간략하게 소개하고자 한다.

더 사저(de Shazer)는 해결중심이론의 개발자이나 임상보다는 연구와 집필에 몰두하였다. 주로 임상가로 알려진 인수 버그(Insoo Berg)는 이론 발전에도 기여하였을 뿐만 아니라 전 세계적으로 상담가들을 훈련시켰으며 알코올중독에도 이 모델을 적용시켰다(Berg & Miller, 1992). 해결 중심 상담가들은 문제가 해결될 미래에 초점을 둔다. 상담가는 내담자가 상담 및 치료를 받으러 온 문제의 성질에 대해 많이 알 필요는 없다. 해결 중심 상담은 내담자의 '문제 중심 대화'를 '해결 중심 대화'로 바꾸는 데 목적을 두고 있다(정은, 2006).

해결 중심적 접근의 기본 원리

해결 중심적 단기상담은 긍정적인 측면에 초점을 둔다(정은, 2006). 병리적인 것 대신에 건강한 것에 초점을 둔다. 잘못된 것에 관심을 두기보다는 성공한 것과 성공하게 된 구체적인 방법을 발견하는 데 관심을 둔다(정문자 외, 2007).

- 내담자는 문제를 해결할 자원과 능력을 가지고 있다.
- 탈이론적, 비규범적이며, 내담자의 견해를 존중한다(정은, 2006). 인간 행동에 대한 이론적 틀에 맞추어 내담자를 진단하거나 사정하지 않는다.
- 간단하고 단순한 방법을 일차적으로 사용한다. 해결 중심 접근은 상담 목적을 달성하기 위해 상담 방법의 경제성을 추구한다(정문자 외, 2007).
- 변화는 불가피하여, 항상 일어나고 있다(정은, 2006).
- 현재에 초점을 맞추며, 미래지향적이다(정문자 외, 2007).
- 내담자의 자율적인 협력을 중요시한다.
- 해결 중심 상담은 다음의 철학을 중요시한다.

첫째, 어떤 것이 기능하면 그것은 고쳐지지 않으며. 둘째, 일단 효과가 있으면 그것을 좀 더 하고, 셋째, 효과가 없다면 다시는 같은 방법이 아닌 다른 방법을 사용한다(정은, 2006).

해결 중심 단기상담의 가정과 전제

해결 중심 단기상담은 그 이름에서도 알 수 있듯이 상담이 단기로 진행되며 문제의 원인을 파악하기보다는 해결책에 초점을 맞춘다. 해결 중심 단기상담의 가정과 전제는 다음과 같다(Berg & Miller, 1992, 가족치료연구모임 역, 2001).

- 긍정적인 측면에 초점을 둘 때에 이점이 있다.
- 예외 상황은 해결점을 제시한다.
- 변화는 항상 일어나고 있으므로 이 변화를 긍정적인 방향으로 설정한다.
- 작은 변화는 생성적이다. 즉 작은 변화는 큰 변화로 이끈다.
- 협동 작업은 있기 마련이다.
- 사람들은 자신의 문제를 해결하기 위하여 필요한 자원을 가지고 있다.
- 의미와 체험은 상호작용 속에서 일어난다.
- 행동과 묘사는 순환적이다. 예를 들어 자녀의 행동을 옳다, 그르다 중 어느 방향으로 보느냐에 따라 대처 방법이 다르다.
- 의미는 반응 속에 있다.
- 내담자가 전문가다.
- 내담자가 어떻게 목표를 설정하고 무엇을 하는가에 따라서 내담자의 작은 변화는 다른 사람과의 상호작용에 영향을 미친다.
- 상담팀은 상담 목표의 설정과 그 목표 달성을 위해 노력할 의사를 가진 사람으로 구성한다.

구체적인 기법

자신의 장점을 발견하고 활용하는 것은 자아존중감을 높이는 데 도움이 된다. 다음의 집단 활동을 통해 나의 장점을 깨닫고 타인의 장점을 발견하고 인정하는 시간을 가져보자.

- 조용히 눈을 감고 주위에 있는 다른 사람들을 생각해 본다.
- [그림 2-3]의 '사랑의 사탕바구니 그림' 활동지에 자신의 이름을 적고 옆 사람에게 돌리면서 종이에 적힌 사람의 장점을 적는다.
- 전원이 장점을 기록한 활동지가 본인에게 돌아오면 내용을 진지하게 살펴본다.
- 차례로 돌아가면서 활동지에 적힌 내용을 발표한다.
- 발표를 마친 후 느낌을 함께 나눈다.

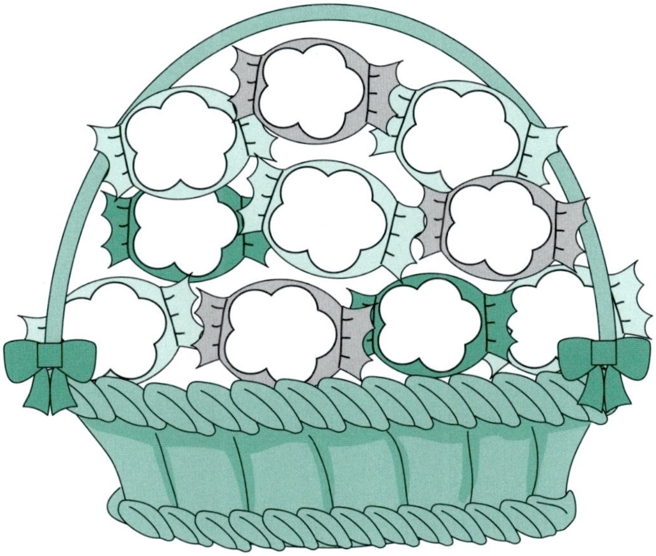

[그림 2-3] 사랑의 사탕바구니

해결 중심적 활용

- 리더는 참여자가 단점으로 생각하는 것이 장점이 될 수 있도록 재구성한다.
- 사소하다고 생각하는 것도 장점이 될 수 있음을 알게 해 주고 칭찬을 하면서 더 많은 장점을 적을 수 있도록 격려한다.
- 자신의 장점이 인간관계의 유지와 개선 그리고 일상생활에 어떻게 활용될 수 있는가를 생각해 보게 한다(전연진, 2005).

부가적으로 특정 연령을 대상으로 한 가족상담 기법 중에 5세에서 12세까지의 아동을 둔 가족들을 위한 가족놀이치료모델을 소개하고자 한다. 전통적인 가족상담 모델인 원인을 알면 치료도 쉽다는 정신역동적 모델의 기초한 치료모델로서 개인을 대상으로 한 놀이치료기법을 가족치료에 적용하는 데 이론적 기틀로서 제공되는 모델이다. 대표적인 기법으로 꼭두각시 인형놀이 기법이 있다. 꼭두각시 인형놀이 기법은 다양한 배경을 가진 여러 가족에게 도움이 되지만 특히 이 기법이 꼭 필요한 사람이 있다. 처음부터 언어적으로 의사소통하는 것을 어려워하는 가족들이다. 이런 가족의 경우에는 인형을 가지고 놀이를 하도록 초대하면 즐겁게 열심히 반응한다. 이와 같이 인형을 갖고 노는 것은 무엇인가 말로 해야 한다는 부담으로부터 벗어나게 해 주는 것이다. 특히 5세에서 12세의 자녀를 가진 가족들을 평가하는데도 많이 활용되고 있다.

가족에 대한 꼭두각시 인형놀이 기법은 일반적으로 상담 회기 중 한 시간 반 동안 진행된다. 둥글게 의자가 배열된 방에서 시작하며 시작 시에 상담자와 가족 전체가 함께 방에 들어간다. 방 안에는 수십 개의 인형을 분류한 바구니와 큰 인형이 놓인 무대가 있다.

가족들에게 마음에 드는 몇 개의 인형을 고르게 한 후 나머지 인형은 치운다. 이때 가족이 선택한 인형은 대부분 자기 자신이나(즉, 개인이 그 자신을 보는 한 방법이기도 한데, 그가 원하는 것이라든지 혹은 그가 되기 두려워하는 것을 나타낼 수도 있다) 자기에게 의미 있는 사람의 특성을 나타나게 된다. 상담자는 가족들이 선택한 인형들의 이름을 정하고 하나하나 한두 마디 설명을 붙여서 인형들을 소개하도록 요구한다.

그런 다음 인형들을 가지고 마치 TV에서 하는 것처럼 이야기 극을 만들어 보라고 요구한다. 가족들이 이야기를 만드는 동안 옆방에서 가족들의 역할들을 지켜본다. 가족이 이야기 전개에 대한 계획을 마친 것으로 보이면 다시 가족들이 모인 방으로 들어간다.

다시 방에 들어간 후 상담자는 무대 위에서 이야기를 펼치도록 독려한다. 이야기극이 끝난 후 인형들을 치우고 가족 구성원들에게 처음 이야기를 계획했던 그 의자로 돌아와 토론을 하게 한다.

이 과정에서 상담자는 가족 모두에게 이야기의 제목은 무엇이고, 이야기 속에서 얻게 되는 주제나 도덕성, 교훈 등이 무엇인지 물어본다. 가장 되고 싶은 인물과 가장 되기 싫은 인물 등에 대해서도 생각하게 한다. 그러고 나서 이들의 가족자아를 관찰할 수 있는 아이디어를 얻기 위해 이야기가 그들의 가족을 표현한 점이 있는지 묻고 그들 가족이 겪고 있는 갈등과 관련된 문제들을 이야기와 연결할 수 있도록 도와준다(방은령, 1997).

09 대상관계 이론

Child Psychology & Counseling

1) 상담 이론

어떤 대상이 나의 욕구나 내적 상태, 기대에 따라 "나쁜" 대상으로 지각되거나 "좋은" 대상으로 경험되기도 한다. 또한 대상에 대한 나의 지각이 어떤가에 따라 그 대상과의 관계가 다르게 느껴지고 그 관계 안에서의 나 자신에 대한 지각과 느낌이 달라지기도 한다.

어떤 이들은 근본적으로 신뢰할 수 있고 우호적인 존재에 대한 기억과 믿음과 기대를 갖고 있고, 반대로 어떤 이들은 신뢰할 수 없고 거부했던 존재에 대한 기억과 경험을 갖고 있다. 우리 내면에 있는 대상이 어떤가에 따라 우리가 실제로 관계하는 사람들에 대한 지각, 기대, 경험이 크게 영향을 받는다.

대상관계이론은 정신역동적 심리치료로서 영국정신분석연구소를 중심으로 발달하였다. 대표적인 이론가로는 클라인(Klein), 페어베임(Fairbairn), 건트립(Guntrip), 위니컷(Winnicott) 등이 있다.

(1) 멜라니 클라인(M. Klein)

대상관계이론은 클라인에 의해서 창시되었다.

❶ 멜라니 클라인의 이론

클라인은 인격이 '편집-분열의 입장'에서 '우울 입장'으로 성장해 가고, 이런 과정이 생후 1년 이내에 거의 완성되어 버리며 일생을 반복한다고 보았다. 클라인은 성장의 '단계(phase)'라는 말을 쓰지 않고 '입장(position)'이라는 용어를 썼는데, 그 이유는 성장이란 계단을 오르듯이 한 계단을 오르면 다시는 그 단계가 나타나지 않는 그런 것이 아니라 상황에 따라서 일생 동안 입장이 바뀔 수 있기 때문이라고 하였다.

❷ 주요 개념

∘ 편집-분열 입장(paranoid-schizoid position)

가장 초기의 원시적인 입장으로 영아는 엄마를 부분 대상(part-object)으로 본다. 엄마를 전체 대상(whole object)으로 볼 능력이 아직 없다. 그래서 좋은 엄마(good object, 만족을 주는 대상)와 나쁜 엄마(bad object, 좌절을 주는 대상)로 분열이 일어난다. 나쁜 엄마에게는 영아가 가지고 태어난 공격성(death instinct)을 투사한다. 그래서 나쁜 엄마는 더욱 무시무시한 인물로 보인다. 이 입장에 서 있는 아이는 나쁜 엄마에게 피해당하는 것을 두려워하게 되어, 의심이 많아지고 편집증적이 된다. 편집-분열의 입장이란 말이 여기서 나왔다. 불안한 아이는 이러한 불안을 피하기 위해서 방어 기제를 쓴다. 즉, 〈나를 해치려는 사람은 없어〉 하고 부정해 버림으로써 현실적인 위험을 피하는 것이다. 이런 입장은 일생 동안 지속된다.

▫ 투사적 동일시와 내사적 동일시

투사적 동일시에서 유아(혹은 어떤 사람)는 무의식적으로 내면세계의 한 측면을 취해서 이것을 밖으로 또는 관계 안에 있는 다른 사람에게 투사하고 그 사람을 자기와 동일시한다. 이 과정은 얼굴표정이나 몸짓, 억양, 상황 등의 무의식적인 의사소통 방법을 통해 이루어진다.

상대방은 이러한 요소를 동일시하고 이 사실을 모른 채 투사된 요소에 의해 부분적으로 지배당하고, 어떤 방식으로든 그러한 요소를 살려내려고 행동하게 된다. 이를 내사적 동일시라고 한다.

투사적 동일시와 내사적 동일시의 순환 과정 안에서 상대방(혹은 엄마)은 아기가 내사적 동일시를 통해 받아들인 자신의 측면을 다시 투사한다. 이러한 순환과정은 무의식적인 의사소통에 바탕을 두고 있다.

∘ 우울 입장(depressive position)

편집-분열 입장에서 진일보한 입장으로 가장 두드러진 특징은 통합 능력이 생긴 것이다. 즉, 현실 감각이 생기면서 엄마가 하나라는 것을 알게 된다. 좋은 엄마와 나쁜 엄마가 하나로 인식된다. 현실과 환상을 통합하고 구별할 수 있게 되었을 때 나타나는 입장이다.

클라인은 3~4개월이면 벌써 우울 입장이 나타나기 시작하며 일생 동안 지속된다고 하였다. 이제 어머니가 하나의 엄마로 인식되기 때문에 이때 벌써 오이디푸스 콤플렉스가 시작된다고 했다. 어머니가 좋은 대상이면서 동시에 증오의 대상도 된다는 것을 알게 된 아이는 자기 속에 있는 공격적 충동이 어머니를 공격해서 없애 버릴지도 모른다는 두려움에 빠진다. 다시 말해서 사랑하는 엄마를 잃게 된다면 그것은 제 속에 있는 공격적인 충동 때문이라고 생각하여 죄책감(guilt)을 느끼고 우울해 진다는 것이다.

그래서 편집-분열의 입장에 섰을 때와 우울 입장에 섰을 때는 지배적 감정이 달라진다. 편집-분열 입장의 지배적 감정은 피해 불안이지만, 우울 입장의 감정은 상대방에 대한 걱정이 우위에 있다.

(2) 도날드 우즈 위니컷(D. W. Winnicott)

❶ 위니컷의 이론

위니컷은 엄마와 아기의 관계와 둘 사이의 공간에 관심을 가졌고 엄마의 돌보는 행동이 적절한가에 따라 아동의 심리에 지대한 영향을 끼친다고 하였다.

❷ 주요 개념

∘ 충분히 좋은 엄마(good enough mother)

이는 전적으로 어머니에게 의존적인 유아를 위한 최적량의 항상성(constancy)과 위로를 주고 안아 주는 환경을 제공해 주는 어머니를 뜻한다. 그런 어머니는 아기의 공생적 필요를 충족시켜 주고, 그러면서 아기가 '몸짓(gestural)', 신체를 형성하도록 돕고 진실한 활동 방법으로 대상을 사랑할 수 있게 해 준다. 어머니는 자신에게 적절한 시간이나 필요를 강요하는 대신에 아이에게 '적합한 시간'에 원하는 것을 제공한다. 그리고 유아가 좌절, 공격성, 상실을 경험할 때, ① 어머니는 지속적인 감정이입과 안아 주기의 환경 안에서 영유아를 지지한다. ② 아동이 유능해지고 싶은 욕구를 충족시켜 줌으로써 그의 존재감, 표현 능력, 창조성을 키워 줄 수 있다.

- 안아주기(holding)

의존적인 유아는 촉진적 환경을 만들어주는 모성적 보살핌을 필요로 한다. 안아주기는 충분히 좋은 어머니의 지속적인 보살핌과 자연스러운 기술에 기초한다. 이런 안아주기를 통해 유아는 건강한 아동 발달의 핵심적이고 일반적인 특징으로 간주하는 유능감을 경험한다.

- 놀이(playing)

자유로운 놀이나 게임은 은유적이며 잠재적 공간 안에서 창조되어진다. 놀이의 매개체인 장난감이나 인형의 사용을 통해 유아와 어머니 사이의 대화를 확장한다. 따라서 위니컷은 놀이라는 용어를 점진적, 창조적, 발달적 의미로 사용하였다. 참자기(유아의 타고난 성향, true self)가 자발적인 몸짓을 통해 전개됨에 따라, 놀이는 이 참자기의 표현과 그것을 정교하게 하기 위한 매개체가 된다.

- 일차 모성 몰두(primary maternal preoccupation)

아기가 태어나기 전부터 분만 후 몇 주 동안 지속되는 모성적 마음의 상태로, 이 때 어머니는 오로지 아기의 안전에만 몰입하게 된다. 이러한 모성적 몰두는 유아에게 태아기 상태에서 외부 세계로 나오는 과도기(transition)를 제공하기 위해 필요한 건강한 병리적 행동이다. 어머니는 안정성, 항상성, 그리고 '존재의 연속성'에 대한 원시적인 느낌(primordial sense)을 주는 '안아주는' 역할을 한다.

- 중간 대상(transitional object)

중간 대상은 유아가 마치 엄마인 것처럼 대하지만 전적으로 아이의 통제 아래 있는 물건을 말한다.

○ 참자기와 거짓자기(true self, false self)

㉠ 참자기 : 참자기(true self)는 아동을 구성하는 내재적인 능력이다. 이것의 계속적인 발달과 확립은 건강한 환경을 제공하고 아주 어린 유아의 감각운동, 태도 자기(postural self)에 의미 있는 반응을 해 주는 충분히 좋은 어머니(good enough mother)에 의해 촉진된다. 참자기는 유아의 존재의 연속성을 지지하는 모성적 보살핌을 통해 그 특징(idiom)을 형성해간다.

㉡ 거짓자기 : 거짓자기(false self)는 엄마의 욕구가 아이 자신의 욕구보다 우선하는 경우에 발생한다. 거짓자기는 타인을 속이는 속성이라기보다 외부 현실에 맞추고자 참자기를 보호하고 다른 사람과의 관계를 촉진하는 자기의 일부분이다. 모든 개인은 어느 정도 거짓자기를 구성하고 있다.

2) 문제의 근원

(1) 건강한 사람의 개념

대상관계이론에서는 다음과 같은 특성을 가진 사람을 건강한 사람이라고 간주한다.

❶ 대상 항상성을 확립한 사람

대상에 대한 일관적인 경험을 갖고 있는 존재의 개념을 지닌 사람이다.

❷ 대상에 대해 통합성을 확립한 사람

대상을 부분 대상보다 전체 대상으로 경험하는 사람을 의미한다. 이는 자기나 타인을 '좋은 대상' 또는 '나쁜 대상' 으로 분리(splitting)해서 경험하지 않고 '좋은 점'과 '나쁜 점'을 동시에 가지고 있다고 본다. '좋거나 나쁜 것'에 기준을 두기보다는 대상의 존재를 중요시 여기는 것을 의미한다.

❸ 개별화가 잘 된 사람

자신과 타인 사이에 독립성을 유지할 수 있는 안정된 감각을 가진 사람으로서 정서적 대상 영속성을 유지하고 분열을 통합시키는 능력이 있는 사람을 의미한다.

❹ 자기(self)가 확립된 사람

자기(self)란 주도적이며 심리적 이미지의 수혜자로서 더 이상 표상 또는 자아의 활동에 따른 산물이 아니라 그 자체가 적극적인 행위 요인을 의미한다. 따라서 건강한 사람이란 경계가 분명하고 진실하며(authenticity), 정서적으로 전체성을 경험할 수 있어야 한다.

3) 상담의 목표

대상관계 이론에 기초한 상담의 궁극적 목표는 아동의 역기능적인 개인 내적 역동에 대한 통찰을 얻고 온전한 대상관계(whole object relations)를 형성하고 자아 기능을 강화함으로써 자신과 다른 사람들에 대해 좀 더 현실적이고 수용적인 태도를 갖게 하는 것이다.

성장 과정에서 미해결된 욕구나 갈등이 많을수록 우리는 다른 사람들을 있는 그대로 보고 받아들이지 못하고 무의식적으로 상대방에게 부과된 역할을 강요한다.

따라서 대상관계 상담에서는 분열이나 투사, 투사적 동일시와 같은 기제에 근거한 상호작용과 그 원인에 대한 통찰을 얻게 하고, 분열되고 억압되거나 다른 사람들에게 투사한 부분들을 통합하여 온전한 대상관계를 형성할 수 있도록 돕는다.

상담자는 받아주기 혹은 버텨주기라는 개념으로 내담자의 경험을 심정적으로 이해하고자 하며, 아동의 욕구와 내적 상태를 민감하게 알아차리고 수용적 태도를 견지한다(Scharff & Scharff, 1991).

상담자는 언어적인 수단뿐 아니라 내담자 경험의 본질에 대한 깊이 있는 이해와 수용적 태도, 내담자의 불안이나 갈등을 버텨낼 수 있는 능력을 기본으로 갖추어야 한다.

4) 상담 기법

대상관계 이론에 기초한 상담은 해석이나 통찰에 의존되는 것이 아니라 좋은 대상과의 반복적인 깊은 만남과 경험을 포함한다. 말하자면 해석을 통한 통찰과 함께 상담자와 갖는 관계의 질적 경험이 중요한 치유 요소이다. 이때 상담자는 좋음과 살아있음, 따스함과 부드러움, 진정성과 안정감, 공격성과 튼튼함, 건강한 자기애와 창조성 그리고 유머 감각이 있는 성숙한 인격의 소유자이어야 한다.

(1) 수용하기(holding)

수용한다는 것은 아동의 마음을 편안하고 포근하게 해 준다는 의미를 포함한다. 아동을 믿고 인정하고 사랑한다는 심리적인 지원을 전달해 줌으로써 아동의 존재 가치를 높여 주는 행위를 말한다. 이런 상태에서는 아동이 편안하게 자기 자신을 표출할 수 있다. 상담에서 수용하기는 아동이 지금 체험하고 있거나 뭔가 막연하게 느끼기는 하지만 피할 수 없는 불안과 두려움을 상담자가 잘 알고 받아들여 준다는 느낌이 든다. 예를 들어 늘 불안하고, 무기력하고 못난 사람인 것 같은 아동에게 상담자가 수용하기를 적용한다. 아동 혼자 감당하기 힘들어하는 감정, 내적 상태를 상담자가 알아주면서도 크게 동요하지 않고 받아주어야 한다. 상담자가 아동의 내적 고통, 스트레스의 강도를 이해하지만 압도당하면 안 된다. 경계선이 약한 상담자는 자기 불안을 해소하기 위해 아동을 통제할 때가 있음을 유의한다.

(2) 포함하기(contain)

바이온(Bion)에 의해 소개된 용어로서 아이가 추구하는 욕구를 양육자인 어머니가 완벽하게 이해하고 추구하는 욕구가 필요로 하는 것을 필요한 만큼 주어진 시간 안에 정확하게 전달해 주는 어머니의 행동을 말한다. 아동 혼자 감당하기 힘들어하는 내면 경험을 상담자가 포함시켜 주는 것이다. 생각, 기억, 감정, 신체적 반응 등을 공감적으로 수용해 주고 원인을 상담자가 파악하고 아동에게 의미를 부여해 주는 것으로서 음식을 담아내는 그의 역할을 한다.

(3) 달래주기(soothing)

아동이 성장하면서 주요 타자가 적극 수용하는 경험을 했을 때, 주요 타자가 해 준 것을 내재화, 내면화시켜서 다른 사람을 수용할 수 있게 된다. 힘들고 우울하고 불안할 때 잘 달래주면 감정을 있는 그대로 인정해 주고, 수용해 주면, 아동도 해 주는 것을 닮아간다. 혼자서도 자신의 감정을 달래줄 수 있다. 바로 수용하기가 내면화되는 것이다. 아동이 생활하면서 좌절과 우울을 느낄 때, 자아강도가 높은 사람은 자신을 달랠 수 있다. 자아 강도가 낮은 사람은 외부에 의존한다. 누군가가 나를 받아주고 달래주기를 기대한다. 자아 강도가 높은 사람은 자신의 부정적인 감정을 있는 그대로 받아들이고, 자신을 달래주고, 감정을 끌어올린다. 수용하기(holding)와 달래주기(soothing)는 감정을 있는 그대로 인정해 주고, 수용하고 감당하는 것이다. 기본적으로 상담자는 자신을 달랠 수 있는 능력이 있어야 한다.

03 CHAPTER

Child Psychology & Counseling

아동상담의 주요 기법과 과정

아동심리와 상담에서 가장 중요한 상담의 실제 부분이며, 아동심리를 치유하고, 원상태로 회복시킬 수 있는 개입의 방법인 놀이치료, 미술치료, 음악치료, 독서치료, 언어치료를 다룬다. 놀이, 미술, 음악, 동화책, 동시, 독서, 영화, 수용 언어와 표현 언어를 통해 상담의 장점과 단점, 진행 방법, 적용 기법을 활용할 수 있도록 하며, 매체를 선택하는 기준이나 매체 활용 등에 있어서의 유의점을 언급할 것이다. 각 치료마다 첨가한 실제 아동상담 사례는 독자들에게 현실성을 제공할 수 있으며, 상담매체의 특성을 통해 아동의 심리를 어떠한 방법으로 이해하고 치료할지에 대한 해답을 제공하고 있다.

주요용어

- 놀이치료
- 미술치료
- HTP 검사/가족화
- 음악치료 방법
- 독서치료
- 언어치료
- 수용 언어
- 치료교육
- 놀이 도구
- 미술 기법
- 음악치료
- 사회적 기술
- 카타르시스
- 언어 장애
- 표현 언어

01 놀이치료

Child Psychology & Counseling

1) 놀이치료의 의미

4살 된 유리는 엄마의 손을 잡고 상담실을 방문했다. 상담실 문을 열고 들어오는 유리는 언뜻 보기에도 또래에 비해 체구가 작고, 새로운 낯선 환경이 어색한지 엄마 뒤에 숨어 빼꼼히 주변을 살피며 두리번거렸다. 상담자가 유리의 눈높이에 맞추기 위해 키를 낮추어 인사를 건네자 동그랗게 눈을 뜨며 쳐다보기만 하고 있었다. 낯선 사람과 거의 말을 하지 않고 사람을 만나면 두려워하고 위축되어 엄마 뒤에 숨기만 하는 유리를 엄마는 무척 걱정하고 안타까워하셨다. 유리는 낯선 환경이 조금 익숙해지자 놀이실로 들어가고 싶어 했다. 놀이실로 들어온 유리는 익숙해질 때까지 한 자리에서 이곳저곳 살피기만 했다. 시간이 조금 지나자 유리는 공룡과 작고 귀여운 강아지를 꺼내더니 커다란 공룡이 강아지를 위협하며 겁을 주고, 강아지는 숨을 곳이 없어 낑낑대며 벌벌 떨고 있는 모습을 표현했다. 공룡 이외에 사자와 호랑이, 늑대 등의 동물들이 더 많이 등장했다. 유리는 크게 소리 내어 말하지는 않았지만, 위협적인 동물들이 등장할 때마다 강아지가 두렵고 위축된 모습을 표현하고 있었으며, 그것은 유리의 얼굴표정에 그대로 반영되어 있었다. 유리가 처음 상담실 문을 열고 들어왔을 때 낯선 새로운 환경에 대해 보여 주었던 유리의 모습과 흡사한 바로 그 모습이었다.

(1) 놀이의 의미

유리는 아직 말로 자신을 충분히 표현할 만큼 세상과의 소통이 쉽지 않은 상태이다. 하지만, 유리가 놀이를 통해 보여 준 내용은 유리의 내면에 어떤 점이 힘들고, 세상을 향해 하고 싶은 이야기가 무엇인지, 내면에 말하지 못한 공포가 무엇인지를 알게 해 준다.

놀이는 아동에게 있어 '자기표현을 위한 가장 자연스러운 수단'으로(Axline, 1947), 아동은 놀이를 통해 의사소통을 한다. 또한 놀이는 진단과 평가의 기능이 있어 성격 특성 및 심리적 어려움에 대해서도 이해할 수 있다. 그렇기 때문에 놀이는 심리치료의 수단이 되기도 한다.

쉐퍼(Schaefer, 1993)는 '놀이란 무엇인가'에 대해 다음 7가지의 특징으로 설명하고 있다.

① 놀이는 외부적 동기보다는 내부적 동기에 의해 나타난다.
② 놀이를 하는 동안 아동은 놀이 활동의 결과보다는 놀이 활동 그 자체에 관심이 있다.
③ 놀이에는 긍정적인 느낌이 수반되어야 한다.
④ 놀이는 아동으로 하여금 적극적으로 참여하며 몰입하게 한다.
⑤ 놀이는 가정과 비사실적인 속성을 지니고 있어 현실생활이 아닌 것처럼 진행된다.
⑥ 놀이는 다양하고 창조적이며 혁신적인 결과를 낳는다.
⑦ 놀이에서 추구하는 것은 놀잇감으로 '무엇을 할 수 있을까?'이다.

놀이는 아동에게 성인의 일상과 같은 아동의 생활이며, 또 놀이를 통해 아동은 자신의 역할과 자아감, 세상과 환경을 보는 시각을 확대시켜 나간다.

놀이에는 아동의 모든 세계가 담겨 있으며, 스스로 상상하고 생각한 것을 표현하거나, 일상에서 보고 듣고 느낀 것을 놀이에서 실습하고 반복하는 과정을 거친다. 그러면서 성장과 성숙을 촉진하게 되며, 일상생활에서의 모든 생활도 익숙하고 친숙하게 만든다.

쉐퍼(1993)가 말한 놀이에 대한 정의 이외에 놀이의 특징을 7가지로 말할 수도 있다.

① 놀이는 즐거운 것이다.
② 놀이는 내적인 동기에 의해 유발된다.
③ 놀이는 자발적인 선택이다.
④ 놀이는 적극적으로 참여한다.
⑤ 외부의 보상이나 다른 사람에게 의존하지 않는다.
⑥ 기계적인 것이 아니며, 특정한 의도나 목적이 없다.
⑦ 낯설거나 두려운 상황에서 일어나지 않는다.

놀이가 갖는 다양한 특징으로 인해 놀이가 갖는 역할 또한 다양한데 놀이의 역할을 크게 3가지로 나누어 볼 수 있다.

① 놀이는 감정 발산의 수단이 된다. 아동이 주위 사람들에게 마음속으로 느꼈던 증오와 두려움을 놀이를 통해 발산하는 것은 성인이 이야기를 통해 감정 표현을 하는 것과 비슷하다 하겠다. 아동이 인형을 찢든, 물감을 뿌리든 모든 놀이의 동작에는 감정 발산의 요소가 들어 있다.

놀이는 감정 발산의 수단

② 놀이를 통해 아동은 자기의 갈등뿐만 아니라 생각과 행동의 다양한 측면을 나타내 보인다. 놀이 중의 아동을 관찰하면 어떤 방식으로 환경에 대처해 나가는지를 알 수 있다. 아동 자신도 놀이 치료가 진행됨에 따라 갈등적 행동이 줄어들고 점차 안정된 행동 양식을 갖춘다.

③ 놀이는 아동상담에서 중요한 의사소통의 매체이다. 아동은 놀이를 통해 자기 자신을 표현한다. 상담자 앞에서 놀이를 하는 동안 상담의 존재를 어떻게 받아들이느냐에 따라 놀이를 통한 자기표현이 달라진다. 따라서 놀이의 내용과 방식은 상담자에 대한 의사소통의 기능에 달려있다고 본다.

놀이는 감정 발산의 수단

(2) 놀이치료의 의미

아동에게 있어 놀이는 의사소통의 도구가 될 뿐만 아니라 단순한 의사소통 이상의 의미를 갖는다. 쉐퍼(1986)에 의하면 놀이치료는 훈련된 치료사가 심리적 문제를 가진 내담자를 돕기 위해 놀이의 치료적 요인을 체계적으로 적용시키는 대인 관계의 과정이라고 하였다.

놀이를 통한 의사소통

랜드레스(Landreth, 1983)는 놀이치료란 훈련받은 치료사가 선택된 놀이도구가 갖추어진 환경 속에서 아동과의 역동적인 치료적 관계를 형성하는 것이라고 하였다.

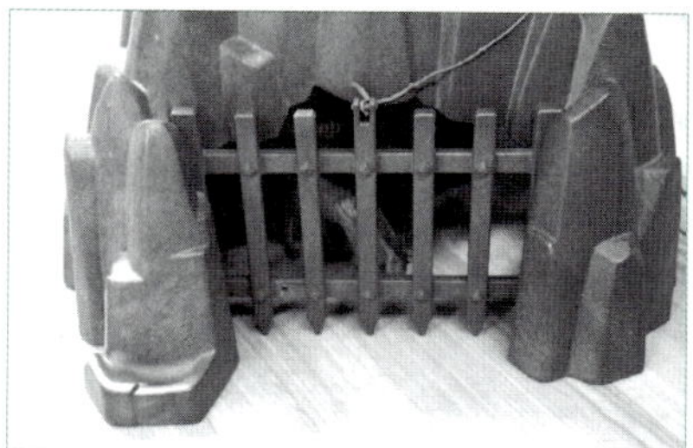

"나를 가두지 말고 내버려 두세요"

액슬린(Axline, 1947)은 놀이치료는 아동이 일반적으로 가장 좋아하고 놀고 싶어 하는 다양한 놀이도구를 사용하여 치료사와 아동 간에 치료적 관계를 성립하는 것이라고 하였다.

즉, 놀이치료는 놀이를 통하여 그동안 축적된 긴장, 불안, 공격성, 두려움, 좌절감 등을 표출시킬 수 있는 기회를 갖게 되고 그런 감정들을 조절하거나 버리는 것을 배우게 되는 심리치료의 한 방법으로 정의할 수 있다.

2) 놀이치료의 가치

앰스터(Amster, 1943)는 놀이의 치료적 가치와 효과를 강조하였는데, 상담자가 아동을 이해하는 데 놀이가 진단적 도구로 사용될 수 있으며, 놀이치료는 말이 없거나 치료를 꺼리는 아동에게도 적용될 수 있다고 주장하였다. 이것은 아동들이 일상생활 속에서 가장 친숙하게 경험해 왔던 놀이를 통해 자신이 느낀 감정들을 자유롭게 표현할 수 있기 때문이라고 하였다. 다음은 쉐퍼가 제시한 놀이의 치료적 요인과 치료 성과를 제시한 것이다(김순혜, 2008 재인용).

(1) 저항의 극복 요인-치료 동맹

아동은 자신의 문제를 인식하고 스스로 치료받으러 온 것이 아니라서 상담자를 경계하고 치료실에 오는 것을 처벌로 생각하게 되는데, 놀이는 이런 저항을 극복하고 함께 행동하면서 친밀감을 형성시켜 주는 좋은 방법이다.

(2) 의사전달 요인-자신의 감정 이해

놀이는 언어 능력이 제한적인 아동에게 어른의 언어와 같이 자기표현을 할 수 있게 하는 매개체이다. 놀이를 통해 의식적이거나 무의식적인 수준의 내용이 표출됨에 따라 아동은 자신을 이해하게 된다.

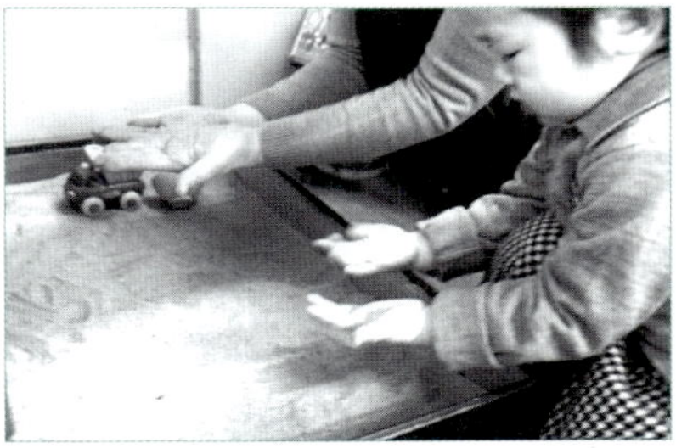

모래놀이를 통한 치료 동맹

의식적 수준의 놀이

무의식적 수준의 놀이

(3) 능력 요인-유능감 경험

자발적으로 참여하기에 더 열중하고 성공으로 이끌려는 원동력이 된다. 이러한 경험들은 환경을 통제했다는 유능감을 제공해 준다.

(4) 정화 요인-정서적 발산

놀이실의 안정감으로, 비난, 보복에 대한 두려움 없이 정서적으로 이완해 주고, 정서적 발산을 가져다준다.

(5) 소산 요인-정신적 외상에의 적응

아동의 세계를 놀이로 표현하면서 흩어지고 약하게 만드는 소산(消散) 작용을 통해 사건의 재경험이 외상을 극복하게 한다.

소산 – 정신적 외상에의 적응

(6) 상상 요인–상상적 보상

아동은 놀이에서 현실에서의 약점, 상처, 상실을 보상할 수 있고 채우지 못한 욕구를 충족시키게 된다.

현실에서 잘 적응하지 못하는 아동일지라도 상상의 놀이 속에서는 현실을 자신들의 바람과 일치시킬 수 있다.

상상적 보상

(7) 긍정적 정서 요인–스트레스의 해독

놀이를 즐기는 과정에서 수반되는 긍정적 정서인 행복감과 즐거움은 생활에서 오는 스트레스의 강력한 해독제가 된다.

(8) 역할극 요인–새로운 행동의 연습, 공감

이전에 생각해 보지 못한 새로운 행동을 연습해 보고 타인의 역할을 해 봄으로써 자신을 다른 사람의 입장에서 객관적으로 볼 수 있게 하며 다른 사람의 생각, 감정, 행동을 이해할 수 있는 공감능력을 키우게 된다.

역할극을 통한 공감 능력

3) 놀이치료의 목적

놀이치료의 목적은 아동들이 자신에 대해 알고 세계에 대해 배우도록 도와주는 것이다(Landreth, 1987). 지노트(Ginott, 1959)는 놀이치료의 목적을 아동과 환경과의 부조화 문제를 해결함으로써 자아실현을 촉진하는 데 있다고 하였다.

랜드레스(Landreth, 1987)는 놀이 상담 과정에서 상담자는 다음의 놀이치료 목표를 수행할 것을 제안했다(김춘경, 2004 재인용).

① 아동을 위해 온화하고 일관된 방식으로 안정성과 보호의 환경을 제공한다.

② 아동의 세계관을 놀이실에서 그들의 단어와 행동으로 실제적으로 흥미를 보여 주면서 수용하고 이해한다. 아동들의 관점에서 관계와 상호작용을 이해하려고 노력하고, 항상 그들의 관점을 인정하고 수용하도록 노력한다.

③ 아동이 자신의 감정을 수용하면서 그들의 정서를 표현하도록 격려한다.

④ 놀이도구의 선택과 사용법, 역할놀이의 사용법, 그리고 공통적으로 상담과정에서 일어나는 다른 결정들에 대해서 아동이 자기 책임감과 의사결정 능력을 향상시킬 수 있도록 선택할 수 있는 허용적 환경을 만들어 준다.

⑤ 자기 스스로 어떤 것을 하도록 격려하고 놀이세팅에서 가능한 많은 사건과 많은 상호작용을 확실히 조정함으로써 통제력을 발달시킬 수 있다. 아동에게 통제할 수 있는 기회를 제공한다.

⑥ 상담자는 아동의 감정과 행동을 경험하고 관찰한 것을 말로 나타낸다. 상담자에 의한 이러한 언어화는 아동들에게 감정적인 언어를 가르치고, 동기, 내재된 정서, 상호작용 패턴을 통찰하도록 도와준다.

아동들 세계관을 스스로 놀이를 선택함으로써 경험, 통제하고 있다.

4) 놀이치료의 실제

(1) 놀이치료사

아 동 : 선생님 여기 이 자동차 가지고 놀아도 되나요?
치료사 : 네가 원한다면 네 마음대로 할 수 있단다.
아 동 : 이 자동차를 뿡뿡이라고 할까요, 쌩쌩이라고 할까요?
치료사 : 자동차에게 이름을 선택하여 주고 싶다는 거구나.
아 동 : 네, 선생님이 이름을 선택하여 주세요.
치료사 : 내가 네 대신 결정해 주기를 바라는구나. 그러나 여기서는 어떤 이름으로 결정하든 모두 네 마음대로 결정할 수 있단다.

아　동 : 나는 뿡뿡이로 할래요. 선생님은 참 이상해요. 다른 어른들과 말하는 게 달라요.
치료사 : 다른 어른들은 네가 어떻게 해야 하는지 가르쳐 주고 결정해 주는데 나는 그렇게 하지 않는다는 말이니?
아　동 : 네! 맞아요. 선생님이 말하는 건 다른 어른들이 말하는 것보다 기분을 좋게 해요~

놀이치료사는 아동들이 생각할 때 일반 성인들과는 다른 특별하고 독특한 존재이다. 놀이치료사는 아동도 하나의 인격체로 존중해 주며 반응한다. 주도하고 지시하기보다는 아동이 스스로 결정하고, 결정한 것에 대해 자신이 감정까지도 책임지도록 해 주는 일반적이지 않은 존재이다.

액슬린(Axline, 1969)은 비지시적 놀이치료의 8가지 원칙을 통해 놀이치료사의 역할을 제시했다.

① 치료사는 아동과 따뜻하고 신뢰할 수 있는 관계를 가급적 빨리 형성하여야 한다.
② 치료사는 아동을 있는 그대로 수용하여야 한다.
③ 치료사는 아동이 감정을 자유롭게 표현할 수 있도록 허용적 분위기를 조성한다.
④ 치료사는 아동이 표현하는 감정을 민감하게 느끼고 인정하며 그것을 아동에게 재인식시켜 줌으로써 아동 자신이 자기 행동에 대해 통찰력을 얻도록 한다.
⑤ 치료사는 아동이 자신의 문제를 스스로 해결할 능력을 갖고 있음을 인정하고 아동의 입장을 항상 존중하여야 한다. 선택의 책임과 변화를 시도할 자유가 아동에게 있다는 점을 때때로 아동에게 환기시켜 줄 필요가 있다.
⑥ 치료사는 아동에게 어떻게 행동하라고 지시하거나 대화를 끌어나가지 않는다. 놀이치료에서 아동은 인도자가 되고 치료사는 따라갈 뿐이다.
⑦ 치료는 점진적인 과정임을 인식하여야 한다.
⑧ 치료사는 아동이 자기 책임을 인식하게 하기 위한 경우나 놀이가 치료에 필요한 범위는 지나치게 벗어나는 경우 등에만 제한을 가할 수 있다.

놀이치료사가 위와 같은 능력을 가지려면 먼저 자신에 대한 이해와 감정에 대한 통찰이 있어야 할 것이다. 치료사가 성숙하지 못한 인격체로 아동기의 해결되지 않은 문제가 아직 남아있다면, 치료 상황에서 아동에게 투사하게 될 수도 있어 치료의 방향을 올바르지 않게 이끌 수도 있다. 그러므로 놀이치료사는 자신의 성격, 욕구, 감정, 태도 등을 이해하고 성찰하는 과정을 먼저 수행해야 한다.

(2) 놀이치료실

놀이치료실은 아동을 위한 특별한 공간이여야 한다. 유치원이나 어린이집과 같이 모든 아이들이 들어가서 놀 수 있는 공간과는 차별화된 공간이여야 한다. 누구도 그 공간을 방해할 수 없으며, 또한 그 공간에 대한 권한도 아동에게 주어져 있으며, 놀이실 공간 안에서는 아동은 전적으로 인격적 존중을 받는 곳이어야 한다.

편안하고 안전하고 자유로운 공간이어서 자신의 내면을 편안하게 이완되어 펼쳐 보일 수 있는 곳이어야 하며, 놀이실의 안전하고 자유로움 속에서 내면의 억압된 감정들을 발산할 수 있는 곳이어야 한다.

놀이실 크기는 개인치료의 경우 약 3.5m×4.5m 정도가 적당하다. 놀이실의 크기가 너무 커도 치료사와 놀이 재료들과의 거리가 있어 행동반경이나 넓고 이동경로가 많아져 산만하고 동떨어진 느낌이 들 수 있으며 라포르 형성에도 어려움이 있을 수 있다.

놀이실 벽은 밝고 부드러운 베이지색이나 크림색이 좋고, 되도록 무늬가 있는 것보다 단순한 것이 좋으며, 아동이 놀이를 하던 중에 물감이나 매직, 크레파스 등을 묻혀도 쉽게 제거될 수 있는 재료를 사용하는 것이 좋다.

놀이실 벽과 창문은 방음이 잘 되어 있고, 밖에서 아동의 놀이를 지켜보거나 살펴볼 수 있는 창문 등은 커튼이나 블라인드를 활용하는 것이 좋다.

놀이치료실 바닥은 아동의 안전을 생각한다면 카펫도 좋지만, 먼지나 오염물질이 많이 묻을 수도 있고, 물감 등 물을 사용하게 되는 미술재료를 함께 사용하거나 모래놀이를 함께 사용한다면 바닥에 무언가를 흘려도 쉽게 청소할 수 있는 비닐장판으로 사용하는 것이 좋다.

(3) 놀이도구

놀이도구는 놀이 속에서 자신의 세계를 표현하고 상담자에게 전달하기 위해서 사용된다. 아주 제한된 수의 놀이도구일지라도 다양한 의미와 감정을 전달할 수 있다.

놀이치료에서 놀이도구는 아무것이나 늘어놓는 것이 아니다. 치료도구로서 필요한 것을 모으는 노력이 필요하다. 놀이가 아동의 언어를 상징한다면 놀잇감은 아동의 단어가 된다. 그러므로 충분히 고려하여 선택한 놀잇감을 배치한다. 이런 놀잇감을 비치하기 위해서는 놀이치료사의 놀잇감 선택 능력이 필요하다. 놀이도구는 아동을 끌 수 있고 아동이 편하게 느끼도록 배열되어야 한다. 놀이에 참여하고 싶은 욕구를 불러일으키고 놀이를 촉진할 수 있으며 놀이가 잘 진행될 수 있도록 배열한다.

좋은 놀잇감이나 놀이도구가 되기 위해서는 다음과 같은 질문에 적합한 것이어야 한다(Landreth, 1991).

① 폭넓은 창의적 표현을 촉진하는가?
② 폭넓은 정서적 표현을 촉진하는가?
③ 아동의 관심에 알맞은 것인가?
④ 표현이 가능하고 탐색적인 놀이로 촉진시키는가?
⑤ 언어화하지 않아도 탐색과 표현이 허용되는가?
⑥ 미리 정해 놓은 틀에 맞지 않아도 성공하도록 허용되는가?
⑦ 활동적인 놀이에도 견고하고 튼튼한가?
⑧ 확실하지 않은 애매한 놀이도 가능한가?

놀이치료에서 놀잇감과 도구는 7가지 필수 요건을 갖출 수 있는 것으로 선택한다.

① 아동과 긍정적인 관계 형성
② 폭 넓은 감정표현
③ 실생활 경험 탐색
④ 제한점에 대한 현실 검증
⑤ 긍정적인 자기상 발달
⑥ 자기이해 발달기회 제공
⑦ 자기조절 발달기회 제공

❶ 일상생활 놀잇감

- 인형가족, 인형집, 손인형, 얼굴 형상이 그려져 있지 않은 인형 등 일상생활의 가족 구성원을 대표할 수 있어서 직접적인 감정을 표현하는 데 도움을 주는 것이 좋다. 다양한 감정을 사람 인형을 통해 직접적으로 표현할 수 있도록 한다.
- 가구, 젖병, 장난감 음식, 소꿉놀이 접시와 컵, 스푼, 전화기, 금전등록기
- 소형차들, 트럭, 배, 장난감 배와 비행기, 장난감 동물들저항, 근심, 부끄럽거나 위축된 아동들에게 특히 중요하다. 이 놀잇감들을 통해 감정을 드러내 보이지 않고 애매모호한 방법으로 놀이할 수 있다.

❷ 공격성을 표출할 수 있는 놀잇감

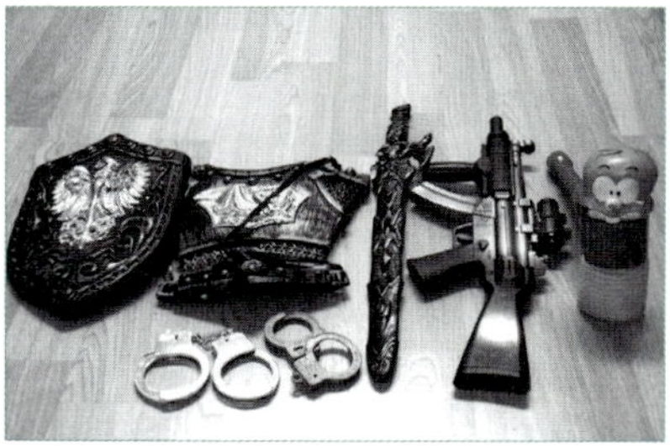

- 펀치백, 놀잇감 군인, 악어 손인형, 총, 고무칼, 수갑, 고무샌드백, 보보인형, 장난감 병정, 탱크, 대포, 로프
- 분노, 적개심, 좌절을 표현하는 아동들에게 사용된다.
- 쏘고, 물고, 때리고, 찌르고 하는 상황에서 자신의 서툴고 불안한 감정으로부터 자신을 보호하고자 하는 욕구를

알아차려야 한다.

❸ 창조성 표현과 정서적 해소를 위한 놀잇감

- 모래, 물, 블록

비구조물이므로 무엇이든지 만들 수가 있고, 옳고 그른 것이 없기 때문에 놀이를 하는 데 있어 성공을 확신할 수 있으므로 특히 수줍어하거나 위축된 아동에게 도움이 된다.

블록은 집도 될 수 있고, 던지고 쌓고 발로 찰 수도 있으므로 건설하고 파괴하고 싶은 감정을 탐색할 수 있다.

- 창의적 표현 놀잇감

크레용, 신문지, 가위, 고무찰흙, 플레이도, 종이, 빈 깡통, 페인트, 물감, 이젤

- 놀이치료실에서 주의해야 할 놀잇감
  - 부서진 놀잇감은 치워두는 것이 좋다. 아이들을 좌절하게 하거나 당황하게 할 수 있다.
  - 포스터물감은 신선함이 유지되어야 하며, 물감도 냄새가 나지 않도록 해야 한다.
  - 도망치거나 숨을 장소가 필요하다.
  - 놀이치료실을 아동을 보호하거나 놀이하는 일상적 공간으로 사용해서는 안 된다. 왜냐하면, 놀이치료 관계는 특별한 공간에서 발생하는 정서적 관계를 뜻하기 때문이다.
  - 놀이치료실의 놀잇감 배치는 순서와 일관성이 있어야 한다.

〈표 3-1〉 놀이도구의 상징적 의미

놀이도구	상징적 의미
비행기	도망, 거리, 속도, ~을 찾기, 자유, 안전, 보호
야생동물	공격, 공포, 생존, 힘, 강함
동물(가축)	보호, 가정 관련성, 공격받기 쉬움, 승낙, 의존
아기젖병	퇴행, 영양 공급, 구순, 대항하려는, 의존성, 아기, 형제, 배뇨
담요	퇴행, 안전, 보호, 경계
인형	관련성, 의사소통, 정체불명의 인물, 환상, 충동, 변장
자동차	운동성, 힘, 도망, 갈등, 안전, 보호, 여행, 방어, 가정사
점토	공격, 조정, 창조, 자기 확신, 변화, 표현, 접촉, 압력
병원놀이 용품	치료, 수선, 존경, 힘, 삶, 죽음, 고통, 신체상, 위기, 변화, 강요 • 주사기-강요(침입), 반칙, 고통, 치료, 공포, 해, 접촉, 침투 • 온도계-내적 감정, 알려지지 않은, 비밀에 붙여진, 정당함 • 혈압계-내적 문제, 화, 고요함, 마음의 상태, 내면화된 감정, 변화의 필요 • 수술-위기, 치료, 강요, 행동, 해, 결심, 통제, 정체불명의 치료
인형	자아 정체, 퇴행, 형제자매, 해부, 경쟁, 밀접함, 우정
인형집	가정, 가족의 상호작용, 태도, 환경, 비밀
가족그림	권위, 힘, 양육, 범죄자, 보호, 의존, 경쟁, 관련성, 비밀, 수용, 거부 • 남자-아버지와 관련된 일, 남자모습, 모델링, 남자형제, 아저씨, 교사 • 여자-엄마와 관련된 일, 여자모습, 모델링, 여자형제, 아줌마, 교사 • 소녀-아동이 여자일 경우에는 자신, 여자형제, 모델, 정체감, 이미지, 친구, 동료 관계, 사회인 • 소년-아동이 남자일 경우에는 자신, 남자형제, 모델, 정체감, 이미지, 친구, 동료 관계, 사회인 • 아기-양육, 형제자매, 경쟁, 퇴행, 욕구, 생활사, 과거
악기	자기표현, 내적, 의사소통, 창의성, 접촉
페인트	거리, 표현, 접근할 수 없는 욕구, 환경, 태도, 세계를 보는 태도
전화	의사소통, 거리, 안심, 통제, 힘, 연결되지 않은.
공	상호작용, 연관성, 신뢰, 재평가, 경쟁, 안심
망원경	전망, 멀고 가까움의 관련성, 감시, 사냥, 발견, 찾기, 자기검증, 친밀함
토막	의존, 경계, 건축, 한계, 엄격, 폐쇄, 구조, 보호, 울타리

놀이도구	상징적 의미
놀이카드	돈, 통제, 힘, 비밀, 자발성
퍼즐	문제해결, 결정, 완성, 수행, 통합, 해결, 그림모우기, 함께하기
보트	도움, 무의식, 안정/불안정, 정서, 균형, 안심
책	독서요법, 비밀, 과거, 미래, 현재, 정체감, 지식, 은유
상자	비밀, 알려진, 알려지지 않은, 내용이 있지 않은, 감춰진, 통제, 봉쇄, 경계신념, 확신, 선물, 자아, 존엄성
망가진 장난감	자아, 정체감, 패배, 변화, 보상, 무능한, 상실, 적응
카메라	증명, 타당성, 확신, 과거, 진실, 증거, 변화, 기억, 앎
복장(의상)	관계, 의사소통, 정체불명의, 환상, 충동, 변장
장갑	회피, 거리, 안전, 내용물 통제
모자	정체감, 역할, 기대, 환상, 힘, 거부
가면	관련성, 의사소통, 정체불명의 인물, 환상, 충동, 변장
선글라스	숨은, 회피, 거리감, 안전
가발	관련, 의사소통, 정체불명의 인물, 환상, 충동, 변장
공룡	과거, 역사, 죽음, 힘, 소멸, 공포, 갈등, 생존, 상실
플래시불빛	통제, 비밀, 공포, 찾음, 리더십, 의존성, 관찰, 훑어보기
접시/요리	영양, 축하, 안전, 구순, 주의집중, 무시, 요구
핑거페인트	접촉, 참여, 퇴행, 비밀, 충돌, 기초
게임	삶의 통제, 경쟁, 성공, 실패, 승낙, 권력, 구조, 저항, 변화, 능력, 협조
총	공격, 통제, 화, 적대감, 힘, 죽음, 고통, 침입, 해, 보호, 경계
열쇠	비밀, 통제, 알려지지 않은, 보호된 ,경계, 봉쇄
부엌세트	집, 양육, 돌봄, 무시, 형제간의 갈등, 관련성, 가족, 존경, 가정에서의 일, 정서적 지원
칼	가정용품, 공격, 힘, 방어, 보호, 침입, 성, 고통
빛	통제, 힘, 비밀, 감춤, 거부, 변화, 불쌍한
마술지팡이	환상, 소원, 목표, 변화, 원함, 미래
거울	자아상, 자아개념, 기억, 과거, 변화, 사고, 정당함
모델	정당함, 일관성, 완성, 동기유발, 초점, 고집, 목표

놀이도구	상징적 의미
돈	비밀, 힘, 통제, 상실, 사기
괴물모습	공포, 신비한, 놀람, 알려지지 않은, 친근한, 비밀, 힘, 양가적인 환상, 공격 갈등, 범죄자, 관련성, 공격, 복수
베게	잠, 안심, 영토, 왕자, 부모, 괴물, 공격, 이완, 무거운 짐
모래	구성, 파괴, 환경, 지역사회, 감정, 변화, 정서적 세계, 창의성
모래주머니	공격, 갈등, 범죄자, 힘, 관련성, 복수
상어	공격, 공포, 범죄자, 강력한
군인	갈등, 공격, 힘, 삶, 죽음, 투쟁, 사람, 집단
공간(상자, 텐트, 집)	감추어진, 존재유무, 부끄러움, 존경, 거리감, 접촉, 수용, 진실, 경계
녹음기	자아, 관련성, 증거, 존재, 정당함, 확신, 일관성, 통제, 관찰, 확신
목표	자아 확신, 목표 상황, 적절함, 성공을 하려는 욕구, 기대, 실패에 대한 공포, 경쟁, 적응
곰	따뜻함, 양육, 비밀, 동료감, 자아, 보호
레고블록	구조, 조직, 완성, 끝마침, 목표 접근
연장	자원, 변화, 접촉, 구조, 비밀, 권위, 확신, 문제 해결, 결정
물	정서성, 유연성, 자유, 배뇨, 불안, 구순, 슬픔, 죽음, 내적, 퇴행, 무의식

– 놀잇감 중 피해야 할 것은 유리 제품이나 날카롭고 뾰족하여 아동을 다치게 하는 것들이다. 또 비싸고 정교한 기계적 장난감들은 아이로 하여금 표현을 도와주기보다는 방해할 수 있다. 게임하는 놀잇감은 창의성이나 탐구심을 방해함으로 좋지 않다.

– 퍼즐도 조각을 잃어버리기 쉽고, 완성감이나 성취감을 맛보는 데 어려움이 있으므로 피하는 것이 더 좋다.

– 놀이가 끝난 후 아이 스스로 놀잇감을 치우면 그냥 놔두지만, 치우도록 지시하거나 강요해서는 안 된다. 그냥 그대로 있는 것을 보고 그 자리를 떠나게 하는 것이 아이에게 좋다.

(4) 놀이치료 과정

❶ 첫 시간

첫 시간의 목표는 치료적 관계 형성하기이다. 치료적 관계를 잘 형성하기 위한 방법으로 안전한 분위기 제공하기, 아동의 세계를 이해하고 수용하기, 아동의 관점에서 사물 보기, 아동의 정서 세계를 표현하도록 격려하기, 허용적인 감정을 형성하도록 자유를 느끼게 하기, 아동 스스로 결정하여 책임감 증진하기, 아동에게 책임감과 자기 조절감을 경험할 수 있는 기회를 제공하기 등이 있다. 첫 시간에는 치료사와 치료실을 소개하여야 하며, 상담 시간과 장소에 대한 제한을 알려 주어야 한다. 그리고 정해진 방에서 같은 시간에 만나는 것임을 아동에게 알려 주어야 한다. 이를 상담의 구조화라고 한다.

❷ 초기 과정

초기 과정의 목표는 치료사와 아동 간에 서로 편안하고 신뢰할 수 있는 관계 맺기이다. 이 과정에서 지나치게 자신을 방어하는 아동에게는 아동의 욕구와 태도를 반영하여 주고 명료화시켜 주는 작업이 필요하다. 또한 치료사가 어디까지 받아주는지 시험해 보는 아동에게 있어서는 그의 감정을 수용해 주지만 행동을 허용하는 한계는 분명하게 알려 주는 일관성 있는 반응을 보여 주어야 한다.

❸ 중기 과정

이 시기의 목표는 아동이 과거 양육자와의 관계에서 결핍되었던 욕구를 충족시키고 자신의 과거에 일어났던 외상적 경험을 재경험하도록 돕는 것이다. 놀이치료실에서 아동이 치료사와의 신뢰로운 관계 속에서 과거 부적절한 경험을 다시 경험하는 것을 교정적인 경험이라고 한다. 교정적 경험이란 아동이 과거에 경험했던 상처를 극복하고 현재의 생활에 맞게 활동할 수 있는 새로운 경험으로 재창조하는 것이다. 치료를 받으면서 아동은 좋아지다가 안 좋아지기도 하며, 이런 상황은 부모가 갖는 치료사에 대한 신뢰감을 감소하게 만들기도 한다. 이러한 부모의 태도 변화를 미리 예측하면서 부모가 불안해하지 않고 치료사를 믿고 치료 목표에 이르기까지 잘 협조할 수 있도록 유도해야 한다. 이를 위해서 아동의 행동 변화를 미리 예측해 주고 그 행동의 밑에 깔린 정서와 심리적 변화를 부모가 이해할 수 있도록 상담해 주어야 하며, 가정에서 부모가 어떻게 대처해야 하는지를 지도해 줄 필요가 있다.

❹ 말기 과정 및 종료

말기 과정에서 아동은 놀이치료실에서 보다 성숙하고 자신 있는 태도를 보여준다. 자신의 문제를 있는 그대로 수용할 수 있으며 자신의 장점을 존중하며 자아 존중감이 향상되어 적극적으로 현실에 대처하는 모습을 보인다. 변화가 몇 주 동안 안정적으로 유지될 때 종료를 준비한다. 발달이 지연되었거나 결핍된 부분에 대한 재교육을 받을 수 있도록 하면서 도와준다.

종료 과정에서는 아동이 더 창의적이고 풍부한 삶을 살아가기 위한 준비를 하는 시기로 매우 중요하다. 종료 단계에 들어가도 되는 신호들이 보이면 치료사는 아동과 부모와 같이 종료 시기를 결정하고, 종료 준비 기간은 아동과의 합의로 대개는 4~5회 정도 후로 정한다. 종료 회기 전에는 아동과 종료를 어떤 식으로 진행할지, 누구를 초대할지 상의한다. 그리고 종료일에는 아동을 위한 작은 파티를 준비하고 축하해 준다. 일반적으로 상담이 종료 된 후 몇 달 후에 상담자가 부모나 아동에게 전화를 걸어서 그동안의 근황을 물어보고, 어려운 점도 없는지, 잘 생활하고 있는지 확인한다.

5) 놀이치료의 사례

(1) 아동 : 서○○(7세 남아)

(2) 주호소 문제 : 가출, 도벽, 거짓말

(3) 가족 관계 : 부, 모(이혼)

(4) 문제력(problem history)

○○의 아버지는 ○○을 5세 때 유치원에 보냈다. 처음 1년간은 잘 적응하는 듯 하다가 차츰 아이들을 때리고 욕을 하기도 하면서 가끔 남의 물건에 손을 대기 시작하였다.

3개월 만의 급격한 가출과 도벽, 그에 따른 거짓말로 ○○의 아버지는 체벌을 많이 하였다.

상담소에 온 첫 날부터 극에 달한 욕설과 빈정거림, 공격적 태도가 두드러지게 나타났으며 방치된 피부병을 앓고 있었고 화가 나면 상처를 뜯는 등의 정서장애를 보였다.

(5) 심리검사

○○의 지능은 3.6~3.11세 연령 집단의 지적 연령에 상응한다. 자신의 생활 연령에 비춰 약 2년 정도 발달이 지체되었다. 그는 과제에 대한 주의집중에 어려움이 있으며 깊이 사고하지 않는 태도가 충분한 능력을 발휘하는 데 방해 요소로 작용했을 것이다. ○○의 정신연령은 4.4세로 자신의 생활 연령(5.11세)에 비추어 볼 때 1년 6개월 정도 발달이 늦다고 볼 수 있다.

(6) 상담 계획

- 주 1회의 놀이치료로 정서적 안정을 찾도록 한다.
- 애정결핍에서 오는 퇴행과 같은 방어기제를 제거한다.
- 아버지와 ○○의 재결합을 위한 지속적인 부모상담을 실시한다.
- 또래 집단과의 적응을 위한 사회화 기회를 제공한다.
- 학습 장애 및 부진을 극복하도록 돕는다.

(7) 상담 과정

❶ 초기 단계

- 상담자와의 관계 형성에 중점을 두고 접근한다.
- 초기 단계에서는 비지시적인 놀이로 성철이 놀이치료실과 상담소 생활에 적응하도록 돕는다.

❷ 중기 단계

공격성 표출이 매우 활발한 시기이다. 한정된 놀이에 세션마다 한 가지 정도의 놀잇감이 덧붙여지나 크게 발전적인 변화는 아니니다.

○○의 사회화를 향상시키기 위해 8세 아동(김현구, 가명)과 그룹으로 상담을 하기로 한다.

❸ 종결 단계

종결을 앞두고 놀이에 변화를 보였는데, 욕설과 거짓말이 많이 줄어들고, 가출과 도벽은 거의 없어졌다. 심리적으로 위축된 모습도 보였지만 또래집단에 적응하면서 점점 나아지는 모습을 보였다.

02 미술치료

Child Psychology & Counseling

1) 미술치료의 의미

미술치료란 조형 활동을 통해서 개인의 갈등을 조정하고 자기표현과 승화 과정을 통해 자아 성장을 촉진시키는 것이다. 자발적인 조형 활동은 개인의 내적 세계와 외적 세계 간의 조화를 이룰 수 있도록 도우며, 비언어적인 커뮤니케이션 기법인 미술치료는 언어성 이미지와 시각적 이미지를 통해 지금까지의 자기 상실, 왜곡, 방어, 억제 등의 상황에서 보다 명확한 자기 발견과 자기실현을 꾀하게 한다(김동연, 1999).

미술치료라는 용어는 1961년 울만(Ulman)이 『Bulletin of Art Therapy』 창간호에서 처음 사용하였다. 미술치료는 교육, 재활, 정신치료 등 다양한 분야에서 널리 사용되고 있으며, 어떤 영역에서 활용되고 있든 간에 공통된 의미는 시각예술이라는 수단을 이용하여 인격의 통합 혹은 재통합을 돕기 위한 시도라고 진술하였다.

크래머(Kramer, 1971)는 미술치료란 내담자의 방어 기제를 제한하지 않고서도 무의식의 세계를 방출시키고 표현하는 것을 도와줌으로써 심리치료를 보완하는 것이라고 하였다.

2) 미술치료의 가치

웨드슨(Wadeson, 1980)은 미술치료의 가치를 다음과 이야기하였다.

(1) 미술은 심상의 표현이다

미술은 심상의 표출을 자극하는, 즉 일차적 과정의 매체를 자극하여 창조적 과정으로 나아가게 한다.

〈표 3-2〉 **태양의 형태와 상징적 의미**

태양의 형태	상징적 의미	태양의 형태	상징적 의미
	태양의 크기에 따라 욕구의 크기와 비례하며 소유욕이 강하다.		태양의 위치가 낮을 때 아버지와 정신적 거리가 있다.
	긴 빛살의 태양은 자아의식과 획득 욕구가 강하다.		강한 빛살의 태양은 자기 과시와 독점욕이 작용할 때
	일방적 빛살은 애정의 요구이다.		태양 윤곽의 검은 선은 대인 관계 불량과 정신의 불안정, 병적인 아버지
	정상적인 아버지이나 완고하다.	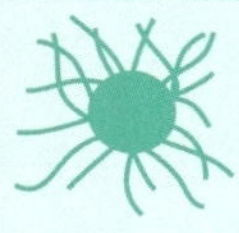	태양의 빛살이 엉클어진 표현은 무서운 아버지, 화를 잘 내는 아버지
	빛살이 점선으로 나타날 때는 아버지의 애정 부족, 사망, 병환 중, 부재중		빛살이 수양버들처럼 늘어진 표현은 귀찮게 하고 행패부리는 아버지
	빛살이 굵고 톱니처럼 표현될 때는 권력적인 아버지		태양은 있고 빛이 없을 때는 애정이 적고 부재중인 아버지
	태양의 빛살이 ㄱ자형으로 나타날 때는 애정이 적은 아버지, 사망한 아버지에 대한 추억		태양이 화면 구석에 그려졌을 때는 아버지의 사망, 부재중

태양의 형태	상징적 의미	태양의 형태	상징적 의미
	조각으로 그려졌을 때 환경에 대한 욕구 불만, 애정이 적은 아버지, 멀리 가 있는 아버지를 표현		태양이 둥근 산머리에 겹쳐 있을 때는 애정이 적은 아버지, 아버지의 부재중, 먼 곳에 계신 아버지, 곧 돌아온다는 희망
	물에 비친 해는 아버지의 병환 또는 사망		구름이 가린 태양은 가정 내에 문제가 생겼을 때, 무엇인가 애정이 차단되어 있는 아버지와 표현
	태양이 둘 이상 나타났을 때는 아버지의 사망, 부모에 대한 의혹과 불안		아버지에 대한 거리감이 있고 아버지의 애정이 멀어져 가고 있다는 암시적 표현

(2) 미술은 방어가 감소된다

미술은 비언어적 수단이므로 통제를 적게 받고 이것은 내담자의 통찰, 학습, 성장으로 유도되기도 한다.

(3) 미술은 어떤 유형의 대상을 즉시 얻을 수 있다

눈으로 볼 수 있고 만져 볼 수 있는 어떤 유형을 대상화하여 얻을 수 있다.

유형의 대상화

(4) 미술은 자료의 영속성이 있어 회상할 수 있다

미술 작품은 보관이 가능하므로 필요한 시기에 재검토하여 치료 효과를 높일 수 있다. 때로는 새로운 통찰이 일어나기도 하며 감정을 회상하기도 하여 주관적인 기억의 왜곡을 방지할 수 있다.

자료의 영속성

(5) 미술은 공간성을 지닌다

언어는 일차원적인 의사소통 방식임에 반해 미술은 공간적인 것이며 공간 속에서의 연관성들이 발생한다.

(6) 미술은 창조성과 신체적 에너지를 유발한다

미술 작업을 하고 토론하고 감상하고 정리하는 과정에서 '창조적 에너지'가 발산되며 이는 내담자의 활기차고 자신감 있는 모습을 재발견하게 해 준다.

3) 미술치료의 목적

미술치료는 미술 활동을 통하여 내담자의 심리적, 정신적,육체적 문제를 진단하여 치유하며, 일상적인 삶에서 일탈된 사람에게 새로운 자신감을 부여하며 사회적으로 통합하게 한다(은옥주, 2000). 김춘경(2004)은 치료적 기능을 지닌 미술은 아동상담에서 다음의 3가지 목적을 위해 사용된다고 하였다.

(1) 평가

미술 활동을 통해 순간순간의 진실을 그대로 드러내므로 상담자는 아동이 지니고 있는 대인 관계나 개인의 내적 문제를 개념화하고 진단하는 평가도구로 사용할 수도 있고, 미술 작품을 통해 상담의 진보를 파악하고 상담의 종결을 결정하기도 한다.

HTP 그림 평가

(2) 정화

사회적으로 해롭지 않은 방식으로 분노, 적대감 등을 해소시킬 수 있다. 미술 기법을 사용하여 자신의 분노, 공격 등의 감정과 욕구를 표현할 수 있도록 격려함으로써 아동이 가지고 있는 부정적인 감정을 사회적으로 수용되는 방법에서 해소하면서 정화를 경험하게 한다.

(3) 성장

다양한 매체를 선택하고, 자기 주도적으로 자유롭고 창의적인 작품을 만들어 보면서 성장한다. 미술재료의 사용은 기술 습득, 재능 개발을 장려하며, 창조적 활동은 아동에게 자기의 표현이나 발달을 가능하게 하며, 미술치료에서의 작품이 하나의 성과물로 나타나 자신감을 높여준다.

4) 미술치료의 실제

(1) 미술치료의 적용 대상

미술치료는 미술이라는 매체가 일상적으로 접하기 쉽고 친숙하게 느껴지므로 모두에게 적합할 수 있다. 발달적 상담 입장이나 심리진단 부적응자, 우울, 조울, 성격장애 등의 치료가 필요한 경우에 유용하다. 발달 장애 아동들은 억압된 심리적 표출을 미술 매체로써 표출한다.

(2) 미술치료의 물리적 환경

❶ 미술치료의 환경

미술치료에 있어 준비해야 할 중요한 요소는 물리적 환경과 기본적인 재료이다.

치료실은 크기를 규정하기에는 어려움이 있지만, 집단치료가 가능한 적당히 넓은 공간으로써, 충분한 채광과 소음이 적으며, 평온함을 느낄 수 있는 공간이 좋다. 또한 미술 자료함, 작품 보관장, 이젤, 관찰 시설, 준비 시설 등을 구비해야 한다.

미술치료 시간은 보통 주 1회나 2회 정도로 구성하며, 치료의 기간과 빈도, 사용될 매체, 특정의 활동, 치료 종료 등이 계획되어진다.

❷ 미술치료 매체의 선택

미술치료사들은 다양한 매체들을 사용할 수 있다. 치료시간의 구성 및 다른 요소들에 따라서 매체는 목적에 부합되도록 선택한다.

매체의 선택에서 두 가지 중요한 고려해야 할 점은 촉진과 통제이다. 내담자의 자발성을 촉진하기 위해서는 충분한 작업 공간과 아울러 다양한 색상과 충분한 크기의 종이와 점토 등을 제공한다.

낱낱으로 된 매체가 그렇지 않은 매체보다는 다루기가 용이하다. 연필은 조작하기에 쉽지만 물감이나 점토는 조작에 있어서 기술적인 문제가 있다. 그러므로 미술 매체들의 특성에 따라 어떤 효과를 낼 수 있느냐를 고려하여 선택해야 한다.

미술 작업의 본질적인 요소는 매체의 사용이다. 창조적 기능과는 별개로, 미술 매체는 부가적인 목적을 제공한다. 예컨대, 그것은 내담자의 애정적인 상태를

젖은 점토	그림 물감	부드러운 점토	오일 파스텔	두꺼운 펠트지	콜라주	단단한 점토	얇은 펠트지	색연필	연필
1	2	3	4	5	6	7	8	9	10

가장 낮게 통제 ⟷ 가장 높게 통제

[그림 3-1] 미술 매체의 특성

출처: Landgarten(1987)

강화시키거나 소멸시킬 수도 있고 자기표현의 자유에 영향을 줄 수 있으며, 왜곡된 방어에 영향을 미칠 수도 있다.

❸ 미술치료 매체의 종류

발달 단계, 치료의 대상이나 치료 시간의 구성 등에 따라 적절히 적용할 필요가 있다. 미술치료에서 사용되는 일반적 미술 매체는 다음과 같다.

채색 재료로 수채물감, 아크릴 물감, 유화물감, 파스텔, 오일파스텔, 크레용, 색연필, 수정색연필, 포스터칼라, 핑거페인팅 등이 있다.

소묘 재료로 연필, 목탄, 콩테, 붓, 사인펜, 마카펜, 매직펜, 볼펜, 분필, 지우개 등이 있다.

입체 재료로는 찰흙, 지점토, 종이죽, 벽돌, 유토, 석고, 발포석고, 석고붕대, 테라코타, 컬러클레이, 비누, 파라핀, 다양한 목재, 철사, 피복전선, 인조 대리석, 각종 천, 실, 털실, 노끈, 솜, 스티로폼, 다양한 크기의 목재 상자나 종이상자, 자연물, 곡식, 마른 열매, 조개, 돌, 자갈, 문양을 새겨 찍기에 적절한 무, 감자, 고구마 등의 채소 등이 있다.

(3) 미술치료에서의 해석

❶ 아동그림의 발단 단계 이해

미술치료에 있어서 아동이 그려놓은 그림이 정상인지 병리적인 발달미숙인지, 퇴행인지 구별하기는 무척 어렵다. 아동마다 개인차가 있으며, 미술표현에 있어 표준적인 발달 과정의 기준을 삼기가 어렵기 때문에 아동화의 발달에 있어서는 많은 학자들의 연구를 기반으로 세심히 이해되어야 한다.

❷ 미술치료에서의 해석

아동이 미술 작품을 통해 무엇을 이야기하고 있고, 무엇을 투사하고 있는지를 정확히 지각해야 한다. 어떠한 단서도 결정적인 증거로 확신해서는 안 되며, 성급하게 판단하지 말아야 한다. 또한 아동이 침묵하는지, 자신의 작품에 대해 어떤 태도를 가지는지, 시선의 방향은 어떠한지, 지우는 행동이나 활동성 등을 유의해서 살펴보아야 한다.

특히 해석에 있어서는 미술치료의 과정, 미술치료에서의 형태, 미술 작품에 대한 내용을 잘 살펴보아야 한다.

미술치료에 있어서의 과정 해석은 재료 표현에 어떻게 반응하고 어떤 재료를 선택하고 그것을 어떻게 조작하고 어떻게 결합하는지를 관찰해야 한다. 과정 해석의 결과는 아동의 갈등이나 현재 문제 상태의 내용에 대해 예측할 수 있게 한다. 해석은 아동의 발달적 맥락에서 이루어져야 하며 같은 행동이라도 발달 수준, 나이에 따라 다르게 이해된다는 것을 고려해야 한다.

형태 해석은 미술 작품의 전체 형태와 인상에서 얻은 의미에 대해 해석하는 것으로써 위치, 완전성, 대칭성, 명료성, 움직임, 색깔, 대상들의 크기와 그들의 상대적 크기 등을 고려하여 해석한다.

내용 해석은 그림이나 작품에 대한 제목이나 이야기에서 얻은 종합적인 내용을 고찰하여야 한다. 즉, 아동에게 자신의 작품에 대해 이야기해 보도록 하여, 간단한 내용의 조사로는 알 수 없는 의미를 평가할 수 있게 되며, 이야기를 하는 중에 반복되는 주제나 갑작스러운 변화나 단계적인 변화 등 작품에 내재된 잠재적 내용을 해석한다.

그림의 형식에 따른 해석 방법

공간의 사용 정도

그림의 형식에서 우선 고려해야 할 것은 공간을 어느 정도 사용했는가 하는 점이다. 공간 사용의 정도는 어느 정도 빽빽하게 그렸는가 하는 밀도와 다른 개념으로 화면을 크게 몇 부분으로 나누어 사용했는가를 보는 것이다.

대개의 경우 공간 사용의 정도는 높은 것이 더 건강한 징후로 본다. 공간을 대략 70% 이상 사용한 아동들이 30% 이하로 사용한 아동보다 더 건강하다고 본다. 우울하거나 치료 동기가 낮은 아동, 저항적인 아동의 경우에는 공간을 제한적으로 사용함을 볼 수 있다. 반면 도화지를 넘쳐 책상 위에까지 색칠하거나 100% 이상의 공간을 사용하는 경우 조증이나 충동 통제에 문제가 있거나 배려가 부족하고 대인 관계에 대해 어려움을 겪고 있을 수 있다.

• 화면에서의 대상의 위치

만일 공간을 대략 70% 이상 사용했을 경우에는 화면에서 그려진 대상의 위치는 그리 중요한 문제가 아니다. 하지만 그림을 그릴 때 항상 한 위치에만 그림을 그린다면 경직성이나 자기 중심성을 엿볼 수 있다. 화면의 중앙에 그리는 것은 가장 평범한 현상으로 흔히 정상적이다. 화면의 아래쪽만 사용하는 경우는 종종 우울한 경향과 관련이 있고, 위쪽에만 그림을 그리는 것은 들뜬 경우도 있지만, 자신이 침체되어 있다는 것을 과도하게 숨기고자 하거나, 목표를 높게 잡고 있는 경우에도 해당한다. 도화지의 가장자리만 사용하는 경우는 불안을 자주 느끼거나 의존적인 경우가 많다.

• 미술 재료의 선택

치료 회기가 거듭되는 동안 새로운 미술 재료나 과제에 관심을 표하는 경우 대부분 건강해지고 있는 것이며, 자신감이 고양된 경우이다. 덜 유동적이지만 통제가 쉬운 미술 재료(연필과 지우개, 색연필이나 마커)를 선택하는 경우 통제에 대한 강한 욕구를 지니고 있으며, 조심성이 있거나 억제하는 성향을 지니고 있다. 내면적인 유약성을 만회하기 위한 보상 행위로 선택하기도 한다. 통제가 어렵지만 유동적인 재료(파스텔, 수성물감 등)를 선택하는 경우는 자기 지배가 약하거나 경계에 대한 개념이 모호한 경우가 많다.

∘ 중요 대상의 위치

자신에게 중요한 대상을 얼마만한 크기로 그렸는가를 보면 그린 사람의 자아강도를 알 수 있고 그려진 대상이 얼마나 아동에게 중요한지도 알 수 있다. 특히 인물을 그린 경우 인물이 갖는 정서적 중요도를 알 수 있다. 가족그림에서 유난히 엄마를 크게 그린 아동이 있다면 그 아동이 지각하고 느끼는 각 인물의 중요도를 드러낸 것이라고도 볼 수 있다. 대상이 도화지의 가장자리에 닿거나 바깥으로 나올 정도로 크게 그려져 있다면 이는 공격적이고 반항적이며 과대망상적 경향을 드러내는 것으로 볼 수 있고, 때로는 부적절감이나 억압적인 방어기제의 반항에서 생기는 행동으로 조증, 정신지체, 편집형 정신분열증 등과 관계가 있다. 지나치게 작게 그려진 그림은 열등감이나 부적절감, 불안감, 낮은 자존감과 과도한 방어기제 등이 드러나는 것으로 불안을 표출하는 방식이고 자기만의 세계에 함몰하거나 우울한 경향과 퇴행적이고 의존적인 태도가 나타나는 것이다. 아동의 그림에서 크기에 대한 판단은 아동의 이전 그림과 비교하면 보다 확실하게 알 수 있겠지만 비교할 그림이 없다면 섣불리 판단하지 않는 것이 좋다.

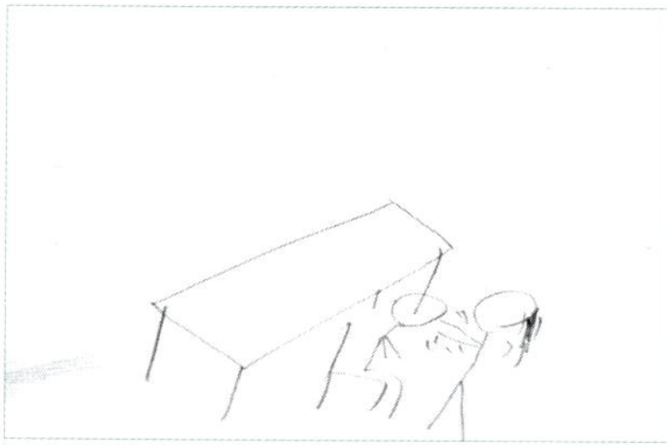

∘ 필압의 정도

적당히 강한 필압은 자신감의 표현일 수 있으나 눌러 그린 정도가 심하면 몹시 긴장하거나 조증인 경우, 또는 고양된 기분, 반항적인 경우, 불안을 느끼는 경우 등을 생각해 볼 수 있다. 스쳐 지나가듯 미약한 필압은 주저하고 있거나, 소심하거나, 우유부단한

경우 등에서 나타난다.

○ 그림의 제목이나 그림 속의 글

그림의 제목과 글이 있다면 이들의 의미와 그림 내용과의 관계를 파악해야 한다. 때로는 그려진 내용과 말이 전혀 관계가 없어 보일 때도 있는데, 글은 무엇을 생각하고 어떤 경험을 했는지를 함축하여 보여 주는 것이므로 그림 내용보다 더 주목해서 보아야 한다. 아동은 글을 통해 직접적으로 설명하거나 글을 통해 명료화에 대한 소망을 반영한다. 글은 인식받고 싶은 욕구, 불확실성에 대한 두려움이 깔려 있다고 볼 수 있다.

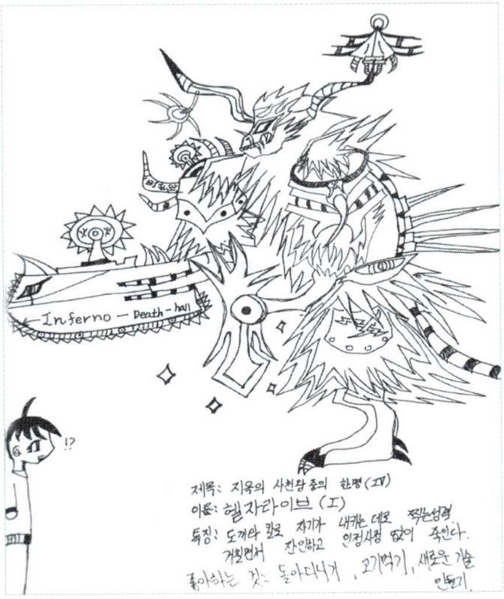

⊙ 그림 내용에 따른 해석

○ 그림의 완성도

그림의 완성도는 그림의 미적 성취도가 아니라 그릴 수 있는 만큼 다 그렸는가에 관한 것이다. 자신이 그릴 수 있는 만큼, 자신의 능력만큼 그렸다면 완성도는 높다고 할 수 있다. 아동의 이전 그림을 놓고 비교하면 아동이 그린 그림의 완성도를 평가하기 쉬워진다.

완성도가 낮은 그림은 아동이 그림을 그리기 시작했지만, 아동의 행동이나 그림 진행 상태로 보았을 때 아동이 중간에 그만두었을 때인데, 이것은 우울해서인지, 과제가 너무 어려웠었는지, 과제의 의미가 아동의 문제와 관련이 있어서 불편하게 느낀 것인지 등을 판단해야 한다. 또한 완성도는 개인의 개방성과 관련이 있기 때문에 상담자와의 관계에 따라 완성도가 달라질 수 있다. 아동이 미적 성취에만 집착하는 경우도 있는데, 이럴 경우 치료 과정에서 아동을 방어적으로 만들기도 하고 문제와의 직면을 회피하게 하기도 한다. 아름다운 그림을 통해 성취감을 얻고 자신감을 얻거나 억압이나 욕망을 승화해 나가는 것이 원래 치료 목표인지 아니면 치료의 진행 과정에 저항하고 있는지 잘 판단해야 한다. 어떤 경우에는 미적 성취와 치료를 함께 추구해도 될 때가 있다. 그림의 완성도가 점점 높아질 때는 아동이 자신을 개방하고 상담가의 피드백에 반응하며 몰입해 있다는 증거이고 미적 성취를 통해 감정을 승화시키고 자존감을 고양할 수 있다.

∘ 그림의 전체 짜임새

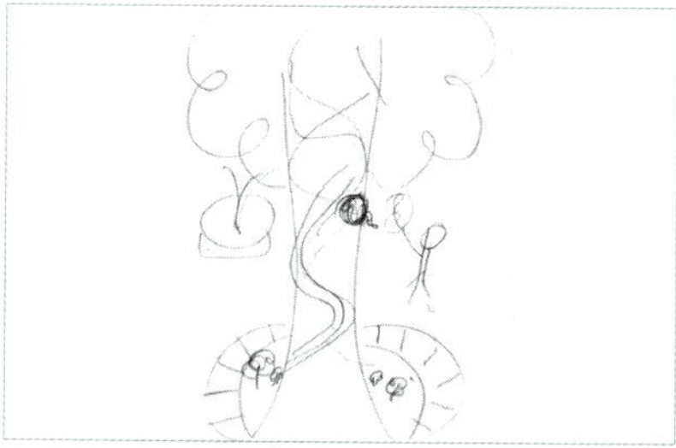

그림의 짜임새가 혼란스럽고 무질서한가 아니면 어떤 내적인 질서 상태를 유지하는가에 따라 아동의 인지적, 동기적, 정서적 측면을 엿볼 수 있다. 인지적으로 어려움이 있다면 그림 짜임새가 매우 조악할 수 있다. 짜임새가 혼란스럽고 정돈되지 않았을 경우 성취동기가 낮고 그리는 과정에 몰입하지 못하였을 경우에 해당한다.

∘ 그림의 왜곡과 생략

평이한 소재의 그림이라도 부분적으로 특이한 점들이 발견될 수 있는데, 그러한 부분들은 잠재적 의미나 중요성이 큰 경우가 많으므로 주의해야 한다. 아동에게 있어 왜곡이나 생략은 그림의 발달 단계에서 자연스럽게 나타나는 것으로 볼 수 있으나, 계속해서 반복적으로 왜곡이 나타나거나 다른 부분에 비해 상대적으로 과격한 생략은 특히 신체적 학대나 성적 학대로 인한 외상 후 스트레스 장애 아동의 그림에서 자주 나타난다. 생략된 표현은 생략된 부분과 직접 또는 간접으로 갈등이나 걱정이 있다는 것이며, 그 부분이 갖는 상징적 의미를 파악해야 한다.

추상적인 그림

추상적인 그림을 그리는 경우는 복합적인데, 한 가지 이유는 자기 방어 목적에서이다. 때로는 미술 실력에 대해 부담감을 갖는 경우도 추상화를 그린다. 모호한 선이나 도형, 대상은 종종 불안정과 불확실성을 반영한다. 하지만 추상화는 때에 따라서 아동에게 안정기지를 제공하기도 한다. 따라서 추상화를 대할 때 아동이 지닌 안전 욕구를 이해해 주고 필요하다면 그림의 과정을 보호해 주어야 한다.

그림의 지나친 대칭

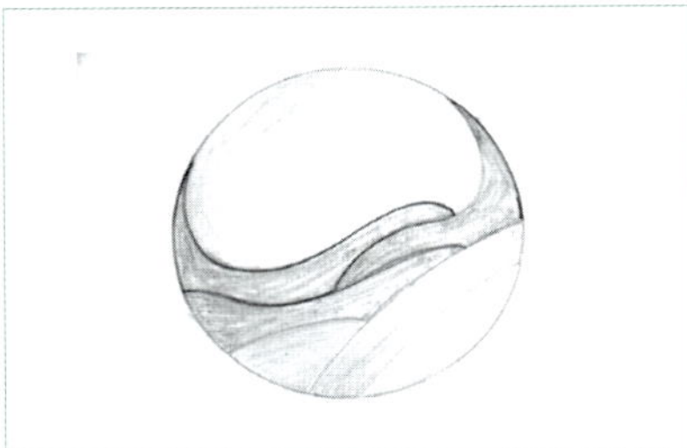

정확하게 둘로 나눠지는 지나친 대칭은 과도하게 통제하기를 원하는 사람들이 사용하기 좋아한다. 이들은 억압된 대상이 노출되는 것을 과도한 통제를 통해 막고자 하는 것으로 보인다. 그림에서의 대칭 현상은 강박장애와 같은 불안 장애나 정서적으로 차갑고 메마르거나 빈약한 사람, 내적인 혼란이 심한 사람들에게서 자주 관찰된다. 통제력과 자아 강도가 약하여 외부 구조나 지시에 상당히 의존적인 면이 있다.

그림의 주제와 제목

그림의 내용을 이해하는 데 있어서 제목이 차지하는 의미는 중요하다. 그림 제목은 자신의 그림에 대해 전체적으로 조망할 시간을 주고 그림을 의식하게 하며 그림 과정에 대해 요약하게 해 준다.

색의 사용에 따른 해석

사용한 색의 수

주어진 다양한 색에서 색을 과도하게 많이 사용하는 경우는 주로 분노의 감정

이나 공격성, 활발함, 생기발랄, 주의력 결핍, 과잉 행동, 미약한 통제력 혹은 조증을 경험하는 아동일 수도 있다. 이런 경우 필압이 높고 거침없는 선을 사용하며 공간사용 정도가 높고, 전체적 짜임은 다소 흐트러져 있기도 하며 빠른 완성을 보인다. 그림의 내용에 비해 사용한 색이 많고 그 색의 사용이 독특한 경우는 다른 방식으로 사고하고 행동하는 특성이 있거나 혹은 주위 환경으로부터 소외감과 고립을 느낄 수 있다. 만약 그림의 내용도 빈약하지 않고 사용한 색도 많다면 자신만만하고 자기주장이 강한 상태라고 보아도 된다.

색을 지나치게 적게 사용하는 경우는 정서가 제한되어 있음을 알 수 있다. 무미건조하거나 우울하고 비판적이거나 자기 비하 경향이 있고 회의적이거나 흥미가 제한된 경우일 수 있다. 의심이 많은 편집증적 성격일 때도 종종 제한된 색 외에는 사용하지 않는 경우가 있는데, 이 경우 타인의 의견에 과도하게 반응하며 경계심이 많고 감정의 기복이 크다.

- 색의 선택

내담자가 무슨 색을 쓰는가를 해석할 때 고려해야 할 점은 첫째, 색 선택이 의식적인가? 무의식적인가? 둘째, 자신의 그림에 대한 언급에서 색에 대해 말했는가? 혹은 사용한 색에 대해 질문했다면 무엇이라고 답했는가? 셋째, 그림에서 가장 주된 색은 무엇인가? 넷째, 예외적이거나 독특한 색을 사용했는가? 등이다. 여기서 주의할 점은 색의 선택이 늘 무의식적으로 이루어지는 것은 결코 아니라는 것이다. 또한 빨간색은 분노와 열정 등 강렬한 감정을 나타내고, 검은색은 우울한 감정과 관련이 있다는 식으로 색과 정서를 기계적으로 적용시켜서 1대1의 해석을 하지는 말아야 한다는 점이다. 따라서 그림에 나타난 색의 의미를 파악하고자 할 때는 반드시 아동마다 독특한 의미가 있을 수 있다는 가능성을 염두에 두며, 개인적 의미뿐 아니라 문화적 의미, 사회적 영향이 포함되어 있다는 것을 이해해야 한다.

(4) 미술치료의 진단 및 치료 기법

❶ 진단을 위한 미술 기법

진단에 있어서는 무엇보다 그림을 그리고 난 뒤의 언어화 작업이 중요하다. 진단으로서의 미술치료는 자칫 큰 오류를 범할 수 있기 때문이다. 결과물만을 보고 어떤 문제 또는 장애가 있다고 속단하는 것은 위험한 일이다. 이런 이유에서 진단을 할 때는 대상의 연령, 환경, 상황, 그리고 특성을 고려해야 하며, 이런 요소들을 모두 파악한 후에 미술치료를 사용한다.

- 자유화

아동이 재료나 방법을 스스로 선택하여 그리며 공간의 이용, 색채, 그림의 내용 등을 분석한다.

- 과제화법

아동의 이상 행동에 대한 내면의 욕구와 근원을 잘 알 수 있는 작업으로 가족, 산, 친구, 나무 등의 과제를 미리 주어 상상해 그리도록 한다.

- 집, 나무, 사람(HTP)

진단도구로 가장 많이 쓰이고 있으며 치료 전의 상태와 치료 후의 상태를 진단하는 데 유용하다. 3장에 나누어 그리는 방법과 한 장에 통합해 그리는 방법이 있다. 집은 가정 또는 가족의 관계, 나무는 아동의 성장 과정, 사람은 자아상을 반영하는 것이다.

- 나무 그리기법

진단에 주로 사용되는 방법이며 아동에게 열매가 달린 나무를 한 그루 그리게 한 뒤 완성된 나무 그림을 통해 아동의 질병을 발견하려는 기법이다. 나무의 줄기, 뿌리, 잎, 가지, 열매 그리고 전체적인 인상 등을 기준으로 분석한다.

- 가족화(DAF)와 동적 가족화(KFD)

아동으로 하여금 가족을 그리게 하여 가족의 서열, 분위기 또는 가족의 지각을 알아볼 수 있다. 동적 가족화는 가족의 역동성을 이해하기 좋으며 아동과 가족 간의 관계와 상호작용이 원만한지를 파악할 수 있다.

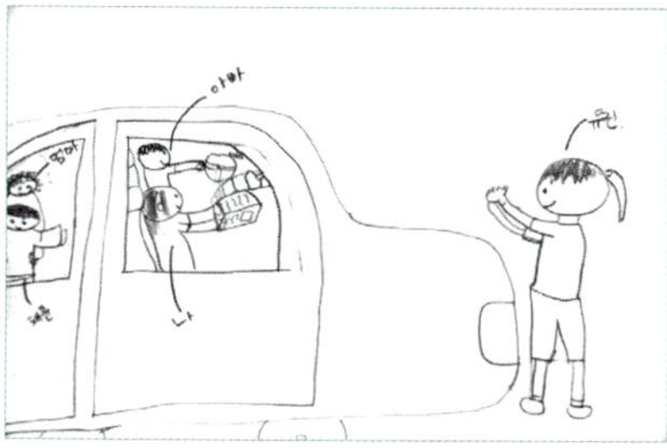

가족화(Draw a Family: DAF)와 동적 가족화(Kinetic Family Drawing: KFD)는 가족을 그리게 하여 아동의 심리나 가족의 체계 및 가족 지각을 파악한다. 가족화와 동적 가족화는 지시가 다르며, 후자가 더 역동성 파악에 좋다. 동적 가족화는 "당신의 가족 모두가 무엇인가를 하고 있는 그림을 그려보세요."라고 지시하여, 그린 후에 각 인물상이 누구인가, 연령은 어떠한가, 무엇을 하고 있는가를 질문한다. 해석에 있어서는 인물상의 행위와 그림의 양식(구분, 포위 등), 상징(책상 등), 그림의 역동성(크기, 거리, 방향, 생략 등) 등을 기준으로 하여 진단한다.

가족화는 진단에도 활용하고 가족치료에도 사용할 수 있다. 예컨대, 개별 치료는 KFD를 통해서 개인의 내적 문제 및 가족 내의 관계를 드러내게 하여 스스로를 통찰할 수 있게 하는 것이며, 합동가족치료는 가족 전원이 KFD를 그리게 하여 가족 전원이 심상을 형상화하면서 이야기를 창출한다.

◦ 학교생활화법

학교생활그림(Kinetic School Drawing: KSD)은 아동의 학교생활을 파악하는 데 좋으며, 치료에도 활용하고 가족화와 함께 받아보면 아동생활 전체를 이해하는 데 유용하다. 교사, 친구, 본인을 포함해서 그리게 한다. 대부분의 아동은 학교생활에 대한 그림을 거부하는 경향이 적다.

○ 풍경구성법

풍경구성법(Landscape Montage Technique: LMT)은 도화지에 '강, 산, 밭, 길, 집, 나무, 사람, 꽃, 동물, 돌, 첨가하고 싶은 것'을 순서대로 그려 넣게 하고 하나의 풍경이 되게 채색하도록 한 다음 그것에 대해서 계절, 시각, 기후, 물이 흐르는 방향, 사람과 집, 밭 등의 관계에 대해서 이야기한다. 치료 가능성의 평가와 문제점의 추측과 관찰에 유용하다. 진단과 치료에 모두 사용할 수 있다.

○ 난화 게임법

난화는 아동을 대상으로 많이 사용하는 기법이며 난화를 완성한 뒤 아동에게 '얘는 누구지?' 또는 '이건 뭐하고 있는 거야?' 등의 질문을 하여 그림 속에 있는 아동의 무의식을 의식화시켜 진단하는 기법이다.

○ 동그라미 기법

동그라미를 도화지에 미리 그려 주고 그림을 그리게 하는 방법이다. 동그라미를 그린 후 그 안에 점을 하나 찍어 주어 표현을 촉진할 수 있다. 또한 이러한 방법은 심리적으로 허약한 아동을 지지해 줄 수 있다. 또한 동그라미를 그려주는 부모와 자기 상 또는 가족 전체를 그리게 하는 동그라미 중심 가족화도 사용할 수 있다. 이 기법은 동그라미 중심에 중요한 인물이 배치된다는 원리를 응용하고 있다. '만다라 기법'도 원이 지니고 있는 인간의 마음의 전체성과 인간과 자연과의 관계를 나타내는 우주관 내지는 종교성에서 도래한 것으로서 자아정체감 확립이나 심리적 통합에 유효한 기법이다.

❷ 치료 미술 기법

미술치료를 실시해 나가는 과정에서 아동의 미술 표현을 도울 수 있는 방법과 미술치료에 활용되는 기법들을 몇 가지 살펴보면 다음과 같다.

◦ 테두리법

테두리법은 아동에게 치료사가 도화지를 제시하면서 테두리를 그어 건네주는 방법이다. 아동의 조형활동을 자극하고 동기를 부여할 수 있으며, 빈 도화지나 작업에 대한 공포를 줄일 수 있어 자아가 허약한 아동에게 사용하면 좋다. 풍경구성법이나 난화 상호이야기 만들기 법을 할 때에도 많이 사용한다.

◦ 그림 완성하기

그림을 그리는 데 저항이 있거나 의욕이 없는 아동의 미술 표현을 자극하고 촉진하기 위해 출발그림 용지(starter sheet)를 사용한다. 이 방법은 상담자가 종이에 잡지에서 오린 얼굴사진이나 사람의 눈만을 붙여 주어 그림을 완성하게 하는 방법이다. 또 다른 방법의 하나인 그림 완성법은 소정의 용지에 기호가 그려져 있는 8개의 정방형을 제시하고 그 기호를 사용해서 그림을 완성하게 하는 방법이다. 아동이나 성인 등에게 모두 적용할 수 있다. 그린 순서를 적고, 무엇을 그렸는가를 해석하게 한다. 이것은 미술치료 과정이나 초기에

사용할 수 있으며, 아동의 거부감이나 저항, 공포를 제거할 수 있다. 동그라미를 그리고 그 안에 임의의 점을 찍어 제시함으로써 아동을 지지해 줄 수도 있다.

난화 그리기

누구든지 난화는 쉽게 그릴 수 있기 때문에 상담자들은 종종 그림 그리기를 어려워하는 아동에게 난화를 그리도록 한다. 특별한 도식이나 보편적인 양식에 익숙한 아동, 상상력이 부족한 아동에게 난화는 도움이 된다. 난화는 아동으로 하여금 긁적거리기를 통해 창조하지 못했던 이미지를 발견하고 그리도록 해 주며, '숨어 있는 이미지'가 출현하도록 도와준다.

이러한 난화의 장점을 이용한 것이 난화 상호 이야기 만들기 법이다. 이 방법은 난화법과 이야기법을 종합하여 응용한 것이다. 상담자와 아동이 각기 서로 제시해 준 난화에 이미지를 찾아 형상을 그리고 서로 번갈아 가며 이야기를 만들어 나간다. 이때 난화에서 이끌어낸 심상의 형성이 치료에 중요한 의미를 지닌다. 최근에는 난화와 콜라주를 함께 사용하기도 한다. 말을 못하거나 하지 않는 아동들에게도 발어나 언어화의 자극에 유용한 기법이다.

자유화와 주제화의 제시

자유화는 아동이 제재나 방법을 스스로 결정하여 그리게 하는 것으로서 진단과 치료에 모두 활용한다. 아동의 자발적인 표현은 무의식을 의식화하는 데 크게 도움이 된다.

그러나 미술치료 과정에서 중요한 주제는 자연스럽게 나타나지만 때로는 특별히 주제를 제시해야 할 시기가 있다. 예컨대 아동이 무엇인가 느끼고 있을 때는 '느낌'을 그리도록 제안할 수 있다. 특별히 과제를 주는 과제화법은 인물, 가족, 친구, 집, 나무, 산, 동물, 길 등의 과제를 미리 주고 상상화를 그리게 한다. 이상 행동에 대한 내면의 욕구와 그 욕구를 저지하는 압력을 잘 알 수 있다.

꿈의 활용

정신분석적 미술치료에서 꿈을 활용하듯이, 아동 가운데 말로 표현하는 것보다 그림으로 자기 의사를 잘 전달할 수 있는 경우에는 꿈을 그리게 할 수 있다. 예컨대, 꿈을 그리게 함으로써 악몽을 통한 경험을 명료화하고 이야기를 함으로써 꿈에서 상징화된 분노의 충돌들을 잘 이해하도록 도울 수 있다.

∘ 자신 표현하기

개인치료나 집단치료 시에 '나는 누구인가'를 알리고자 할 때 자신을 표현하도록 인물화를 그리게 한다. 또는 '이것이 나이다–잡지 콜라주'를 시행하고, 서로 토의하며, 피드백을 하여 타인과의 비교를 통해 통찰한다.

자신의 표현은 자아 감각을 발달시키기 위한 수단으로 많이 활용된다. 심신장애아는 신체 영상이나 자아 개념이 부정적이다. 이를 높이기 위해서 묘화 완성법, 손도장과 발도장 찍기, 조소활동, 동그라미 기법, 씨앗으로 얼굴 만들기, 가면 만들기, 자기신체 본뜨기(실물 크기), 인체퍼즐 게임, 거울보고 자기 그리기, 손 본뜨기 등을 할 수 있다. 특히, 소아 당뇨병이나 섭식 장애 아동 등에게도 효과적이다.

∘ 협동화 및 그림 대화하기

가족이나 소집단이 크레용을 한 개씩 쥐고 한 장의 종이에 함께 그림을 그리게 한다. 비언어적 방법과 언어적인 방법 모두를 경험한다. 진단 시에는 그 집단의 체계를 분석할 수 있고, 치료 시에는 협동심, 커뮤니케이션 기능, 자발성, EQ, 사회성, 집단 이해, 인간관계 등을 높일 수 있어 매우 좋은 방법이다. 특히, 그림 대화는 치료사와 내담자가 비언어적으로 상호 역할을 교환해 가면서 실시함으로써 편안한 가운데 자기감정을 표출하고 상대의 감정을 이해하는 훈련을 할 수 있다. 언어 장애나 우울증, 내향성, 소극성, 고집성을 지닌 아동에게 사용하면 효과적이다.

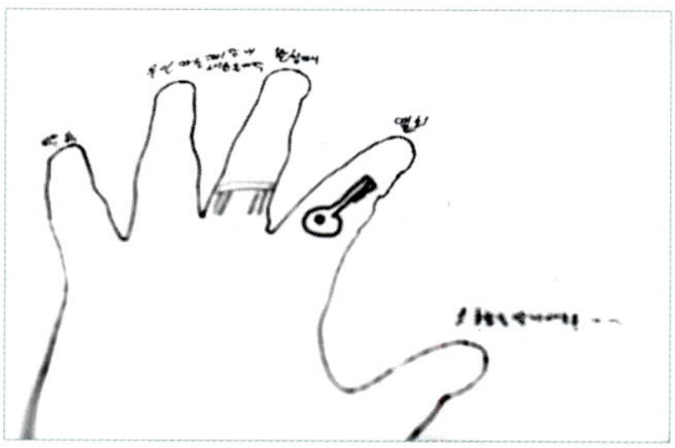

자신 표현하기

협동화 및 그림 대화하기

∘ 콜라주로 표현하기

콜라주 기법은 거부의 감소, 분노의 노출, 희망에 대한 상징 등 다양하게 활용된다. 표현이 쉽고 그리기보다 정확한 감정 전달이 우수하나 선택할 수 있는 사진 매체가 많아야 한다. 자기감정을 나타내기, 가족이나 친구에게 말하고 싶은 것, 선물 주고받고 싶은 것, 타인에 대한 느낌 표현, 문제의 예방 및 대처 방법 등을 쉽게 표현할 수 있다.

∘ 조소로 표현하기

조소는 촉지각과 관계하는 조형활동이다. 그리기가 중심이 되는 미술치료 영역에서 매체의 연구에 중요한 대상이 되는 것이 조소이다. 조소활동법은 점토로 인물상을 만들거나 자기의 느낌을 표현하여 해석하게 한다. 묽은 점토는 수채물감과 같이 액체도구로서 언어화가 결핍된 아동에게 유용하며, 과도한 언어화를 나타내는 아동들에게는 감각적 요소를 강조할 때 사용한다. 특히, 분노나 적개심의 표현, 대상관계가 부족한 아동의 치료에 유용하다.

콜라주로 표현하기

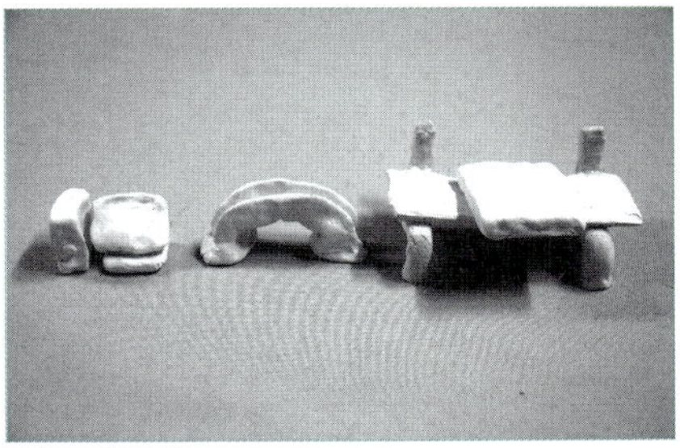

조소로 표현하기

- 손과 신체 본뜨기

인간은 자기 신체를 매우 중요시하고 신체 개념이나 신체 이미지로부터 긍정적 또는 부정적 자기 개념을 형성하게 된다. 자기의 손을 도화지에 놓고 본을 떠서 각 손가락에 자기가 하고 싶은 말을 적어 표현하게 한다. 신체 본뜨기는 큰 종이를 벽에 붙여 놓고 아동의 신체와 같은 크기로 본을 떠 준 후에 스스로 장식하게 한다. 이러한 활동으로 긍정적인 신체 이미지나 자기 존중감을 갖게 할 수 있다.

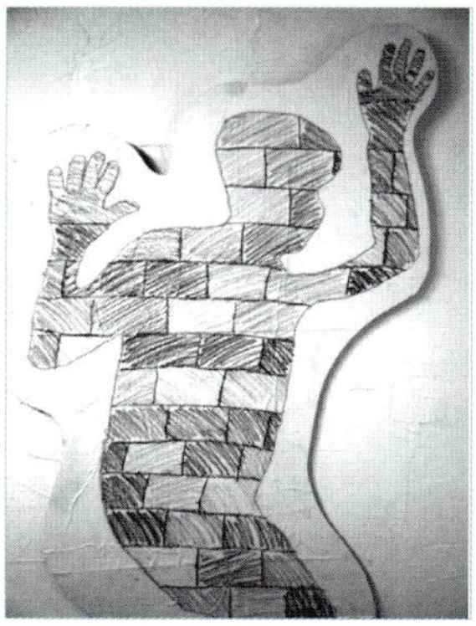

협동화 및 그림 대화하기

- 감정사전 만들기

감정차트 만들기는 도화지에 몇 개의 칸을 구분하고 최근의 감정을 그리거나 색종이로 나타내게 한다. 감정을 표현한 후에 모든 인간은 불편한 감정을 가지고 있음을 확인시킨다. 또한 칸 없이 한 장의 종이에 표현할 수 있다. 스펙트럼 형태의 띠로도 나타낼 수 있는 방법이다.

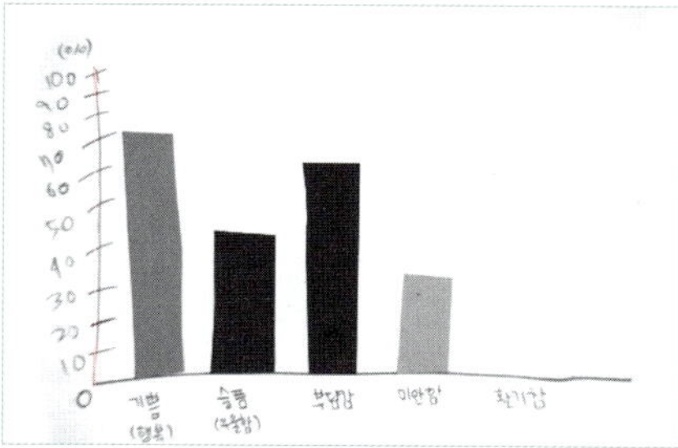

감정사전 만들기

- 기타의 방법

미술치료 과정에서 '가면'을 만들어 쓰고 게임을 할 수도 있으며, 자신의 작품에 대해서 자유롭게 표현할 수 있도록 녹음기나 마이크를 사용하여 자신을 표출할 수 있다. 글짓기도 하며, 비디오를 통해 자기가 보존하고 싶은 영상을 복사해 줄 수 있다. 아동 스스로 자기활동을 책으로 엮어 나가게 할 수도 있고 어두움을 두려워하는 아동은 손전등이나 촛불을 켜고 조도를 줄여 작업을 하는 것이 효과적일 수 있다. 이외에도 구체적인 치료 기법으로 활용되고 있는 것은 매우 많다. 예컨대, 동물 가족화 또는 동물자화상 그리기, 난화와 콜라주를 합쳐서 표현하기, 누구에게 받고 싶거나 주고 싶은 선물 표현하기, 상동적 표현을 수정하기 위하여 또는 표현을 자극하기 위하여 무용이나 노래를 도입하는 법, 사진기법, 색채치료 기법, 만화그림 방식으로 대화하기 등을 활용한다. 최근에 개발된 '사진미술치료'는 아동으로부터 '즉석 이미지'를 느끼게 하는데 효과적인 기법이기도 하다.

5) 미술치료의 사례

(1) 아동 : 백○○(가명, 만 4세 여아)

(2) 주호소 문제 : 정서가 불안하고, 자신의 감정을 표현하지 못한다. 대인 관계 기피 현상을 보이며 고집이 세다. 우울해 보이고 화가 나면 머리를 쥐어뜯으며 인사를 하지 못한다.

(3) 상담 과정

❶ 초기 단계

첫 만남 때 상담자에게 어려움 없이 다가왔고 자연스럽게 시작할 수 있었다. 아이가 토끼를 그리고 싶다고 하여 토끼를 그리도록 하였다. 아주 예쁘게 칠할 것이라고 하며 아이는 좋아하는 분홍색으로 칠하더니 아빠의 얼굴을 갈색으로 칠했다.

아빠 토끼는 얼굴이 검다고 하였다. 아이는 상담자의 눈치를 살피면서 분위기를 파악해 가는 모습이었다. 눈치를 보면서 산만한 행동을 보였고 즐겁게 웃다가 갑자기 슬픈 생각이 난 듯한 표정을 짓기도 했다.

❷ 중기 단계

지점토를 이용하여 만들기를 했다. 지점토가 손에 묻는 것을 싫어했고, 상담자가 만지자 아이도 만지기 시작했다. 다 만들고 손을 씻을 것이라고 했다. 자신이 좋아하는 수박, 햄버거, 부침개, 반지, 목걸이를 함께 만들었다.

이후 다음 회기에는 먼저 와서 기다리고 있었다. 기분이 좋아 보였다. 큰 종이에 자신의 몸을 그리고 그림 위에 올라가서 자신의 모습을 그렸다. 자신이 이렇게 큰 그림을 그린 것을 신기해하고 좋아했다. 언제나 혼자서 하려고 애쓰는 모습이었다. 물감도 잘 칠하고 즐거워했다. 다음 시간이 선생님과의 마지막 시간임을 알리자 아이는 서운한 눈치였다.

❸ 종결 단계

사전검사에서는 출입문이 생략되어 있어 대인 관계에 어려움이 보이며 울고 있는 사람의 모습을 그려 우울한 심정을 나타냈다. 사후검사에서는 출입문이 생기고 손잡이도 생겨 대인 관계에서 융통성이 생기고 있음을 알 수 있고, 인지 능력도 향상되었으며 자신의 감정을 통제하고 조절할 수 있는 능력도 생겼음을 알 수 있다.

03 음악치료

Child Psychology & Counseling

1) 음악치료의 의미

음악치료는 음악과 치료라는 서로 상이한 영역이 함께 공존하는 분야이다. 음악은 매우 주관적이고 정서적이며 심미적인 경험을 이끄는 반면, 치료는 객관적이고 과학적이며 보편성을 중요시 한다. 음악치료는 이러한 상반적인 측면을 하나로 연결하여 개인의 삶과 질을 향상시키고, 질병으로 인한 문제들을 해결하기 위해 음악을 치료적 수단으로 사용하는 것이다. 인간은 어떤 민족이든 고유한 음악을 가지고 있으며, 음악을 통해 개인적이고 집단적인 다양한 목적을 지니고 있다. 이처럼 음악치료는 아주 광범위한 대상층을 포함하고 있다. 음악치료를 정의하기 위해서는 음악치료가 어떠한 영역에서 요구되는지의 경계(boundary)를 설정하여 음악치료가 무엇이며, 무엇이 치료적이라는 것인지, 치료에서 음악이 어떻게 연관되는지, 어떠한 이유로 음악과 치료를 필요로 하는지를 설명할 수 있어야 한다. 흔히 음악치료를 특정한 음악을 증상에 따라 듣는 것으로 생각하곤 한다. 이것은 음악 자체의 치유적인 힘을 떠올리기 때문이다. 실제로 고대의 의식이나 제례에서 음악은 음악 그 자체가 치유적 역할을 담당하였다. 그러나 음악치료는 상담사에 의해 각 개인의 질병과 연관된 다양한 문제들과 필요를 진단하여 개인의 치료 목적에 적합한 기술적 적용을 필요로 한다. 물론 상담사는 치료의 1차적인 역할을 하는 음악과 치료를 지원하고 보조하는 역할로서의 음악을 구분한다.

미국음악치료협회(American Music Therapy Association)에서는 음악치료를 다음과 같이 정의하고 있다. "음악치료는 치료적인 목적, 즉 정신과 신체 건강을 복원 및 유지시키며 향상시키기 위해 음악을 사용하는 것이다." 이것은 내담자의 행동을 바람직한 방향으로 변화시키기 위한 목적으로 음악을 단계적으로 사용하는 것이다."

부루시아(Brucia)는 "음악치료사가 환자를 도와 건강을 회복시키기 위해 음악적 경험과 관계들을 통해 역동적인 변화를 이끌어 내는 체계적인 과정이다."라고 정의하고 있다.

따라서 음악치료에서는 유아 및 아동의 심리와 정서적 문제 행동에 대한 변화 및 학습능력 향상을 위해 전문적으로 훈련된 치료사가 단계적이고도 체계적으로 음악을 사용한다. 음악치료는 다양한 대상과 영역에 걸쳐 널리 시행되고 있다.

이는 음악이 장소나 참여하는 사람에게 쉽게 적용될 수 있는 장점을 가지고 있고, 누구나 태어날 때부터 가지고 있는 음악에 대한 선천성 때문이기도 하다. 따라서 유아와 아동은 음악치료의 즐거운 경험을 통해 일상생활에 더 잘 적응하고 자신의 심리, 정서적 안정을 유지하며, 자신과 주변 세계를 보다 깊이 있게 이해할 수 있다.

음악치료는 우리에게 내재되어 있는 음악적 능력과 심신의 상관 관계를 바탕으로 전문상담사가 각 내담자의 상태와 필요성에 알맞은 음악적 경험을 제공하여 긍정적 변화와 발달을 돕는 체계적이고 역동적인 심리치료의 과정이라고 할 수 있다.

2) 음악치료의 가치

음악치료는 여러 가지 다양한 효과를 가지고 있다.

음악치료는 다른 사람들과의 관계 개선을 도와주며 사회성을 향상시켜 준다. 언어 구사 능력을 향상시켜 주며, 음악치료 그룹을 통해 개인의 책임감과 질서 확립을 돕는다. 기분전환과 집중력을 길러주고, 긴장을 이완시켜 주며 즉흥연주를 통해 원활한 자기표현을 돕는다. 자기 자신의 가치를 발견하게 하여 자신감을 길

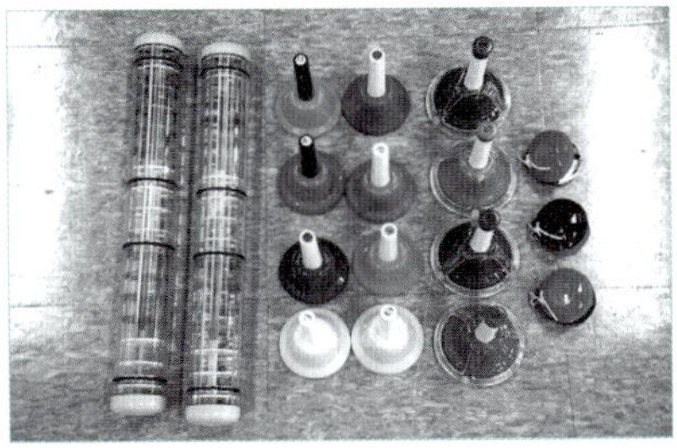

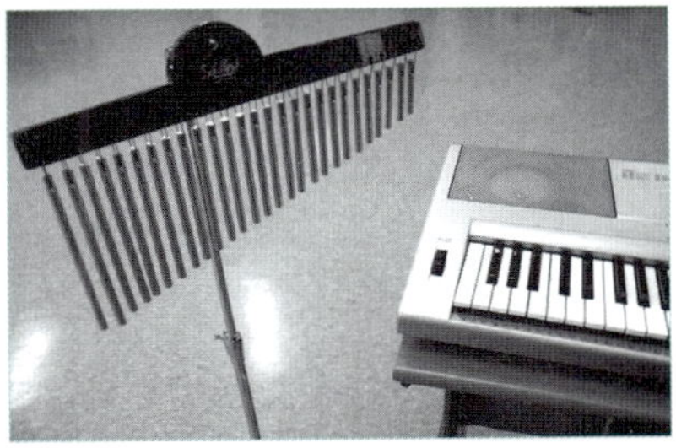

러주며, 상담사와의 관계 형성으로 타인에 대한 상호 신뢰감을 증진시키도록 도와준다. 노래 부르기와 악기연주를 통해 약해진 신체 기관의 기능회복을 돕고, 적극적인 역할을 하도록 동기부여를 해 준다. 욕구, 기호, 목표를 자유롭게 표현할 수 있게 해 주며, 말로 표현하기 힘든 정서를 창조적으로 분출하게 해 준다.

메리암(Merriam)은 음악치료의 가치를 다음과 같이 서술하고 있다.

① 음악은 말로 표현하지 못하는 감정을 쉽게 표현하도록 해 준다.
감정 표현으로서의 음악은 평소 잘 처리하지 못하는 생각이나 감정을 전달하는 도구의 역할을 한다.

② 음악은 미적인 즐거움을 더해 준다.
미를 추구하는 인간의 미적 본능과 이를 창조하는 사람의 활동은 풍요로운 삶을 위한 본질적인 필요가 되어 왔다. 음악을 감상하고 연주회에 가는 동기도 바로 이러한 미적 즐거움을 누리기 위함이다.

③ 음악을 오락의 방법으로 활용한다.
모든 사회에 예외 없이 음악은 오락으로서 기능을 발휘한다.

④ 음악을 커뮤니케이션의 방법으로 이용한다.
음악적 커뮤니케이션은 그 음악이 속한 배경을 통해 시대와 문화, 교육과 사회의 배경에 따라 전달되는 의미가 달라진다.

⑤ 음악을 상징적 표현으로 제공한다.

노래 가사속의 상징적 의미들은 정서 또는 문화적 배경들을 반영하고 제공한다.

⑥ 음악은 신체적 반응을 유발한다.
에너지와 리듬을 제공하여 신체적 반응을 유발하며, 모든 사회와 문화에 특별히 춤이나 행진, 체조 등에 사용되고 있다.

⑦ 음악은 사회 규범과 관련한다.
사람들의 행동에 영향을 미치며 자신이 소속한 집단에서 기대하는 행동을 하도록 유도하며, 그 시대나 세대가 지닌 심리적인 현상을 표현하는 방법이다.

⑧ 음악은 사회의 통합에 기여한다.
음악은 사람들을 모이게 하고 참여시키고 하나의 공동체로 결속시킨다.

음악치료의 일반적 효과로는 다음과 같은 내용들이 있다.

① 신체적 발달 : 악기나 목소리를 통한 자연스러운 감각통합의 효과, 신체 소근육 및 대근육 훈련, 신체 지각 및 인지도 증가시킨다.

② 언어발달 : 음악을 통한 비언어적·언어적 자기표현의 증가, 표현을 통한 정서·신체적 긴장 배출 및 완화, 정서적 의사소통을 증가시킨다.

③ 사회적 관계성 발달 : 음악적 상호작용을 통한 대인 관계성 발달 및 사회적 고립 해소, 자신과 타인에 대한 이해 및 자긍심 발달, 내적 성찰을 돕는다.

④ 창의성 발달 : 놀이 기술과 상상력 발달, 말로 표현하기 힘든 정서의 창조적 승화, 스트레스를 감소시킨다.

3) 음악치료의 목적

음악치료의 목적은 아래와 같다.

(1) 사회기술 향상 및 개인교류

고립으로부터 사회참여와 적극적인 그룹참여를 하게 하고 눈 마주침이 향상되며, 다른 사람의 기분이나 감정을 고려하게 된다. 또한 언어, 비언어적 교류가 증진되고, 적절한 자기주장이 늘어나며, 자기 행동 조절 향상이 증가되게 한다.

(2) 정서 표현 및 감정 조절

자기 정서 표현 기술이 향상되며, 즐거움을 제공해 준다. 적절한 감정의 반응을 위한 자극을 제공해 주며, 적절한 정서 식별과 감정을 표현하고 발달하게 해 준다. 생활 에너지를 증진시켜 주며, 침체된 정서를 고양해 주고, 감정적 충동 조절을 향상해 준다. 타인과 공감하는 능력이 발달하고, 스트레스 대처 기술이 향상된다.

(3) 인지 능력의 증진

음악치료는 자긍심을 증진한다. 문제 해결 기술이 발달하고 상황에 적절한 행동을 유발한다. 결정력과 판단력이 발달하며, 관계 증진에 대한 이슈를 확인하고 개선할 수 있게 한다. 현실 안내와 인식을 향상시키며, 단기와 장기 기억력을 증진시킨다. 집중력, 지속력이 증진되며, 생각이나 아이디어를 정리하여 발표하게 해 준다. 스트레스 대처 기술이 향상된다.

(4) 운동 기술 발달

음악치료를 통해 자연스럽게 악기를 접하고 다루면서 소근육 운동 기술이 발달한다. 손가락의 기민감이 발달하고 물건을 잡고 조절하는 능력이 향상된다. 눈-손의 협응이 발달하고, 대근육 운동 기술도 함께 발달한다. 적절한 자세를 유지할 수 있으며, 몸의 균형 조절이 향상되고 긴장을 이완시킬 수 있는 기술력도 발달하게 된다.

다음은 음악치료 활동의 목표를 더 자세히 제시하고자 한다.

◦ 학습-인지 기술의 향상

산만함, 충동성, 과제 회피, 반항적 행동 등은 학습에 대한 집중과 내용 습득을 방해한다. 이러한 문제점을 가진 학생들이 경험하는 학습 상황에서의 많은 한계점과 부정적 경험을 다루기 위해서는 학습 전략 외의 치료교육적 접근을 필요로 한다.

음악치료에서는 구조화된 음악활동을 통해 인지기술을 강화시키는 것을 활동의 목표로 한다. 음악적 과제는 다른 과제 수행과 마찬가지로 학습, 기억, 사고 능력에 필요한 인지 기술을 다루면서도 무엇보다 그 경험이 즐거운 과정이라는 것이 큰 강점이라 할 수 있다. 가창, 연주, 작곡, 악기 연주 등을 통해 추상적 개념에 대한 정보처리 능력을 강화하고 청각, 시각 그리고 촉각적인 정보에 대한 감각 통합과 지각 운동 기능을 향상시키는 음악활동들은 인지기술의 강화를 유도한다. 또한 음악 감상은 청각적 감각과 음률적인 구별력을 필요로 하기 때문에 소리 지각력을 훈련시켜 줄 수 있다. 학생들이 노래 가사를 배울 때는 언어적 내용을 다루게 되므로 그 과정은 읽기 기술을 강화시켜 주기도 한다.

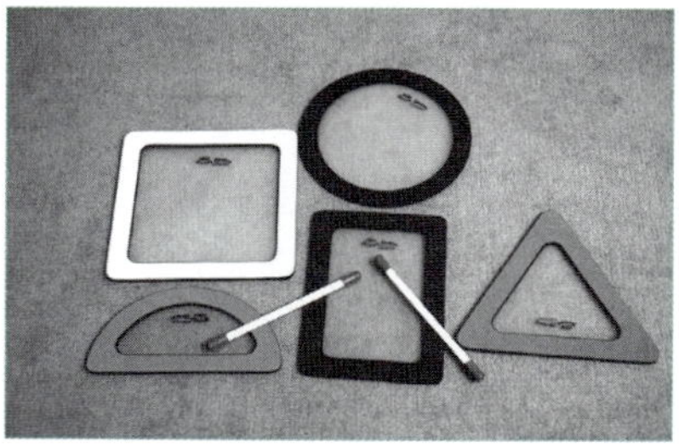

○ 건강한 정서의 함양

치료적 음악활동은 음악에 대한 미적 감수성을 바탕으로 자기표현의 도구로 음악을 사용하고 창작활동 과정에서 순화된 정서를 유발한다. 음악을 통해 자신의 느낌과 감정, 억압된 에너지 등을 표현하고 탐색할 수 있는 능력을 촉진시킬 수 있으며, 자신에 대한 긍정적인 태도를 기를 수 있다.

음악활동에서는 아동의 참여와 고유한 자기만의 소리와 동작을 존중하기 때문에, 만들어진 음악에 대한 평가보다는 자신의 음악을 듣고 즐기는 과정에 초점을 둔다. 이러한 과정은 아동에게 통제감과 역량 강화의 경험을 가져오며, 이것은 곧 자긍심 향상으로 이어진다. 또한 아동은 음악 안에서 자신을 창의적으로 표현하면서 자신에 대한 만족감과 성취감을 경험하게 된다.

- 사회성 향상

자신의 강점을 경험하고 표현하는 것뿐만 아니라 다른 사람과의 관계에서 상대의 감정을 이해하고 그에 따른 적절한 반응을 할 수 있는 능력이 바로 사회성일 것이다. 자신의 충동을 조절할 수 있는 능력과 적절한 표현, 그리고 상황에 따라 표현하는 방법과 강도를 판단할 수 있는 능력들은 그룹 음악활동 안에서 다루어진다.

함께 음악을 연주하고 만들어가는 과정에서 자신의 역할에 대한 책임감과 소속감을 경험하게 되므로 사회적인 행동을 감소시킨다. 음악극이나 합주활동은 참여하는 동안 또래들과 함께 음악 과제를 수행하는 것을 배울 수 있다. 또한 집단연주는 개인적인 책임감과 소속감을 높여준다. 이는 학업 성취도 증가에 필요한 학습동기를 유발할 수 있다.

4) 음악치료의 실제

음악치료 세션 구성의 필요조건은, 충분한 훈련 과정을 수료한 치료사에 의해 진행되어야 하고, 변화가 요구되는 대상이 필요하다. 또한 전문적인 진단을 검토하여 설정된 목표 달성을 위하여 체계적인 치료 단계를 설정하여 제공하는 중재과정이 있다. 음악치료의 5단계는 진단 → 목표 설정 → 치료 전략 구성 → 실행 → 평가의 과정이다.

(1) 치료 대상

발달 장애, 정서 장애 등을 가진 장애아동 및 정서, 분리불안, 학교생활에서 어려움을 겪는 일반 아동 및 자폐, 애착 장애, 정신 지체, 뇌성마비, 학습 장애, 감각 장애가 있는 아동을 위해 음악치료를 실시하고 있다. 음악치료 과정을 통해 아동의 언어 발달, 사회·정서 발달, 인지 및 감각 운동의 발달을 도모하고 있다.

(2) 음악치료사

음악치료라는 말을 들으면 일반적으로 정서가 불안할 때 안정되고 편안한 느낌의 클래식 음악을 들으면 된다는 식의 생각을 떠올리게 된다. 음악은 사람들에게 많은 영향을 미치는데, 이것은 음악의 '일반적 효과'이지 치료라고 보기는 어렵다. 또한 음악에 대한 개개인의 반응은 그를 둘러싼 환경, 기질, 선호도 등에 따라 개인별로 다르게 나타날 수 있다. 따라서 특정 질병에 특정 음악이 효과적이라는 일대일 대응 방식은 의학적으로 검증되지 않은 주장일 뿐이다. 음악치료는 치료 목적을 가지고 행해지는 복합적이고 체계적인 일련의 과정이다. 따라서 음악치료는 전문적인 교육과 훈련을 받은 치료사가 실시한다.

(3) 음악치료 과정

음악치료는 의뢰 → 면접 상담 → 초기 진단 평가 → 치료 시작 → 정기 평가 → 종결의 체계적인 과정을 거친다. 치료사는 아동을 만나 면접 상담 한 뒤, 진단 평가를 하고 그 결과에 따라 치료 목표를 정하게 된다. 그리고 그 치료 목표에 따라 구체적 치료 계획을 수립하고 치료를 시작하며, 정기적인 평가를 통해 치료 목표가 달성되었다고 여겨지면 상담을 종결하게 된다.

(4) 음악치료 방법

음악치료가 어떻게 작용하는지를 이해하려면 각각의 음악 경험의 종류를 이해해야 한다.

❶ 즉흥 연주

아동이 기악으로든 성악으로든 그 자신의 음악을 즉각적으로 만드는 것이다. 즉흥적 경험에서 멜로디, 리듬, 노래나 악곡을 즉각적으로 만들면서 연주 또는 노래를 한다. 이때 소리나 음악 이외는 어떠한 관련도 짓지 않으면서 악기나 노래를 사용해 즉흥적으로 창작해 가는 비관련적인 형태와 음악 외적인 것을 소리로 구상화하기 위해 악기나 노래를 사용하여 즉흥적으로 연주하는 관련적인 형태가 있다(예: 느낌, 아이디어, 제목, 이미지, 사람, 사건, 경험 등).

❷ 재창조 연주

이전에 작곡된 기악 또는 성악곡을 악보나 악보를 보면서 노래하거나 연주하는 것으로, 재창조에서 아동은 미리 작곡된 성악 또는 악곡을 배우거나 연주 또는 모델로 삼아 일종의 음악 형태를 다시 만들어 간다. 재창조 경험의 주요 대상은 특정 기술과 역할 행동을 개발하기 위해 구체적인 구조를 필요로 하는 아동들이다. 또한 자신의 정체성과 타인을 이해하고 함께 할 수 있는 사회적 기술이 요구되는 아동들도 해당된다.

❸ 작곡

노래나 기악곡 또는 곡의 일부분을 작곡하는 것을 돕는다. 작곡활동을 통해 상담사는 아동이 노래나 악곡 창작, 오디오 테이프 등의 음악적 생산물을 만들 수 있도록 도울 수 있다. 이러한 경험은 개인의 창의력과 잠재력을 표현하고 개발할 수 있을 뿐 아니라 자존감을 회복하고 자신감을 가질 수 있도록 한다.

❹ 감상

녹음된 곡이나 실제 연주를 듣고 연관된 활동을 통해 경험하도록 한다. 수용적인 측면에서 음악을 수동적으로 듣고 그 경험을 침묵으로, 말로 또는 다른 방식으로 반응한다. 이때 사용되는 음악은 라이브 음악 혹은 녹음된 연주곡 또는 여러 장르의 음악을 포함한다. 음악경험은 음악의 물리적, 감정적, 지적, 미학적 또는 영적 측면을 강조할 수 있고 아동의 반응은 경험하게 되는 치료적 목적에 따른다. 감상경험의 대상은 음악을 받아들이기 위해 주의력과 수용성이 필요한 아동과 음악에 대한 반응을 통해 치료적 도움을 받게 되는 아동들이다.

5) 음악치료의 사례

(1) **대상 :** 김현수(가명, 10세 남아)

(2) **주호소 문제 :** 사회성 발달 및 부적응 행동

(3) **치료 과정**

❶ 초기 단계

현수는 혼잣말로 중얼거리거나 노래 한 소절을 흥얼거리면서 치료실 안을 돌아다니면서 의자에 앉지 않았다. 돌아다니면서 책상과 의자, 세팅해놓은 물건들에 부딪쳤지만 아랑곳하지 않고 히죽히죽 웃었으며 때로는 태엽 감는 인형처럼 한곳에서 일정한 패턴으로 빙글빙글 돌기도 하였다.

❷ 중기 단계

현수는 자발적으로 큰 북·작은 북을 음악에 맞추어 왼손·오른손·오른 발을 사용하며 치기 시작하였다. '어린 음악대' 노래 중간 중간 노래를 부르지 않으면 상담사가 노래 구절들을 메꾸어 노래를 부르기도 하였다.

❸ 종결 단계

현수는 그룹으로 또래끼리의 상호작용을 시도하였다. 이즈음에 이르러서는 함께 악기도 연주하고 노래하면서 음악놀이를 진행해 나갔다.

04 독서치료

Child Psychology & Counseling

1) 독서치료의 의미

독서치료란 발달적, 심리사회적, 임상적 문제를 갖고 있는 아동에게 동화, 시, 그와 관련한 노래, 영화 등을 활용하여 그 문제를 해결하고 적응력을 키우는 상담 기법이다. 토론이나 추후활동 등 여러 가지 방법의 상호작용을 통한 독서치료 기법은 상담자와 일대일 혹은 집단을 통해 이루어진다. 자신과 타인을 이해하고, 신체적, 정신적 당면 문제를 인식하고 해결하도록 도울 뿐 아니라 정신건강의 예방적 지도에도 효과적인 접근방법이다.

독서치료(Bibliotherapy)란 말의 어원은 biblion(책, 문학)과 therapeia(도움이 되다, 의학적으로 돕다, 병을 고쳐주다)라는 그리스어의 두 단어에서 유래하였다. 문학이 치료적인 특성을 가졌다는 기본 가정에서 출발한다. 따라서 독서치료가 무엇인지 가장 단순하게 정의를 내린다면 책을 읽음으로써 치료가 되고 도움을 받는다는 것이다.

일반적으로 독서치료는 참여자가 다양한 문학작품들을 매개로 하여 상담자와 일대일이나 집단으로 토론, 글쓰기, 그림 그리기, 역할극 등의 여러 가지 방법의 구체적 활동과 상호작용을 통해서 당면한 문제들을 해결하는 데 도움을 얻는 것을 의미한다. 이는 궁극적으로 내담자 자신의 적응을 돕고 성장할 수 있도록 해준다.

2) 독서치료의 가치

독서치료는 긍정적이고 생산적인 사고와 정보를 제공하며, 문제 해결과 새로운 기술을 개발하기 위한 지침을 제공한다. 개인적인 흥미를 만족시키며 억압되어 있는 문제를 의식하도록 돕고, 스스로의 자아 뿐 아니라 타인과 관련된 자아를 인식하도록 돕는다. 또한 사회화 과정을 돕고 정서적인 이완을 통해 안정감을 느끼게 하며, 자유롭게 표현하도록 해 준다.

바르트와 벌그래프(Barth & Burggraf, 1984), 그리핀(Griffin, 1984), 파르덱과 파르덱(Pardeck & Pardeck, 1987), 자카리아와 모즈(Zaccaria & Moses, 1968) 등은 독서치료의 예방적 차원의 가치를 다음과 같이 제시하고 있다.

① 자아상의 형성을 돕는다.
② 인간 행동에 대한 이해와 동기를 유발시킨다.
③ 진정한 자기 평가 능력을 개발시킨다.
④ 자기 자신 외의 일에 관심과 흥미를 유발시킨다.
⑤ 정서적, 정신적 압박감을 완화시킨다.
⑥ 유사한 문제를 가지고 있는 타인에 대해 동료 의식을 개발시킨다.
⑦ 다양한 해결 방법의 가능성을 제시한다.
⑧ 자유로운 토론을 위한 열린 마음을 유도한다.
⑨ 문제 해결을 위해 보다 건설적이며 적극적인 행동 계획을 수립한다.

클라우디아 E. 코넷과 찰스 F. 코넷(Claudia E. Cornett & Charles F. Cornett)은 여러 학자들의 독서치료의 가치 및 효과에 대한 견해를 감성적 측면과 인지적 측면의 두 가지 관점에서 구체적으로 구분하여 정리하였다.

태도, 가치, 정서를 포함하는 감성적 측면에서의 독서치료의 가치는 다음과 같다.

① 동정심을 유발한다.

② 적극적인 태도를 기른다.
③ 인격적이며 사회적 적응 능력을 키운다.
④ 긍정적 자아상을 확립시킨다.
⑤ 정서적 압박감을 해소한다.
⑥ 새로운 흥미와 관심을 유발한다.
⑦ 다른 사람에 관한 수용 능력, 관용, 존경심을 기른다.
⑧ 타인의 이미지에 있어서 긍정적인 이해력을 배양시킨다.
⑨ 사회적으로 수용되는 자세를 명확히 구별한다.
⑩ 성격 발달을 가져오는 도덕성을 검증한다.

지적, 논리적 사고의 변화를 포함하는 인지적 측면에서의 독서요법의 가치는 다음과 같다.

① 사실 분석, 결론 유추, 의사 결정, 문제 해결 등과 같은 분석적 사고력을 증진시킨다.
② 문제 관찰 및 결과 예측을 통해 문제의 보편타당성을 인식한다.
③ 대리경험을 제공한다.
④ 인간 행동과 동기에 관한 통찰력을 제시한다.
⑤ 자기 평가 능력을 개발시킨다.
⑥ 높은 수준의 논리력에 대한 도전의 기회를 제공한다.
⑦ 일련의 행동 계획을 수립할 수 있게 한다.
⑧ 여러 대체 방안을 모색하고, 해결 방안을 선택할 수 있는 능력을 향상시킨다.

3) 독서치료의 목적

독서치료는 새로운 사실을 배우고 문제들에 접근하는 다른 방법들을 깨닫고 문제들에 관하여 다르게 생각하는 방법을 배우도록 돕는다(Griffin, 1984). 대부분

직면한 문제에 대해서 선지식이나 개인적인 경험에 한계가 있기 때문에 독서치료는 문제를 취급하는 데 있어서 유용한 통찰력을 제공할 수 있다.

바르츠와 벌그래프(Barth & Burggraf, 1984)와 그리핀(Griffin, 1984), 그리고 파르덱과 파르덱(Pardeck & Pardeck, 1987) 모두 독서치료의 주된 목표를 아래와 같이 설명하고 있다.

① 문제에 관한 정보를 제공하는 것
② 문제들에 관한 통찰을 제공하는 것
③ 문제들에 관해서 토론을 자극하는 것
④ 새로운 가치와 태도를 나누는 것
⑤ 비슷한 문제들을 경험한 다른 사람이 있음을 자각하게 하는 것
⑥ 문제에 대한 해결책을 제시하는 것 등이다.

베스 돌과 캐롤 돌(Beth Doll & Carol Doll)은 독서치료의 목적을 7가지로 정리했다.

❶ 독서치료는 책을 읽는 사람에게 자기 자신에 대한 통찰력을 키워준다

독서치료의 중요한 목적은 아동이 스스로의 가치를 인정하고 더 정확하게 자신을 지각할 수 있도록 하는 것이다. 자신에 대한 이해를 증가시키는 방법은 우선 아동의 자아를 반영하며 거울 역할을 하는 독서치료 자료를 본 후에 대화하면서 아동이 자아에 대해 탐색할 수 있는 상호작용의 기회를 가져야만 가능하다. 물론 독서치료 과정을 통해서 자아를 알게 된다는 것은 항상 유쾌한 것만은 아니다. 슬프고 고통스러웠던 성장 과정을 인식할 수 있기 때문이다. 하지만 독서치료에서의 대화는 아동이 자신 내부의 자아를 발견하고 타인들과 자신에 대한 이해를 나눔으로써 자신을 확실하게 알 수 있게 해준다.

❷ 독자에게 정서적 카타르시스를 경험하게 한다

카타르시스(catharsis)는 책을 읽는 사람들이 문학작품 속에 등장하는 인물과 같은 느낌을 경험할 때 주인공에 동일시함으로써 정서적이거나 심리적인 긴장을 이완하는 것이다. 코르만(Corman)은 카타르시스가 독자들의 긴장을 정화시키고 순화시킴으로써 그들 자신을 더 잘 이해할 수 있도록 도와준다고 주장하였다(Ashley, 1978, 재인용). 어떤 사람은 정서적 긴장의 이완 그 자체가 치료적인 효과를 가진다고 이야기한다(Chatton 1988; Halated 1988). 젼(Jeon, 1992)에 의하면 책을 읽은 후 느낌은 아동이 경험하는 다른 자발적인 정서보다 더 예측하기가 쉽고 통제하기 쉽기 때문에 아동이 잘 대처할 수 있으며 성인이 더 쉽게 도와줄 수 있도록 해준다고 했다.다.

❸ 아동이 겪는 일상적인 문제를 해결할 수 있도록 도와준다

독서치료는 아동이 겪는 정서적인 혼란에 잘 대처하도록 해 주는 좋은 방법이다(Hendrickson, 1988; Pardeck & Pardeck 1987). 설리번(Sullivan, 1997)은 신중하게 선택한 책들은 자신의 문제를 해결하기 위하여 토론을 유도하는 촉매제로 사용하게 된다고 하였다. 젼(Jeon, 1992)은 능력이 있는 아이들에게 독서치료를 사용할 것을 주장하면서 독서치료는 머리가 좋은 아이들에게 개인적인 문제와 학업의 문제들을 해결하도록 도와준다고 하였다. 독서치료는 책을 읽음으로써 실생활에서 직접 고통을 겪지 않고도 상상을 통하여 문제 상황을 분석하며 다양한 해결을 할 수 있도록 해 준다(Fraiser & McCannon, 1981; Hebert, 1991).

❹ 타인과 상호작용하여 태도를 변화시킨다

글래딩과 글래딩(Gladding & Gladding, 1971)은 독서치료란 자신과 비슷한 처지에 있는 책속의 주인공과 동일시함으로써 정서를 순화시키고, 살아가는 데 필요한 새로운 방향을 얻으며, 새로운 방법으로 다른 사람과 상호작용하도록 도와준다고 하였다. 이처럼 치료를 통해서 행동이 변화한다는 것은 독서치료의 유용성과 효율성을 입증하는 것이라고 할 수 있다.

❺ 다른 사람들과 효과적이고 안전한 관계를 촉진시킨다

인간은 혼자서 살 수 없으며, 그 존재 의미도 찾을 수 없다. 따라서 독서치료의 또 다른 목적은 참여자가 타인들과의 상호관련성에 대해서 자신을 잘 인식할 수 있도록 도와주는 것이다.

❻ 특수한 상황에서 유용한 정보를 제공한다

독서치료는 의붓 부모와의 관계에서 어려움을 겪고 있는 아동에게 그 관계에 대한 정보를 줌으로써 잘 적응할 수 있도록 해 준다. 골맨과 개논그(Golman & Ganong, 1990)은 입양 가족들을 대상으로 책을 읽혔는데, 그들은 독서치료가 입양된 아이들과 부모들에게 입양 관계와 그들이 겪을 수 있는 독특한 변화에 대한 정보를 주는 유용한 방법이라고 주장하였다.

❼ 읽는 이들에게 즐거움을 준다

문학작품과 영화가 주는 즐거움은 치료 과정에서 중요한 공헌을 하게 된다. 독서치료를 하는 과정 중에 아동은 다양한 장르와 주제의 책을 접함으로써 독서에 대한 자신의 개인적인 흥미를 확인하고, 문학을 통한 심미적인 경험을 간접적으로 할 수 있다. 그리고 책이나 다른 유형의 문학작품의 가치에 대해 비판적이고 심미적인 안목을 갖게 되기도 한다.

루빈(Rubin)은 1970년대 이전 학자들이 언급한 독서치료의 목적에 대해 다음과 같이 요약하였다.

① 아동이 가져보지 못했거나 재생하고 싶어 할 수 있는 대리적 경험과 상황을 제공할 수 있다.
② 감정적 및 지적인 직관을 얻을 수 있게 도울 수 있다.
③ 동일시, 보상 및 발산의 기회를 제공할 수 있다.
④ 자아의 가치를 증대하고 가치관을 확고히 할 수 있다.
⑤ 외부 세계와의 연결 및 현실과의 접촉을 자극할 수 있다.
⑥ 독자들에게 새로운 관심거리를 불러일으킬 수 있다.
⑦ 소외감을 없앨 수 있다.
⑧ 문화양식 및 행동양식을 확고히 할 수 있다.

자기 이해와 통찰은 독서치료의 중요한 목표이다. 상담자가 독서치료에서 문학을 사용할 때 아동들은 자신과 비슷한 문제에 직면한 인물을 접한다. 아동은 주인공과 자신을 동일시하여 그들 자신들의 동기와 느낌들, 그리고 생각들을 깨닫게 된다. 이야기의 등장인물의 갈등들과 지각, 그리고 정서적인 반응에 관하여 읽음으로써 그들의 문제되는 상황에 대한 통찰을 얻게 된다.

독서치료는 두려움과 죄책감 혹은 수치심 때문에 토론하지 않을지도 모르는 문제에 관하여 비교적 저항하지 않고 이야기하도록 하는 데 도움을 준다. 문학작품 속에서 자신과 비슷한 문제를 겪는 인물을 읽는 것은 문제에 대한 느낌을 상담자에게 표현하는 데 도움을 줄 수 있다. 예를 들어 신체적으로 장애가 있는 사람은 그러한 신체적 조건을 성공적으로 극복한 사람의 이야기를 읽을 수 있다. 같은 문제에 직면한 다른 사람들이 그들과 비슷한 실패를 경험했지만 어느 정도 성공하는 길을 발견한 사람들의 이야기를 접할 수 있다.

4) 독서치료의 실제

(1) 독서치료사의 조건

1940년대에 무어(Mooer)는 아동에게 따뜻한 개인적인 관심을 가진 누구든지 독서치료사가 될 수 있다고 하였다. 이후의 여러 학자들도 의사, 심리학자, 상담가와 같은 전문가가 아니더라도 도서 및 그 밖의 정보자료에 대한 지식이 있고 독서치료 대상자를 진심으로 이해하는 사람이라면 사서, 교사뿐만 아니라 부모들도 독서치료를 성공적으로 적용할 수 있다고 제시하였다. 독서치료사가 갖추어야 할 조건 중의 하나는 아동의 문제에 상응하는 문헌을 선택하는 기술을 가져야 하는 것이다. 이 점에 있어서 사서들은 아주 유리한 위치에 있다고 할 수 있다. 사실상 사서들은 도서관 이용자들에게 여러 가지 방법으로 책을 추천함으로써 그들을 돕는 과정에 이미 참여하고 있는 것이다. 다만 독서치료를 시행한다고 할 때에는 내담자에 대한 보다 개인적인 접촉과 관심, 기술적인 노력이 필요하다. 또한 일반적인 독서지도에서처럼 단순히 책을 추천하고 권하는 것에 그치는 것이 아니라 독서치료 대상자 개개인 혹은 집단의 관심과 필요, 문제에 대하여 깊이 파악하여, 그들에게 맞는 자료를 선택하고, 책을 읽을 수 있도록 동기를 부여한다. 그리고 마지막 단계의 가장 중요한 작업은 토론 및 여러 다양한 활동을 통해 내담자들이 읽은 자료를 소화하고 문제를 해결하는 방향으로 인도해야 할 것이다. 다시 말하면 독서치료사는 단순히 자료를 선택하여, 읽을거리나 볼거리를 제공하는 것이 아니라 독서 전 과정에 있어 동반자의 역할을 하는 것이다.

(2) 독서치료의 과정

❶ 준비를 위한 단계

이 단계에서는 아동과 신뢰 관계를 형성하고 문제의 정도와 특성을 찾아낸다. 필요한 경우 아동의 상태에 대해 심리검사 등의 부가적인 평가를 실시한다.

❷ 자료 선택

아동의 독서 수준과 흥미에 맞으면서 문학적으로나 예술적으로 우수한 책을 선택한다. 준비 단계에서 드러난 아동의 성격에 적합한 책을 선택하여야 하고, 아동이 현재 이해할 수 있는 책을 선택한다. 아동의 관심을 고조시키는 방법으로 책을 소개하고 아동의 문제 상황에서 성공할 수 있는 해결책을 제공하는 자료를 선택하는 것이 중요하다. 책에 대한 부담감이 있거나 부정적인 감정 반응이 보인다면 잘 포착하여 조절하도록 돕는다.

❸ 자료 제시

아동의 흥미를 촉진시킬 수 있는 방법으로 책을 제시한다. 아동의 이해를 돕기 위하여 계획된 활동을 중간에 끼어 넣음으로써 읽는 것을 중지할 수도 있다. 책에 대하여 정서적으로 건강하지 못한 반응이나 심각한 걱정거리를 보이면 조정해주고 완화시켜 준다.

❹ 이해의 조성

이 단계에서는 독서치료의 원리, 즉 동일시의 원리, 카타르시스의 원리, 통찰의 원리가 적용되도록 돕는다. 아동이 책에 나오는 주인공들과 중요한 문제를 검토하는 것을 도와준다. 주인공이 어떤 방식으로 행동하는지에 대해 동기에 특별한 관심을 기울인다. 아동이 책 속에 나오는 등장인물과 자신과 아동이 아는 사람들 사이에 유사점을 발견하도록 돕고, 책에서 시도되는 문제들과 해결책, 그리고 다른 해결책의 과정을 찾아내도록 돕는다. 이해를 조성할 때 책을 읽은 후 토의를 하며 때로는 쓰기 활동과 미술 활동, 역할놀이나 극화 활동을 하기도 한다.

❺ 추후 활동과 평가

아동이 적절한 활동을 할 수 있도록 격려하며, 성공 가능한 합리적인 계획을 발전시킬 수 있도록 도와준다. 자신이 결심한 바를 실제 행동에 옮겼는지 모니터하고 결심한 행동이 효과를 얻을 때까지 재시도하도록 돕는다. 행동계획의 효과를 보기 위해 필요한 만큼 자주 바꾸고 다시 시도한다.

독서치료를 통한 아동 내면의 발달 단계 과정은 다음과 같다.

- 제1단계 : 인식(recognition)

동화의 등장인물이나 경험을 통해 이전에 인식하지 못했던 점을 새롭게 느끼거나 의식을 일깨우는 단계로 아동은 심리적 억압의 에너지를 분출하며, 동화 속 등장인물의 삶, 감정, 생각, 행동 등을 대리경험하고 동일시하여 감정의 해소를 경험한다.

- 제2단계 : 고찰(examination)

'누가, 무엇을, 언제, 어떻게, 왜, 얼마나, 어디서'라는 질문으로 스스로의 개념이나 느낌을 고찰한다. 자신이 인식한 감정에 대한 반응이 실제로 어떠한 의미가 있는지 탐색하는 단계이다.

- 제3단계 : 병치(juxtaposition)

읽은 책으로부터 받은 자기인식과 고찰의 결과로 생기는 것인데, 등장인물의 양면적인 가치, 태도, 감정, 행동을 양분되는 연속선상에 놓고 자기 자신과 대화해 보는 과정이다. 이러한 과정을 통해서 아동은 어떤 문제에 대한 양가적인 감정을 느낄 수 있으며, 이를 통해 통찰력을 키운다.

- 제4단계 : 자기 적용(application to self)

자기 적용의 경험은 작품에서 인식되고, 고찰, 병치되었던 느낌을 평가와 통합의 절차를 통해 독서치료를 완성하는 단계라고 할 수 있다.

(3) 독서치료의 대상과 주요 문제

독서치료는 문자를 해독할 수 있는 모든 사람을 대상으로 한다. 특히 교육적으로 인생관과 가치관을 형성하는 시기인 아동과 심리적 갈등을 겪고 있는 사춘기 청소년은 독서치료의 중요한 대상이 된다.

독서치료의 관심 대상을 아동 혹은 청소년으로 한정할 때 누가 독서치료의 대상자가 될 것인가는 독서치료의 목적을 어느 정도까지 확대할 것인가에 따라 결정된다. 독서치료는 죽음, 이혼, 성장기의 신체적, 심리적 갈등 등 일상생활의 어느 단계에서 자의든 타의든 부딪치게 되는 경험에서 비롯되는 충격을 극복하는 한편 예방하도록 도와주는 역할을 하는 것으로 본다면, 그 대상이 되는 아동 및 청소년들의 범위는 매우 확대될 수 있다. 예를 들어 부모의 이혼으로 심리적 충격을 받고 가정과 학교에서 괴리되어 이미 비행의 단계로 나아간 아동들이 있다면 그 문제의 해결에 초점을 맞추어 독서치료를 실시할 수 있다. 반면에 부모의 이혼을 겪더라도 미리 그 심리적 충격을 완화해 줄 수 있는 상담과 독서치료를 병행한다면 예방의 기능을 더 강조할 수 있다.

대상 연령면에서도 파르덱 부부(Pardeck & Pardeck, 1993)가 편성한 독서치료 추천도서(1993)를 보면 '변화하는 역할 모델'이라는 주제의 장에 수록된 92종의 서명 중에 상당수가 2~4세, 4~6세의 연령층에 할애하고 있다. 두세 살 되는 아동들까지도 독서치료의 대상자가 될 수 있다는 것이다. 실제로 이 같은 아동들의 집단에서도 감정의 분출 단계를 제외한 이전 단계까지의 독서치료가 적용 가능한 것으로 알려지고 있다. 인디아나주의 베넷 러닝 센터는 5~6세의 아동에서 고등학생까지 광범위한 연령층을 대상으로 독서치료를 시행하였다. 또한 독서치료는 상담자와 아동이 일대일 개인적으로 할 수도 있고, 여러 명의 그룹으로 시도할 수도 있다. 개인지도의 경우 상담자와 대상 아동이 상호 긴밀한 관계를 이루고, 아동은 자기의 문제와 필요가 관심의 대상이 된다는 것을 인식하며, 스스로 자아 성장의 필요를 느끼고 개인의 존재가 용납됨을 쉽게 깨달을 수 있다. 반면에 집단 독서치료의 경우, 서로의 관심과 문제, 경험이 같은 대상자들이 함께 함으로써 소속감과 유대감을 갖게 되고, 의견을 나눔으로써, 상호 관계 속에서 서로 간의 자아 인식을 증대시킬 수 있다. 독서치료의 가장 중요한 요소 중의 하나인 토론은 그룹 상황에서 훨씬 원활하게 이루어질 수 있다. 그러나 개인의 성향과 문제에 따라 일대일 관계를 더 편안하게 여기는 내담자가 있기도 하므로 융통성 있게 적용할 필요가 있다. 독서치료의 대상자에는 정서불안, 우울증, 알코올 중독과 같은 특정하고 심각한 문제를 가지고 있는 사람뿐 아니라 정상적으로 발달해 가면서 겪는 갈등이나 문제를 가지고 있는 사람이 해당할 수 있다. 독서치료에서는 여러 다양한 문제를 다루고 있다. 죽음, 이사, 출생, 전학, 입학 등의 변화에 대한 적응 문제, 따돌림, 예의, 이기심, 공격성 등의 행동 문제, 분노, 두려움, 질투심, 수줍음 등의 감정 문제, 입양, 장애, 이혼, 형제 관계, 부모와의 분리 문제 등의 가족 문제, 친구 사귀기, 배신감과 같은 또래 문제, 치과 치료, 입원, 소아암과 같은 질병과 사고 등의 의료 문제 등이 여기에 포함된다.

(4) 독서치료의 5가지 흐름

독서치료의 3대 요소는 상담자, 내담자, 그리고 텍스트, 즉 문학작품인데 이 3가지 요소들 중 어떤 부분을 강조하는지, 또 독서 행위에서 읽기와 생각하기, 그리고 표현하기 중 어떤 점을 강조하는지에 따라 5가지 흐름이 있다.

첫 번째, 정보제공형 독서치료로서 텍스트와 아동의 상호작용을 강조하는 유형이 있다. 본래 미국에서 발전되어온 독서치료의 역사를 보면 초기에 병원 도서관 사서들이 매우 활발하게 이 분야를 연구했던 것을 알 수 있다. 사서들은 독서가 환자들의 치료에 매우 긍정적인 효과가 있음을 발견하고 책과 더 잘 상호작용할 수 있는 방안을 모색해 왔다. 그 결과 어떤 특정 문제에 적절한 책들을 목록화할 뿐 아니라 치료적 질문이 실린 매뉴얼을 다수 개발하였다. 아동과 책의 상호작용에 초점을 맞춘 정보제공형 독서치료는 어려운 문제에 봉착했을 때 만난 책 한권이 한 사람의 운명을 바꿀 수도 있다는 것을 생각할 때에 좋은 정보제공의 중요성을 확인할 수 있다.

두 번째, 상담자와 아동의 촉진적 관계를 강조하는 유형이 있다. 이 유형의 기본적인 가정은 독서치료의 텍스트를 아동과 상담자의 촉진적 상담 관계에서 사용하는 것이 가장 효과적이라는 것이다. 따라서 책의 선정과 상담의 진행과정 전체를 통해서 상담자의 전문적인 리더십을 강조하고 있다. 독서치료 상담자의 역할은 책과 내담자가 치료적 상호작용이 활발하게 일어날 수 있도록 개입하는 것이다. 작품을 읽는 가운데 동일시, 카타르시스, 통찰, 적용 등이 일어날 수 있다.

세 번째, 문학작품 자체를 강조하는 유형으로 시 치료(poetry therapy)가 있다. 시 치료는 시가 가진 독특한 치료적 요소에 초점을 맞춘다. 시는 이미지, 리듬, 운율 등의 요소들이 있는데 이는 인간의 무의식에 들어가는 문과 같아서 프로이트가 말하는 꿈의 기능과 가장 비슷하다고 본다. 문학에서 시의 창작은 심미성을 강조하지만 시 치료에서는 자기표현의 수단임을 강조한다. 본래 사람은 시적이어서 누구든지 자신의 시어를 표현할 수 있고 쓸 수 있다. 그렇게 하는 가운데 감정적인 카타르시스가 일어나고 문제를 객관화시킬 수 있다는 것이다.

네 번째, 자기조련(self help)적 독서치료 분야가 있다. 이론적으로 독서치료는 책과 독자의 자발적 상호작용을 통하여 치료가 일어나는 것이다. 따라서 반드시 상담자의 개입이 있어야만 하는 것은 아니다. 역사 속에서 독서치료라는 개념을 알지 못했지만 책을 통해서 자기를 치료한 사례는 얼마든지 찾아볼 수 있다.

다섯 번째, 독서행위를 입력(읽기/듣기), 생각하기, 표현하기 등 3가지 영역으로 나누어 볼 때 표현을 강조하는 독서치료로서 글쓰기 치료가 있다. 미국에서는 저널치료(journal therapy)로 알려져 있다. 사실 독서치료의 원리는 적절한 자료를 읽고 생각하고 표현하는 순환적 과정을 통해서 생각을 자라게 하는 것이다. 독서치료의 다른 유형에서도 독후 활동으로 다양한 형태의 표현을 장려한다. 아동의 관심과 발달 수준에 따라 표현 활동 양식을 주의 깊게 선택할 필요가 있다. 글쓰기를 통하여 자신의 과거 경험들을 통합하고 미래를 계획하는 것은 궁극적인 치료 효과를 보여 준다.

(5) 독서치료 자료

한국독서치료학회의 김현희 외(2003) 연구자들은 주요 논문과 인터넷 사이트를 검토하고, 우리나라 어린이들이 보이는 주요 문제가 무엇인지 영유아 교사와 초등교사들과 면담하여 알아본 결과, 나, 가족, 친구삼기, 나와 다른 사람들에 대한 이해, 질병과 죽음, 생명, 사회문제의 이해 등 여섯 개의 대주제로 나누었다. 각 주제가 포함하는 소주제가 3가지 혹은 4가지로 세분화되어 문제 유형별로 자료를 찾기 쉽도록 하였다. 아래와 같이 표로 나타내면 다음과 같다.

○ '나' 와 관련한 소주제별, 대상별 독서치료 자료

소주제	대상	자료명
자아 존중감	유아	쇠똥 구리구리 세상에서 가장 큰아이
	초등학교 저학년	내 귀는 짝짝이 미운 돌멩이
	초등학교 고학년	마당을 나온 암탉 여우씨 이야기
다른 사람과 관계 맺기	유아	너 정말 이러기야? 크릭터
	초등학교 저학년	새 친구가 이사왔어요 오른발, 왼발
	초등학교 고학년	공주는 등이 가려워 옆집 할머니는 마귀 할멈
성취감	유아	으뜸헤엄이 나도 캠핑갈 수 있어!
	초등학교 저학년	우리 모두 꼴찌 기러기에게 박수를 꼬마 거북 프랭클린 2-자전거타기
	초등학교 고학년	나는 고슴도치야!

○ '가족' 과 관련한 소주제별, 대상별 자료

소주제		대상	자료명
일반가족	어머니	유아	너를 사랑해, 우리 아기 꼬질이 '개구장이'〈우산 속〉
		초등학교 저학년	'엄마의 마음'〈아버지의 커다란 장화〉 마법의 설탕 두 조각
		초등학교 고학년	엄마의 마지막 선물 엄마는 파업 중
	아버지	유아	아빠랑 함께 피자놀이를 '아빠 그네' 〈우리 아이 말 배울 때 들려주는 동시〉
		초등학교 저학년	우리 아빠는 내 친구 잔소리 해방의 날

소주제		대상	자료명
일반가족	아버지	초등학교 고학년	'아버지의 구두'〈시를 찾는 아이들〉 구슬이네 아빠 김덕팔 씨
	형제	유아	피터의 의자 나도 아프고 싶어
		초등학교 저학년	난 형이니까 우리 언니
		초등학교 저학년	나는 너랑 함께 있어서 좋을 때가 더 많아 '얄미운 동생'〈아빠, 우리 엄마 맞아?〉
	조부모	유아	할머니가 남긴 선물 오른발, 왼발
		초등학교 저학년	할머니 선물 고마워요 할아버지의 하모니카
		초등학교 고학년	할머니 '할머니'〈선생님이 추천하는 맛깔 동시집: 5·6학년 감상 동시〉
특수·위기가족	초등학교 저학년	유아	'혼자 있을 때'〈파아란 꿈 고운 동시〉
		초등학교 저학년	'사랑받고 싶어요'〈엄마의 런닝구〉
		초등학교 고학년	목걸이 열쇠
	입양 가족	유아	다른 세상에서 온 아이 파스텔
		초등학교 저학년	너는 특별해
		초등학교 고학년	꽃바람
	이혼 가족	초등학교 저학년	따로따로 행복하게
		초등학교 고학년	너도 하늘말나리야
	재혼 가족	초등학교 저학년	나답게와 나고은
		초등학교 고학년	'엄마 만나는 날'〈김치를 싫어하는 아이들아〉
	학대 가족	초등학교 고학년	내 친구에게 생긴 일
	알코올 중독 가족	초등학교 고학년	'물식이의 일기'〈김치를 싫어하는 아이들아〉

- '친구삼기' 와 관련한 소주제별, 대상별 자료

소주제	대상	자료명
새로운 환경에서 친구 사귀기	유아	꼬마거북 프랭클린7-새 친구를 만나요 우리 친구하자
	초등학교 저학년	나 친구 안 사귈래 초대받은 아이들
	초등학교 고학년	괴상한 녀석 까막눈 삼디기
아름다운 우정 쌓기	유아	미안해 내짝꿍 에이미 무지개 물고기
	초등학교 저학년	개구리와 두꺼비는 친구 그래서 우리는 친구가 되었어요 오줌멀리싸기 시합 너랑 놀고 싶어
	초등학교 고학년	짜장 짬뽕 탕수육 샬롯의 거미줄 깡딱지 눈이 되고 발이 되고
친구가 없는 아이	유아	바바빠빠 까마귀 소년 앞니 빠진 중강새
	초등학교 저학년	불꽃머리 프리데리케 곱슬머리 내 짝꿍 내 친구 재덕이
	초등학교 고학년	문제아 모르는 척 왜 나를 미워해 양파의 왕따 일기

○ '나와 다른 사람들에 대한 이해' 와 관련한 소주제별, 대상별 자료

소주제		대상	자료명
신체적 특징	외모	유아	엄마, 난 왜 작아요 깃털 없는 기러기 보르카
		초등학교 저학년	벌렁코 하영이 김알렉스라는 아이('동화책을 먹은 바둑이'중에서)
		초등학교 고학년	어디 뚱보 맛 좀 볼래? 난 키다리 현주가 좋아
	신체 장애	유아	외눈박이 한세 우리도 똑같아요
		초등학교 저학년	내게는 소리를 듣지 못하는 여동생이 있습니다 수야 힘내
		초등학교 고학년	아주 특별한 우리 형 우리들의 노래
특징신체적	불안과 두려움	유아	율리와 괴물 테오는 용감해
		초등학교 저학년	천둥 케이크 수영장 사건
		초등학교 고학년	철판 앞에 나가기 싫어 겁쟁이
	정서 장애	유아	난 너를 사랑해 까마귀 소년
		초등학교 저학년	네 잘못이 아니야 내 마음을 알아주세요
		초등학교 고학년	나와 조금 다를 뿐이야 도들 마루의 깨비
문화적 특징		유아	쉿! 새 가면은 어디에 있을까
		초등학교 저학년	우쉬 들소 소년
		초등학교 고학년	폭죽소리 캄펑의 개구쟁이

● '질병과 죽음 그리고 생명' 과 관련한 소주제별, 대상별 자료

소주제		대상	자료명
생명 의식	생명 존중	유아	사과와 나비 강아지가 태어났어요
		초등학교 저학년	너는 특별하단다 아가야 안녕?
		초등학교 고학년	강낭콩 해일
	환경 보존	유아	잭과 못된 나무 숲을 그냥 내버려 둬!
		초등학교 저학년	땅은 엄마야 피터의 바다
		초등학교 고학년	미나마타의 붉은 바다 콩달이에게 집을 주세요
질병		유아	병원에 입원한 내 동생 수두에 걸린 아서
		초등학교 저학년	셀레스틴느는 훌륭한 간호사 네 잘못이 아니야
		초등학교 고학년	어린이를 위한 초승달과 밤배1.2 사자왕 형제의 모험
죽음		유아	살아 있는 모든 것은 언제나 널 사랑할 거야
		초등학교 저학년	다롱이꽃 죽으면 아픈 것이 나을까요?
		초등학교 고학년	할아버지의 빨간 손수건 트리갭의 선물

'사회문제의 이해'와 관련한 소주제별, 대상별 자료

소주제	대상	자료명
정치	유아 초등학교 저학년	왜? 곰인형 오토
	초등학교 고학년	나는 평화를 꿈꿔요 나라를 버린 아이들 신라 할아버지 민들레의 노래
경제	초등학교 저학년	종이밥 우동 한 그릇
	초등학교 고학년	우리 반 깜띠기 아빠를 닮고 싶은 날 아빠와 큰아빠 〈문제아〉 상계동 아이들
성 편견	초등학교 저학년	돼지책 종이봉지 공주 닉 아저씨의 뜨개질
	초등학교 고학년	난 이제부터 남자다 우리나라 최초의 여성변호사 이태영 축구왕과 발레리나 〈예나의 비밀〉
직업의식	초등학교 저학년	선생님, 우리 선생님
	초등학교 고학년	목수들의 전쟁 마지막 숨바꼭질 〈열두 사람의 아주 특별한 동화〉

5) 독서치료의 사례

(1) **아동** : 송지민(가명, 10세 남아)

(2) **주호소 문제** : 4세경부터 어느 상황에서든지 큰 소리로 떠들어서 주위 사람을 당황하게 했다. 읽기와 쓰기가 가능한 아이였지만, 상황 맥락을 이해하거나 의사소통을 원활하게 하지 못하였다.

(3) **치료 과정**

❶ 초기 단계

지민이와 처음 만났을 때는 대화에 사용하는 단어가 극히 제한적이었다. 질문에 "몰라요"라는 답변만 했고, 눈을 맞추지 않았으며, 반향어를 사용했다. 반복적인 운동 버릇이 있었고, 학교생활은 학습적인 측면에서 암기력(기억 능력)이 뛰어났지만 대인 관계는 매우 힘들었다.

❷ 중기 단계

책읽기를 통한 지민이의 태도 변화(대인 관계 및 의사소통)가 점차 보였다. 『과학캠프 2박 3일』이란 책을 통해 주인공이 어떻게 했고, 살아남기 위해서 어떻게 했는지 자세히 열심히 이야기 하는 과정을 통해 상황맥락을 이해하고, 대인 관계 및 의사소통이 증진되었다.

❸ 종결 단계

의사소통에 있어서 책 속의 아기를 보고 자기 이야기를 할 줄 알게 되었다. 자기가 좋아하는 운동 이야기를 상황에 맞게 이야기 할 줄 알게 되었고 장래희망이나 하고 싶은 일에 대해서도 이야기 할 줄 알게 되었다. 대인 관계에 있어서는 지민이 입장에서 자신의 행동이 받아들여지는 사람과 안 되는 사람의 구분이 있는 것으로 보인다.

05 언어치료

Child Psychology & Counseling

1) 언어 장애의 이해

말이란 것은 우리 일상생활의 아주 중요한 부분이다. 하지만 그 중요성에 대해서 실제로 생각해 보는 일은 드물다. 생활 속에서 가족, 친구나 이웃과 자연스럽게 대화하는 사람들은 말하는 데 어려움을 갖는 사람들을 상상하기조차 어렵다. 어려움을 느낄 때라고는 대중 앞에서 이야기할 때이거나 아주 중요한 인물 앞에서 이야기할 때 정도이다.

아동의 언어생활에 문제가 있으면 언어 발달뿐만 아니라 인지, 사회, 정서발달에도 중대한 영향을 주기 때문에 언어 장애는 매우 중요하다. 그래서 오래전부터 언어 장애에 관심을 기울였으나 구체적인 접근은 20세기에 들어와서야 시작되었다. 언어 장애는 여러 가지 형태로 나타나며, 그 정도 또한 다양하다.

반 리퍼(Van Riper, 1973)는 언어 장애는 말씨가 보통 사람과 현저하게 달라서 듣는 사람이 그 말씨 자체에 주위가 끌려 의사소통에 방해가 되거나 또는 그런 말씨를 쓰는 사람에게 부적응을 일으키는 경우 말은 장애를 입고 있다고 설명하고 있다. 언어병리학에서 말하는 언어 장애에는 조음 장애, 음성 장애, 실어증, 유창성 장애가 있고 구체적인 기질적인 문제가 주요 원인이 되는 구개열의 조음 장애와 뇌성마비로 인한 언어 장애가 있다. 또한 아동의 발달이라는 측면에서 언어 발달 지체와 언어 발달 장애로 구분하고 있다.

언어 장애에서 또 한 가지 생각해야 할 것은 특수 장애가 원인이 되는 유형들이다. 정신 지체로 인한 언어 장애, 정서 장애로 인한 언어 장애, 학습 장애아의 언어 장애, 난청 또는 농(deaf)으로 인한 언어 장애, 자폐증으로 인한 언어 장애가 이에 속한다. 이들 특수 장애로 인한 언어 장애는 모두 기질적 장애라고 할 수 있다(언어병리학회, 1994).

위와 같이 언어 장애의 유형을 봐도 알 수 있듯이 언어 장애는 말과 언어의 외형적인 현상뿐만 아니라 인간의 개체, 인간이 구성하는 사회, 인간의 생리, 인지, 사회성 발달 그리고 인간 성장의 모든 요소를 포함하는 인간 세계 전체와 관련되어 있다는 것을 알 수 있다.

가장 흔히 접하게 되는 사례 몇 가지를 소개하여 이해를 돕고자 한다.

A는 만 5세이고 현재 몬테소리유치원에 다니고 있다. 1남 1녀 중 막내이고 특히 어머니가 36세 늦은 나이에 출산한 관계로 누나와의 나이 차이가 9살이나 되었고 또래들에 비해 어머니의 나이가 많아서 어머니 스스로도 아동과 많이 놀아 주지 못했다고 말씀하셨다.

첫 낱말이 2세 6개월로 상당히 늦었으며, 그 외 목가누기나 걷기 대소변 가리기 등 다른 신체 발달은 정상적이었다. 첫 낱말이 나온 이후로도 왕성한 언어활동이 보이지 않아 걱정하던 중 몇 군데 기관을 다녔고 신문을 보고 H기관을 찾게 되었다.

상담 시 인상은 상당히 위축돼 보였고, 정서적 표현이 아주 적었다. 장난감을 가지고 놀라는 치료사의 허락이 떨어진 후에야 장난감을 가지고 놀았는데 이때도 상당히 조용했고, 혼자놀이에 열중했다.

아동에게 몇 가지 어휘력이나 언어 이해와 관련된 검사를 실시하였고 혀나 턱, 치아, 입술의 움직임 등과 관련된 기본적인 구강 기능에 대한 검사도 실시하였다. 그 결과 구강 구조에 이상은 없었고, 언어 발달 평가 결과, 자신의 연령보다 1년 이상의 지체를 보였다. 특히 표현 언어 부분이 수용 언어보다 부족했다. 예를 들어 3어 조합 문장(예: 토끼가 가방을 멨습니다)을 잘 만들지 못한다거나, 어순에 전도가 있다거나 하는 식의 문제와 의문사에 적절히 반응하지 못한다거나 사물의 기능에 관련된 질문(옷걸이는 뭐하는 거지?)을 하면 적절히 대답을 못하는 식의 개념 이해나 활용면에서 문제를 보였다.

또한 쉽게 말문을 열지 않고 대답을 머뭇거리거나 아예 엉뚱한 말을 해버리기도 했고, 흔히 신나게 놀 때면 나오는 의성어도 없고 겨우 꺼내 놓은 말도 속삭이듯 소리가 작았다. 낯선 상황이나 낯선 사람에게 심부름을 시키거나 노출시켰을 때, 쉽게 말을 꺼내지 못한다. 자발어도 드물고 어머니가 유치원에서 무엇을 배웠느냐고 물으면 거의 단답식이거나 언제나 같은 내용의 말만 하였다.

아동의 이러한 특성으로 미루어 이 아동은 상당히 위축되어 있으며 당연히 언어검사에서도 나타났지만, 언어가 다른 아동보다 떨어지다 보니 이해되지 않는 질문도 많고 자신이 가져다 쓸 수 있는 말도 한계가 있어서 전체적으로 말하는 것을 즐기지 않고 자신감도 결여된 상태이다.

사회적으로 위축된 특성을 보이는 것 이외에는 인지적, 정서적 측면에서 결함은 없었다. 이 아동은 단순 언어 발달 지체로 진단되어 전문적인 언어치료가 실시된 지 6개월 후 자발어가 상당히 늘었고, 특히 요구문의 쓰임이 빈번해졌고, 문장의 확장도 향상되어 이전보다 아동이 먼저 말을 시작하는 빈도도 늘고 친척들이 모이면 거의 구석에서 있는 둥 마는 둥 하였으나 자주 만나지 못하는 친척 아저씨에게도 먼저 말을 건네며, 유치원에서 있었던 일을 이야기하는 모습을 보이기도 하였다.

이렇게 단순 언어 지체인 경우에는 흔히 말이 늦되는 아동쯤으로 간과되어 온 것이 통례이다. 하지만 언어는 저절로 터득되는 것이 아니고 이 사례의 아동처럼 이차적인 문제가 야기될 수도 있다. 왜냐하면 보통 또래 아동보다 말이 늦을 경우에 알아듣고 이해할 수 있는 말에 한계가 있기 때문에 괜히 짜증이 늘고 신경질적인 반응을 보이며, 결국은 이런 특성으로 인해서 고립되거나 부정적인 대인 관계를 맺는 경우도 있기 때문이다.

정상 아동보다 6개월 이상의 지체를 보인다면 신속히 전문기관을 찾아 진단을 받아보아야 한다. 그래서 이상이 아니라면 더욱 좋은 일이고 설사 이상일지라도 그만큼 조기에 처치를 받게 되면 예후가 좋기 때문이다.

두 번째로 많은 사례가 발음(조음) 문제와 흔히 유창성 장애로 대변되는 말더듬이 있다.

보통 학령기를 앞두고 취학 준비를 점검하던 중에 뒤늦게 문제를 인식해 기관을 찾게 되는 경우가 대부분이다. 조음 장애는 대화 과정에서의 문제가 말하는 사람과 듣는 사람 양쪽에서 다 일어날 수 있다. 만약 듣는 사람이 말이 생략되거나 대치되고 첨가되고 왜곡되었다고 지각하게 되는 경우 말하는 사람에게 조음 장애가 있다고 이야기하게 된다. 말하는 사람은 그 음소들을 정확하게 조음해야만 한다. 그렇지 않으면 그 소리는 듣는 사람에게 잘못된 것으로 들리게 된다.

조음 장애에는 흔히 다음과 같은 문제를 볼 수 있다.

- 생략–생략의 경우는 단어의 일부분만이 발음되는 것이다. 예를 들면 '아버지'를 항상 '아지'로 발음하거나 '고기'를 '고이'로 발음하는 것이다.
- 대치–이것은 다른 음으로 대치하는 경우로 예를 들자면 '고기'를 '고지'로 발음하는 것이다. 우리말에서 흔히 나타나는 대치현상은 'ㅅ'을 'ㄷ'이나'ㅌ'로 'ㄹ'을 'ㄷ'으로 발음하는 것 등이다.
- 첨가–이것은 단어에 가외의 소리를 포함하는 것이다. 예를 들면 '형', '콩' 등의 한 음절 낱말을 '형아', '콩아' 등으로 '아'를 추가하는 것이다.
- 왜곡–다른 음으로 대치하는 것은 아니지만 정확한 발음이 아닌 것을 말한다.

아동들은 언어 발달 과정에서 위와 같은 조음문제를 대부분 나타낸다. 이전에는 아동들이 7~8세가 되기 이전까지는 모든 음을 정확하게 발음할 수 없다고 생각했다. 그러나 최근에는 이보다 빠른 것으로 알려지고 있다. 그럼에도 불구하고 많은 아동들이 학교에 들어가기 전후까지 조음상의 문제를 갖고 있다 따라서 조음 장애를 판별할 때에는 빈도, 종류, 지속성을 고려해야 한다.

말더듬은 같은 말을 반복하거나 말을 길게 연장하거나 첫 음이 막히거나 하여 의사소통에 지장을 초래하는 경우이다. 말더듬은 점점 심해지면 입, 턱 근처의 근육에서 떨림이 나타나거나 어떤 말을 시작하려고 할 때 빨리 나오지 않아서 지나치게 고통스러워 손을 비틀거나 어깨를 흔들거나 하는 식의 부수적인 행동이 동반되기도 한다(시립서울장애인종합복지관, 2012).

B도 역시 안양에서 유치원에 다니는 6세 아동이다. 첫 낱말이 나온 시기나 다른 발달적인 부분에서 뚜렷한 지연은 없었으나 그다지 말이 많은 아동은 아니다. 큰 댁은 아니지만 시부모님과 함께 살다 아동이 5세 되던 즈음에 분가를 했고 그러면서 이사를 하게 되었다. 그 후 눈에 띄게 말을 더듬었고 아동의 아버지나 삼촌도 일시적으로 더듬은 적이 있다는 소리에 그다지 문제 삼지 않았으나 새로이 취원한 유치원에 이 아동과 유사한 문제를 가진 한 어머님의 소개로 H기관을 찾게 되었다.

2남 중 장남이고 2살 터울의 동생에게 양보를 잘하고 공부를 잘하는 아동이며 말은 더듬지만 유치원에서의 발표 시간에 피하거나 위축되지는 않는 편이고 친구들과의 관계도 원만했다.

물론 말더듬으로 기관을 찾았으나 이 아동은 일차적으로 조음 문제도 함께 가지고 있었다. 거의 모든 'ㄱ, ㄲ, ㅋ'을 'ㄷ' 계열로 대치했으며 복모음을 단모음화하는 경향이 있었다.

몇 가지 발음검사를 실시하였고, 그 결과 'ㄹ' 발음에도 문제를 보였고, 청각적인 부분이나 구강 구조에는 이상이 없었다. 우선 이 아동은 말더듬보다 조음치료가 먼저 실시되었다. 'ㄱ' 계열 발음은 부지런히 양치질할 때 내는 소리를 놀이 삼아 몇 번 반복하고 구강 에어로빅(흔히 구강 마사지)도 실시하고 단음부터 목표어를 연습해 나갔다. 아동이 상당히 열심히 한 결과 조음 문제는 단기간에 해결이 되었고 다음으로 말더듬의 문제였는데 당연히 조음치료를 하다보면 인위적으로 긴장되는 발음에 노출시키게 되므로 말더듬의 정도가 심해지는 경우도 있다.

물론 이 아동도 그런 경향이 있었으나 몇 가지 심리검사를 실시하고 충분한 조음치료에 대한 이완작업을 거쳐서 우선 말더듬이 심리적인 부분에 많이 좌우된다는 것을 부모에게 인식시키고 말을 더듬을 때, 자연스럽게 대처하도록 충분한 부모교육을 실시하였다.

아동은 자신이 말을 더듬는 것을 인식하나 처음에는 별 문제를 느끼지 않는다. 그러나 대화에 있어 단절이 자주 일어나자 놀라움과 좌절감을 느끼기 시작한다. 그러면 말을 더듬는 것이 더 불규칙해지고, 더 빨라지고, 더 긴장감을 초래한다. 이러한 긴장감과 좌절감의 증가는 말을 하는데 고심하게 하고 그 나름의 독특한 습관을 형성하게 된다. 이것은 점차 어떤 상황, 어휘, 소리에 대해 말을 더 더듬게 되고 마침내는 말을 더듬는 것이 자기 강화가 되는 상태가 된다. 즉, 두려움을 느낄수록 더 더듬게 되고 많이 더듬을수록 더 두려움을 느끼게 되는 것이다.

조음치료 기간에 자신의 충분한 성공의 경험과 치료사와의 신뢰감 구축으로 치료가 훨씬 쉬웠다. 아동은 첫 음에서 막힘이 거의 8초 이상 일어나기도 하고 그럴 때면 가볍게 머리를 흔들거나 눈을 찡그리는 부수적인 행동도 동반되었다 우선 말을 하는데 두려움을 없애기 위해 소음을 만들고 큰소리를 지르도록 했다. 그런 다음에는 점차 소음을 제거하고 리듬을 타는 연습을 시키고 구체적으로 글을 읽거나 말을 하도록 강요하지 않았다. 동시를 함께 소리 내어 읽거나 노래를 했다. 마지막으로 동시 외우기를 하면서 자신의 소리를 녹음해서 듣고 스스로 피드백을 받도록 하는 기회를 제공하였다. 올 3월에 초등학교에 입학하였고, 언어치료도 종결하였는데 큰 변화의 시기임에도 불구하고 아주 잘 적응하고 있으며, 더 이상 말을 더듬지 않고 부적절한 발음도 없다고 한다.

위의 사례처럼 조음문제는 발음지도 이전에 발음기관 훈련을 선행하여 발음과 관련된 혀, 입술, 턱 등의 움직임을 원활하게 한다. 호흡 훈련도 동반하는 것이 좋다. 발음기관의 기능이 정상화되면 발음을 만들어 내는 잘못된 방식을 교정해야 한다. 무엇보다도 언어 장애 아동은 증상과 정도에 따라 다른 치료를 받게 된다. 예를 들어 구개파열로 인해 조음장애와 같은 언어 장애가 나타나는 경우 수술을 하지 않고는 언어치료가 거의 불가능하므로 의학적인 처치를 먼저 한 뒤 언어치료를 해야 한다.

말더듬의 원인은 정서적, 심리학적인 경우가 대부분이므로 스트레스에 대한 노출을 최소화한다. 말더듬 현상이 나타났을 때 부모가 지나치게 주의를 주거나 야단을 치면 말더듬의 증상이 더 악화된다는 점을 유의하여 지나치게 예민하게 반응하지 않도록 하며 편안한 마음으로 언어 표현을 할 수 있는 환경을 만들어 주는 것이 중요하다는 점을 지도해야 한다.

또한 원인, 종류, 정도가 같더라도 어떤 한 방법이 모든 아동에게 효과적인 것은 아니다. 그러므로 언어 장애아를 치료하기 전에 아동이 가지고 있는 능력을 확실히 파악하여 강화해 주고 결함은 보충시켜 나가야 한다.

2) 정상 언어 발달

정상 언어 발달에 대한 이론적 배경은 서울시립장애인종합복지관(2012)에서 발간한『엄마, 아빠 할 수 있어(IV)』,『장애아동의 언어지도 I』에서 발췌하였다. 아동의 발달 과정에서 장애가 생겨 언어가 정상적인 단계에서 벗어나거나 지체될 때 언어 발달에 이상이 있다고 본다. 그러므로 정상 아동의 언어 발달과 비교해 보면 정상 언어 발달보다 얼마나 지체되고 있는지 알 수 있으며, 이에 따라서 언어 지도 프로그램을 계획할 수 있다.

(1) 언어 준비 단계

이 단계에서 아동들은 말하기 위한 기초를 쌓게 된다. 즉, 울음과 옹알이 등에서 호흡, 발성, 의사소통 방법을 연습하게 된다.

❶ 울음(생후 0~3개월)

울음을 통해서 부모와 최초로 의사소통을 하게 된다. 부모는 아기의 울음소리로 배고픔, 아픔, 화냄을 구별하여 들을 수 있다. 또한 울음을 언어 발달에 필수적인 발음기관의 운동을 촉진시키며 아동이 자신의 울음소리를 귀로 들음으로써 청각 발달을 촉진한다.

❷ 옹알이(생후 4~8개월)

옹알이는 대개 3~4개월경에 시작되어 9~12개월경에 절정을 이룬다. 옹알이는 아동이 손가락, 발가락을 가지고 놀듯이 입술, 혀, 성대를 가지고 노는 현상으로 자신의 소리를 귀로 들음으로써 재미를 느껴서 되풀이하는 현상이다.

청각 장애의 경우 자신의 소리를 들을 수 없음으로써 흥미를 잃어 옹알이를 덜 하게 된다. 또는 적절한 옹알이 시기에 잦은 병치레를 하게 되면 옹알이가 적어지고 늦어져서 자연히 언어 발달에 지체를 가져온다. 대개 5~6개월이 되면 관심을 얻기 원할 때나 거절, 욕구 표현 시에 옹알이를 통해서 자기 의사를 나타내게 된다.

(2) 언어 표현 단계

❶ 첫말 시작(생후 8개월~1세)

아동의 첫말 시작은 매우 익숙한 가족(엄마, 아빠), 일상적인 사물(물, 우유, 맘마), 동작(봐, 줘)들로 시작되는데 대개 1세 전후에 나타난다. 15개월 정도 되면 적어도 10단어 정도로 언어 표현을 하게 된다.

❷ 단어의 결합(18개월 이상)

18개월경부터 주위 환경, 감정, 요구 표현을 두 단어로 결합하여 문장을 만들기 시작한다. 예를 들면 아동이 '차'를 말할 수 있다면 "차 줘." 또는 "차 타."와 같이 단어와 단어를 결합하여 표현을 하게 된다.

❸ 2~3세

2세쯤 되면 아동이 알고 있는 것이나 원하는 것을 표현할 때 두 단어로 된 문장 형태가 보편화된다. 예를 들어 "우유 더."는 "엄마 우유 더 주세요." 또는 "엄마 양말."은 "이것은 엄마의 양말입니다."라는 의미의 말을 시작하게 된다.

아동이 두 단어를 붙여 말하기 시작하면서 언어 사용 방법에 있어 다양한 표현을 하게 된다. 사물을 지칭하거나 물어볼 때 언어를 사용할 뿐 아니라 과거에 일어났던 사건 또는 미래에 일어날 사건을 언급할 때도 사용한다. 예를 들어 "막대기 밖에"라는 말을 "나는 밖에서 막대기를 보았다."라는 뜻이 되기도 하고 엄마가 옷을 입을 동안 아동이 밖으로 나가면서 "막대기 밖에" 했다면 "나는 밖에서 막대기를 찾을 거야."라는 의미도 된다.

❹ 3~4세

3세경이 되면 두 단어보다는 한 번에 세 단어 혹은 그 이상의 단어들을 말하기 시작한다. 기본적으로 주어+목적어+동사("지윤이 빵 먹어.")로 구성되는 단순한 문장 형태를 표현한다.

그리고 이들 각 요소는 (주어, 목적어, 동사) 좀 더 긴 절로 확장되기 시작한다. 따라서 아동은 그 언어들의 특수한 규칙과 문법들을 습득해 나가면서 언어가 급속하게 발달한다. 어떻게 아동이 이러한 특수한 언어 규칙, 문법들을 빠르게 습득해 나가는지는 지금까지 알려지지 않는 숙제이다. 따라서 2.5~3.5세에는 점차 언어가 빨리 발달하기 시작하여 날마다 어휘 수가 눈에 띄게 많아져 최대의 언어 발달을 보이는 시기이다.

❺ 4~5세

4세에서 5세 동안에는 단순한 문장에서 문장과 문장을 연결하여 표현한다(예: "나는 밥 먹고 나가서 놀 거야."). 그리고 문장과 문장을 연결하기 위해서 접속사(그리고, 그러나, 그래서, 그러니까, 그런데)를 사용하게 된다(예: "나는 어린이집에서 간식을 먹었어. 그리고 노래를 불렀어.").

언어 능력이 계속 성장하고 세련되어져서 5세경의 아동(유치원 입학 시기)은 성인 언어 체계의 주요 구성 요소들을 이미 모두 습득한 상태가 된다. 성인 언어 체계의 규칙과 사용법을 알게 됨으로써 아동은 살아가는 데 언어가 중요한 도구가 되고 학령 전과 그 이후에도 유용한 의사소통 수단이 되는 것이다.

〈표 3-3〉 결합되는 평균 단어의 수

생활 연령	단어의 수
1세	1.0 ~ 2.0
2세	2.0 ~ 2.5
3세	3.0 ~ 4.0
4세	4.0
5세	5.0 이상

3) 언어 장애의 원인 및 분류

송준만과 유효순(1992)은 일반적으로 우리가 알고 있는 언어 장애를 담화 장애라는 용어로 사용하고 있으며, 언어병리학회(1994)에서 나온 자료들에는 담화 장애를 말 장애라고 칭하고 언어 장애를 말-언어 장애라 통칭하고 있다. 말 장애란 언어기호의 사용과 관련 있는 문제로서 음성 장애, 조음 장애, 유창성 장애(말 흐름의 장애) 등을 의미한다.

언어 장애란 언어 체계의 음운론적, 형태론적, 통사론적, 의미론적 또는 화용론적 요소와 관련 있는 문제이며 언어 발달 지체, 실어증 등을 의미한다.

또한 송준만과 유효순(1992)은 언어 장애를 언어라는 상징을 사용하여 의미를 판독하거나 형성하는 데 어려움을 나타내는 것으로 언어 발달 지체와 실어증을 예로 들 수 있다고 정의하고 있다. 이러한 분류들을 자세히 살펴보면 다음과 같다.

(1) 기질적 장애

❶ 언어 발달 지체

언어 발달 지체는 아동의 정상적 언어 발달 단계에서 기대된 시기에 언어발달이 이루어지지 않고 언어 이해와 표현에 어려움을 갖는 경우라고 정의될 수 있다. 이런 문제의 특성은 표현이 빈약할 뿐만 아니라 문법적이며 통사론적 오류(예: 비행기가 레스토랑을 먹었어요, 하나도 무서워), 전보식 담화(전보를 칠 때 사용하는 단순화된 문장 또는 신문의 기사 제목과 같은 문장을 전보식 문자라고 한다. 영어의 경우에는 관사나, 전치사 등이 생략되고 어미 변화가 없는 낱말로 이루어진 문장을 뜻하며, 한국어의 경우에는 조사가 빠지고 어미 변화가 없는 낱말로 이루어진 문장, 예로 "학교에서 놀았어"를 "학교 놀아")를 보인다. 이런 장애의 원인으로는 정신 지체 아동이나, 정서 장애, 뇌손상 아동인 경우와 이외에 신체적, 정서적으로 정상임에도 언어 발달 지체를 보이는 경우도 있다.

❷ 실어증

뇌의 중추신경 중에서 말-언어를 담당하고 있는데 이 부분의 손상으로 발생하는 말-언어 장애를 실어증이라고 한다. 뇌손상이 원인인 경우와 신경조직이나 기관구조의 이상으로 인한 기질적 장애와 기질적 원인이 아닌 이유로 인한 장애(심리적, 환경적 요인으로 알려진 것도 있고, 무원인)인 기능적 장애가 있다. 대부분의 말-언어 장애는 기능적 장애로 원인이 알려지지 않고 있다.

브로카 실어증, 베르니케 실어증 등 두 가지로 분류된다.

∘ 브로카 실어증

일명 비유창성 실어증, 근육 운동 실어증, 표현 언어 실어증 또는 전위(앞부분에 위치한) 실어증이라고도 한다. 전두엽의 뒤쪽 부위에 위치한 브로카 영역의 손상으로 인한 것이다. 이 실어증의 특징은 다음과 같다. 첫째, 말이 유창하지 못하다, 말을 힘들여서 하고 중간에 멈추는 일이 많고 조음 장애를 일으키는 발음이 많다. 둘째, 전보식 문장을쓴다. 우편으로 전보를 칠 때 사용하는 단순화된 문장 또는 신문의 기사 제목과 같은 문장을 말한다. 셋째, 문법의 규칙을 잘 지키지 않는 문장을 쓴다(예를 들어, "나는가 열 살이야"). 넷째, 청각적 언어의 이해 능력은 대부분의 경우 정상적이다. 다섯째, 글을 쓰는 능력이 약화되는 경우가 많다. 여섯째, 근육 운동 신경 부위의 손상을 수반하는 경우가 많다. 따라서 편마비 또는 중복 장애를 가지는 경우가 많다(예를 들어, 오른쪽 몸에 마비). 마지막으로 행위도착증은 의도적으로 움직이려면 되지 않고 무의식적으로 자연스럽게 운동이 가능한 증상을 나타내는 경우가 있다. 예를 들어서 입술을 다물라고 명령하면 입술을 다물지 못하지만 주스를 주면 입술을 오므려서 빨대로 주스를 잘 마시는 경우를 말한다.

∘ 베르니케 실어증

유창성 실어증, 감각 신경 실어증, 수용 언어 실어증 또는 후위(즉, 뒷부분에 위치한) 실어증이라고 한다. 이 실어증의 특징을 살펴보면 다음과 같다. 첫째, 억양과 발음의 측면에서 보면 말이 유창하다. 둘째, 조음 장애가 거의 없다. 셋째, 문법의 규칙을 잘 지키는 편이다. 단 의미 없는 말소리의 연속체를 마음대로 사용하기 때문에 말의 뜻을 이해하기가 어렵다. 넷째, 제스처 등의 행동을 사용하여 의사소통을 잘하는 편이다. 다섯째, 기계적으로 글씨를 쓴다. 여섯째, 편마비를 수반하는 경우는 드물다. 베르니케 부위가 근육 운동 신경 부위와 거리가 멀기 때문이다. 그러나 시각 신경과 가깝기 때문에 시각 장애를 가지고 있는 경우가 흔히 있다.

(2) 기능적 장애

대부분의 말-언어 장애는 기능적 장애이다. 여기서는 조음 장애, 음성 장애, 말더듬 등으로 나누어 살펴보기로 하겠다.

❶ 조음 장애 및 음성 장애

자신의 목소리나 발음 기제를 어떻게 적절하게 사용하는가를 학습하지 못했거나 부모가 바람직하지 않는 행동에 강화를 주었기 때문에 발생하기도하고, 성격 장애로 인한 경우도 있을 수 있다.

조음 장애는 말할 때 말소리를 생략, 대치, 왜곡, 또는 첨가하는 경우에 해당된다. 생략은 단어를 발음할 때 그 일부만을 발음하는 것이며, 대치는 '곰'을 '돔'으로, 즉 'ㄱ' 계열을 모두 'ㄷ' 계열로 말소리를 바꾸어 발음하는 경우 등이 그 예가 되겠다. 왜곡은 말소리가 받아들여지는 것과 비슷하나 정확하지 않은 것이며, 첨가는 필요 없는 말소리가 추가되는 것이다.

음성은 후두에 있는 성대 주름 사이를 통과하여 밖으로 나오는 기류에 의해 생산된다. 그 소리는 후두로부터 구장, 비강 등의 성도(vocal tract, 성대에서 입술 혹은 콧구멍에 이르는 통로)를 거쳐 위쪽으로 이동한다. 그러므로 후두, 비강, 구강 등에 장애가 있으면 음성 장애가 나타나게 된다. 음성 장애가 후두 내의 기능 장애와 관련이 있는 장애일 경우에는 발성 장애라 하고 구강 및 비강 통로의 기능 장애와 관련이 있는 장애일 경우에는 공명(resonance) 장애라 한다. 음성은 높이, 크기, 음질이 있으며, 음성 장애 된다.

❷ 말더듬

말의 흐름에는 유창성, 속도, 리듬 등 세 가지 요소가 포함된다. 이 세 가지 요소 중 일부 혹은 전부에 이상이 있으면 말의 흐름에 장애가 있다고 한다. 이 말의 흐름 장애 중 흔한 것이 말더듬이다. 말더듬은 말소리, 음절 또는 조음 운동을 반복, 혹은 연장하는 것이다. 말더듬에는 심리적 및 신체적 긴장이 수반되고 주저함, 말의 막힘, 말의 회피, 호흡의 이상 그리고 말을 하기 위한 시도의 결과로 나타나는 얼굴의 찌푸림, 몸짓 또는 기타 신체 운동을 수반한다.

2~4세 아동 중 80%가 말을 더듬지만 대부분 회복된다. 정신 분석 이론에서는 정서적 갈등으로 인한 것으로 보며, 진단적 이론에서는 부모의 말더듬에 대한 지나친 지각 때문으로 본다. 기질론에서는 청각 조직의 결함이 원인이라고 보며, 학

습 이론에서는 부적감정에 대한 회피, 두려움의 극복 형태로 본다.

4) 언어 습득 과정

언어는 말의 의미를 이해하는 수용 언어(언어 이해)와 말을 표현하는 표현 언어로 이루어진다. 대부분 언어 장애(지체) 아동들은 두 가지 모두 장애를 갖고 있다.

(1) 수용 언어(언어 이해)

수용언어는 언어이해와 관련되어 있다. 어떤 아동이 수용 언어에 장애를 가지고 있다는 것은 말을 이해하는 데 어려움이 있는 것이다. 어떤 아동은 무슨 말이든지 전혀 말의 의미를 이해하지 못하는 경우가 있고, 어떤 아동은 가정에서 늘 접하는 일상 사물, 가족 이름(엄마, 아빠, 아기, 언니, 자신의 이름), 동작(먹어, 가, 일어서, 앉아, 열어 등)들은 이해를 하지만 문장 전체는 이해가 어려운 경우가 있다. 가정에서 쉽게 수용 언어의 장애를 알 수 있는 방법은 심부름을 시키거나 어떤 일을 지시했을 때 적절하게 수행하는가를 보게 된다. 말뜻을 이해하지 못해 "뭐라고?" 하고 반문을 하거나 혼동을 하는 것처럼 행동을 한다면 수용 언어에 장애가 있는 것이다.

수용 언어에 심각한 문제가 있는 아동은 거의 아무런 말뜻도 이해하지 못하여 간단한 일상 사물조차도 말과 함께 손짓을 하지 않으면 이해를 하지 못한다. 언어를 이해하는 데 어려움을 가진 아동은 말하는 것(표현 언어)에도 어려움이 있다. 언어 발달에 있어서 수용 언어가 먼저 발달이 된 다음에 이해된 말을 적절히 표현하게 되는 표현 언어가 발달되기 때문이다. 그러므로 수용 언어의 장애가 심할수록 표현 언어의 장애도 심각해진다.

(2) 표현 언어

표현 언어는 발음기관을 통해서 언어를 표현하는 것을 의미한다. 표현 언어에 장애를 가진 아동은 같은 나이의 또래 아동보다 적은 단어로 이야기한다. 심한 경우에는 전혀 말을 못하거나 몸짓만을 사용하기도 한다. 어떤 아동은 '나 집에 가고 싶어.'처럼 완전한 문장으로 의사표현을 하지 못하고 '나 집에' 또는 '집' 등의 간단한 단어만으로 대신하게 된다.

표현 언어에 장애를 보이는 아동은 대부분 수용 언어에도 장애를 나타내고 있으므로 언어를 이해하는 데 어려움이 없는지를 주의 깊게 관찰해야 한다. 수용 언어에도 장애를 보일 경우에는 표현 언어의 지도 이전에 수용 언어를 충실히 지도하여야 표현 언어도 더불어 향상된다(서울장애인종합복지관, 1992).

5) 언어 장애 아동의 언어 평가

(1) 언어 발달 평가

가정에서 부모님이 아동의 언어 발달을 평가함으로써 아동의 전반적 언어발달 수준이 어느 정도인지, 또 언어 영역 중에서 어느 부분이 가장 취약하므로 특별한 도움을 필요로 하고 어떤 영역이 비교적 강한 부분인가를 대략적으로 찾아낼 수 있는 간단한 비공식적 언어 발달 평가 방법을 소개하고자 한다. 가정에서 부모님을 통한 언어평가이지만 언어 평가 시 누구나 비공식적 평가방법으로 활용하면 용이할 것이다.

언어 발달을 평가하기 위해서는 먼저 아동의 정확한 언어 자료를 수집해야 한다. 언어 평가는 보통 이해력과 표현력, 사용력으로 나누어서 본다.

(2) 언어 산출 및 사용의 평가

배소영(1995a)의 〈표 3-4〉에 제시된 '한국어 발달 이정표'를 이용해서 아동의 언어 발달 수준을 영역별로 평가해 볼 수 있다. '한국어 발달 이정표'는 이야기 산출과 조사 이해를 제외하고는 모두 자연스러운 놀이 상황에서의 발화를 중심으로 분석한 것이다. 그러므로 이 표를 이용하려면 자연스러운 상황에서 아동이 자발적으로 사용한 말을 수집해야 하며 가능하면 발화수를 50~150 정도 수집한 뒤 이 표를 사용하는 게 좋겠다.

〈표 3-4〉 한국어 발달 이정표ㄴ

영역 나이	말소리	의미	구문구조	문법형태소	화용	이야기
0	옹알이 (m, n, p', t', k', b, d, g)				몸짓과 소리로 의도 표현	큰소리, 과장된 소 리에 가끔 반응
1		명사 (이거, 뭐) 동사 (줘, 가, 먹어, 앉아)	한 낱말 +억양		이름하기 부르기 대답하기 모방하기 요구하기	물어뜯거나 찢는다 찾기도 한다
2	ㅁ,ㄴ, ㅃ,ㄸ,ㄲ ㅂ,ㄷ,ㄱ ㅍ,ㅌ,ㅋ ㅎ	동사 (끼워, 빼, 떼, 까) 부사 (더, 많이, 또)	두 낱말 조합 (행위자, 행위, 수식, 실체, 지시, 장소, 도구, 의문어, 부정 개념 중심)	종결어미 (~야, ~자) 의존명사(~거) 주격조사(~가) 주제보조사(~는) 보조용언(~줘)	자기중심	간단한 내용 질문 에 대답 친숙한 이야기 가능 처음 본 이야기 산 출 시도
3		관계어 (크다, 작다) 왜 어떻게 이렇게	세 낱말 조합 한국어 기본구조 (주어+서술어+서술어) (주어+부사어+서술어) (주어+주어+서술어) (주어+목적어+서술어)	연결어미(~고) 종결어미(다양)	자기주장과 반응 대체로 적절	명사 나열 서술어 나열
4	ㅉ,ㅈ,ㅊ 음절끝소리들	(길다, 짧다) 언제	구 확대 활발 (동사, 형용사 포함, 명사구, 다른 두 동사 사이 다른 낱말 삽입)	높임(~요) 의존명사(~수) 목적격조사(~를) 인용(~고)	탈자기중심	단순나열 이야기 기본구조 갖춤 언어구조 다양화 사건포함 이야기
5	ㅁ, ㄴ, ㅇ ㅂ, ㄷ, ㄱ ㄹ ㅅ*, ㅆ*	접속부사 (그래서, 그런데, 그러니까, 그러면) (넓다, 좁다)	피동(참고: ~지다) 사동(~게 하다) 겹문 다항한 절 삽입 (명사절 제외)	관형사형+과거 (~는) 형태소수 급증 (연결어미 다양)		기본구조 갖춤

1. 이 자료들은 각 나이별 자료에서 나이별 특징이 드러나고 활발하게 사용되는 것으로 75% 이상의 완성도를 보일 때를 기준으로 그 연령대에 습득되어야 할 것으로 보았음.
2. *: 75% 완성도에 이르지 못한 것임.

언어 자료를 수집할 때 아동의 실제 발음을 가능한 한 정확히 적으려고 노력해야 하지만 사실 어려운 일인데 특히 구개파열이나 뇌성마비 등의 장애를 지닌 아동의 발음은 더욱 그렇다. 언어 임상가도 녹음을 해 놓고 몇 번씩 들어도 뭐라고 옮겨 적어야 할지 난감할 때가 많이 있으니 이런 부분에 특별한 경험도 없고 훈련도 받은 바가 없는 부모님으로서는 더 말할 것도 없겠고 따라서 잘못 적었을 가능성도 많이 있다. 그러므로 말소리 부분은 다른 영역보다도 더욱 대략적으로 평가할 수밖에 없겠다.

화용 부분은 말을 어떻게 사용하는가에 관한 것이다. 이 부분을 평가하기 위해서는 언어 자료 기록표를 만들어 '대상', '말한 이유'와 '일어난 일'을 모두 살펴보아야 한다. 예를 들어 '대상' 난에 'T'라고 쓴 것은 기록자에게 향한 말이라는 뜻으로서 아동이 말을 하면서 기록자를 바라보는 것 같은 행동을 통해 기록자에게 말한 것이라는 것이 뚜렷할 때에만 'T'라고 기록한다. 아무것도 안 쓴 것은 혼잣말이라든지, 누구를 향한 것인지 뚜렷하지 않을 때이다. '말한 이유' 난을 보면 이름하기, 부르기, 대답하기, 모방하기, 요구하기뿐만 아니라 '질문하기'와 같은 예를 볼 수 있다. '탈중심화'에 대해서 배소영(1995)은 상대와 자기와의 관계에 맞추어 '–요'를 사용하는 것을 한 증거로 보았다.

이제 동그라미와 세모가 그려진 '한국어 발달 이정표'가 완성되면 동그라미가 그려진 부분은 비교적 고르고 안정된 발달을 보이고 있는 것이며, 세모가 그려진 부분은 지금 습득 중이므로 다음 치료 목표를 설정할 때 우선순위로 정해야 한다고 해석할 수 있다.

6) 언어 장애 아동의 치료 및 교육

언어 장애 아동은 그 종류와 정도에 따라 다른 치료를 받게 된다. 그러나 이미 언급한대로 의학적 처치가 필요한 경우(예를 들어, 구개파열) 먼저 선행되어야 한다. 같은 원인, 같은 종류, 같은 정도라 하더라도 어떤 한 방법이 모든 아동에게 적합한 것이라고는 할 수 없으므로 획일적으로 치료 방법을 논하기는 매우 어렵다.

언어치료의 목적은 광의적 의미로는 언어를 적절히 이해하고 사용하기 위해서이고 현재와 미래의 연령에 상응한 언어구사이다. 이를 위해 특히 강조되는 핵심 단어는 '자연적'이다. 자연적 치료 절차는 고안된 것보다 자연스럽게 훈련 기회를 주는 것을 의미한다. 이것은 의사소통 기능과 대화 기술에 보다 많은 관심을 준다.

여기서는 일반적인 언어 발달 장애에 대한 치료 방법을 개관해 보고자 한다. 언어 발달 장애는 동 연령의 아동과 비교해서 언어의 이해력 또는 표현력 내지는 그 양면에서 열등한 경우이다. 유아기에서 볼 수 있는 언어 발달 지체의 구체적 증상은 다음과 같다.

- 말을 들을 수 없다.
- 말을 알아듣지 못한다.
- 어휘의 수가 적다.
- 말이 연결되지 않는다.
- 언제까지나 아기말로 말한다.
- 바르게 발음할 수 없는 음이 많다
- 말수가 적다.
- 말하려고 하지 않는다.
- 사람 앞에서는 말할 수 없다.
- 말이 불명료하다.
- 유치한 어린아이의 말투에서 벗어나지 못하고 그 이상 진전이 없다.
- 조사의 사용과 용언의 활용 능력이 부족하다 등이다.

위와 같은 아동들은 언어 발달 지체 아동으로 보고 특별한 지도를 강구해야 한다. 이에, 유아를 대상으로 한 조기 언어치료 교육 프로그램과 치료 사례를 소개한다.

(1) 조기 언어치료 교육 프로그램

'조기 언어치료 교육 프로그램'은 장애 아동들을 가르치는 교사들의 요구에 따라 그들이 사용할 수 있는 언어활동들을 제시해 주기 위하여 고안되었다. 유아 및 아동 발달(운동, 언어, 사회성 등)의 모든 영역들에 관한 많은 문헌적 자료들이 있으나, 장애 아동을 위한 구체적인 프로그램이나 활동에 대한 자료는 그렇게 많지는 못하다.

김영태와 이영철(1993)은 청각, 언어 및 운동 능력의 발달에 대한 문헌과 임상적인 경험을 토대로 하여, 언어 발달 연령 0~3세까지의 교육 프로그램을 만들었다. 발달 단계에 따른 언어 목표를 성취시키기 위하여 제안된 언어활동들은 수용 언어와 표현 언어의 두 측면으로 설정되었으며, 이러한 활동들은 교육 가능, 훈련가능 및 중증 정신 지체 아동들의 현장에서 실험을 통하여 확립되었다.

'조기 언어치료 교육 프로그램'은 학급에서 의사소통 프로그램을 개발하는 것뿐만 아니라 개별화 교육계획을 설정하는 것에도 도움이 될 수 있도록 만들었다. 언어활동을 신체 장애자들에게 적용할 때 특별히 조심해야 하는 점들도 고려하였다. 신생아기 발달 단계에서는 한 목표 안에 많은 활동들을 포함시켰고, 발달의 속도가 빠른 유아기 단계에서는 단계별 언어 목표를 좀 더 세분화시켰다. 각 언어 목표는 0~3개월마다 언어 목표와 그에 해당하는 활동들을 제시하였다.

❶ 대상 아동 평가

교사는 개별적인 교육 프로그램을 계획하기 전에 각 장애 아동에 대한 세밀한 진단을 하여야 한다. 이러한 평가는 의사, 심리학자, 청능사, 언어병리사, 물리 또는 작업치료사, 특수교사 등 다양한 진단 팀에 의해서 이루어지는 것이 바람직하다. 진단 후에는 그 결과를 가지고 그 아동에게 해당하는 '조기 언어교육 프로그램'에서의 언어 발달 단계를 찾을 수 있어야 한다.

❷ 언어 습득 속도

진보 속도는 인지 능력의 차이에 따라 다르게 나타날 수 있다. 정상 아동들에게서는 진보 속도를 쉽게 예상할 수 있지만, 장애 유형에 다른 진보속도를 예측하기는 매우 어렵다. 훈련가능 정신 지체 아동의 경우는 그의 인지능력과 유사한 패턴으로 상당히 지속적인, 그러나 정상 아동들보다는 느린 진보속도를 보인다. 중도 중복 정신 지체 아동은 매우 느린 진보를 보인다. 이러한 아동에게서 일관성 있는 목표 반응을 유도하기 위해서는 한 가지 언어 목표를 거의 1년 동안 훈련해야 하기도 한다. 실제로 이러한 반복적인 활동은 종종 정신 지체 아동에게서 진보를 유도하기 위한 좋은 방법이다.

❸ 모방과 자발성

다양한 아동을 다루는 교사는 각 아동이 가진 의사소통의 잠재 능력을 이해하는 것이 매우 중요하다. 우선 친구나 성인의 언어에 대한 아동의 반응을 기대해 볼 수 있을 것이다. 점차 친구나 성인의 언어를 모방할 수 있게 되고, 궁극적으로는 자발적인 의사소통을 할 수 있도록 하는 것이 우리의 목표가 될 것이다. 그러나 때로는 언어 목표 자체가 아동을 좌절시켜서 모방이나 말에 대한 저항감을 초래 할 수도 있다. 이러한 경우에는 대안적인 의사소통 방법이 효과적일 수도 있다. 제스처, 수화, 그림 또는 사물을 구어와 함께 연결시켜 훈련한다면, 아동의 표현 및 수용 언어 능력도 증진시킬 뿐만 아니라 좌절감도 감소시킬 수 있을 것이다. 아동에게 맞는, 현실적인 언어목표를 설정하는 것이 이 프로그램에서 가장 우선되어야 한다.

❹ 수용 언어 활동

수용 언어란 메시지를 이해하는 아동의 능력을 의미한다. 초기 발달 단계에서 아동은 청각적 자극에 주의 집중하면서 후에 단어의 뜻을 이해하는 데 필요한 필수적인 기능을 발달시켜 간다. 말이나 언어가 사람들과의 접촉이나 상호작용 그리고 환경 탐색 과정에서 발달된다고 하더라도 청각적인 모형은 초기 발달 단계의 학습에 중요한 길잡이가 된다.

❺ 표현 언어 활동

표현 언어는 그 목표 언어를 이해할 수 있다는 것을 전제로 한다. 아동이 표현하는 것으로부터 그가 알고 있는 것을 구별해 내는 것은 어려운 일이므로 수용 및 표현 언어 기능을 계속해서 강화해 주는 것이 중요하다.

아동의 의사소통 시도에 대한 또래 아동이나 성인들의 반응은 수용 및 표현 언어에 대한 강화가 된다. 발달 초기의 아동은 울음이나 칭얼거림 또는 옹알이와 같은 행동으로 환경을 변화시킬 수 있다는 것을 깨닫는다. 이러한 초기 의사소통 시기가 지나면, 모방놀이가 표현 언어의 발달에 매우 중요하게 작용한다.

(2) 언어치료의 사례

❶ 사례 아동의 특성

아동은 만 6세 아동으로 일반 몬테소리 유치원에 다니고 있다. 형과의 나이 차이가 9년 정도이며 늦게 얻은 막내아들이라 상당히 과잉보호가 심했다는 어머니의 보고가 있었지만 그로 인한 행동적 결함은 심하지 않았다.

대신에 상당히 위축되어 보였고 속삭이는 듯한 목소리 톤을 가지고 있었으며 체구도 또래 아동에 비해 작은 편이였다. 처음 진단 시 어머니와의 면담을 위해 자유놀이 시간을 물었으나 장난감을 선택하지 않고 어머니 근처만을 맴돌고 어머니와 분리 시 따라 나가려 했지만 언어적 제지가 가능했다. 말수는 상당히 적었고, 치료사가 원하는 장난감이 무엇이냐는 질문에 “기차”라고 단 낱말로 표현하였으며, 장난감 사용은 적절했다. 무표정하고 조용했다.

❷ 생육사

아동의 어머니가 37세의 난산이었으나 자연분만을 하였고 체중은 4kg으로 건강하였으며, 목 가누기나 걷기나 대소변 가리기에 문제가 없었으며 첫 낱말이 3세 정도에 가능했다. 현재 의사소통 방식은 언어이며, 어머니와의 의사소통에는 별 문제가 없으나 어순과 언어 사용면에서 의사소통하는 데 어려움이 있다는 유치원 교사의 권고로 상담하게 되었다.

❸ 진단

청각에 문제없고 Gesell 발달검사 결과 지체가 없고, 구어-언어진단검사로도 발음에 이상 소견은 없으나, PPVT-R 검사 결과 4.5~5세로 1년 이상의 지체가 보였고, 언어 이해 인지력 검사에서는 등가연령 4~4.5세로 역시 1년 이상의 지체를 보였고, 언어평가서(서울장애자복지관)로는 3~4세 수준으로 나왔다.

결과적으로 수용 언어와 표현 언어 각각에서 1년 이상의 지연을 보이는 것으로 나타났다.

❹ 치료 과정 실례

이 아동은 주 1회 45분 동안 치료교육이 시작되었다. 여기에서는 인상적인 몇 가지 회기만을 〈표 3-5〉에 소개한다.

〈표 3-5〉 **치료교육 프로그램**

시간	목표 영역	7월 13일(수)	7월 20일(수)
5분	자유놀이 인사/노래	숫자 알아맞히기 '개구리'	숫자 알아맞히기 '개구리'
25분	언어 이해 및 표현	1) 수영장에 갈 때 준비물이 무엇인지 말로 표현할 수 있게 한다(수영복, 물안경, 수영모자, 수건, 비누 등). 2) 수영장에 들어가기 전에 해야 하는 일과 주의사항을 말로 할 수 있게 한다. 3) 수영할 때의 동작을 말로 표현하고, 행동할 수 있게 한다(팔 앞으로 내밀기, 팔 젓기, 물장구치기, 배영).	1) 여름 여행에 관하여 낱말, 문장을 이해할 수 있게 하고 말로 표현할 수 있게 한다(여행에 대하여 그림을 보며 말할 수 있게 한다). 2) 지시 따르기-여름에 먹을 수 있는 음식의 이름을 말하면 아동은 단어를 찾아서 네모를 칠 수 있게 한다(과일, 야채, 음식, 빙과류).
5분		수영장 가는 놀이를 할 때 서로 의견을 주고받을 수 있게 한다(어느 수영장에 가니? 가방에 뭐 넣었어? 등).	여행과 관련된 역할놀이를 할 수 있게 한다.-여행가방 준비하기, 차타기
10분		여름 슬리퍼 만들기	바닷속 꾸미기

아동심리와 상담

Child Psychology & Counseling

04 CHAPTER

Child Psychology & Counseling

아동상담과 심리검사

아동의 심리적 특성을 파악하는 일련의 전문적인 과정이라고 정의할 수 있는 심리평가를 수행하고자 심리검사, 면담, 행동관찰 등을 실시한다. 먼저 심리평가를 정의하고, 심리검사법을 표준화 검사의 의미, 검사의 신뢰도와 타당도, 심리검사의 시행 배경과 목적을 중심으로 설명한다. 다양한 심리검사의 유형을 살펴보고, 객관적 검사와 투사검사의 대표적인 지능검사와 HTP 검사를 예로 제시한다. 아동심리를 이해하는 중요한 방법 중의 하나인 관찰법을 알아보고, 임상적 영·유아 평가의 의뢰, 평가절차, 결과보고를 통해 아동심리를 알 수 있는 일련의 과정을 이해한다.

주요용어

- 심리평가
- 심리검사
- 도구신뢰도
- 타당도
- 행동관찰
- 관찰법
- 임상평가
- 투사

01 심리평가의 정의

Child Psychology & Counseling

심리평가(psychological assessment)는 개인의 심리적 특성을 이해하기 위한 일련의 전문적인 과정이며 심리검사, 면담, 행동관찰 등 여러 다른 방법에 의해 이루어진다(Goldstein & Hersen, 1990). 심리평가는 심리검사의 수행이 기본이지만 그 외에도 면담, 자연적 상황이나 체계적 상황에서의 행동관찰, 정신병리학적 전문지식, 심리검사 결과 등을 포함한다. 따라서 다양한 평가 결과를 종합하여 최종적으로 해석을 내리는 보다 복잡하고 전문적인 과정이라고 볼 수 있다. 심리평가 과정은 일차적으로 자문이 의뢰된 문제를 분석한 후, 적절한 평가 절차와 심리검사를 결정하고 검사를 시행하고 채점한다. 그리고 결과를 해석하고 그 외 다른 자료와 종합하며, 심리평가를 자문한 의뢰처, 인접 전문가 또는 피검사자에게 이러한 결과를 효율적으로 전달해 주는 일련의 절차를 포함한다.

과거에는 심리평가보다는 심리검사가 개인을 평가하는 주요한 수단으로 인식되어져 왔었다. 그러나 심리검사 결과만으로는 개인을 다각적으로 이해하는데 충분하지 않다. 특히 개인용 심리검사에 있어서는 행동관찰이 매우 중요할 뿐만 아니라 검사 해석 과정에서 면담 자료가 매우 중요하다. 심리평가 과정에서 전반적으로는 심리검사 결과를 가장 중요한 해석의 근거로 사용하는 것이 사실이지만 맹목적으로 검사 결과에만 의존하기보다는 행동관찰과 면담 자료를 참고하고 해석하는 것이 바람직하다.

심리평가=심리검사+행동관찰+면담 + 전문지식

02 심리검사법

심리검사는 심리적 문제나 현상에서의 개인차를 비교하고 개인의 전체적·인격적·행동적·정서적 측면을 전반적으로 이해하기 위한 심리학적 측정 과정이라고 할 수 있다.

심리검사가 심리학적으로 측정하는 과정이라고 한다면 심리검사 정의에 앞서 심리학적 측정에 대해 살펴보아야 할 것이다. 심리학적 측정(psychologi-calmeasurement)은 개인의 행동을 특징짓는 성질, 즉 심리학적 특성을 수량화하는 측정 과정이다. 이는 신장과 체중을 검사하는 물리학적 측정과는 다르게 직접 보이지 않는 지능, 성격, 자존감등을 간접적으로 추론하기 위한 측정이다. 그 이유는 심리적 특성은 추상적이기 때문이다. 이와 같이 심리학적 측정은 구성개념을 조작적으로 정의하고, 측정 도구인 심리검사를 제작하고, 심리검사를 통하여 측정하고, 그 결과를 해석하는 일련의 과정을 거친다. 따라서 심리적 특성에 대한 정확하고 객관적인 측정 결과를 얻기 위해서는 이러한 과정이 객관적 측정을 보장해 줄 수 있어야 한다.

이러한 정의에서 심리검사에 대한 몇 가지 주요 개념을 추출할 수 있다. 첫째, 심리검사는 개인의 대표적인 행동 표본을 심리학적 방식으로 측정한다. 둘째, 이러한 심리학적 측정은 표준화된 방식에 따른다. 셋째, 심리검사는 체계적 과정이다.

평가자가 심리검사를 선택하고 피검사자에게 검사를 실시함에 앞서 고려해야 할 사항은 다음과 같다(Aliken & Groth-Mamat, 2006).

첫째, 평가자는 사용하고자 하는 검사의 이론적 배경을 충분히 이해하고 있어야 하고 둘째, 수검자의 교육수준, 건강상태, 정서적 배경 등 검사가 사용되기 전 피검사자의 실제적인 사항을 고려해보아야 한다. 셋째, 규준의 적합성과 관련하여 사용하고자 하는 검사의 표준화된 집단이 전체 인구를 대표하는지 살펴보아야 한다. 넷째, 검사의 안정성, 일관성, 예측가능성, 정확성을 언급하는 검사의 신뢰도를 점검해야 하고 마지막으로 이용하려는 검사가 사용하고자 하는 목적과 맥락에 맞게 정확한 측정을 해주고 있는지에 관한 타당도를 고려해야 한다.

요약하면 심리검사는 측정하고자 하는 특정한 행동을 체계적인 표준화 방식에 따라 양적으로 측정하여 개인 간 비교가 가능하고 또한 개인 내 비교도 가능할 수 있도록 해주는 심리측정법이다. 이에 심리검사를 실시하기 위해서는 하나의 특성에 대하여 개인을 평가하고 점수화하여 개인차를 측정하기 위한 표준화된 검사와 검사도구가 필요하다.

1) 표준화 검사

사용하고자 하는 검사는 표준화된 표집을 대상으로 한 점수 분포를 반영하는 규준을 갖고 있어야 한다. 규준의 적합성과 관련하여 중요한 점은 첫째, 표준화된 집단이 전체 인구를 대표하느냐의 여부이고, 둘째, 표준화 검사 제작시 표집의 수가 충분하여 안정적인 수치를 보여주는지, 셋째, 전체 수준의 규준과 더불어 특수한 하위수준의 규준이 마련되어 있는지를 고려해보아야 한다.

표준화 검사란 검사의 실시, 검사기구, 채점 방식이 일정하게 고정되어 있고 동일한 검사 과정이 행해지므로 시행 결과로 나타난 반응의 차이는 순수한 개인차로 해석할 수 있다. 그러나 표준화 검사 실시 절차도 중요하여 표준화된 절차에 맞게 검사를 실시해야 평가자 간 결과를 비교할 수 있고 신뢰성있는 검사 해석을 할 수 있다. 검사실시 방법을 달리하거나 실시장소의 변화, 환경, 기분, 좋은 관계형성 등도 고려해야 정확한 검사 결과를 얻을 수 있다.

2) 검사의 신뢰도(reliability of psychological tests)

신뢰도는 어떤 내용이 측정되는가에 상관없이 측정의 정확성을 말한다. 어떤 정확한 측정도구도 하나의 특성을 한 번에 정확히 측정하거나 여러 번 측정했을 때 똑같은 측정치가 나오기는 힘들며 모든 과학적 측정에는 어느 정도의 우연오차(random error)가 있기 마련이다. 한 점수와 다른 점수의 차이가 우연 수준이 아닌 실제적인 수준에서 차이가 난다면 신뢰도가 낮다고 볼 수 있다.

신뢰도는 어떤 특성의 측정 방법이 동일한 조건에서 반복될 수 있는지 또한 어떤 측정 방법을 통하여 얻어진 결과가 동일한 대상에게 나중에 적용하였을 때 얻어진 결과와 동일하다는 일반화(generalizability)와 관련되어진다. 이와 같은 일반화가 이루어질 수 없다면 측정도구의 내용이나 도구의 사용 방법에 있어 측정 오류가 있다고 볼 수 있다.

신뢰도에 영향을 미치는 원인은 첫째, 검사 지시가 잘 표준화되어 있지 않은 경우, 둘째, 검사 채점 과정에서의 실수가 있는 경우, 셋째, 측정에 주관성이 개입되는 경우 넷째, 검사 실시 환경조건이 신뢰도에 영향을 줄 수 있으므로 가능한 동일한 조건에서 검사가 실시되어야 한다. 이와 같이 심리검사의 신뢰도는 검사 상황, 평가자, 피험자의 특징에 따라 영향을 받게 된다. 대표적인 신뢰도 측정 방법은 다음과 같다.

(1) 검사-재검사 신뢰도(test-retest reliability)

동일한 검사를 일정한 시간적 간격을 두고 두 번 실시하여 결과가 유사한지 확인한다. 결과가 유사하면 검사-재검사 신뢰도는 높다고 할 수 있다. 검사-재검사 신뢰도의 단점은 처음 검사와 다음 검사 사이에 연습 효과(practice effect) 혹은 기억, 성숙요인이 발생하여 시간적 경과에 따라 변화될 것으로 기대되는 변인들이 많아지는 것이다.

(2) 동형검사신뢰도(parallel form reliability)

한 검사의 문항들을 비교 가능한 두 가지의 형태로 만들어 두 검사결과 점수가 유사한지 확인하는 방법으로 결과가 유사하다면 동형 신뢰도가 높다고 할 수 있다. 동형검사 신뢰도의 단점은 두 번의 검사 실시 간격이 넓어지면 피검사자의 다양한 정서 상태 등의 변동사항 등이 수행결과를 다르게 도출시킬 수 있다는 점이다.

(3) 내적 일관성 신뢰도(internal consistency reliability)

내적으로 검사 문항들 사이의 동일성과 합치성을 평가하는 신뢰도로, 이하의 동형 신뢰도와 반분 신뢰도로 나누어진다. 특정 일부 문항들에 있어서 신뢰도가 낮은 것이 관찰되면 그 문항을 삭제하거나 또는 역채점하여 해결할 수 있다. 즉 문항 간 상관관계가 높을수록 문항들이 동질성을 갖아 신뢰롭다고 설명할 수 있다.

(4) 채점자 간 신뢰도(inter-rater consistency reliability)

검사를 채점하는 데 있어서 주관적인 판단이 요구되는 경우, 피검사자의 검사 결과를 둘 이상의 채점자로 하여금 점수를 산출하고 평정자간의 일치도의 정도를 살펴보는 것이다. 만약 결과가 유사하지 못하다면 그 검사를 구성하는 이론적 개념이나 배경이 모호하게 적용되었거나, 너무 광범위하게 적용된 경우이다.

이상의 네 가지 신뢰도 중에서 특성이나 능력처럼 매우 안정적인 것을 측정한다면 검사–재검사 신뢰도가 선호되며, 변화에 민감한 측정을 검사하는 것이라면 반분신뢰도가 적당하다. 또한 예측을 하는 검사라면 검사–재검사 신뢰도가 선호되고, 내적 일관성과 단일한 측정치의 검사 정확성에 관심이 있다면 반분 신뢰도와 동형 신뢰도가 적절(이우경, 이원혜, 2020)하므로 연구의 본질과 목적에 따라 가장 적합한 신뢰도 검사를 선정하도록 한다.

3) 검사의 타당도(validity of psychological tests)

심리검사는 측정하려고 하는 내용을 효과적으로 측정하는가의 타당도가 검토되어야 한다. 타당도의 평가는 엄격하게 말하면 측정도구의 타당성보다 도구

사용의 타당성이 검토된다고 볼 수 있다. 어떤 검사가 특정한 목적에는 타당하지만 다른 목적에 사용될 때 타당하지 않을 수 있기 때문이다. 타당도는 크게 구성 타당도(construct validity), 안면타당도(face validity) & 내용타당도(content validity), 그리고 준거타당도(criterion validity)로 나누어 볼 수 있다. 각각의 상세 내용은 다음과 같다.

(1) 구성 타당도(construct validity)

검사도구가 측정하려고 하는 구성개념을 실제로 적정하게 측정했는지의 정도를 나타낸다. 검사도구의 적격성 여부를 판정해주는 타당도로 기술이나 능력과 같이 구체적인 주제에 초점을 두는 내용 타당도와 달리, 구성타당도는 추상적인 개념이나 이론에 초점을 둔다.

❶ 수렴타당도(convergent validity)

어느 검사와 관련이 있는 다른 이론적 예측이나 다른 검사 결과를 비교하여 결과가 유사한 지 확인하는 방법으로 유사하다면 수렴타당도가 높다고 할 수 있다.

❷ 변별타당도(discriminant validity)

어느 검사와 관련이 없는 다른 이론적 예측이나 다른 검사 결과를 비교하여 결과가 유의한 차이를 보이는지 확인하는 방법으로 유의한 차이가 난다면 변별 타당도가 높다고 할 수 있다.

(2) 안면타당도(face validity) & 내용타당도(content validity)

실시하고자 하는 검사에 대한 사람들의 반응을 기초로 검사 목적 혹은 주제를 잘 파악하는지 확인하는 방법으로 사람들이 쉽게 알아챈다면 안면타당도 혹은 내용타당도가 높다고 할 수 있다. 내용타당도는 전문가에 의해 판단이 내려지고 안면타당도는 검사 이용자, 즉 피검사자에 의해 판단되어 지는 차이가 있다.

(3) 준거타당도(criterion validity)

하나의 검사가 주어진 기준변인과의 관계 또는 기준변인을 예언하는 정도를 나타내는 준거타당도는 예언타당도와 공인타당도로 나누어 볼 수 있다. 모두 다 준거변인과의 관계라는 점에서는 공통이지만 예언타당도에서는 기준변인이 미래에 있는 반면 공인타당도에서는 현재에 있다.

타당도는 검사 도구를 평가함에 있어 매우 중요한 부분이다. 신뢰도가 검사의 일관성에 관한 것이라면 타당도는 해당 검사 도구가 측정하고자 하는 특성을 얼마나 충실하게 측정하느냐를 의미한다. 즉, 타당도는 검사 점수가 검사의 사용 목적에 부합하느냐의 문제로, 검사 도구가 평가 목적에 얼마나 적합한지를 보는 것이다.

4) 심리검사의 시행

심리검사는 보통 임상장면의 초기 단계에 실시된다. 이를 통해 임상가는 피검사자의 심리적 상태에 대한 포괄적 이해를 얻을 수 있게 되는데 이런 과정은 치료가 상당기간이 진행된 후에야 얻을 수 있게 될 자료를 미리 파악하게 해줌으로써 시간을 효율적으로 사용할 수 있도록 해준다. 또한 심리검사를 통해서 면접만으로는 드러나기 어려운 내적인 욕구, 충동, 방어들의 위계적인 배열을 파악할 수 있게 된다. 이렇게 심리검사를 통해서 얻어진 정보들은 임상가가 현재 피검사자가 치료를 받기에 적절한지, 적절하다면 어떤 종류의 치료가 적합한지, 어떤 유형의 치료자가 그 피검사자에게 가장 효과적일지를 결정하는 데 도움을 주게 된다.

앞서 검사의 표준화에서 지적한 바와 같이 반응의 신뢰도는 실시 상황 조건, 실시 방법, 검사자의 성격, 검사자와 피검사자와의 관계, 피검사자의 신체적, 심리적 상태, 동기 등에 따라 영향을 받는다. 심리검사의 목표가 개인의 특성이나 행동을 가장 정확하게 이해하려는 데 있으므로 반응의 신뢰도에 영향을 줄 수 있는 검사 실시 과정 역시 신중하게 다루어져야 한다.

심리검사의 실시에서 가장 중요한 것은 적절한 관계의 형성이다. 치료 관계에서 첫 단계는 환자가 치료자를 신뢰하고 치료에 대한 동기를 갖는 것이며 치료자는 전문적인 관심과 능력을 갖추는 것이다. 검사 실시 과정에서도 최적의 검사가 실시되려면 검사자와 피검사자 사이에 관계 형성이 이루어져야 한다. 흔히 심리검사를 받아야 하는 피검사자는 심리검사에 대한 여러 가지 정서를 가진다. 대체로 검사에 대한 저항(resistance)을 느끼는데 때로는 강한 저항으로 관계 형성이 안 됨은 물론이고 반응이 극히 제한되어 신뢰할 수 있는 결과를 얻을 수 없게 된다. 또는 검사에 대한 두려움과 불안이 있을 수 있으며 검사에 대한 지나친 기대와 의존이 있을 수도 있다. 특히 심리검사에 대한 저항은 치료에 대한 초기 저항과 마찬가지로 매우 공통적인 현상이며 심리검사를 받고 나면 정신 장애자로 확인될 것이라는 두려움과 저항 때문에 심리검사를 무의식적으로 거부하게 된다. 검사자는 이 같은 피검사자의 정서 상태를 이해하여 검사가 어떤 목적으로 실시되며, 검사가 실시되어 어떤 이득이 있는가를 설명하여야 한다. 이와 같은 설명을 검사자가 진지하게 할 때만이 안정된 상태에서 피검사자는 자발적으로 검사에 참여할 수 있게 된다. 만약 피검사자의 정서 상태가 안정되지 않고 검사가 실시된다면 이에 따른 결과의 신뢰도가 고려되어 해석되어야 하며, 피검사자의 저항이 매우 강한 경우는 무리한 검사 진행보다는 중단이나 보류가 현명하다. 이와 같이 검사자는 관계 형성에 유의하여 동기와 자발적인 참여, 안정된 상태에서 신중하게 검사를 진행해야 한다.

검사 실시 조건은 지나친 외부 자극이 없는 안정된 분위기에서 실시되어야 하며, 검사를 실시하는 검사자는 공정하고 과학적인 태도로 임해야 한다. 검사 실시 도중에 필요하면 피검사자의 행동을 격려하여야 하며, 계속 피검사자의 행동을 관찰하여 의미 있는 심리적 평가를 할 수 있어야 한다. 검사자의 특성, 행동 역시 결과의 신뢰도에 영향을 미치므로 검사자는 피검사자와의 관계를 이해하고, 검사 실시 도중에 일어나는 자신의 행동을 파악하여 그 영향을 통제할 수 있어야 한다.

5) 심리검사의 목적

심리검사의 목적은 개인 내·개인 간 비교를 통하여 개인의 행동이나 성격을 이해하고 이를 바탕으로 하여 개인의 문제 해결에 도움을 주고자 하는 것으로 기술될 수 있다. 이러한 심리검사는 심리적 장애의 해결을 위한 치료 개입과 전략을 계획하고 수행하는 기초 과정으로 볼 수 있다. 다시 말하면 심리검사를 시행하는 목적은 일차적으로는 문제 해결을 위해 개인에 관한 다양한 정보를 제공해 주고자하는 것이다. 이러한 심리검사 목적을 세분화하여 기술한다면 다음과 같다 (Talbott, 1988).

① 임상적 진단을 명료화하고 세분화한다.
② 증상과 문제의 심각도를 구체화한다.
③ 피검자의 자아강도를 평가한다.
④ 인지적 기능을 측정하다.
⑤ 적절한 치료 유형을 제시한다.
⑥ 치료 전략을 기술한다.
⑦ 피검자 자신이 그의 자아 강도와 문제 영역을 인식하도록 돕는다.
⑧ 치료적 반응을 검토하고 치료 효과를 평가한다.
⑨ 개인의 정신역동적 진단을 명료화한다.

이러한 심리검사 목적을 거시적으로 정리하면 첫째, 예측의 기능, 둘째, 분류 및 진단의 기능, 셋째, 자이이해의 증진으로 정의할 수 있다. 이 가운데서 특히 심리검사의 주요 목적은 세부적인 임상 진단 평가라고 볼 수 있다. 또한 치료기법의 발달에 따라 보다 세분화된 치료 기법이 활용될 수 있으므로 심리검사는 피검사자의 임상적 특징을 기초로 하여 어떤 특정한 치료가 보다 효율적인지를 제언하여야 한다. 이러한 목적보다 더욱 중요한 것은 피검자의 자아 기능에 대한 평가이다. 즉, 현실 판단력, 정서의 조절, 대상관계, 인지 및 사고 과정, 방어 기능, 자율적 기능 등의 다양한 자아 기능에 대한 평가가 임상 진단의 근거로 제시될 수 있을 것이다.

03 심리검사 방법의 분류

심리검사는 검사의 실시 방법, 측정하고자 하는 내용, 검사의 사용 목적에 따라 각각 다르게 분류되어진다. 즉, 심리 검사의 실시 방법이 어떠한지, 측정내용이 무엇인지, 검사의 사용목적이 무엇인지, 구조화 수준은 어떠한지에 따라 다양하게 분류되고 있다.

1) 검사의 실시 방법에 따른 분류

(1) 속도검사(speed test)

제한된 시간 안에 상대적으로 많은 수의 문항을 활용하여 피검사자의 능력을 측정하려는 검사이다. 피검사자가 정해진 시간 안에 모든 문제를 정확하게 해결하기 어려울 것이라는 전제하에 전반적으로 난이도가 유사한 문항을 활용하여 시행된다. 시간적인 제약을 고려하지 않는 역량검사(power test)의 반대개념으로 쓰인다.

(2) 역량검사(power test)

환경에 맞는 역할을 수행할 수 있는 능력을 측정하는 검사로 특정 영역에서 개인이 현재 성취 혹은 달성한 지식이나 기술을 평가하기 위해 실시한다.

(3) 개인검사(individual test)

피검사자의 특성이나 발달단계에 따라 검사자의 임상적 통찰로 검사상황을 설정할 수 있다.

(4) 집단검사(group test)

한 검사자에 의해 다수의 사람들에게 실시되는 검사이다. 이 검사는 검사시에 한 사람에게만 실시되는 개인검사와 대조되는 것으로 집단검사 또는 개인검사를 실시하는 것에 대한 결정은 검사의 목적, 성격과 피검사자의 성숙수준에 따라 달라진다.

(5) 지필검사(paper and pencil test)

집단적으로 또는 개인적으로 종이와 필기구를 사용하여 수행하는 검사형태이다.

(6) 도구검사(apparatus test)

종이나 연필 이외의 다른 도구를 이용해 실제로 동작이나 작업을 하도록 하여 이를 측정하는 방식의 검사로 기구검사로도 불린다. 웩슬러 지능검사에서 동작성 지능을 알아보기 위해 실시하는 토막짜기, 모양 맞추기 영역이 이에 속한다.

2) 측정 내용에 대한 분류

(1) 인지적 검사 & 극대 수행검사

주어진 시간 내에 최대한의 능력 발휘가 필요한 검사로 성능 검사라고도 한다. 이러한 유형의 검사는 문항별 정답이 있어서 피검사자가 정해진 시간 내에 몇 문제를 맞히는지에 따라 피검사자의 능력이 결정된다. 대표적인 유형으로는 지능검사, 적성검사, 성취도 검사 등이 있다 (ex K-WAIS, GABT, TOEIC 등).

(2) 정서적 검사 & 습관적 수행 검사(성향검사)

피검사자들의 평소 습관이나 행동 패턴을 파악하기 위한 검사이다. 문항에 정답이 없고 응답 시간에 제한이 없어 최대한의 정직함을 필요로 한다. 대표적인 유형으로는 성격, 흥미, 태도 검사들이 있다 (ex MBTI, MMPI, CPI등).

〈표 4-1〉 인검사와 정서검사 요약 비교

기준	인지적 검사		정서적 검사	
종류	지능검사	K-WAIS-IV K-WISC-IV	성격검사	MMPI-II, TCI, PAI, MBTI, MCMI, 로샤검사, 주제통각검사, HTP, KFD 등
	적성검사	일반적성검사 특수적성검사	흥미검사	-직업선호도 검사 -스트롱 검사
	신경심리검사	주의력, 기억력, 관리기능 등 특정 인지기능 평가검사	태도검사	-직무만족도 검사 -동기검사
특징	- 정답과 오답이 있음 - 점수가 높을수록 능력이 우수함 - 피험자의 능력을 평가는 검사임 - 시간제한이 있음		- 정답과 오답이 없음 - 피검자의 선호를 토대로 실시됨 - 대부분 시간제한이 없음	
장점	- 검사의 실시가 간편 - 검사의 신뢰도와 타당도가 높음 - 검사결과에 대한 객관성이 보장됨		- 반응의 독특성이 있음 - 방어의 어려움 - 반응이 풍부하게 나타날 수 있음 - 무의식적인 내용의 반응을 관찰할 수 있음.	
단점	사회적 바람직성 때문에 방어가 쉽게 일어남 - 긍정적으로 일관하거나 부정적으로 일관하는 반응경향성이 나타날 수 있음 - 문항의 제한성이 있어 자유롭게 자신을 표현하기 어려움		- 검사의 신뢰가 낮음 - 감사의 타당도 검증이 빈약함 - 반응에 대한 상황적 요인의 영향을 받음	

3) 사용목적에 따른 분류

(1) 규준 참조검사(norm-referenced test)

피검사자의 성취도를 그가 속한 집단의 다른 사람들의 점수와 비교하여 상대적 서열에 의한 정보를 제공하는 검사이다. 규준참조검사는 준거나 목표의 도달여부에는 관심이 없고 서열이나 상대적 위치를 부여하여 분류하는 작업에 치중한다. 장점은 개인의 상대적인 위치를 파악하여 우열을 가리기가 쉽고 경쟁을 통한 학습동기를 유발할 수 있다는 것이다. 단점으로는 무엇을 가르치고 배워야 하는가에 대한 정보수집보다는 상대적인 서열과 분류에 관심을 집중시키므로 소수의 우수한 학생의 변별을 위해 다수의 열등아를 양산해 낼 수 있다는 점을 들 수 있다.

(2) 준거 참조검사(criterion-referenced test)

피검사자의 검사점수를 미리 정해진 준거점수와 비교하여 의미를 부여하고 검사결과를 활용할 수 있도록 제작된 검사이다. 준거참조검사에서는 준거점수와 피검사자 검사점수를 비교하는 데 관심이 있을 뿐, 다른 피검사자 검사 점수와의 비교나 피검사자의 집단 내 상대적 서열에는 관심이 없다.

4) 구조화수준에 따른 분류

(1) 객관적 검사(objective test)

객관적 검사란 채점자의 개인적 견해나 판단이 배제된 점수를 도출해 내는 검사로서 자기보고형 검사와 지필 검사가 대표적이다. 또한 검사에 따라 차이가 있지만 시행시간이 비교적 짧다는 정점이 있다. 객관적 검사는 투사적 검사보다 신뢰도와 타당도가 높은데, 그것은해 검사제작 과정에서 신뢰도와 타당도 검증이 이루어지고 신뢰도와 타당도가 충분한 검사가 표준화되기 때문이다. 또한 투사적 검사보다 검사자 변인이나 검사상황 변인에 따른 영향을 적게 받고 개인 간 비교가 객관적으로 제시될 수 있으므로 객관성이 보장된다.

객관적 검사는 앞서 제시된 표준화, 신뢰성, 타당도의 조건이 갖추어진 검사라고도 말할 수 있다. 객관적 검사는 검사자의 주관성이 배제될 수 있고, 양적 측정에 따라 개인 간·개인 내 차이가 비교되기 쉽고, 기본적 연구에 이용되기 쉽다는 장점이 있다. 반면 응답자가 왜곡된 반응을 쉽게 할 수 있으며 개인의 독특한 문제가 진술될 기회가 적어 수집된 자료에 개인의 독특한 문제가 노출되지 않을 수 있다는 단점이 있다. 객관적 검사는 대개 질문지 형식으로 된 지필검사(paper-and-pencil)이며, 표준 항목에 응답자가 '예', '아니오'의 기호로 응답하게 된다. 객관적 검사의 한 방법으로 자기보고검사(self-report inventory) 방식으로, 자기보고 검사는 사회적 특성과 관련된 내용을 주로 질문하는 반면 문제대조표(problem check list)는 명백한 내용의 문제만을 제시하여 이를 응답자가 자기보고 방식으로 기록하는 것이다.

앞서 제시한 바와 같이 객관적 검사는 응답자의 왜곡된 반응이 가능하지만 사회적 특성을 측정하거나, 성격이나 적응, 정신 장애를 평가하는 데 유용한 방법으로 인정되고 있다.

(2) 투사적 검사 (projective test)

피검사자가 상징적인 생각들을 통해서 자신을 드러내는 성격검사이다. 투사적 방법의 기본 전제는 인간은 모호한 자극에 대해 반응할 때 자신의 내적인 상태나 특성을 투사하기 때문에 이러한 반응을 분석하면 그 개인의 성격이나 심리적 특성을 파악할 수 있다는 것이다. 자기보고목록 형식의 성격검사(예 MMPI)와 달리 엄격한 표준화가 되어있지 않으며 따라서 객관성과 신뢰도, 타당도의 문제가 있다. 채점에서 어느 정도의 객관성을 세울 수는 있지만 내용적으로 유용한 평가를 하려면 임상적 해석이 필요하다. 예로서, 로샤(Rorschach)검사, 주제통각(TAT)검사, 집나무사람(HTP)검사, 벤더게스탈트검사(BGT) 등이 있다.

일반적으로 어떤 상황에 대한 해석의 다양성이 허용될 때 해석은 개인의 성격에 따라 달라진다. 투사적 검사(projective test)는 어느 정도 불분명한 시각적 자극을 제시하여 개인의 경험을 체계화하고 기술하는 독특한 방법에 따라 반응이 나타날 것이라는 가정 아래 실시된다. '투사'란 프로이트(Freud)가 방어 기제 개념의 하나로 사용한 용어이며, 자아가 고통스럽기 때문에 의식적 인지가 허용하지 않는 충동, 소망, 동기, 생각들이 외부로 투사된다는 의미이다. 엄격한 의미에서의 투사 개념과 동일하지는 않지만, 개인의 동기나 내면세계가 외부로 외현화 된다는 의미로 투사의 개념을 사용하고 있다. 이에 투사적 검사란 피검사자가 상징적인 생각들을 통해서 자신을 드러내는 성격 검사이다.

투사적 검사 종류는 로샤검사(Rorschach Ink Blot Test), 주제통각검사(Thematic

Appreception Test: TAT), 문장완성검사(Sentence Completion Test), 집·나무·사람(HTP) 검사, 벤더-게스탈트 검사(BGT) 등이 있다. 투사적 검사의 공통적 특징은 검사자극이 불분명하고 체계화되어 있지 않다는 점이다. 이와 같은 투사적 검사의 장점으로는 첫째, 피검사자에게 자극의 일정한 의미나 정답이 제시되지 않는다는 점이다. 응답자는 어떤 반응이 옳고 그르며 어떤 반응을 통하여 방어할 것인지를 알 수 없으므로 방어가 쉽지 않고 응답의 왜곡이 적다. 둘째, 개인의 독특한 반응을 허용하는 반응의 자유도가 넓어 개별성을 충분히 발휘할 수 있다. 셋째, 성격에 대한 다차원적 해석이 가능하고 다요인적 해석이 내려진다. 이에 반하여 검사의 표준화가 되어 있지 않아 검사자의 주관성이 개입되어 검사의 신뢰도와 타당도가 낮다는 점이다.

현재까지 투사적 검사는 이와 같은 결함에도 불구하고 검사자의 성격과 정신장애에 대한 지식과 임상적 경험에 따라 임상적인 깊이와 효용성의 가치가 있음이 인정되어 임상 장면에서 유용한 검사도구로 사용되어져 왔다. 그러나 심리측정의 목표가 개인 성격의 이해와 더불어 기본 이론의 발전에 있기 때문에 이와 같은 검사의 문제점은 개선되어야 한다.

〈표 4-2〉 객관적 검사와 투사적 검사의 차이

객관적 검사	투사적 검사
• 실시·채점·해석의 일관성 • 표준화, 신뢰도, 타당도 확보 용이함 • 객관적 연구 자료 • 개인 간 비교가 가능 • 질적 독특성이 제한 • 피험자의 언어능력, 자기표현 및 기본 인지 능력에 따라 다른 결과 도출 가능 • 피험자의 의도가 응답에 많이 관여함	• 다양하고 독특한 결과 도출 • 의도치 않은 피험자 내면의 정신영역까지 측정 가능 • 피험자의 의도적 방어의 어려움 • 언어, 문화, 인지적, 문화적 제약이 적음 • 관찰자의 태도와 관계가 결과에 영향을 미칠 수 있음 • 실시, 채점, 해석에 다양함 • 주관적 해석으로 타당도, 신뢰도가 낮음

5) 풀 배터리 검사 (Test Standard Full Battery)

풀 배터리란 개인이나 집단을 평가하기 위한 2개 이상의 검사가 모인 종합검사를 말한다. 배터리(battery)란 '한 벌'이라는 의미로서 심리검사는 배터리로 실시된다. 심리검사는 한 가지 검사나 또는 몇 가지 검사가 상황에 따라 선택되어 실시되는 것이 아니라 검사가 필요한 경우에는 표준 배터리 검사들이 필수적으로 함께 실시되어야 한다. 왜냐하면 배터리로 검사가 실시될 경우 신뢰도가 증가하고 검사의 체계화 수준에 따라 다른 수준의 성격 측면과 여러 기능을 측정하기 때문이다. 예컨대 객관적 검사와 투사적 검사가 측정하는 성격의 차원이 다르며 투사적 검사 간에도 측정되는 무의식 수준의 깊이가 다르다. 또한 배터리를 실시하면, 개인의 성격과 능력, 임상적 증상이 종합되어 평가될 수 있다. 심리 진단 검사가 한 가지 또는 소수의 검사로 실시되는 경우가 있는데 객관적 검사와 투사적 검사, 각 검사의 장점과 한계점, 측정되는 내용들을 충분히 이해하고 검사 방법으로 여러 자료가 제공될수록 검사의 타당도가 증가하는 점을 이해한다면, 예외적인 특수한 경우를 제하고 심리검사는 배터리로 실시해야 한다.

풀 배터리 검사를 통하여 아이의 정서, 사회성, 대인관계, 자기지각, 가족관계, 주의력, 지적발달 수준, 사고방식, 상황에 대한 대처 방식 등으로 종합평가된다. 아울러배터리화되는 검사는 지능영역+정서영역+환경영역을 고려하여 구성되어야 한다.

일반적으로 표준검사 배터리로 사용되는 검사는 ① 웩슬러 지능검사(Wechsler Intelli-gence Scale), ② 다면적 인성검사(MMPI), ③ 로샤 검사(Rorschach techniques), ④ 주제통각검사(TAT), ⑤ 인물화 검사(Draw-A-Person Test), ⑥ 벤더-게스탈트 검사(BGT), ⑦ 문장완성검사(Sentence Completion Test)가 있다.

〈표 4-3〉 표준화 배터리로 사용되는 기본검사

검사		내용
지능 검사	• K-WISC(6세~16세 11개월) • K-WPPS(3세~7세 3개월) • K-ABC(2세 6개월~12세 5개월)	• 학습능력-인지적 특성(장점과 단점) • 행동특성-정서, 대인관계 및 특성 • 지적 능력과 기능의 효율성에 대한 평가
정서 검사	• 다면적인성검사(MMPI-A/MNPI-2) • 로샤 검사(Rorschach) • 아동용 회화통각검사(CAT) • 주제통각검사(TAT) • 문장완성검사(SCT) • 그림검사(HTP/KFD) • 벤더-게스탈트 검사(BGT) • 한국아동성평정척도(KPRC)	• 정서적 안정감 • 의식적·무의식적 욕구나 갈등 • 자기 자신에 대한 이미지 • 타인에 대한 지각 • 친구나 이성에 대한 태도 • 대인관계 특성
부모정서검사 (아동·청소년)	• 다면적인성검사(MMPI-A/MNPI-2) • 문장완성검사(SCT)	• 주양육자인 부모에 대한 정서평가

6) 심리검사의 유형

(1) 지능검사

❶ 지능의 정의와 검사해석의 유의점

지능은 성격, 정서, 가치, 동기 같은 여러 가지 특성과 함께 한 개인의 총체적인 모습을 구성하는 중요한 요소이다. 지능에 대한 정의는 각 학자의 이론적 입장에 따라 다양하게 이루어졌는데, 크게 세 가지 유형으로 나누어 보면 지능을 '학습 능력'으로 보는 입장(A. Binet), '환경이나 새로운 상황, 문제에 적응하는 능력'이라는 입장(W. Stern, R. Pintner, S. Colvin, Piaget), '추상적인 사고 능력이면서 그것을 구체적인 사실들과 관련시킬 수 있는 능력'이라고 보는 입장(L. Thurstone, L. Termman)이 있다.

심리학자들마다 다양한 이론을 내세우고 있지만 지금까지의 개념을 정리해 본다면 지능은 유전적, 환경적 결정 요인을 지니고 있으며 지능검사를 통하여 측정되는 개인의 지능은 유전적 결정 요인뿐 아니라 초기 교육적 환경, 후기 교육과 직업 경험, 현재의 정서적 상태 및 기질적, 기능적 정신 장애, 검사 당시의 상황 요인의 상호작용에 의한 개인의 잠재적 적응 능력이라고 볼 수 있다(김도연·옥정·김현미, 2015).

19세기 후반 비네(Binet)는 지능검사에 필요한 구성 요소를 판단력, 이해력, 논리력, 추리력, 기억력을 도입한 후 정신연령과 생활연령을 고려하여 지능지수를 산출하였다. 웩슬러는 비네의 검사가 언어능력을 요하는 문항에 치중되어 있다고 보고 비언어적 지능을 측정하기 위해 언어적 검사와 비언어적 검사를 개발하여 좌뇌(언어성)와 우뇌(동작성) IQ, 그리고 전체 IQ로 세분화하여 검사를 실시하였다. 검사 결과를 해석함에 있어 언어성-동작성 지능 간에 유의미한 차이가 있을 때는 다음 몇 가지 점에 대한 가설을 설정해 볼 수 있다.

〈표 4-4〉 언어성-동작성 간 지능점수 차이에 대한 해석의 유의성

언어성 지능 대 비언어성 지능	대뇌반구의 기능을 반영한다. 좌반구는 언어적 자극을 처리하는 데 우세한 기능을 하고, 우반구는 시공간적 자극을 처리하는 데 우세한 기능을 한다.
유동지능 대 결정 지능	유동지능은 친숙하지 않은 과제에 직면했을 때 적응 능력과 융통성을 가지고 문제를 해결하는 능력을 말하며, 결정지능은 이전 훈련이나 교육, 문화적 영향을 통해 개발된 지적 능력을 의미한다.
언어적 결함	의사소통 장애가 있는 아동들은 언어성-동작성 지능 간에 큰 차이를 보일 수 있다.
이중언어(다국어)	이중언어(다국어)를 사용하는 아동은 언어성 소검사보다 동작성 소검사에서 더 나은 수행을 보인다.
운동 협응 능력의 문제	일부 동작성 소검사는 운동 협응 능력을 필요로 하므로 운동-협응 능력이 점수에 영향을 미칠 수 있다.
시간 압력	시간 압력, 불안 상황에서의 긴장감으로 낮은 점수 획득의 가능성을 고려해야 한다.
장 의존성-장 독립성	장 독립적인 인지양식을 가진 사람은 문제해결 상황에서 융통성이 있고 사회적인 것보다는 추상적이고 이론적인 것에 흥미를 가지므로 높은 점수를 받을 수 있다.

이후 웩슬러 지능검사는 시대 변화에 따라 문제와 해석의 방식도 변화되어 K-WISC-Ⅳ로 개정하게 되었다. 이 검사는 만 5~15세 아동들을 위한 규준을 갖추고 있어 이 연령의 대상 아동들의 총제적인 지능, 언어성 및 동작성 지능을 측정하는 데 사용할 수 있을 뿐 아니라 각 소검사의 점수를 비교·분석해 봄으로써 개인 내적인 능력 비교와 임상적인 진단자료를 얻을 수 있는 전문적 활용이 가능하다.

❷ K-WISC-Ⅳ 지표점수와 하위 소검사 구성

2011년 표준화된 『제4판 한국 웩슬러 아동 지능검사(K-WISC-Ⅳ)』는 10개의 주요 소검사와 5개의 보충 소검사가 더해진 총 15개의 소검사로 구성되어 있다. 이러한 소검사들의 조합은 각각 4개의 지표검사로 변화되고, 지표점수의 합산을 통해 전체 지능지수(FSIQ)가 산출된다. 4개의 지표점수 중 언어이해지표와 지각추론지표의 합산 점수는 일반 능력 지표검사로, 작업기억지표와 처리속도지표의 합산 점수는 인지효율성 지표점수로 산출된다.

〈표 4-5〉 K-WISC-Ⅳ 하위 소검사

언어이해지표	지각추론지표	작업기억지표	처리속도지표
공통성	토막 짜기	숫자	기호 쓰기
어휘	공통그림 찾기	순차연결	동형 찾기
이해	행렬 추리	(산수)	(선택)
(상식)	(빠진 곳 찾기)		
(단어 추리)			

∘ 언어이해지표

언어 이해와 언어적 능력, 결정적 지능, 언어적 개념형성 능력, 언어적 학습 등을 측정한다. 새로운 문제를 해결하기 위한 언어 기술과 정보를 활용하는 능력, 단어를 생각하는 능력, 언어적 정보를 처리하는 능력 또한 포함된다. 언어이해지표는 공통성, 어휘, 이해의 주요 소검사와 상식, 단어 추리의 보충 소검사로 구성된다.

◦ 지각추론지표

비언어적 기술, 지각적 추론, 지각적 조직화 능력, 시각처리 능력을 측정한다. 시각적 이미지로 생각하는 능력과 이미지를 빠르게 조직하는 능력, 언어를 사용하지 않고 추론하는 능력, 시각적 자료를 빨리 해석하는 능력이 포함된다. 지각추론지표는 토막 짜기, 공통그림 찾기, 행렬 추리의 주요 소검사와 빠진 곳 찾기 보충 소검사로 구성된다.

◦ 작업기억지표

작업 기억력, 주의지속 능력, 단기 기억력, 숫자와 관련된 능력, 암송전략 사용 능력, 청각적 처리 기술, 자기감독 능력을 측정한다. 정신적 각성, 암기와 주의력, 순서와 수리적 능력, 인지적 유연성을 포함한다. 작업기억지표는 숫자, 순차연결의 주요 소검사와 산수 보충 소검사로 구성된다.

◦ 처리속도지표

지각적 변별, 정신운동 속도, 주의력, 집중력, 단기 기억력, 시각운동 협응, 인지적 유연성을 측정한다. 시각적 이미지를 모사하는 속도, 시각적 재료를 빠르게 살피고 평가하는 능력, 시각적 처리과정, 계획하고 조직화하는 능력, 선택적 시각 주의력, 경계에 대해 평가할 수 있다. 빠른 처리속도는 작업기억 자원을 덜 소모하도록 하며, 정신적 회전, 정신적 조작 또는 추상적 추론과 같은 상위 수준의 과정을 위한 인지적 자원을 더욱 자유롭게 활용하도록 도와준다. 처리속도지표는 기호 쓰기, 동형 찾기 주요 소검사와 선택 보충 소검사로 구성된다.

❸ 한국 웩슬러 유아 지능검사(K-WPPSI를 중심으로)

한국 웩슬러 유아 지능검사(korean-Wechsler preschool and Primary Scale of Inyelligence: K-WPPSI)는 취학 전 아동 및 초등학교 저학년용으로 만들어서 만 3세~7세 3개월된 아동의 지능을 측정한다. K-WPPSI는 그 모체인 WPPSI 및 다른 웩슬러 검사들과 마찬가지로 지능을 각 영역별 능력이 개별적으로 존재하는 것이 아니라 다차원적인 속성을 가진 총체적인 지적 능력으로 보고 이들 능력을 측정하기 위하여 여러 소검사와 다양한 과제들로 구성되었다.

한국형 K-WPPSI를 개발한 목적은 만 3세~7세 3개월 아동용 WPPSI-R의 규준을 한국 실정에 맞추어 수정하여 기존의 유아 지능검사보다 더 어린 아동을 검사하려는 것이다. K-WPPSI는 다른 웩슬러 지능검사와 마찬가지로 동작성과 언어성 소검사들을 교대로 제시하고 과제의 성격을 이해시키기 위해 연습시행 할 수 있게 하였으며, 아동의 흥미를 유지하기 위해 물건을 조작하는 과제를 포함하였다. 아동의 능력은 여러 차원으로 대부분의 WPPSI 소검사에 더 쉬운 문항과 더 어려운 문항을 추가하였다. 또한 일부 그림 문항에 색을 넣었고, 동작성 검사에서 모양 맞추기 등을 추가하였으며 좀 더 객관적이고 사용하기 쉽도록 기준을 수정하였다. K-WPPSI는 교육, 치료, 연구 등을 위해 지능을 측정할 때와 특별한 교육이 필요한 아동을 발견하는데 사용된다.

가) 구성

① 동작성 검사~모양 맞추기, 도형, 토막짜기, 미로, 빠진 곳 찾기, 동물 짝짓기

② 언어성 검사~상식, 이해, 산수, 어휘, 공통성, 문장

나) 소검사의 내용

① 모양 맞추기-모양 맞추기 검사에서는 여러 조각을 나열하여 제시하고 제한된 시간 안에 맞추게 한다. 이 소검사에서는 다른 웩슬러 지능검사와 달리 그림 조각에 색을 넣었다.

② 상식-상식 소검사는 일상의 사건이나 물건에 대한 지식을 알아보기 위한 것이다. 언어능력이 떨어지는 유아를 위해 여러 개의 그림 중에서 하나를 가리키어 반응하게 하는 그림 문항들을 첨가하였다.

③ 도형-도형 소검사는 두 가지 유형으로 이루어져 있다. 특히 K-WPPSI에만 있는 첫 번째 유형은 재인문항이다, 아동은 제시된 그림을 보면서 제시된 4개의 도형 중에서 제시 그림과 같은 도형을 지적해야 한다. 두 번째 유형에서는 K-WPPSI의 도형검사에서와 같이 아동이 그림을 보고 따라 그리는 것이다.

④ 이해–이해 소검사에서는 행동의 원인과 결과에 대한 자신의 생각을 구두로 표현해야 한다.

⑤ 토막짜기–토막짜기 검사에서는 제한된 시간 안에 두 가지 색깔로 된 토막들로 구성된 모양을 재구성해야 한다.

⑥ 산수–산수 소검사에서는 기본적인 수개념에 대한 이해를 알아보기 위하여 그림문항으로 시작하여, 단순한 셈하기 과제, 그리고 마지막에는 보다 어려운 구두문제를 진행한다.

⑦ 미로–미로 소검사는 제한된 시간 안에 점점 더 어려워지는 미로의 통로를 찾는 지필검사이다. 매우 어린 아동에게 적합한 단순한 미로 문제들을 처음 부분에 추가하였다.

⑧ 어휘–어휘 소검사는 그림의 어휘를 맞추는 쉬운 그림 문항을 추가하였다. 나머지 구두 문항에서는 구두로 제시된 단어들의 뜻을 구두로 대답한다.

⑨ 빠진 곳 찾기–일상적인 물건 그림에서 빠진 곳을 찾아내야 한다.

⑩ 공통성–공통성 소검사는 세 부분으로 구성되어 있다. 첫 부분에서는 몇 개의 그림들 중에서 제시된 그림들과 같은 특징을 가진 것을 손가락으로 지적해야 한다. 두 번째 부분에서는 구두로 제시되는 주문장에서 가리키는 개념과 유사한 단어를 사용하여 문장을 완성해야 한다. 마지막 부분에서는 제시하는 두 단어의 공통점을 구두로 설명해야 한다.

⑪ 동물 짝짓기–동물 짝짓기와 문장은 상황에 따라 사용하는 보충검사이다. 동물짝짓기 소검사는 동물 그림밑에 있는 구멍에 맞는 색의 원통막대를 끼우는 것이다. 정확성과 속도를 모두 고려하여 채점한다.

⑫ 문장–문장검사는 숫자 소검사의 형식을 이용해 만들었는데, 숫자 대신에 문장을 사용한다. 검사자가 문장을 큰 소리기 읽어주면 아동은 그대로 따라해야 한다.

다) 검사 시의 유의할 점

① 검사자의 자격 : 검사자의 실시 방법에 따라 결과가 크게 달라질 수 있는 지

능검사에서 검사자는 전문적인 소양과 경험을 갖춘 사람이어야 한다. 훈련 받은 검사자나 교사가 K-WPPSI를 실시하고 점수를 낸다고 하더라도 정확한 해석은 심리측정 분야의 졸업자나 전문적 훈련과 경험을 지닌 사람이 해야만 한다.

② 검사 장소 및 시간 : 검사 장소는 조명과 통풍이 잘 되어야 하며, 조용해야 하고 다른 사람들의 출입을 통제하여 아동이 지능검사에 최대한 집중할 수 있는 최적의 환경을 만들어 주는 것이 중요하다. 교육기관이나 상담소와 같이 아동들이 친숙한 장소가 좋고 가능하다면, 아동이 검사문제에 집중할 수 있고 검사자가 검사 도구를 다루고 아동의 반응을 기록하는 데 불편이 없고 편안함을 느낄 수 있는 장소가 바람직하다.

검사 실시 시간은 너무 이른 시간이나, 늦은 시간, 낮잠 시간 등을 피하는 것이 좋다. 검사자의 실기 기술과 아동의 특성에 따라 약간의 차이가 있지만 모든 검사를 실시하는데 만 4세 이하의 아동은 70분, 만 5세 이상의 아동은 60분 정도가 소요된다. 만 3~4세의 아동은 검사시간 중간에 5-10분 정도의 휴식을 한번 갖는 것도 좋다. 그러나 아동이 피로하다거나 정서적으로 불안한 상태라고 판단될 때는 되도록 검사를 피하는 것이 좋다.

라) 검사 결과 및 해석

K-WPPSI를 실시·채점하면 각 소검사별로 직접 획득한 원점수를 얻게 된다. 원점수는 규준집단에 대한 아동의 상대적 비교 혹은 한 아동의 여러 능력을 서로 비교 가능한 표준점수로 환산 할 필요가 있다. 이 표준점수를 환산점수라 한다. 이 환산점수를 구성요소로 하여 언어성 지능지수, 동작성 지능지수 및 전체 지능지수가 산출된다.

① 환산점수의 산출

각 소검사의 원점수로부터 환산점수를 구하기 위해서는 연령별 환산점수 산출표를 이용해야 한다. 이때 아동의 연령을 정확히 계산하였는지를 확인하고 동작성, 언어성, 검사의 환산점수를 찾아 기록용지의 환산 점수란에 옮겨 적으면 된다.

② 지능지수(IQ)의 산출

동작성, 언어성, 전체 지능지수를 산출하기 위해서는 먼저 각각에 해당하는 환산 점수의 합을 구하여야 한다. 동작성 지수는 '동물짝짓기'를 제외한 다섯 개 소검사의 환산점수 합을 이용하여 산출하고, 언어성 지수는 '문장' 소검사를 제외한 언어성 소검사의 합을 이용하여 산출한다. 전체 지수는 동작성, 언어성 검사의 10개의 소검사의 환산점수의 합을 이용하여 얻어진다. 환산점수의 합이 구해지면 그 점수를 IQ 산출표를 적용하여 IQ를 산출한다.

③ 동작성 IQ와 언어성 IQ의 차이

웩슬러 이론에 따르면 일반적으로 한 아동의 동작성 IQ와 언어성 IQ의 참수 차이는 문화적 차이와 교육의 차이에서 기인된다고 한다. 동작성 IQ가 언어성 IQ보다 높은 경우는 여러 가지 교육적, 문화적 혜택을 적게 받은 사람들에서 잘 나타나고, 언어성 IQ가 동작성 IQ보다 높은 경우는 여러 가지 교육적 혜택을 잘 받은 경우에 나타난다는 것이다. 웩슬러가 지적했듯이 동작성 IQ는 언어성 IQ에 비해 감각 운동적 요소, 정서적 요소를 반영한다. 따라서 두 지능지수의 차이를 살펴봄으로써 여러 가지 지적, 정서적 특성에 관한 진단에 도움을 얻을 수 있다고 한다. 그러나 한 아동의 동작성 IQ와 언어성 IQ를 상호 비교하는 것은 개념적인 문제점을 내포하고 있으므로 조심스럽게 이루어져야 한다.

(2) 그림검사: HTP(집, 나무, 사람) 검사를 중심으로

HTP(집, 나무, 사람) 검사는 존벅(John Buck)에 의해 개발된 투사적 그림검사로 피검사자에게 집, 나무, 사람을 각각 그리게 하여 피검사자의 성격, 행동양식과 대인관계의 역동적인 면을 파악할 수 있는 심리검사이다. 그림 검사의 타당도와 신뢰도에 대해서는 지금까지도 논쟁의 이슈이지만 그럼에도 불구하고 HTP 검사는 임상 장면에서 널리 받아들여지고 있다. 그 이유는 사용상의 여러 가지 이점 때문인데, 이것은 ① 실시가 쉽다(종이와 연필만 있으면 가능), ② 시간이 많이 걸리지 않는다(보통 20~30분). ③ 중간 채점이나 기호 채점의 절차를 거치지 않고 그림을 직접 해석할 수 있다. ④ 피검사자의 투사를 직접 관찰할 수 있다. ⑤ 언어 표현이 어려운 사람, 즉 수줍거나 억압된 아동 또는 외국인이나 문맹자에게도 적용할 수 있다. ⑥ 연령, 지능, 예술적 재능에 제한받지 않는다. ⑦ 환상에 시달리는 환자는 그것의 해소가 가능하며 때로는 치료적 효과도 갖는다.

'집' 그림은 인간이 살아가기 위해서 꼭 필요한 3요소인 의식주 중에 하나로 대부분의 사람들이 집에서 보내는 시간이 많기 때문에 심리적으로 많은 부분을 파악할 수 있다. 전반적으로 가정 생활과 가족 간의 관계에 대한 인상을 반영한다. 예를 들어 '지붕'은 그린 사람의 자존감와 관련되고, '문'은 인간관계와 같은 소통에 대한 욕구를 반영하며, '창문'은 타인이나 환경과의 상호작용을 나타낸다. '연기나는 굴뚝'은 애정에 대한 욕구나 결핍을 고려해야 하고 '집을 둘러싼 울타리는' 소통을 갈망하면서도 타인의 접근에 방어적이라는 것을 의미한다.

나무그림검사에서 피검사자가 어떤 주제를 담은 그림을 그리는 경우가 있는데, 이때 그 주제는 그 사람이 경험하는 갈등과 정서적 어려움을 반영한다. 예로 우울한 피검사자는 버드나무를 그리고 사과나무를 그린 경우 나무는 어머니를, 사과는 자신을 주로 투사한다. 죽은 나무를 그린경우는 대부분 상담한 부적응적 양상 혹은 정신병리적 특성이 있음을 의미하며 예후가 부정적인 가능성이 크다. 또한 열쇠구멍 나무(keyhole tree)는 Rorschach검사의 space반응과 유사한 의미로 해석된다. 즉 저항적이고 부정적인 태도를 보이는 피검사자들이 종종 이런 그림을 그리는 데 면담이나 다른 검사에서도 방어적인 태도를 보이는 경우가 많다.

'나무'나 '사람' 그림은 주로 성격의 핵심적인 갈등 및 방어에 대한 정보를 제공해 준다. '사람' 그림이 보다 의식적인 측면을 반영하는 반면, '나무' 그림은 더 깊고 무의식적인 감정을 반영해 준다. '나무' 그림은 자기 노출을 하는 데 대한 불편감이 덜하여 방어의 필요성을 약화시키기 때문에 보다 심층적이면서 '금지된' 감정을 투사하기 쉽게 된다.

한편 '사람' 그림은 기본적으로 자기 개념(self-concept)이나 신체 심상(body image)

을 나타낸다고 볼 수 있고, 때로는 상황에 따른 태도나 정서가 나타나기도 한다. 사람그림은 심리적 자화상으로 '집'이나 '나무' 그림에 비해 자기 개념, 자기표상, 자신에 대한 태도 등이 더 직접적이고 의식적인 수준에서 반영된다. 특히, 사람 그림 검사는 피검사자에게 방어를 유발하여 자신의 상태를 왜곡 혹은 변형시켜 표현하기도 하고 현재의 자기 지각뿐만 아니라 이상적인 자기상, 나아가 중요한 타인에 대한 표상, 환경에 대한 지각 등이 드러난다. 특히 청소년이나 성인보다는 아동의 그림에서 부모와 같은 중요 타인이 더 많이 표현된다. 사람 그림에서는 그림의 크기, 전반적인 인상, 신체 부위(머리, 얼굴, 팔·다리 및 신체부위)와 의복 구성요소, 남성과 여성을 그리는 순서, 그림에 대한 설명 등을 살펴보아야 한다.

그림 검사의 해석 시에는 구조적 요소와 내용적 요소 두 측면을 모두 고려해야 하며, 한 개의 표시만으로 해석의 결정적인 증거를 삼아서는 안 된다. 또한 이 검사가 피검자에 대한 많은 함축적인 정보를 주기는 하지만, 여기서의 결과만을 가지고 지나친 해석을 해서는 안 된다. 즉, 바테리(battery)의 검사 자료, 환자의 개인력 및 면담 등에서 얻은 임상적 인상 등과 함께 고려되어야 할 것이다.

04 관찰법(Observation method)

관찰의 방법은 과학적 연구에서 가장 오랜 역사를 가진 방법인 동시에 연구의 기본 수단이라고 말할 수 있다. 특히 아동을 대상으로 하는 연구는 관찰 방법에 많이 의존하게 되는데, 그 까닭은 아동은 아직 자기의 생각이나 느낌을 제대로 표현할 수 없어서 질문지나 검사 등 다른 방법으로는 필요한 정보를 얻어내기가 어렵기 때문이다.

관찰법이란 피험자에게 반응을 요구하지 않고 행동을 관찰하여 증거를 수집하는 방법으로 측정받는 대상에게 전혀 영향을 주지 않으나, 그 결과에 대한 신뢰성에 문제가 제기된다.

모든 관찰이 연구 방법으로 사용되는 것은 아니다. 관찰이 연구 도구로 활용되기 위해서는 갖추어야 할 조건이 있다. 우발적인 관찰이 아니라 미리 면밀히 계획된 관찰이어야 하며, 관찰 절차를 요령 있게 기록하여 의미 있는 분석이 가능하도록 해야 한다. 관찰법은 방법의 내용과 준거에 따라 다양한 방법으로 분류되어진다.

1) 관찰법의 분류

관찰 방법은 분류하는 기준에 따라 여러 가지로 구분할 수 있다. 예컨대, 관찰 상황의 통제 여하에 따라서 자연적 관찰(uncontrolled observation)과 통제적 관찰(controlled observation)로 나눈다. 그리고 관찰자와 피관찰자 간의 참여 여하에 따라 참여 관찰과 비참여 관찰로 구분하기도 한다.

❶ 자연적 관찰과 통제적 관찰

자연적 관찰(uncontrolled observation)은 관찰 상황을 조작하거나 인위적으로 어떤 특별한 자극을 주는 일 없이, 자연적인 상태에서 있는 그대로를 관찰하는 방법이다. 이 방법은 자칫 잘못하면 관찰의 신뢰도가 떨어질 염려가 있으므로 특히 관찰자의 훈련이 문제가 되고, 피관찰자에게 접근하기가 어려운 문제점이 있다. 자연적 관찰법을 사용함에 있어서는 이 점을 유의해야 한다. 통제적 관찰(controlled observation)은 보통 실험적 관찰법이라고도 하는데, 어떤 행동을 발생시킬 특정한 환경적 조건을 설정한 후, 필요한 동일 행동을 반복시켜 정확한 관찰을 되풀이할 수 있게 하는 것이다. 이 방법은 독립변인을 통제할 수 있다는 인위적 조건 때문에, 종속변인으로서의 피관찰의 행동을 분석하기 쉽다. 실험 전후의 결과를 비교할 수 있다는 장점이 있다. 그러나 관찰 조건을 통제한다는 것이 그렇게 쉬운 일이 아니라는 점과 아무리 독립변인을 통제하더라도 거기에 개입될 오차변인들 때문에 판단 및 해석에 오류를 범할 수 있다는 단점이 있다. 또한 관찰 조건의 인위성 때문에 그것이 실제 생활 장면에 그대로 적용될 수 있을 것인가 하는 의문, 즉 일반화의 범위가 제한된다는 단점이 있다.

❷ 참여 관찰(participant observation)과 비참여 관찰(non-participant observation)

∘ 참여 관찰(participant observation)

관찰자가 피관찰자와 함께 생활하면서 피관찰자의 행동을 관찰하는 것을 말한다. 참여 관찰을 할 경우에는 피관찰자가 의식하지 못한 상태에서 관찰하는 것이 최상의 방법이지만, 이것이 불가능한 경우에는 처음부터 관찰자임을 알리고 피관찰자와 같이 생활하면서 그들의 행동을 알아본다. 관찰자의 신분을 감출 때는 관찰자임이 드러날 경우에 생길지도 모르는 여러 가지 불안이 있으며, 관찰자의 신분을 알리고 관찰하는 경우에는 피관찰자가 얼마나 받아들이느냐가 문제가 된다. 왜냐하면, 피관찰자가 관찰자를 받아들이는 정도에 따라 관찰자의 존재가 피관찰자의 행동에 영향을 주는 정도가 달라지기 때문이다.

참여 관찰법은 이러한 방법을 통하여 심층적이고 포괄적인 연구를 할 수 있다는 점과 평소에는 관찰할 수 없는 특수한 행동에 관한 자료를 수집할 수 있다는 장점이 있다. 반면에 관찰자에게 많은 인내와 용기가 필요하며, 감정적 요인의 영향을 받기 쉽고, 경우에 따라서는 피관찰자가 관찰자를 의식한 나머지 일상 행동과는 다른 독특한 행동을 할 우려가 있다는 단점이 있다.

- 비참여 관찰(non-participant observation)

비참여 관찰이란 말 그대로 관찰자가 피관찰자의 생활에 참여함이 없이 관찰하는 것을 말한다. 대부분의 관찰은 비참여 관찰로 이루어진다고 볼 수 있다. 이것은 통제적 관찰일 수도 있고 자연적 관찰일 수도 있다. 이 관찰의 장점은 관찰을 조직적이고 계획적으로 할 수 있다는 점이다. 그러나 심층적인 자료를 얻기 어렵고 관찰이 피상적으로 되기 쉬운 단점이 있다.

〈표 4-6〉 **참여관찰과 비참여관찰의 비교**

방법	장점	단점
참여	심층적인 연구와 포괄적인 연구가 가능하며, 특수한 행동에 관한 자료를 수집할 수 있음	결과를 표준화할 수 없으니, 감정적인 요소에 영향을 받기 쉬움
준참여	참여와 비참여의 조합적 형태입니다	
비참여	조직적이고 계획적이게 할 수 있으며, 결과를 표준화 할 수 있습니다	심층저기 어렵고, 의식하여 피검사자가 의식적인 행동을 할 수 있다

2) 관찰 결과 기록법

관찰의 방법과 그 결과를 기록하는 방법에는 여러 가지가 있다. 여기에서는 비교적 자주 쓰이는 일화기록·표본기록·시간표집·사건표집 등의 방법에 관하여 살펴보도록 한다.

(1) 일화기록(anecdotal records)

일화기록은 개인의 특성을 이해하기 위하여 그 개인이 나타낸 구체적인 행동 사례나 어떤 사건에 관찰된 관찰 결과를 상세히 기록하는 방법이다. 일화기록은 아동의 사회·정서적 특성이나 한 집단 내에서의 인간관계를 연구할 때 유용한 방법이다. 특히 문제 행동을 파악하는 데 일화기록의 결과는 좋은 참고 자료가 된다.

일화를 기록할 때는 다음과 같은 점에 유의해야 한다.

첫째, 가능한 한 사건이 일어나는 즉시 적어 둔다. 둘째, 내담자의 기본행위와 말한 내용을 명세화한다. 셋째, 사건이 일어난 상황, 시간, 기본적 행위를 기록에 포함한다. 넷째, 중심인물의 행위나 이야기를 서술할 때 그 상황 속에 있는 다른 사람들의 반응도 포함시킨다. 다섯째, 대화의 정확한 분위기를 보존하기 위하여 가능한 한 말한 내용을 정확하게 적어 놓는다. 여섯째, 사건의 순서를 유지한다. 일곱째, 행위의 수준을 대단위, 하위단위, 미세 행동단위로 구분하여 기록한다. 여덟째, 객관적이고 정확하고 완전하게 기록하려고 노력한다.

일화기록법은 관찰자로 하여금 특정 행동을 상황과 장면, 즉 맥락 속에서 기술하기 때문에 행동에 대한 이해를 충실하게 한다는 장점을 가지고 있지만, 자료수집에 투여되는 노력과 시간이 많이 들고, 표본장면의 대표성 문제와 대상행동을 선정할 때 관찰자의 편향성이 개입될 수 있다는 단점을 갖고 있다.

(2) 표본기록(specimen description)

표본기록은 일화기록처럼 발생한 어떤 사건이나 행동 특성을 서술적으로 기록하는 것이지만, 표본기록은 미리 정해 놓은 준거에 따라서 보다 자세하게 기술하는 점이 일화 기록과 다른 점이다. 즉, 표본기록은 미리 정한 어떤 기준(시간, 인물, 상황 등)에 따라 관찰된 행동이나 사건 내용을 기록하고, 그것이 일어나게 된 환경적 배경을 상세하게 이야기식으로 서술하는 것이다.

표본기록의 가치는 시간이 흐르면서 수집되는 정보의 양이 많아질수록 증가된다. 수집된 정보들을 서로 비교할 수 있고, 진행 상황을 도표화하거나 변화 양상을 검토하고 평가할 수 있는 것이다. 최소한의 준비만으로도 표본기록이 가능하다는 점과 관찰 방법의 단순성이라는 장점 때문에 표본기록은 일화기록과 함께 현장의 교사들이 많이 사용하는 관찰 기법이 되고 있다.

학기 초에 아동의 문제행동을 해결하거나 교사가 유아를 이해하는 데 도움이 된다. 그러나 기록하고 평가하는 데 시간이 오래 걸리고 주관적인 해석인 추론으로 흘러 신뢰도가 떨어질 수 있는 단점이 있다. 또한 빨리 쓸 수 없기 때문에 모두 기록하는 것은 불가능하고 관찰자가 쓰는 동안 내담자의 움직임을 놓칠 수 있다는 단점을 극복해야 한다.

(3) 시간표집(time sampling method)

시간표집법이란 관찰을 계속 진행하지 않고 정해진 짧은 시간 동안 시간 간격에 맞추어 미리 선정된 행동의 발생 여부를 반복하여 관찰하는 것이다.

시간표집법에서 관찰을 하는 기준은 시간이다. 즉 관찰자가 관찰할 때 미리 정해 놓은 시간 간격에 맞추어 그 시간 동안 관찰자가 관심을 갖고 있는 특정한 행동이 발생했는지, 관찰 횟수는 얼마나 되는지를 기록하는 것이다. 일반적으로 한 아동에 대한 관찰 지속시간은 대체로 3분 정도가 적절하다고 보지만 연구의 내용이나 목적, 관찰 상황에 따라 조정할 수 있다.

자료 수집에 필요한 시간을 단축시키고, 분석을 용이하게 할 수 있는 관찰 전략으로 개발된 것이 시간표집 방법이다. 이 관찰 방법은 행동을 자세하게 기술하기보다는 오히려 행동을 표집하여 관찰하는 방법이다. 이렇게 행동을 표집하여 관찰하는 것은 서술적인 관찰기록처럼 풍부한 정보를 제공하지 못하고, 행동이나 사건에 대한 연속적인 기록도 되지 못한다. 그러나 시간표집 방법을 이용하면 아주 다양한 상황 속에서 비교적 짧은 시간 내에 많은 대상자를 관찰할 수 있다.

시간의 한계와 관찰 행동의 정의가 분명해 신뢰도과 객관성이 높고 특정한 행동과 문제에 초점을 맞추어 관찰 대상을 통제할 수 있다는 장점이 있다. 이에 단시간 내에 많은 정보를 얻을 수 있고 서술적 방법보다 시간과 노력이 절약되고 수량화를 통해 통계적 분석이 가능하다는 장점을 갖고 있다.

그러나 자주 나타나는 문제나 행동으로 관찰이 제한되고 관찰 시 특정 행동에만 초점을 두기 때문에 수많은 행동 간의 상호 관계 파악이 어렵다. 즉, 단편적인 행동만을 취급하므로 내담자의 내면의 감정, 생각의 관찰에는 부적절하고 편파된 관찰이 될 수 있는 단점이 있다. 무엇보다 미리 제시된 유목에 끼워 넣는 경우, 중요한 행동임에도 불구하고 간과될 수 있다.

시간표집은 관찰하는 시간을 통제하는 방법으로 시간 간격·관찰 횟수 등은 연구의 목적과 관찰하는 행동 특성에 따라 적절히 변화시킬 수 있다. 어느 특정한 행동 특성이 일정 기간에 얼마나 발생하는가를 양적으로 알아보고자 할 때 사용하기 적당한 방법으로 시간표집은 행동수정 연구에서 널리 활용되고 있다.

(4) 사건표집(event sampling method)

사건표집의 방법은 시간표집과는 달리 관찰의 단위가 시간 간격이 아니라 어떤 행동이나 사건 그 자체에 있다. 따라서 사건표집에서는 관찰하고자 하는 어떤 행동이나 사건이 발생하기를 기다렸다가 관찰하게 된다.

일화기록과 같은 서술적인 관찰 방법은 많은 시간이 걸리는 등 비능률적이고, 자칫 잘못하면 편견이 개입된 관찰이 될 우려가 크기 때문에 객관성을 중시하는 사람들은 그 방법을 권장하지 않는다. 그 대신 객관성과 능률성이 높이 인정되는 표집을 이용한 관찰 방법을 권장한다. 표집을 이용한 관찰 방법 중에서도 일반적으로 연구자들을 사건표집보다는 시간표집을 더 많이 이용하는 경향이 있다. 시간표집에서는 필요한 자료를 수집하는 데 소요되는 시간을 사건에 정할 수 있지만, 사건표집에서는 얼마나 시간이 걸리는지 미리 알기 어렵다. 왜냐하면, 사건표집에서는 사건이 일어나기를 기다려서 관찰하는 것이므로 언제 그러한 사건이 발생할지 예측하기 어렵기 때문이다.

사건표집 방법으로 관찰하면 자연적 상황에서 행동을 관찰할 수 있다는 이점이 있다. 시간표집에서처럼 관찰되는 행동이 따로 떨어지거나 중단되지도 않는다.

즉, 사건표집에서는 관찰하기 어려운 행동, 예컨대 빈번하게 발생하지 않는 아동의 공격적 행동이나 도덕적 행동 특성도 사건표집 방법을 이용하여 관찰할 수 있다. 그러나 이 방법은 시간을 예측하기 어렵고, 관찰된 자료를 곧바로 수량화시키기 어려운 문제점을 지니고 있다.

사건표집 방법을 적용할 때 유의할 사항을 기술하면 다음과 같다. 우선 관찰하고자 하는 행동이나 사건을 명확히 정하고, 이것을 조작적으로 정의해 둔다. 관찰하려는 행동 특성을 분명하게 규정한 다음 언제, 어디서 그러한 행동을 관찰할 것인지를 결정한다. 그리고 어떤 종류의 정보를 기록할 것인지 미리 결정해 놓는다. 이때 기록용지는 가능한 한 사용하기 쉽게 만들도록 하고, 관찰 결과를 기록하기 위하여 녹음이나 비디오 등 영상매체를 사용할 수도 있다.

05 임상적 영·유아 평가

1) 임상평가의 의뢰

아동에 대한 임상적인 평가를 의뢰한다는 것은 다른 전문가의 도움을 요청하는 것이다. 전통적인 입장에서 '의뢰'의 개념은 다른 전문가에게 아동을 이양하는 것이나 최근의 개념은 교사가 다른 전문가의 도움을 받아 계속해서 아동에 대해 책임을 지고 아동에게 필요한 교육서비스를 제공하는 것이다.

의뢰 전 평가 절차에 대해 그래든, 케이지와 본스트롬(Graden, Casey & Bonstrom, 1983)은 다음의 5단계를 제안하였다.

첫째, 교내의 자원교사 또는 전문가에게 자문을 요구한다.

둘째, 교사와 자문에 응한 교사 또는 전문가 사이의 협동작업이 이루어진다.

셋째, 아동의 교실 행동에 대한 관찰로서 교사 외의 관찰자를 정하여 아동 행동, 상호작용, 중재 과정이 상세히 관찰을 위해 그 결과가 교사에게 송환된다.

넷째, 협의회에 교사, 자문에 응한 교사, 관련 교직원이 참여하며 때로는 부모와 아동도 참여한다.

다섯째, 형식적인 의뢰가 이루어지며 그동안 수집된 자료가 제공된다.

전문가의 도움이 필요한 아동이 생길 때 사용되는 절차를 보면, 일반적으로 ① 담당교사에 의한 문제 제기, ② 경력 있는 교사의 아동 행동관찰, ③ 아동의 관찰 및 기타 자료를 갖고 협의회 개최, ④ 원장의 부모 면담, ⑤ 형식적인 의뢰의 과정으로 진행된다.

교사 또는 부모에 의해 '문제'라고 지적되는 아동의 행동과 수행에는 다음과 같은 종류가 있다. ① 발달이 지체된 아동, ② 어느 시기까지는 발달이 정상적으로 이루어지다가 그 시점 이후 발달이 멈춘 상태, 즉 고착된 아동, ③ 퇴행 아동으로 이미 습득된 행동에 대해 습득 이전의 행동 수준으로 후퇴하는 현상을 보이는 아동, ④ 일탈을 보이는 아동 행동이나 정서적으로 현저하게 다른 특징을 보이고 정상 발달에서 왜곡된 현상을 보이는 아동을 말한다.

문제가 발견된 아동을 어떤 기관, 누구에게 의뢰할 것인지는 실제 현장에서 당면하는 큰 어려움의 하나이다. 대체적으로 정신 건강 관련 기관, 학교, 병원, 아동상담소 등의 기관에 의뢰할 수 있고 개인이 운영하는 심리진단연구소, 상담치료센터, 소아정신클리닉 또는 가족치료연구소 등에 의뢰할 수 있다. 최근 우리나라에도 이러한 유형의 기관과 연구소의 수가 상당히 늘어난 추세이나 어떤 기관이 어떤 종류의 도움을 효과적으로 줄 수 있는지에 대해서는 많이 알려져 있지 않다. 의뢰할 기관 및 개인을 선정할 때 고려할 점은 다음과 같다.

① 아동과 라포르(rapport) 형성이 잘될 수 있는가?
② 아동의 문제 영역을 다룰 수 있는 훈련된 전문가가 있는가?
③ 의뢰 기관과 협조가 잘 이루어질 수 있는가?
④ 아동의 가족과 의뢰 기관에 도움이 되는 정보를 제공할 수 있는가?
⑤ 평가 비용은 아동의 가족이 감당할 수 있는 범위인가?
⑥ 진단 후 치료 서비스를 제공할 수 있는가?

일반적으로 아동의 문제를 진단하기 위해 의뢰할 전문가는 심리학 분야의 아동상담 및 임상 전공자들이 가장 적합할 것이며, 아동 발달 전공자 중에서도 상담심리, 임상심리, 심리검사 등의 훈련과 임상 경험을 가진 전문가들도 이 역할을 할 수 있다. 이러한 전문가들이 개인적으로 상담소나 심리진단연구소를 갖고 있을 때도 있으나 대학병원의 정신과, 소아정신클리닉, 언어청각센터 등에 소속되어 있는 경우가 많으므로 이들이 속한 기관을 찾는 것이 더 효과적인 방법일 수 있다. 전혀 관련 정보가 없는 사람의 경우 대학의 관련 학과나 병원, 학술 단체를 통해서 의뢰 기관과 전문가를 찾을 수 있다.

2) 임상평가의 절차 및 결과 보고

임상평가란 개인의 특수한 문제를 구체적으로 규명하고 문제 해결을 위한 의사 결정에 지침을 제공하기 위한 과정이다. 즉, 임상평가는 '어떤 문제를 나타내는 아동'을 대상으로 한다는 점에서 일반적인 평가와는 차이가 있다.

임상평가의 첫 단계는 문제에 대한 명확한 정의이다. 어떤 종류의 문제이든 문제 해결 과정에서의 첫 번째 과업은 문제를 명료하게 파악하는 일이다. 둘째는 행동적 영역이다. 동료와 어울리지 못하거나 위축 행동, 지나친 공격성, 파괴 및 비행 행동 등을 예로 들 수 있다. 셋째, 신체적 문제로서 시·청각적 감각 장애, 신체적 구조의 문제 그리고 만성적인 질병 등이다.

임상평가의 두 번째 단계는 문제의 내용에 관련된 지식의 습득이다. 문제의 내용에 관해서는 크게 두 가지 종류의 지식이 요구된다. 첫째는 평가 대상이 처한 맥락을 이해하는 것이고, 둘째는 문제 유형에 따른 검사 도구의 선정 및 이에 관한 지식이다. 셋째 단계는 자료 수집 과정이다. 이 과정은 다양한 자료를 여러 원천으로부터 다양한 방법으로 수집함으로써 이루어진다. 일반적으로 수집될 기본 자료는 검사 자료, 아동의 생활사, 행동관찰 그리고 면접 자료이다. 넷째 단계는 자료의 분석과 해석을 시도하는 것이다. 임상평가의 최종 결과는 평가 대상에 대한 현재의 기능 수준을 서술하는 것으로서 원인의 진단 및 치료적 제언을 고려하여 작성한다. 이상의 절차에 의해 이루어진 임상평가의 결과는 보고서로 작성하고 의사 결정이 필요한 곳에 제공한다. 보고서의 형식과 길이는 보고서를 제출할 기관과 문제의 심각성 정도에 따라 달라진다.

05 CHAPTER

Child Psychology & Counseling

아동상담과 문제행동지도

이 장에서는 아동상담이 아동의 건강한 성장과 발달을 위해 현재 겪고 있는 심리적 스트레스, 갈등, 크고 작은 문제들을 잘 극복하도록 도와주며, 어려움에 처한 내담자가 자기 이해와 자아 통제를 통해 스스로 문제를 해결할 수 있는 능력을 갖추는 것임을 알 수 있다. 아동발달과 아동상담의 관련성을 이해하기 위해 프로이트, 에릭슨, 매슬로우의 이론을 다루고, 상담의 기초 개념을 바탕으로 아동의 심리를 이해하는 상담자로서의 자질과 역할을 설명한다. 상담의 관계가 심리적 조력 관계에 있으며, 긍정적인 상담 관계를 형성하는 데 필요한 기본요소를 살펴본다.

주요용어

- 아동발달과 아동상담
- 상담자와 내담자
- 수용, 반영, 공감
- 아동문제의 이해
- 심리적 조력 관계
- 전이와 역전이

01 주의가 산만한 아이는 부모가 만든다.

에피소드

아침 10시다. 아이는 아직도 아침밥을 먹고 있고 엄마는 아이에게 밥 한 숟가락 떠먹이고 부엌으로 가서 남은 설거지를 하면서 아이에게 다시 밥을 빨리 먹으라고 재촉한다. 그러더니 떨어진 수건을 들고 세탁실로 간다. 다시 부엌으로 가서 남은 설거지를 계속하면서 힐끔 아이를 보면서 다시 빨리 밥을 먹으라고 재촉한다. 그리곤 다시 아이에게로 가서 밥 한 숟가락을 떠먹이고는 다시 안방으로 들어가 어제 사 둔 화장품을 꺼내 화장대 위에 늘어놓곤 한번 '씩–' 웃는다.

문제행동지도

산만함이란 정신이 산란하고 혼란스러운 정도를 말한다. 주의가 산만하다는 것은 필요한 과제에 선택적으로 집중하지 못하고 동시에 여러 가지 자극에 주의가 분산되는 것이다.

위 에피소드의 부모는 산만해 보인다. 산만한 부모의 특성이 아이에게 어떤 영향을 미치는가? 산만한 부모는 불안한 경우가 많고 부모의 불안이 아이에게 그대로 전달되어 아이 역시 불안한 경우가 많다. 보통 산만한 아이는 환경적으로 혹은 심리적으로 불안한 경우가 많아서, 참을성이 없고 동기도 부족하며 자신감도 없다. 무엇보다도 어른의 안내와 지도가 필요하다.

아이가 어떤 일을 끈기 있게 지속한다면 칭찬과 격려를 해 주고 부모가 먼저 모델이 되어 아이가 방해하더라도 하던 일을 계속하는 모범을 보여 준다. 산만한 환경이 되지 않도록 해 주어야 한다. 아이 방은 커튼이나 카펫을 깔아서 불필요한 소음은 줄여 주고 잡다한 물건들이 눈에 잘 띄지 않도록 가리개 같은 것을 이용해 정리하고 특히 아이의 책상은 잘 정리하고 너저분한 물건들이 없도록 한다. 처음에는 아이들이 좋아하는 물건이나 과제를 제시하고

점차 아이들이 덜 좋아하는 것을 하도록 계획을 짠다. 지시는 분명하고 구체적

이어야 하며 소위 잔소리처럼 불필요한 군더더기 말을 줄인다. 아이가 이해할 수 있도록 설명해 주는 것은 좋지만 한두 번 정도로 끝내야 한다. 너무 부모가 말을 많이 하는 것은 오히려 아이가 지시에 집중하지 못하게 하며 건성으로 듣게 한다. 즉, 말에 있어서의 'stop'을 잘해야 한다. 과제를 줄 때는 너무 많은 과제를 한꺼번에 주지 않도록 하고 짧고 구체적인 과제를 주도록 한다. 항상 정돈된 집안을 유지하도록 하고 밥을 먹으면서 TV 시청을 하지 않도록 한다.

일관성 있는 양육 태도를 유지하는 것도 중요하다. 엄마는 안 되고 아빠는 되는 식의 양육 태도는 가장 좋지 않다. 아이에게 과제나 활동을 유도할 때 시작은 부모가 같이 해 주고 마무리는 아이가 할 수 있도록 해 주는 것도 기법이다.

일상적인 규칙을 만들어 매일 일관되게 지키도록 한다. 부모들도 자신들의 규칙을 만들어 지키는 모범을 보여 준다.

02 공격적인 아이 다른 사람에게 피해를 주지 않을까요?

에피소드

어느 일요일 큰아이가 소리를 지르며 내 뒤에 숨는다. 곧이어 등장한 둘째 아이 손에는 야구 방망이가 들려 있고 둘째 아이는 아직도 씩씩거리며 금세라도 터져버릴 뇌관처럼 상기된 얼굴로 내 앞에 나타났다.

때리고 싸우는 공격적인 행위는 손이나 물건을 사용하여 다른 아이를 습격하고 물건을 파괴하는 행위를 말하는데 이런 행위가 습관적으로 일어날 때 문제가 된다.

먼저 이런 행위가 일어나는 상황을 몇 가지로 살펴볼 수 있다. 첫째, 특별한 이유 없이, 둘째, 다른 아이가 먼저 때리니까 그에 대한 반격으로, 셋째, 일이 자기 마음대로 되지 않아서, 넷째, 참았던 화가 폭발해서 나올 수 있다(정보인, 1999).

문제행동지도

손으로 때리건, 도구를 무기처럼 사용하건 똑같이 처음부터 엄하게 통제해야 한다. 특히 무기를 사용하는 경우는 즉각적인 개입이 바람직하다. 공격적인 행위는 둘 다 나쁘지만 아이 본인이나 주변 사람을 위험하게 할 확률이 높은 무기를 사용할 경우 더 엄하게 다루어야 한다. 물건을 파괴하는 식의 공격성 표출은 "부수면 안 돼." 혹은 "던지면 안 돼."라고 하며 일단 잘못된 행동이라는 것을 알게 한 후 반드시 원상 복귀시키도록 해야 한다.

공격적인 행동이 일어나는 상황별로 적절한 지도 방안을 살펴보도록 하자. 첫째, 특별한 이유 없이 다른 아이를 공격한다면 다른 여러 가지 문제가 복잡하게 얽혀 있을 가능성이 크다. 우선 이런 공격적인 행동을 보이기 직전에 무슨 일이 있었는지 공격적인 행동을 한 이후에 주의 반응이 어떠하였는지 며칠간 기록하며 관찰한다. 그러면 어떤 공통적인 원인이 밝혀질 것이다. 원인이 밝혀지면 그 원인을 미리 제거해 주어 공격적인 행위를 예방한다.

둘째, 다른 아이가 때리니까 그에 대한 반격으로 공격적인 행위가 있었다면 공격적인 행위 자체는 어쩌면 당연할 수 있다. 이때 무기가 사용되었다면 이를 지적하고 다시금 무기를 사용하지 않도록 제재해야 한다. 또한 이런 상황이 빈번히 연출된다면 먼저 때리는 아이를 찾아 두 아이를 함께 행동수정을 하는 것이 좋다.

셋째, 일이 자기 마음대로 되지 않아서 공격적인 행동을 한다면 이는 과거에 자기 마음대로 하고자 할 때 공격적인 행위를 통해 원하는 목적을 달성한 경험이 있기 때문이거나 정말 아이가 하기 싫은 일을 강요받거나 하는 일이 너무 어려워서 피하고 싶은 마음이 표출된 것일 수 있다. 이때는 아이에게 부가된 일의 특성을 다시 점검해 보고 아이 수준에 합당하지 않다면 아이가 수행 가능한 수준의 일로 대체해 주면서 이럴 경우에는 적절히 자기표현을 하는 방법을 아울러 알려 준다. 하기 싫은 일을 피하고 싶은 표현이라면 아이가 하기 싫어도 반드시 해야 하는 일이 있다는 것을 알게 하기 위해서라도 끝까지 하도록 한다. 단, 쉽게 일의 마무리를 통한 성공의 경험을 맛볼 수 있도록 과제 분석이라는 것을 통해 세부적으로 일을 나누어 하게 한다. 아무리 강력한 공격적 행위로 하기 싫은 일이라는 표현을 대신할지라도 면제해 주면 안 된다. 하기 싫어도 반드시 해야만 일이 있다는 것을 알게 해 주어야 한다.

넷째, 참았던 화가 폭발한 경우라면 화를 적절하게 풀어 쌓이지 않게 한다. 예를 들어 독백훈련법과 같은 것으로 화가 났을 때 아이의 생각을 글로 쓰게 하는 것이다. 대략 화가 났던 상황, 자신이 한 공격적인 행동에 대한 묘사, 그때 주위에서 받은 부정적인 반응, 공격적인 행동과 대체될 수 있는 바람직한 화풀이 방법으로는 어떠한 것이 있는지에 대해 글을 쓰게 한다. 그다음에는 바람직한 화풀이를 했을 때의 좋은 점과 나쁜 점에 대해 적게 한다.

원인이 되는 상황과 상관없이 공격적인 행위가 나타나면 즉시 아이의 행동을 멈추게 하고 간단히 꾸짖은 다음, 아이의 행동 중에 나쁜 행동의 이름을 말해 준다(예: "안 돼! 친구에게 방망이를 들고 때리면 안 돼."). 그리고 바닥을 두어 번 친 후 타임아웃을 시킨다. 타임아웃이 끝난 후 아이가 한 공격적인 행동에 대해 스스로 말해 보게 하고, 안전하게 자신이 화가 났음을 알리는 방법에 대해 생각해 보게 한다.

03 아이가 버릇이 없어요

에피소드

식당에서 소리를 마구 지르면서 돌아다닌다. 어느새 계산대에 가서는 볼펜을 집어 들고 계산기를 눌러대다가 식당 주인에게 한소리를 듣는다.

이런 아동들의 특징은전철이나 버스를 타면 떠들고 돌아다니거나 의자 위에 올라가 창밖을 본다. 식당에서는 돌아다니며 계산대 위의 물건들을 만지거나 서빙하는 사람과 부딪히기도 한다. 그러다 보니 식사시간은 보통 한 시간을 넘어가고 한 입 먹고 돌아다니고 한 입 먹고 돌아다니기를 반복한다. 긍정적인 시각에서 보면 호기심이 많고 탐색적인 아이이며 명랑하고 활발한 아이라고 볼 수 있다. 전철이나 버스에서 밖 풍경을 보고 싶은 것은 어쩌면 자연스러운 일이다. 아무래도 답답한 곳에 오랫동안 앉아 있어야 하기 때문이다.

그러나 분명 다른 승객들이나 식당 안의 다른 손님들에게 편안하게 목적지로 이동할 권리나 편안하게 식사할 수 있는 권리를 침해하는 일이다.

문제행동지도

일단 버스나 전철을 탄 경우라면 아이들을 무조건 통제하기보다는 얌전히 앉아서 엄마와 함께 밖의 풍경을 보면서 이야기를 나누도록 한다. 지하철이라면 지하철이 어떻게 가는지 다음 정거장은 어디인지 지하철 안의 광고판들을 보면서 이야기를 나누도록 한다. 평소에도 짧은 동화책들을 가지고 다니면서 이동하는 동안 읽어 주는 것도 좋은 방법이다.

혹시 이미 엄마가 제지하기도 전에 의자 위로 올라가거나 옆 좌석의 승객에게 아이의 발이 닿거나 하면 아이의 손을 잡고 가볍게 사과하는 모습도 아이에게 보여 준다.

식당 안이라면 아이가 입에 맞는 것으로 시켜 주고 빨리 먹은 후 할 수 있는 활동들을 제시해 준다(예: 밥 먹고 하고 싶은 게 뭔지 물어보고 "그 활동을 하려면 빨리 밥 먹고 가야겠다. 그치?").

이외에도 편식버릇의 문제나 예절 없는 아이 등 여러 문제가 있다. 항상 예의 바르게 행동하고 웃어른을 공경하며 상황에 알맞은 언어를 사용하는 일은 몸에 배어 습관화되어야 한다. 유치원을 오고 갈 때나 길거리에서 이웃 어른을 만났을 때 손님을 맞이할 때 부모, 집안 어른, 선생님, 친구 등에 따라 어떤 말씨와 태도를 취해야 하는지 함께 이야기해 보고 연습해 본다. 단, 아동의 발달 수준에 맞게 가르쳐야 한다. 그리고 예절을 익히는 과정에서 잘 지켜지지 않는다고 해서 아동의 행동을 비난하거나 힐책하지 않도록 한다. 오히려 아동에게 반항심만을 불러일으키게 될 것이다.

이런 교육적 경험을 통해서 아동의 나이에 맞지 않는 미숙함이 발견되거나 아동이 자꾸 자기보다 나이 어린 아동의 행동만을 고집하려 한다면 전문가와 상담해 보는 것이 좋다. 심리적인 퇴행문제일 수도 있기 때문이다.

04 유아기의 무조건 반항하는 아이 비뚤어지는 건 아닐까요?

에피소드

작은아이의 울음소리에 아이들 방으로 달려갔더니 작은아이가 바닥에 엎드린 채 울고 있고 큰아이는 아직도 씩씩거리며 작은아이를 내려다보고 있다. 작은아이를 일으켜 보니 코피가 조금 흐른다. 왜 그랬냐고 물으니 말하기 싫다는 듯 "몰라요."라고만 한다. 일단 작은아이를 진정시키기 위해서 휴지 좀 가져다주겠냐고 했더니 "싫어요."라고 한다. 몇 번을 이야기해도 들은 척도 안 한다.

문제행동지도

에피소드를 보면 원인은 알 수 없으나 두 아이가 싸웠는데 엄마가 보기에는 피가 나는 작은아이에게 먼저 집중을 하게 된다. 그렇다고 큰아이에게 작은아이를 위해 휴지를 가져다 달라고 하는 것은 무리한 요구이다. 이런 상황이라면 휴지를 가져다주는 것이 이상할 정도다. 무조건 반항하는 것이 아닌 경우가 많다. 일단 어떤 문제든 엄마가 너무 예민하게 대처하지 않는 것이 문제를 악화시키지 않는 태도이다. 발달기에 특히 5세 이전까지는 자기중심적인 것이 발달 특징이다. 그래서 자기 위주로 생각하고 판단하고 그런 부분들이 엄마가 보기에는 반항하는 것으로 보일 수도 있다. 예를 들어 자기가 낮잠을 자지 않았으므로 낮이 아니라고 하는 아이들이다.

또한 어떤 지시나 명령을 했을 때 잘 따르지 않았다면 엄마의 지시가 효과적이지 못했을 수도 있다. 즉, 아동이 지시를 명확히 이해하지 못했거나 엄마가 지시를 확실하게 안 했을 수 있다. 그러므로 지시를 할 때는 뜻하는 바를 확실히 하는 것이 좋다. 그리고 한꺼번에 너무 많은 지시를 하지 말아야 한다. 또한 아동이 엄마에게 집중할 수 있도록 아동과 눈을 맞추거나 아동의 얼굴을 돌려 세워 엄마의 얼굴을 쳐다보게 하는 것이 좋다. 지시를 하기 전에 불필요한 잡음이나 방해물은 제거하는 것이 좋다. 아동이 TV를 시청하거나 컴퓨터 게임을 하고 있는데 지시를 내린다면 아동에게 지시 내용이 전달되기 어려워서 결과적으로 순종적이지 않은 것으로 보일 수 있다. 지시를 내린 다음 아동에게 지시 사항을 반복해 보게 하는 것도 좋은 방법이다.

아동이 엄마의 지시를 잘 따랐을 때 관심을 보여 주고 아동의 순종적인 행동에 긍정적으로 평가해 주어야 한다. 일단 아이가 바쁘지 않은 시간을 골라 "엄마에게 휴지 좀 갖다 주렴." 혹은 "엄마의 로션을 이리 가져올래?"라는 식으로 아동에게 지시나 요구를 하고 따르게 한다. 그런 다음 잘 따라 하면 "엄마가 시킨 대로 해 주니까 너무 좋구나. 네가 휴지를 가져다줘서 얼마나 깨끗해졌는지 좀 보렴. 네가 휴지를 가져다주다니 참 착하다." 이런 식의 칭찬해 준다.

1~2주 정도 시간을 내서 집중적으로 이런 순종 훈련을 시키면 어느 정도 반항적인 부분이 많이 해소가 될 것이다.

때론 지시한 내용과 정반대로만 행동하는 청개구리형의 아이도 있다. 정말 반항하는 것처럼 보이는 아이들이다. 이런 아이들의 경우에도 위의 순종 훈련이 효과적일 것이다.

05 사 달라는 거 다 사 줘도 되나요?

에피소드

어제 야근을 해서 미안한 마음에 오늘은 아이를 데리고 장난감 가게에 왔다. 그런데 아이는 처음에는 쥬쥬 인형을 사 달라고 하더니 나중에 햄토리 집을 사 달라고 해서 막상 계산하려니 자동차를 사 달라고 떼를 부린다. TV에서 나오는 것마다 사 달랜다.

유아기, 특히 언어적으로 급격한 발달을 하기도 하는 4~5세는 일생에서 호기심이 가장 왕성한 시기이다. 동시에 사물에 대해 빨리 싫증을 내는 시기이기도 하다(장휘숙, 1987). 그렇기 때문에 눈에 보이는 대로 사달라고 하는 것이 어쩌면 당연한 현상일 수 있다.

이 시기 아동의 호기심은 지적 성장을 촉진시키는 중요한 요인이기도 하다. 호기심이 많은 것은 지적 자극을 위한 도약의 시작점이고 이를 해소하는 과정을 적절히 도와주면 우수한 지적 능력으로까지 발전시킬 수 있을 것이다.

문제행동지도

아무데서나 떼를 쓰면 적절히 통제를 해 주어야 하는 것처럼 보이는 것마다 사 달라고 하는 아동도 문제다. 특히 일하는 엄마라면 절대 시간을 아이와 함께하지 못한다는 생각에 어느 정도 죄책감을 가지고 있어 아이가 원하는 대로 다 사 주면 아이도 기뻐하는 듯해서 좋고 엄마는 엄마대로 죄책감에서 조금은 벗어날 수 있다 싶어 마구 사 주게 된다. 그래서 달랑 한 시간만 가지고 놀다 이내 던져 놓은 장난감들로 집안이 가득 찰 정도가 되고 아이는 또 다른 장난감을 사달라며 엄마의 손을 끌게 되는 악순환을 반복하게 된다.

아동의 호기심으로 인한 발동인지 정서적 상실감이나 공허감으로 인한 것인지를 구별부터 해야 한다. 일하는 엄마라면 절대 시간이 부족하며 아이도 그에 따른 모성결핍이 있을 수 있기 때문이다. 그렇다면 사달라는 것 중에서 우선순위를 물어보든가 아이가 좋아할 만한 다른 대체 장난감을 제시해서 사고자 하는 욕구를 만족부터 시켜 준다. 그런 다음 모성결핍이나 정서적 상실감에 대한 대책으로 애완동물을 키우게 하거나 기르기 쉬운 화초 기르기와 같이 아동이 다른 곳에 애정을 쏟을 만한 것을 제공해 주도록 한다. 한 달에 한 번 보육원이나 장애인 시설 같은 곳에 아이와 함께 방문해 자원봉사를 해 보는 것도 좋은 방법이 될 것이다. 또한 친한 친구들을 집에 초대해 아이와 더욱 돈독한 시간을 보낼 기회도 자주

제공해 준다.

지적인 성장을 위한 호기심의 발동이라면 아동의 호기심은 새로운 물건을 가지는 것으로 충족될 수 없음을 기억해야 한다. 일단 반복해서 설명해야 한다. 그리고 꼭 가져야 하는지 다시 한번 생각해 보도록 돕는다. 번거로워서 화부터 내거나 꾸지람부터 하는 것은 호기심 자체를 잘라버리는 일이 될 것이며 아이들의 자기표현 능력이 자아 존중감에도 손상을 입히는 일이 될 것이다. 무슨 물건이든 만져 보고 흔들어 보고 떨어뜨려 봄으로써 환경을 탐색하고 변화를 관찰하는 것이 도움이 된다. 외부 환경에서는 그렇게 하기 어려우므로 적어도 가정환경 내에서는 자유롭게 움직이고 탐색할 수 있는 여건을 조성해 준다.

06 거짓말쟁이 우리 아이 따끔하게 혼내줄까요?

에피소드

아이는 오늘도 피아노 학원에 가지 않았다. 그러나 내가 물어보면 언제나 피아노 학원에 다녀왔다고 말한다. 숙제했느냐고 물으면 항상 숙제를 다 했다고 한다.

문제행동지도

아이가 거짓말하는 것이 확실하다면 먼저 어떤 종류의 거짓말인지를 곰곰이 생각해 보아야 한다. 첫째, 아동이 문제가 생겼을 때 제대로 표출하지 못해서일 수 있다. 둘째, 시간이나 공간 개념 결여로 인한 경우가 있다. 셋째, 상상과 지각이 뒤섞여서일 수 있다. 넷째, 자기 나름대로 바꾸어 버리는 경우가 있다. 다섯째, 어른들이 거짓말하는 것을 보고 자란 아이인 경우가 있다. 여섯째, 발달 지체로 인해서 실제 사실과 상상의 세계를 구분 짓지 못해서 또는 혼동해서인 경우가 있다. 일곱째, 자기 주변에 대한 깊은 불신감이 있어서 신뢰감의 결여로 인해 다른 사람에게 마음을 열지 못해서인 경우다. 어른과의 신뢰와 사랑에 찬 지속적인 관계를 맺지 못하고 어려움이 있거나 잘못을 했을 때 이해하고 처리하며 도움을 주는 사람이 주변에 있으리라고 믿지 않는 아이이다. 여덟째, 처벌에 대한 두려움 때문에 거짓말을 할 수 있다. 체벌 위주의 엄한 교육 환경에서 양육된 아이라면 이런 이유인 경우가 많다. 아홉째, 부모나 교사로부터의 부당하거나 부적절한 요구를 강요받으면 아이가 거짓말을 하게 되는 갈등상황에 처하게 된다.

이런 이유로 인해 빈번하게 거짓말하게 되면 아이로 하여금 신뢰감을 갖게 해야 한다. 긍정적인 방법으로의 성취는 인정해 준다. 왜냐하면 허풍이나 과장으로 인정받거나 애정을 확인하려고 하면 일단 먼저 아이의 욕구를 충족시켜 준 뒤 아이의 상태를 살피는 것이 좋다. 아이와의 사소한 약속이라도 부모가 먼저 반드시 지켜서 모범을 보여 준다. 예를 들어 밤에 아이가 자고 있을 때 미리 알려 주지도 않고 부모가 잠깐이면 괜찮겠지 하는 생각으로 집을 비우는 경우 등은 아주 좋지 않다.

아이가 거짓말하는 이유를 찾기 위해서는 아이의 입장이 되어 보는 것도 중요하다. 이를 통해 어른에 의해 주어진 부적절한 행동 규칙들 때문인지, 아니면 아이가 감당하기 어려울 정도의 규칙인지, 아니면 또래 집단과의 문제 때문인지 등을 구체적으로 파악한다. 이렇게 하기 위해서는 아이를 관찰하고 아이와 이야기를 나누는 연습이 되어야 한다.

07 자기만 아는 욕심쟁이 아이 천사표로 만드는 방법

에피소드

아이는 가지고 놀던 장난감에 싫증이 났다며 다른 아이가 가지고 노는 장난감을 빼앗고도 천연덕스럽다. 벌써 아이 앞에 가져다 놓은 장난감이 산처럼 많다. 하지만 다른 아이들이 장난감을 만지면 버럭 화를 내며 손도 못 대게 한다.

이런 아동은 자신만의 욕구를 충족시키거나 자기 권리만을 주장하고 또는 오직 자신을 위해 이를 관철시키려 한다거나 인정받고자 하여 다른 사람에게 피해가 되는 이기적인 아동이다.

문제행동지도

자기만 아는 아동들은 이기적인 행동으로 인해 친구 사귀기가 어렵고 또래들과 원활한 상호작용을 할 수 없어 문제가 되며 이후 학령기까지 영향을 미쳐 따돌림과 같은 여러 가지 다른 문제를 야기한다.

자기만 아는 아동들은 나이에 맞게 성숙하지 못했거나 부모가 지나치게 모든 것을 다 받아 주고 들어주는 응석받이로 키웠거나 형제간에는 가진 것을 서로 나누고 때로는 자기주장이나 욕구도 양보해야 하는데 이런 형제 관계를 경험하지 못하는 외동이나 막내에게 많이 나타난다. 부모의 지위로 인해 특별대우를 받는 아동이거나 부모에게서 소외되거나 양육이나 보살핌이 불충분한 경우에도 흔히 나타난다.

다른 경우에 아동은 물건을 독점함으로써 대상(代償)적인 만족을 얻으려는 본격적인 욕심꾸러기가 있다. 심한 경우에는 저장증후군으로 나타나기도 한다. 예를 들어 친구가 없거나 부모가 맞벌이를 하거나 집에서 소외당하고 있기 때문에 항상 고독하고 재미가 없다든지 하는 아동이 욕심꾸러기가 되기 쉽다. 이런 아동들은 마음의 빈곤을 물질을 얻는 것으로 만족하려고 한다. 그렇기 때문에 물건을 꼭 붙들고 절대로 내놓으려고 하지 않는다.

물건을 나누어 갖는 경험을 갖게 하고 일단 가지고 싶은 것이 있어도 참는 훈련을 하도록 한다. 소유 개념을 명확히 해서 자신의 물건에는 전부 이름을 써서 자기 물건 놓는 곳에 두도록 한다. 대상적 행동으로서의 욕심꾸러기는 일단 가지고 싶어 하는 것을 제어하거나 제한하는 것은 의미가 없다. 일단 가지고 싶어 하는 것은 가지게 하고 마음의 공허를 채울 수 있도록 해 준다.

또한 친구들과의 원활한 관계 형성의 어려움 때문에 나타나는 욕구불만일 수 있으므로 적절한 친구 사귀기 기술을 익히기 위한 상담을 받아 보는 것도 좋다.

08 아이는 혼자서는 아무것도 못 해요

에피소드

아이는 6살인데 아직 혼자 신발을 신지 못한다. 할머니가 언제나 모든 것을 다 해 주셨기 때문이다.

문제행동지도

의존적인 아이다. 혼자서는 아무것도 할 수 없다. 언제나 누군가의 지배를 받는 아이다. 누군가 명령하고 지도하고 도와주어야 움직이는 아이다. 이런 아이는 혼자서는 세상을 살아갈 수 없다. 이런 아이는 어른이 되어서도 책임감이 없고 아무것도 자기 힘으로 할 수 없는 사람이 된다. 극단적으로는 부모 중에 불안증이 심해 아이를 자신의 관찰 범위 아래에 두는 경우도 있다. 아이가 자신이 보이는 범위 안에서 놀고 활동하게 해야 마음이 놓이기 때문이다. 이럴 경우 아이에게도 불안함이 전해지고 무기력해져서 엄마가 해 줘, 엄마가 먼저…. 이런 말이 입에 붙어 다니게 되고 아이에게 맡기면 불안하니까 부모가 다 해 줘서 아동이 스스로 생각하고 실천할 수 있는 기회마저도 주지 않아서 생긴 경우도 있다.

첫째, 도와주지 말고 자기 힘으로 하게 한다. 아이가 생각하고, 아이가 행동하게 한다. 자신의 책상이나 옷, 장난감은 스스로 정리하거나 청소하게 한다. 식사 후 자신의 식기는 싱크대에 가져다 놓도록 하는 것도 도움이 된다. 또한 스스로 옷을 입고 벗으며, 혼자 힘으로 잠에서 깨어 일어나게 하고, 얼굴과 손도 자신이 닦게 한다.

둘째, 책임을 지운다. 유아기 후반부터는 용돈을 주도록 해서 자유롭게 사용하게 하고 관리도 하며 책임을 지게 한다. 생활 속 경제 공부의 시작은 이때부터 본격적으로 시작되는 것이다. 또한 가사 도우미에게 동생의 이유식을 전해 주는 일이나 엄마의 전달 사항을 전해 주는 역할 책임을 지워 주는 것도 좋은 예가 되겠다.

하루의 생활 계획을 세우게 하고 스스로 지키게 한다. 아침 기상부터 몇 시부터 몇 시까지 무엇을 한다는 식의 계획을 미리 세우도록 하고 반드시 지키게 해야 한다. 물론 아이의 발달 수준에 맞춘 계획이어야 한다. 반드시 아동이 생활계획표를 짜도록 해야 한다.

엄마의 지나친 과잉보호나 불안이 문제라면 아동의 문제 이전에 엄마부터 상담이나 부모교육이 이루어져야 한다. 과잉보호는 아예 아무것도 교육하지 않는 것보다 더 나쁜 양육 태도이다. 불안의 원인을 찾도록 도와준다. 남편이나 주변인들에 대한 스트레스가 쌓여 그것이 아이에게 지나치게 집착하는 형태로 나타나는 것인지, 아이가 자신의 전부인 것처럼 여기는 자존감의 결핍인지 살펴보아야 한다.

09 우리 아이는 너무 소극적이에요

에피소드

아이가 놀이치료실에 들어왔다. 눈앞에 펼쳐진 그 많은 놀잇감에 신나 보였지만 선뜻 다가가서 만져 보지 못한다. 그리곤 이렇게 말한다. "이거 우리 집에 있는데." 다른 장난감 앞에서도 선뜻 만져 보지 못하고 '이거 우리 집에 있는데'만 연발한다.

문제행동지도

소극적인 아동은 의욕이 없고 흥미도 없으며 경쟁심도 없는 아이이다. 이런 아동들은 자기 행동에 자신을 갖지 못하기 때문에 자기 능력을 충분히 발휘하지 못하는 경우가 많다. 소극적이고 자신감도 없기 때문에 주도적이지 못하고 자주성도 없고 자립성, 주체성도 없다. 이런 아이는 어른이 되어도 무슨 일을 하든지 현상유지만 할 줄 알고 용기를 가지고 고난에 맞서거나 미지의 세계에 호기심을 갖고 모험할 줄도 모른다. 주저하면서 생각을 행동으로 옮기는 데도 오래 걸린다. 우울해 보이고 내성적인 아이로 보일 수 있다.

이런 아동들은 너무 지나치게 아이들을 위해 주는 가정에서 자라거나 반대로 너무 엄격한 가정에서 자라서 위축된 아이인 경우일 수 있다. 엄격한 가정에서 자란 아동은 스스로 행동하고 자주적으로 결정하지 못하고 부모는 명령하고 어떤 경우엔 부모가 다 해 버려서 아동은 시도해 볼 기회를 가지지 못하는 경우가 많다. 그 결과로 아동은 사고력이 약화되고 자주적인 사고 습관이 형성되지 못한다.

- 일단 꾸짖기보다는 반성하게 해야 한다. 그리고 사소한 실수는 그냥 넘어가는 것도 좋다.
- 집 안에만 가두어 두지 말고 친구들과 열심히 밖에서 놀게 한다.
- 칭찬을 해서 자신감을 길러 준다.
- 자신의 일은 스스로 하도록 하며, 스스로 생각하게 한다.

또한 이런 아동은 어린 시절부터 주위 사람들과 투쟁하며 자라는 경우이거나 자기표현을 인정받지 못한 경우일 수 있다. 아니면 정말 능력이 좀 부족한 아이이거나 불행하고 비참한 경험을 한 경우일 수 있다.

첫째, 투쟁하며 살아온 아동은 형이나 동생과 같은 주위 사람들과 격렬하게 대립하며 싸우지 않으면 안 되는 상태에서 자라거나 다른 사람에게서(예를 들어 남자아이만 예뻐하는 친할머니, 친구들로부터의 따돌림 같은) 상처를 받고 고통을 받는 등 슬픈 경험을 많이 겪은 아이였을 수도 있다.

둘째, 자기표현을 인정받지 못한 경우는 주위 사람들이 아동의 의욕적이고 개성적이며 창의적이지만 다소 독창적인 자기표현을 인정하지 않았기 때문에 자기를 인정받지 못하는 아이 그리고 아이의 평상시 행동이나 말, 노래, 놀이 등에 대해 충분한 칭찬이 부족한 경우, 자기표현에 자신감을 잃었고 주위에서 고립되고 주목받지 못하며 어떤 경우에는 나쁜 아이로 인식되기도 한다. 사실 이 세상에는 불행한 아이는 있어도 나쁜 아이는 없다.

셋째, 정말 능력이 좀 부족한 아이가 있다. 다른 아이들보다 인지적으로든 신체적으로든 허약하거나 뒤떨어지는 경우이다. 설사 객관적으로 열등한 부분이 있더라도 장점을 발견하고 인정해 줄 수 있도록 노력해야 한다.

넷째, 불행하고 비참한 경험을 한 아동의 경우이다. 슬픈 일을 많이 겪은 아이이다. 부모를 잃었거나 부모의 불화나 이혼, 부모의 오랜 질병이나 장애, 자신의 중한 질병 혹은 아동 학대 등의 경험은 세상을 신뢰할 수 없게 만들고 인간에 대한 불신을 가지게 한다. 특히 부모의 불화나 이혼, 아동학대는 아이에게 심한 충격을 준다.

일단 이 네 가지 원인을 살펴서 이를 제거하도록 한다. 형제간의 대립이라면 그것을 없애도록 하고 부모가 공평한 사랑을 주도록 하고 꾸지람보다는 칭찬을 많이 하도록 한다. 장점을 인정해 주도록 한다. 주위의 기대에 부응하느라 바쁘고 말 잘 듣고 착한 아이는 소극적이기 쉽고 이보다는 인정받는 아이로 키우는 것이 매사 자신감 있고 적극적이기 쉬워 안정된 정서를 만들어 가게 한다(히라이 노부요시, 2004). 또래 친구들과 자주 대화하고 접촉하게 한다. 능력이 부족할 경우에는 다른 방면의 소질을 인정해 주고 발전시켜 주도록 한다. 가족 전체가 명랑한 가정이 되도록 힘쓴다. 그리고 화나 스트레스를 쌓아두지 않게 감정을 발산할 수 있도록 가족 분위기를 조성해 준다. 슬픈 일에는 크게 소리 내어 울 수 있도록 해 주고 부모에게 싸우지 말라고 소리 내어 말할 수 있도록 말이다. 작은 일에도 인정을 받으면 아이는 한층 개방적이게 된다.

학대의 경험이 있는 아이는 전문가의 도움을 반드시 요청하고 아이 앞에서 가해자가 처벌받는 모습을 보여 주어서 영원히 피해자가 도리어 숨어 지내고 상처를 감추며 지내는 일이 없도록 해야 한다.

10 친구관계를 만들려고 하지 않아요.

에피소드

집에서 아이는 요즘 들어 약간의 짜증이 늘었다는 것 빼고는 평소와 다른 모습이나 행동을 보이지 않았다. 단지, 비대면 수업조차도 하기 싫어하는 것 때문에, 아침마다 언쟁이 높아지는 것이 있지만, 그것도 대면수업이 있을 때와 많이 다르지 않았다. 그러던 어느 날, 담임교사가 전화를 해서 여러 가지 말을 했는데, “아이가 온라인 수업 중에 얼굴을 보이지 않고 비디오를 계속 끄고 있다. 담임교사는 아이에게 비디오를 켜고 얼굴을 보이라고 여러 번 이야기를 했더니 부끄럽다고 하면서 얼굴의 반만 보이도록 하면서 수업에 임했다. 또한 더군다나 작년에 아이의 담임교사였던 분과 매우 친한 관계인데, 그 선생님이 말이 아이가 학급 친구와 이야기를 하는 것을 본 적이 없다는 말을 들었다. 대면 수업이 있는 날 유심히 보니 짝과 친구들과 인사는 하는 것 같은데, 그 외는 어떤 관계 행동을 하지 않는다는 것을 알게 되었다." 등의 말이었다. 전화를 끊고 내가 아이에 대해서 이렇게 잘 몰랐나 하면서 어떻게 해야 할 지 고민에 빠지게 되었다. 약간 부끄럼을 좀 타는 아이라는 생각은 했지만, 정도가 심하다고는 생각하지 못했다.

문제행동지도

일단은 우리는 부끄러워서 비대면 수업 중에 얼굴을 보이지 않으려고 한다고 해서, 이것을 어른의 관심을 끌기 위한 행동이라고 단정 짓지 않기를 바란다. 물론 아이들은 교사나 부모의 관심을 보이기 위한 행동을 티 나게 많이 한다. 그러나 이런 경우, 관심을 받기 위한 행동인가보다 넘기지 말고, 하나 하나 따져볼 필요가 있다. 대체적으로 비대면 수업에서 동영상을 켜지 않은 것, 부끄러움을 타는 상황은 어떤 상황이고, 어느 정도인지, 친구들과의 관계는 어떤지 등 세 가지 정도로 요약해 볼 수 있다. 물론 이 세 가지는 관련되어 연결되어 있을 것이다. 이 세 가지를 차근차근 이유와 아이의 행동에 대해서 아이 자신은 어떻게 보고 있는지 어떤 생각을 하는지를 다루면 좋을 듯하다.

학교는 친구를 만날 수 있는 장소이며, 아동의 친구관계는 이후 중요한 사회적 관계의 기준이다. 친구관계를 통해서 관계 맺는 방법, 대화기술 및 갈등 해결 방법 등을 배운다. 또한 친구와의 우정을 통해 협동심, 상호존중, 대인관계 기술을 학습한다. 그러므로 아이가 성공적인 친구관계를 형성하는 것이 어떠한 학업성취보다도 중요하다. 친구와 친밀함을 경험하고 그러한 관계 경험을 바탕으로 사회적 관계를 형성하는데 이는 생존과 성장을 위해서 필수적이다. 따라서 아이가 이렇게 중요한 친구관계를 만들려고 하지 않는 이유가 관계와 관련된 부분에서 어떤 어려움과 관련되어 있는지를 확인한다. 부모는 자녀에 대해서 잘 알고 있다고 가끔은 착각하기도 한다. 물론 부모가 자녀에 대해서 잘 아는 것도 있다. 그렇지만 부모가 모르는 부분이 있다는 것을 잊어서는 안 된다. 시간이 좀 지난 사건일지도 모르지만, 아이에게 친구관계가 관련된 사건이 있었을 것이다. 최소 친구관계가 아니라 해도 친구관계 영향을 미칠 수 있는 사건이 있었을 것이다. 그것을 부모나 교사에게 밝히지 않고 스스로 처리하는 과정에서 마음의 문을 닫았을 수 있고, 아니면 말을 했지만 부모가 중요하게 생각지 않고 넘겨 버리는 바람에 아이는 말해 봤자 소용이 없다는 마음을 먹었을 수도 있다. 아이는 여러 이유로 해서 학교나 친구와의 경험을 부모와 공유하지 않을 수도 있다.

또한 부끄럼을 타는 행동이 드러나는 상황에 대한 탐색과 그 행동이 친구관계와 어떤 관련성이 있는지를 확인하는 것도 필요해 보인다. 아이와의 위에서 언급한 세 가지를 알아보는 것은 부모와 함께 해도 좋고, 교사나 상담자 아니면 아이가 마음을 좀 편히 이야기 할 대상이 있다면, 그 대상과 나누어도 괜찮다. 아이가 자신의 마음을 누군가에게 털어놓을 수 있는 장이 만들어지는 것이 가장 중요할 것이다.

11 게임을 너무 많이 해요

에피소드

아이에게 전화를 했다. 도우미 아줌마가 받았다. 아이는 아직도 TV로 오락 중이란다. 눈도 나빠질 테고 집중력도 떨어진다는데, 걱정이 태산이다. 오랜만에 외식을 한다. 아이는 스마트폰을 달라며 떼를 부린다.

문제행동지도

아직 유아이므로 초등학생이나 그 이상의 아이들처럼 컴퓨터 게임을 하기는 어려울 것이다. 컴퓨터를 사용할 줄 알아야 하기 때문이다. 유아기는 발달적 특성상 꿈이나 상상을 현실과 자주 혼동한다. 그래서 게임상의 내용을 현실 속에서 거르는 작업이 어렵고 그중에서 자극적인 것들은 현실에 그대로 투영되어 행동으로 옮기는 경우도 많다.

연령별로 볼 때 초등학교 6학년이 가장 게임시간이 긴 것으로 나타났다. 요즘은 연령이 더욱 어려지고 있다.

그러므로 연령이 상대적으로 어린 유아의 경우에는 컴퓨터 게임중독은 아직 섣부른 판단이며 이때는 스마트폰 게임이나 TV 시청중독 같은 것이 더 많을 것이다.

일단 예방적 차원에서 유아에 대한 게임중독을 생각해 보기로 하자.

게임중독과 관련된 인성 특성은 공격성과 충동성, 그리고 대인불안 등이 있다. 동생의 출생으로 인한 공격성의 내재화가 게임중독이라는 형태로 나타날 수 있고 충동조절이 어려워 나타나는 경우이다. 충동적인 사람은 반항적이고 화를 잘 내고 타인에 대한 우호성과 책임감이 적고 자기 통제력도 부족하며 이후 청소년기 혹은 성인기의 비행과 관련이 있다.

대인 불안은 보통 친구 관계에서의 문제로 야기되는 경우가 가장 높았다. 이들 아동은 공상, 수줍음, 열등감과 같은 도피적 행동들을 나타낸다.

다음은 이형초와 안영일(2002)의 논문에서 발췌한 인터넷 게임중독에 대한 인지 행동적 치료 프로그램이다. 하루에 사용하는 시간을 관찰하고 목표를 설정한다. 일단 게임에만 빠져들지 않도록 자신감을 증진시킨다. 게임 이용을 줄이기 위해 부정적인 사고를 긍정적으로 전환하고 미래의 꿈을 확인하고 달성하도록 돕는 계획을 수립한다. 이런 과정을 통해 게임 이용 시간을 조절하고자 하는 동기를 증진하여 게임 조절 행동에 대한 자신감을 갖도록 한다.

다음으로는 '대안 행동을 찾기' 및 '날 자랑하기'이다. 자신의 장점을 인식하고 지금까지 즐겁게 경험했던 활동을 찾아본다. 이런 과정을 통해 게임 이외에 대체 행동을 찾아 게임 대신 시간을 보낼 수 있는 활동을 증가시켜 게임 이용을 간접적으로 감소시키는 효과를 갖도록 한다.

게임 조절에 대한 성공 및 방해 요인을 확인한다. 또한 시간계획표를 다시 작성하여 게임 이용 시간을 줄이고 게임 조절에 따른 심리적 문제에 대처할 수 있는 힘을 상승시킨다.

매주 일주일 동안 이루어진 게임 시간을 줄이기 위한 노력에 대한 고민을 함께 나눈다. 그리고 앞으로 예상되는 남아 있는 문제들을 확인하고 이에 대처할 수 있는 힘을 상승시킨다.

아울러 폭력적인 게임(예: 전쟁 시뮬레이션)이나 캐릭터를 이용하는 게임 또는 온라인 머니가 사용되는 게임은 중독성이 강하다. 덜 폭력적이고 한 판에 게임이 끝나는 방식의 게임으로 종류를 바꾸도록 한다. 이미 게임을 즐기는 자녀에게 무조건 게임을 금하는 것은 반항심만 일으킬 수 있다. 게임 다이어리를 사용하여 행동 패턴 파악하면 도움이 될 수도 있다. 하지만 게임중독이 심하거나, 주변의 도움으로 해결하지 못하는 경우, 전문가에게 상담치료를 받는 것이 중요하다. 게임중독은 다른 중독에 비해 예후가 좋은 편이므로, 문제가 더 심각해지기 전에 전문가와 의논해 보는 것이 좋다(한국심리학회, 2014).

이 외에 컴퓨터 사용 시간을 조정하여 일정 시간이 지나면 자동으로 컴퓨터 전원을 차단하는 서비스를 제공하는 회사에 가입하여 통제하는 것도 하나의 방법이다. 하지만 무엇보다 중요한 것은 유아 스스로 충동을 조절을 하도록 유도하는 것이 장기적으로는 가장 좋은 대안이 될 것이다.

다음은 컴퓨터 게임중독 증세 열 가지이다.

---

① 꼭 해야 할 일이 없으면 거의 모든 시간을 게임하는 데 보낸다.
② 게임을 하고 있지 않는데도 게임하는 느낌이 들 때가 있다.
③ 게임을 한 이후로 해야 할 일이나 물건을 잃어버리는 등 건망증이 늘었다.
④ 반드시 해야 할 일이 있어도 게임을 그만둘 수 없다.
⑤ 게임 때문에 시험(일)을 망친 적이 있다.
⑥ 내가 할 수 없는 일을 게임을 통해서 할 수 있다고 느낀다.

⑦ 게임을 하지 않는 날이 거의 없다.
⑧ 컴퓨터를 켠 후에 가장 먼저 게임을 시작한다.
⑨ 게임을 하지 못할 때면 짜증이 나거나 화가 난다.
⑩ 게임을 하는 것 때문에 가족들과 다툰 적이 있다.
⑪ 게임 때문에 밤을 새운 적이 많다.
⑫ 게임하는 중에 주인공이 다치거나 죽으면 마치 내가 그런 것 같은 느낌이 든다.
⑬ 게임을 하다가 고함을 치는 경우가 많다.
⑭ 내가 현실생활보다는 게임에서 더 유능하다는 느낌이 든다.
⑮ 게임 시간을 줄이려고 노력하는데도 번번이 실패한다.

일단 중독 현상은 금단 현상과 내성, 갈망 증상을 보이게 된다.

스마트폰 과의존 유아동 관찰자 척도

1	스마트폰 이용에 대한 부모의 지도를 잘 따른다. ○ 전혀 그렇지 않다 ○ 그렇지 않다 ○ 그렇다 ○ 매우 그렇다
2	정해진 이용 시간에 맞춰 스마트폰 이용을 잘 마무리한다. ○ 전혀 그렇지 않다 ○ 그렇지 않다 ○ 그렇다 ○ 매우 그렇다
3	이용 중인 스마트폰을 빼앗지 않아도 스스로 그만둔다. ○ 전혀 그렇지 않다 ○ 그렇지 않다 ○ 그렇다 ○ 매우 그렇다
4	항상 스마트폰을 가지고 놀고 싶어 한다. ○ 전혀 그렇지 않다 ○ 그렇지 않다 ○ 그렇다 ○ 매우 그렇다
5	다른 어떤 것보다 스마트폰을 갖고 노는 것을 좋아한다. ○ 전혀 그렇지 않다 ○ 그렇지 않다 ○ 그렇다 ○ 매우 그렇다
6	하루에도 수시로 스마트폰을 이용하려 한다. ○ 전혀 그렇지 않다 ○ 그렇지 않다 ○ 그렇다 ○ 매우 그렇다
7	스마트폰 이용 때문에 아이와 자주 싸운다. ○ 전혀 그렇지 않다 ○ 그렇지 않다 ○ 그렇다 ○ 매우 그렇다
8	스마트폰을 하느라 다른 놀이나 학습에 지장이 있다. ○ 전혀 그렇지 않다 ○ 그렇지 않다 ○ 그렇다 ○ 매우 그렇다

9	스마트폰 이용으로 인해 시력이나 자세가 안 좋아진다.			
	◯ 전혀 그렇지 않다	◯ 그렇지 않다	◯ 그렇다	◯ 매우 그렇다

* 보기: 1점-전혀 그렇지 않다 / 2점-그렇지 않다 / 3점-그렇다 / 4점-매우 그렇다
출처: NIA 정보화진흥원(2018). http://www.iapc.or.kr.

위 척도는 1번부터 9번 문항의 총합을 구한 후 그 총합이 28점 이상이면 고위험군, 24전에서 27점 사이는 잠재적 위험군으로 해석하면 된다.

식당이나 공공장소에서 유아에게 스마트폰을 보여 주는 경우를 자주 보게 된다. 이는 유아에게 조금씩 스마트폰이란 독에 중독되게 하는 것과 같다. 좀 편하게 식사를 하고 싶어서 하도 울어서 아이를 달래기 위한 방법으로, 아이가 스마트폰을 보여 달라고 떼를 부려서 등으로 여러 이유를 대겠지만 상당히 잘못된 양육 방법이다. 놀이는 사람과 상호작용하면서 노는 아날로그식 놀이가 가장 좋다.

12 외동이라서 자기만 아는 아이가 되지 않을까요?

에피소드

우리 아이는 10년 공들여 인공수정으로 낳은 유일한 아들이다. 유치원에서 집단생활을 하던 아이가 마구 울면서 울음을 그치지 않는다며 유치원 교사에게서 전화가 온다. 엄마는 정신없이 유치원으로 달려가서 아이를 살펴보지만 별다른 외상은 없다. 아이처럼 엄마는 흥분해서 교사에게 어떻게 된 일이냐고 따져 묻고 아이의 진술대로라면 유희 시간에 다른 친구가 자신에게 침을 자꾸 뱉어서 울었다고 한다. 교사의 보고는 이와는 달리 단순히 마주 보고 하는 유희 시간이라 아이들끼리 대화 중에 어쩌다 침이 튀기도 하는데 그걸 친구가 나쁜 의도를 가지고 자신을 괴롭히기 위해 침을 뱉는 것이라고 아이가 우겨댔다는 것이다.

문제행동지도

대개 외동은 엄마의 지배가 지나치게 강하다. 엄마는 과잉보호하기 쉽고 이로 인해 아동은 의존적이며 책임감이 없고 자기중심적이며 사회성이 결핍되게 된다. 혼자 자유롭게 활동할 기회가 많지 않고 대부분의 일이나 활동에서 엄마의 지시를 받아왔기 때문에 무슨 일이나 엄마나 혹은 엄마와 비슷한 사람 유치원 교사 같은 사람들에게 물어본다. 스스로 의사결정을 하기가 어렵다. 결단성도 없고 자기 의사를 분명하게 말할 줄도 모르고 말에 연관을 지을 줄도 모른다.

대개 부모는 아동의 종처럼 모든 수발을 다 들어주거나 아동의 건강이나 안전에 대한 지나친 염려를 하며 다른 사람들에게서 듣는 아동에 대한 부정적인 평가는 아무리 좋은 조언일지라도 적대적으로 반응하며 다른 사람도 자신의 아동을 황태자처럼 대우해 주길 바라는 마음이 커 유치원이나 어린이집 같은 집단생활 시에 사소한 다툼이나 그로 인한 아동의 작은 상처도 과장되게 받아들인다.

부모는 너무 귀여워만 하지 말고 고집대로 하는 마음을 스스로 반성하게 해야 한다. 자기 고집대로만 하는 유아는 그만큼 미숙한 사고력을 가지며 주위 사람의 입장과 생각을 알지 못한다. 가족을 무시하거나 특히 자신 앞에서 쩔쩔매는 듯하다. 부모를 함부로 하며 무시하는 경우가 많다. 남을 힘들게 하거나 방해하는 것은 나쁘다는 것을 알게 하는 것이 사고력 발달에 오히려 도움이 되는 것이다.

여러 사람들을 위해 일하게 한다. 예를 들어 집안일을 돕게 한다. 식탁을 차릴 때 수저 놓기나 그릇 가져다 놓기 등, 이때 해 주는 칭찬과 인정을 통해 더욱더 남을 돕거나 협조하는 생각을 갖게 한다. 친구를 만들고 친구의 입장을 이해시킨다. 자기밖에 모르는 외동은 친구들이 없는 경우가 많다. 집에서 부모만을 상대하는 경우가 많다. 부모는 자기 마음대로 하게 해 주지만 친구들과 놀 경우에는 그럴 수가 없다. 규칙을 지켜야 하며 게임의 순서를 지키기 위해 기다릴 줄도 알아야 한다. 또한 다른 친구와의 다툼을 통해 자신이 힘든 경험도 하게 되고 자기가 때리면 자신도 맞게 되는 등 이런 경험들을 통해 다른 사람의 요구를 이해하고 다른 사람의 요구를 만족시켜 주어야 자신이 행복해진다는 것도 알게 된다.

아동의 공감능력을 길러 주기 위해서 반려동물을 기르는 것이 좋다. 동물의 식사나 배설물 치우기는 아동과 함께하거나 아동에게 하도록 해서 자신이 양육의 경험을 간접적으로 함으로써 책임감도 배우고 주도적인 품성을 갖추도록 하는 데 도움이 된다. 그렇지 못할 형편이면 애정의 대상으로 인형이나 동물인형 등을 준다.

13 부모의 이혼, 아직 어린데도 상처를 받나요?

에피소드

아이가 4살 되던 해에 부모는 이혼했고 아이는 친권을 가진 아버지에게 양육되었다. 하지만 몇 달이 지난 후 아이를 보려고 아버지에게 연락한 엄마는 깜짝 놀랄 소식을 들었다. 아이가 보육원에 있다는 것이다. 보육원에서 아이를 데려오는 법적 절차 문제로 다시 6개월 이상이 흘렀고, 아이는 꼼짝없이 보육원에서 1년 이상을 더 보낸 이후에 엄마와 함께 살게 되었다. 아이는 식탐이 많아서 하루에 5~6번의 식사와 3~4번의 간식을 요구했고 혹시라도 집에 아이를 동반한 손님이 와도 자신의 물건이나 장난감을 절대로 만지지도 못하게 하며 사납게 굴었다.

일단 아이는 상실감을 느낀다. 그래서 식사량이 늘고, 즉 스트레스를 먹는 것으로 해소하는 것이다. 또한 유아기에 부모의 이혼은 아이에게 동일한 성의 부재로 인한 성 역할 동일시를 할 수 없게 하므로 이후 성인이 되어서까지 결혼관이나 이성 관계에 대해 부적절한 상을 가져가게 된다. 가족 이야기가 나오면 상당히 위축되며 반대로 오히려 공격성이 내재화되어 다른 일에 급작스러운 분노가 폭발하는 식으로 나타나기도 한다.

문제행동지도

아이가 4살 되던 해에 부모는 이혼했고 아이는 친권을 가진 아버지에게 양육되었다. 하지만 몇 달이 지난 후 아이를 보려고 아버지에게 연락한 엄마는 깜짝 놀랄 소식을 들었다. 아이가 보육원에 있다는 것이다. 보육원에서 아이를 데려오는 법적 절차 문제로 다시 6개월 이상이 흘렀고, 아이는 꼼짝없이 보육원에서 1년 이상을 더 보낸 이후에 엄마와 함께 살게 되었다. 아이는 식탐이 많아서 하루에 5~6번의 식사와 3~4번의 간식을 요구했고 혹시라도 집에 아이를 동반한 손님이 와도 자신의 물건이나 장난감을 절대로 만지지도 못하게 하며 사납게 굴었다.

일단 아이는 상실감을 느낀다. 그래서 식사량이 늘고, 즉 스트레스를 먹는 것으로 해소하는 것이다. 또한 유아기에 부모의 이혼은 아이에게 동일한 성의 부재로 인한 성 역할 동일시를 할 수 없게 하므로 이후 성인이 되어서까지 결혼관이나 이성 관계에 대해 부적절한 상을 가져가게 된다. 가족 이야기가 나오면 상당히 위축되며 반대로 오히려 공격성이 내재화되어 다른 일에 급작스러운 분노가 폭발하는 식으로 나타나기도 한다.

이혼을 한다는 것은 수술로 다리를 절단하는 것처럼 영혼의 기초가 흔들리는 경험을 하게 한다. 아이를 엄마와 아빠의 서로에 대한 보복의 무기로 삼으려 해서는 안 된다. 아이를 자신의 편으로 끌어들이기 위해서 아이를 유혹하고 아이는 부모 중 어느 한 부모를 선택해야 하는 갈림길에 서게 되고, 결국은 반대편 부모를 비난하게 만든다. 또한 경제적 혹은 교육적인 문제, 그리고 전반적인 양육을 전담하는 것에 대해 어느 한 편을 선택하도록 아이에게 강요하면 아이를 더욱 비참하게 만드는 결과가 된다. 그러므로 이혼한 부부가 자녀에게 할 수 있는 최선의 방법은 남편과 아내는 아니지만 부모로서의 역할은 충실히 계속하는 것이다. 아무리 잘하려고 해도 이혼이라는 상황에 언제나 준비되어 있는 부모는 없을 것이다. 개인의 능력이나 심성 혹은 이혼 후 상황에 대한 심도 있는 생각을 거친 후의 결정이라도 반드시 전문가의 상담이 필요한 경우가 이혼한 부모 그리고 자녀들이다. 아이에게는 절망감을 안겨 주고 어떤 교육이나 준비도 되지 않은 상황에서 벌어진 일이므로 아이가 적응할 수 있는 충분한 시간이 필요하다.

14 부모의 재혼, 아이가 어떻게 받아들일까요?

에피소드

학교 앞 문구점에서 전화가 왔다. 우리 아이가 거기에 있으니 데려가라는 것이다. 헐레벌떡 뛰어갔더니 격앙된 문구점 주인이 우리 아이가 펜을 훔치다 들켰다는 것이다. 벌써 몇 번째인지 모른다. 부모가 이혼 후 4년 동안 아빠와 할아버지랑 셋이서만 살아온 아이는 내가 재혼 후 엄마 없는 그 공백의 시간을 채우려 노력해도 언제나 이런 식의 문제를 야기한다.

문제행동지도

이 경우에는 부모가 재혼하게 되는 상황에 따라 다를 것이다. 부모 중 한쪽 부모가 사별로 인한 재혼인지 이혼으로 인한 재혼인지에 따라서 말이다. 의붓아버지나 의붓어머니가 된 것이 언제인가도 영향을 미친다. 부모와 자식의 심적 관계, 즉 친자 관계는 아이와의 접촉 정도에 따라 그 밀도에 차이가 있기 때문이다.

재혼 후 새로운 부모가 된 사람들의 대부분이 처음에는 매우 노력을 해 보지만 노력해도 아이가 다가오지 않는다. 이것은 접촉의 시간과 횟수가 아직 부족하기 때문이다. 초조하게 여기는 것은 절대 금물이다. 초조하면 쉽게 좌절하게 된다.

부모의 재혼으로 아동이 겪게 되는 어려움을 먼저 이해할 필요가 있다. 김영수과 이재연(1994)은 아동을 위한 상담 이론과 방법이라는 책에서 아동이 겪게 되는 어려움을 다음과 같이 언급하고 있다. 첫째, 아직 부모의 이혼이나 사별로부터의 충격 상태가 채 가시지 않은 상태일 수 있으므로 새로운 가족 구성은 아동에게 추가적인 문제를 일으킨다. 둘째, 아동은 일반적으로 증오심과 노여움의 반응을 보인다. 셋째, 아동의 증오심은 친부모에게 가장 많이 느끼지만 실제로 표현하는 대상은 의붓아버지나 의붓어머니이다. 이혼한 가정의 아동인 경우 한 부모로부터 거절당하고 이혼에 대해 비현실적인 죄책감을 느끼는 아동은 그들의 노여움과 증오감을 새로 들어온 부모에게 표현한다. 넷째, 의붓형제가 있는 경우에는 의붓형제 간의 라이벌 의식이 정상적인 형제간의 라이벌 의식이 팽배한데, 의붓형제 간에는 그 정도가 심해짐은 당연하다. 이는 시간과 노력이 필요하다. 전문가와의 상담을 통해 아동들에게 더불어 사는 미덕과 사랑을 이해시키도록 노력해야 한다.

15 좋은 칭찬 vs 나쁜 칭찬

에피소드

아이 둘을 데리고 드라이브 중이다. 막 터널을 지나가는데 백미러로 뒷좌석의 큰아이를 보니 얌전히 창밖만을 보고 있다. 그래서 "오늘 우리 큰 딸 너무 착하다." 하고 칭찬을 했다. 그러나 잠시 후 아이는 투덜대고 창문을 내렸다 올렸다 하면서 소란을 부린다. 황당하고 배신감마저 들었다. 집에 돌아온 후 아이에게 이유를 물어보니 사실은 엄마가 그 소리를 하기 전에 엄마와 아빠가 동생을 앞 좌석에 안고 있는 것에 화가 나서 터널을 나오면 마술처럼 동생만 어디론가 사라져 버렸으면 좋겠다는 생각을 하고 있었는데 엄마가 착하다고 해서 당황스럽기도 하고 동생이나 엄마에게 미안한 생각이 들어서 소란을 피웠다는 것이다.

문제행동지도

왜 칭찬하는지 분명히 알게 한다. 미리 상을 약속하지 말아야 한다. 이것은 거래와 같다. 올바른 행동을 격려하기 위한 수단으로서의 칭찬인데 상을 위해서 칭찬을 기대해서 행동하게 된다. 그러면 칭찬이나 상이 없으면 다시 올바르지 않은 행동을 하게 될 것이다.

칭찬을 많이 하는 것이 좋지만 칭찬만 한다고 좋은 것은 아니다. 아동의 성격이 교만해지고 자주성이 없는 사람이 될 수 있다. 상은 좋은 일의 대가가 아니라 앞으로 더 좋은 행동 더 나은 사람이 되게 하기 위해서 주는 것이다. 그러므로 아동이 굉장히 큰일을 했다든지 할 때만 상으로서 인정해 주어야 한다.

보상을 위한 물품을 많이 사용해서는 안 된다. 돈, 먹을 것, 학용품 등을 칭찬하는 데 사용하기도 하는데 이것들은 아동을 기쁘게 하고 더욱 분발하도록 하는 데 도움이 될 수도 있다. 그러나 물건을 너무 많이 주면 그 효력은 점차 없어지고 보상만을 기대해서 행동하게 된다.

개인이 칭찬하는 것보다 가족이나 다른 사람이 예를 들면 유치원 교사나 방문교사 같은 사람이 칭찬하는 것이 효과적이다.

아동의 장점을 찾아 인정해 주어야 한다.

아동을 칭찬하는 것이 아니라 아동의 행동을 칭찬해야 한다. 예를 들면 "자기 방 정리를 스스로 한 아동에게 넌 참 착하구나" 하는 것보다는 "네가 이렇게 방을 깨끗이 정리해 주어서 고맙구나. 새 방이 된 것 같아." 이런 식으로 칭찬을 해야 한다.

- 도움이 되는 칭찬–"차를 닦아 주어서 고맙구나. 덕분에 새 차가 되었어."
- 도움이 되지 않는 칭찬–"넌 천사야. 착한 아이구나."
- 도움이 되는 칭찬–"네 편지는 나에게 큰 기쁨을 주었어."
- 도움이 되지 않는 칭찬–"네가 쓴 편지를 보니까 넌 훌륭한 사람이더구나."
- 도움이 되는 칭찬–"내가 돈을 더 주었다는 것을 말해 줘서 고마워. 참 고마운 일이야."
- 도움이 되지 않는 칭찬–"넌 매우 정직한 아이구나."
- 도움이 되는 칭찬–"너의 그림은 우리 가족을 아주 잘 나타내는 것 같았어."
- 도움이 되지 않는 칭찬–"네 나이에 비해 넌 훌륭한 화가야."

이들은 자신을 평가하는 칭찬에 매우 거북스러워한다. 때때로 그것을 거부하며 고의로 나쁜 짓을 하기도 한다.

나의 동료 중에 어려서 부모에게 전혀 칭찬을 받지 못하고 성장한 사람이 있었다. 그분의 부모는 아이들 앞에서 칭찬하는 것은 버릇없는 아이들을 만들고 쓸데없는 자만심을 키워 준다고 믿었다.

그러나 그분은 아이들에게는 반드시 보상이 필요하다고 믿고 있었다. 그래서 아들, 딸들에게 칭찬을 많이 해 주었다. 그건 일종의 보상심리 같은 것이기도 했다. 부모님으로부터 받지 못한 칭찬을 아이에게 해 주는 것이었다.

하지만 지나친 적이 많았다. 오히려 칭찬이 역효과를 가져오기도 했다. 가령 아들에게 "넌 참 훌륭하구나."라고 말하면 그 아이는 "내 친구가 나보다 더 똑똑해요." 그리고 딸에게 "넌 참 대단한 바이올리니스트다."라고 말하면 "엄마 칭찬 좀 그만 하세요!"라고 말을 했다.

교사인 그분은 자신이 근무하던 학교에서도 비슷한 경험을 했다. 반 아이 중 말썽꾸러기가 있었는데, 하루는 늦게까지 남아 다 못한 공부를 끝낸 적이 있었다. 그때 그분은 아이가 대견스러워 아이의 등을 토박이며 "넌 참 좋은 아이야"라고 말을 했다. 일부러 칭찬해 준 것이다. 그런데 그 아이는 엉뚱하게도 혀를 내밀며 넘어지는 시늉을 했다고 한다. 그때 그분은 너무 혼란스러웠고 아이의 행동을 이해할 수가 없었다.

그 아이는 평가하는 칭찬에 신경질적이게 되었고 그 칭찬을 견딜 수가 없었던 것이다. 그래서 일부러 자기는 그렇게 좋은 아이가 아니라는 것을 보인 것이다.

도움이 되는 칭찬

〈집에서 서술적인 칭찬〉

[평가]

아이: 아빠, 오늘 학교에서 그린 거예요. 아주 근사하죠?

아빠: 아주 좋아. 넌 참 대단한 예술가야

아이: -- 음… 난 사실 예술가가 아니야. 난 얼굴을 잘 못 그려.--

[대신 묘사하세요.]

아빠: 야! 까만 하늘과 창백한 달 그리고 별이 빛나고 있구나.

아이: -- 난 밤을 그릴 줄 알아. --

[평가]

엄마: 선생님이 그러는데 넌 참 착하고 정직하다고 하더라.

아이: -- 항상은 아닌데…. 난 시험에서 커닝을 한 적도 있는데…. --

[대신 묘사하세요.]

엄마: 선생님이 그러는데 네가 돈이 든 지갑을 주어서 교무실에 갖다 드렸다고 하더구나.

아이: -- 음, 난 정직한 사람이야. --

[평가]

아이: 오늘 수학 시험에서 90점 맞았어요.

엄마: 와! 너 천재구나!

아이: -- 친구가 시험공부를 도와주었는데…. 내 친구는 천재구나! --

[대신 묘사하세요.]

엄마: 너 굉장히 기분이 좋겠구나. 음, 그리고 공부도 열심히 했겠는데?

아이: -- 음…. 난 정말로 열심히 했어.--

〈학교에서 서술적인 칭찬〉

[평가]

학생: 전부 끝냈어요.

교사: 아주 훌륭한 학생이구나!

학생: -- 아닌데. 방금 친구를 책상 밑으로 찼는데….--

[대신 묘사하세요.]

교사: 끝까지 집중해서 했구나.

학생: -- 음…. 난 참 열심히 하는 사람이야. --

[평가]

학생: 이 그래프 어때요?

교사: 아주 아름다워.

학생: -- 정말 내 그래프를 좋아하나? --

[대신 묘사하세요.]

교사: 점들을 전부 표시했고, 직선으로 연결도 잘 되어 있고, 좌표축 값도 정확하게 적었구나.

아이: -- 난 좋은 그래프를 그릴 수 있어. --

[평가]

학생: 어땠어요?

교사: 대단해! 넌 훌륭한 육상 선수야!

학생: -- 농담하시나? 많은 애들이 나보다 빨리 달리는데. --

[대신 묘사하세요.]

교사: 6분 안에 들어왔어. 너의 최고의 기록이야.

아이: -- 다음번에는 더 빨리 달릴 수 있어. --

아이가 한 일을 묘사하는 것은 '넌 좋은 애야'라고 쉬운 말로 평가하기보다 훨씬 어렵다. 묘사하는 것 자체가 어렵지는 않지만 우리가 그렇게 해 보지를 않아서 익숙하지 않기 때문에 어렵게 느껴질 수 있다. 하지만 아이가 한 일을 조심스럽게 바라본다면, 느낀 것을 말로 나타내기 시작한다면 곧 익숙해질 수 있을 것이다.

16 말을 안 하는 아이 어떻게 할까요?

에피소드

맞벌이를 하고 있는 나는 아이의 하교를 할머니가 맡아서 하고 있다. 퇴근을 하고 오니, 어머니가 걱정스럽게 나를 보면서 "아이를 교문 앞에서 만나서 데리고 오는 데, 아이 친구가 다가와서 할머니 ##이는 말을 못하는 아이인가요? 교실에서 아무 말도 하지 않아요" 라는 말을 들었다고 하셨다. 나도 갑자기 마음이 급해져서 아이를 불러서 할머니가 하교 도중에 만난 너희 반 아이의 말이 어찌된 것인지를 물었다. 아이는 교실에서 '나 말하는데' 하면서 별일 없는 듯이 넘겼다. 내일 담임교사에게 전화를 걸어 물어봐야겠다고 다짐하면서 어린 아이의 말하나 때문에 나의 저녁시간이 너무도 길게 느껴졌다.

문제행동지도

어머니 입장에서 "말 못하는 아이 인가요" 라는 말을 크게 의미를 부여하게 된 것은 자녀가 평소에도 말을 많이 하지 않는 아이였기 때문이었을 것이다. 자신의 평소 생각도 그런데, 누군가가 와서 증거를 하나 보태주면, 바로 불안과 걱정이 엄습하게 되는 것이다. 특히나 일을 하는 어머니 입장에서는 더욱 더 그럴 것이다. 불안이 엄습하면 일단 좀 쉬고, 천천히 생각해 보는 것이 필요하다. 우선 자세히 상황을 알아보는 것은 중요하다. 담임교사에게 확인해 보면서, 동시에 자녀와도 다시 물어보면 좋을 것이다. 평소에 바쁜 엄마라면 이것을 계기로 두 사람이 대화를 시작할 수도 있다. 부모-자녀의 대화도 연습을 통해서 길어지고 깊어지는 것이다. 대화를 통해서 아이에 대한 새로운 이해가 생길 수도 있다. 대화의 물꼬를 트면 다양한 주제가 나올 수 있고, 대화의 시작과 유지는 자녀와 새로운 소통의 통로가 될 것이다.

우리는 자녀가 말을 하지 않는다는 말을 들으면 우리아이가 혹시 선택적 함묵증이 아닌가라는 생각을 하게 된다. 이러한 진단적인 생각을 하게 되면, 불안하고 초조해진다. 진단하기 이전에 평소에 자녀가 말을 많이 하지 않았기 때문에, 그렇게 받아들여질 수 있었겠구나 하면서 친구의 반응이 어째서 일어났는지에 대한 이해를 먼저 하는 것이 적절하다. 이것이 진단적인 접근을 하면서 문제행동으로 단정을 짓지 않고 이해나 변화로의 접근을 하고 있는 것이다. 이해를 한 후에 엄마의 생각을 다시 대화의 주제로 삼아서 자녀와 이야기를 할 수도 있다. 예를 들어 엄마는 네가 말로 반응을 바로 하지 않아서, 친구에게 그런 말을 들을 수 있다고 생각하는데, 너는 어떻게 생각해 라고 대화를 시작할 수 있다.

또한 말과 행동에는 표현하는 양식이 있다. 이러한 양식은 아이마다 다를 수 있다. 결국은 자녀마다 말과 행동에는 표현 특성이 있는 것이다. 말로만 하는 아이도 있고, 행동은 언제나 반항행동을 먼저 하는 경우도 있으며, 말은 별로 하지 않지만, 듣는 것을 먼저 하는 아이 등 다양하다. 위의 경우도 자녀는 일단은 말보다는 듣는 것을 먼저 한 후 판단하고, 머리나 마음 속으로 처리를 한 후에 말은 바로 안하고 시간이 지난 후에 생각이 나면 그제야 말을 할 수도 있다. 따라서 우리는 자녀의 표현양식을 정확히 알고 다를 수 있다는 것도 받아들어야 할 것이다.

만약 혹여 자녀가 선택적 함묵증의 진단을 받았을 경우라도, 엄마가 진단과 평가에 얽매여서 아이를 바라본다면, 자녀는 그 진단 자체 보다는 낙인과 주변 사람의 태도에 의해서 마음에 상처를 받을 수도 있다. 이해와 격려, 수용적인 태도는 자녀를 양육하면서 잊지 말아야 할 중요한 마음가짐이다.

17 아이에게 도움이 되는 말 vs 아이에게 해가 되는 말

에피소드

아이는 약속한 취침시간(밤 10시)을 오늘도 넘기고 있다. 동생과 장난치는 소리에 엄마는 다시 방으로 들어가 "빨리 자야 내일 유치원에 가지. 안 그럼 늦어서 못 간다."라고 한마디 한다. 그 후로도 몇 차례 똑같은 상황이 반복되고 여전히 아이들의 소란스러운 소리가 들리고 시계는 거의 자정이 넘어가고 있다. 급기야 엄마는 숨을 몰아쉬며 거칠게 방문을 열고 들어가 소리를 지른다. "이렇게 자꾸 엄마 말 안 들으면 나쁜 사람 불러 잡아가라고 한다. 누굴 닮아서 그렇게 말을 안 듣니."

문제행동지도

[14]에서 이야기된 것처럼 아이들의 좋은 습관을 증진시키기 위해 효과적인 칭

찬을 하거나 부적절한 혹은 나쁜 행동을 수정하기 위해 야단치기가 여간 어려운 것이 아니다. 그러나 아무리 밖에서 일을 하고 돌아와서 다시 아이들에게 시달리는 일의 연속이라 피곤하고 지친 몸일지라도 절대 해서는 안 되는 말들이 있다. 아이들에게 치명적인 마음의 상처를 남기게 되는 말이다. 그리고 아이의 인생에 등대와 같은 말들도 있다.

아이에게 도움이 되는 말은 인간은 기본적으로 인정의 요구를 가지고 있는데 특히 유아기에는 능력에 대한 인정 어떤 행동에 대한 인정이 칭찬보다 더 좋은 약이 된다. 자신감도 더 높아지고 가정 내에서의 소속감이 강하게 인식되면서 적극적이며 주도적인 리더십이 있는 아이로 성장할 수 있다.

- 아이에게 도움이 되는 말–"아가는 울지 않는 걸 보니 영리하구나."
- 아이에게 해가 되는 말–"앤 너무 조용하지 않냐? 어디가 모자란 건가?"

으름장이 통하지 않는 아이인 경우에는 "너 장난감 정리하지 않으면 엄마가 다 갖다 버릴 거야." 하면 "좋아!" 하고 오히려 정리 · 정돈을 지도하고 싶은 엄마의 목적은 어디에서도 찾을 수 없게 되고 아이에게 기 싸움(power game)에서 지는 것처럼 보여 아이에게 어떤 영향도 미치지 못하게 되는 경우도 있다.

아이를 꾸짖을 때도 부드러운 어조로 "엄마는 네가 장난감을 가지고 논 다음에는 정리를 했으면 좋겠다고 생각해"라고 안아주는 것 같은 마음으로 꾸짖는 말을 하는 것이 아이에게 도움이 된다.

특히 꾸짖을 때 주의해야 할 점은 첫째, 엄마의 감정을 싣지 말아야 한다. 둘째, 비교하면서 꾸짖지 말아야 한다. 예를 들어 "넌 오늘 너무 말 안 듣네. 언니는 엄마 말을 잘 듣는데, 엄마는 언니만 예뻐해야겠다." 아니면 "TV에 나오는 예쁜 아기 한 명 데려와서 키워야겠다." 셋째, 다른 사람 앞에서 꾸짖지 말아야 한다. 아이의 자존심을 다치게 하는 일이다. 예를 들어 "자꾸 떼 부리면 저 아저씨가 이놈하고 혼낼 거야." 넷째, 과거에 잘못까지 끄집어내어 계속 꾸짖는 것이 아니라 잘못할 당시에 대해서만 꾸짖어야 한다. 예를 들어 "넌 지난주에도 그러더니 또 그러냐. 넌 왜 매일 그렇게 사고만 치냐." 다섯째, 아동도 하나의 인격체라는 것을 명심하고 아동의 인격 전체를 부인하는 언동은 삼가야 한다. 예를 들어 "너는 못쓰겠다. 엄마는 너에게 실망했다. 너 나중에 뭐가 되려고 그러냐? 네가 바보냐? 너 때문에 엄마가 못 살겠다."라는 식의 말들이다. 여섯째, 가급적 유아기에는 사랑의 매를 핑계 삼아 체벌을 하는 것은 좋지 않다. 유아는 체벌을 받으면 자기 잘못을 뉘우치기보다는 폭력에 대한 공포와 반발만이 남게 되기 때문이다. 물론 유아뿐만 아니라 모든 아동에게 체벌은 가급적 선택하면 안 되는 훈계 방법이다. 예를 들어 "너 몇 대 맞을래? 손바닥 내밀어" 일곱째, 너무 세밀하게 꾸짖지 말아야 한다. 너무 세세한 부분까지 꾸짖으면 잔소리처럼 듣고 나중에는 면역이 생겨 아동은 무반응 상태에 놓이거나 정작 혼나야 할 사항이 무엇이었는지도 혼동하게 된다. 그러므로 꾸짖을 때는 혼나야 하는 사안에 대한 핵심만을 간단하고 명료한 말로 해 주는 것이 좋다. 여덟째, 협박조 혹은 으름장을 놓으면서 꾸짖지 말아야 한다. 아동을 소심하게 만들고 불안하게 한다. 예를 들어 "너 자꾸 그렇게 엄마 말 안 들으면 엄마 도망가 버릴 거야. 너 혼자 살아. 말 안 들으면 깜깜한 밤중에 쫓아내 버린다. 혹은 말 안 듣는 아이들만 잡아가는 귀신 나온다." 아홉째, 금지의 표현보다는 부드럽게 권유하는 표현을 쓴다. 사람이 많은 장소에서 아이가 떼를 부려서 혼나야 하는 상황이라면 아이에게 화부터 내면 아이는 불쾌감부터 느낀다. 그러므로 금지의 표현보다는 "나중에 집에 가서 하자. 엄마랑 이렇게 해 보면 어떨까?" 이런 식의 표현이 효과적이다. 그리고 떼를 부리기 쉬운 장소나 상황에서는 앞으로의 예절에 대해 미리 일러 준다. 예를 들면, "차 안에서는 어떻게 행동하는 것이 좋을까? 네가 골라봐. 의자에 얌전히 앉아 있어야 할까? 아니면 의자 위로 올라가거나 돌아다녀야 할까?", "백화점에 들어가면 항상 엄마 가까이에 있도록 하자. 엄마가 사야 할 것들을 이렇게 적어놓았는데 너도 사고 싶은 것이 있으면 지금 말해 줄래. 네가 세 번 정도는 생각한 후에 이야기해 주었으면 해."

18 어렸을 때부터 집안일을 시켜야 하나요?

에피소드

설거지를 하고 있는데 5살짜리 딸아이가 어느새 행주를 물에 적셔 와서는 여기저기 청소한단다. 설거지가 끝나고 뒤를 돌아보니 부엌 전체가 물 자국이다. 행주에 물을 적시는 것까지는 괜찮았지만 물기가 최소한 있도록 물기를 짜내야 하는데 아이가 어리다 보니 그러질 못해서 물이 뚝뚝 떨어지는 행주를 가져다 여기저기 청소를 한 모양이다.

문제행동지도

나이별로 적절하고 간단한 집안일은 시켜야 한다. 발달에 이롭기 때문이다. 아동에게 집안일을 시킨다는 의미는 집안일을 돕는다는 의미일 것이다. 아동에게 집안일을 돕도록 하는 것은 아동의 사회화 과정을 돕는 효율적인 방법의 하나이다. 가족 구성원들이 공동의 일을 함께 협동해서 한다는 점에서 아동은 집단에서의 협동 자세를 배우게 되는 것이기 때문이다.

혼자 걸어 다닐 수 있는 시기, 즉 1세 이상이 되면 아동의 일을 스스로 하도록 격려해 준다. 예를 들면, 기저귀, 젖병 가져오기. 이러한 요구는 아이가 해낼 수 있는 범위 안에서 이루어져야 한다. 그렇지 않고 지나친 요구는 오히려 아이에게 좌절감을 주어 협력 대신에 반항심이나 거부감을 일으키게 할 수 있기 때문이다.

5세쯤 되면 자신이 부모를 도울 수 있음에 매우 기뻐하고 자랑스러워한다. 충분히 칭찬해 주고 돕는 행위에 대해 인정해 주면 좋다. 이렇게 하는 것은 "돕는 것은 즐거운 것"이라는 생각과 태도를 기르게 한다. 5세 이후로 넘어가면 아동의 도울 수 있는 범위를 늘리며 보다 복잡한 일을 부여한다. 이제 부모를 거들어서 한몫을 하다가 점차 스스로 해 보는 기회를 주도록 한다.

특히 주의해야 할 점은 아동과 거래를 해서는 안 된다. 예를 들어, "애야 심부름하면 100원 줄게." 식으로 해서는 안 된다. 집안일을 도우면서 사회화과정을 촉진하는 일이 되는 것이 아니라 단순히 심부름 값이나 기타 돈을 위해 집안일을 돕게 되는 경우가 있으므로 칭찬과 인정을 충분히 해 주되 거래 즉 조건부 보상은 안 된다.

19 정서가 풍부한 아이로 키우고 싶어요

에피소드

장난감을 서로 빼앗으려고 할 때, "친구에게는 상냥하게 대해야지"라고 말해도 아이는 "어째서?"라며 영문을 모르겠다는 듯 멀거니 바라볼 뿐이다.

문제행동지도

정서가 풍부한 아이는 자신의 감정을 잘 표현하고 다른 사람이나 가족들이 어떻게 느끼는가에 관심을 기울이며 섬세하고 동정적이며 격려를 아끼지 않는다. 친구 간의 배려, 동정, 교감을 고무시키며 가슴과 가슴으로 이야기가 되는 아이이다. 사랑이 많고 부모나 친구들에게 신체적, 정서적 친밀감을 제공한다.

인정받는 아이로 키워야 한다(히라이 노부요시, 2004). 부모와 주위 환경의 기대나 강요에 이끌려 자신의 의사를 제대로 표현하지 못하는 아이는 매사 자신감도 없고 소극적인 성향을 가지기 쉬운 안정적인 정서를 만들어 가기가 어렵기 때문에 말 잘 듣고 얌전한 아이보다는 자기 주관이 명확하고 자신 있게 표현하며 당당하게 인정받는 아이로 키워야 한다. 인정받는 아이로 키우려면 자신을 소중히 여길 줄 알아야 한다. 스스로를 가치 있게 여기는 아이는 당연히 다른 사람에게도 가치 있는 사람으로 인정받는다. 스스로 하고자 하는 자발성과 자립심이 인정받는 아이로 자라게 해야 한다. 스스로 생각하고 결정하고 행동하려는 의지가 없는 아이들은 주위 사람으로부터 인정받기 어렵다. 아이에게 목표를 주어 성취감을 맛보게 하거나 의사결정이 다소 떨어지더라도 아이 스스로 해낼 수 있다는 믿음을 가지고 기다릴 줄 아는 부모의 지혜가 필요하다.

다음은 엄마가 일 년 동안 아이의 정서 발달을 위해 얼마나 열심히 노력했는지 생각해 볼 수 있는 체크리스트이다. 실제로 아이를 대하는 태도와 어느 정도 일치하는지 해당 번호를 골라 표시할 수 있다.

나는 어떻게 보살폈을까?	항상 그렇다	그런 편이다	전혀 그렇지 않다
1. 아이를 야단치기 전에 10분간 타임아웃을 갖고 이야기한다.			
2. 하루에 30분 이상 아이와 대화하는 시간을 갖는다.			
3. 재우기 전에 잠자리에서 자장가를 불러주거나 동화책을 읽어 준다.			
4. 아이가 짜증을 부릴 때는 화를 내기 전에 짜증을 내는 이유를 들어 본다.			
5. 아이에게 친구를 만들어주기 위해 또래 아이를 둔 동호회에 참석한다.			
6. 한 달에 한번 정도는 아이와 함께 외출을 나가 다양한 경험을 하게 해 준다.			
7. 아이와 한 약속을 지키지 못했을 때는 납득이 갈 때까지 설명을 해 준다.			
8. 아이와 함께 즐길 수 있는 가족놀이 두서너 개 정도는 가지고 있다.			
9. 아이의 기를 살려주기 위해 사람들이 많은 곳에서는 야단을 치지 않는다.			
10. 잔소리는 정서 발달에 좋지 않으므로 웬만한 일에는 간섭을 하지 않는다.			
11. 아이가 틀린 단어나 문장을 말할 때는 그 자리에서 바로 고쳐준다.			
12. 손님이 오면 유난히 칭얼거리는 아이는 바로 그 자리에서 혼을 낸다.			
13. TV 보기를 좋아하는 아이 버릇을 가르치기 위해 전원을 빼버린다.			
14. 말을 듣지 않을 때 "무서운 아저씨가 잡아갈 거야." 등의 위협적인 단어를 쓴다.			
15. 아이가 실수했을 때 엄마가 바로 시범을 보여 행동을 바로잡아 준다.			

출처: 베스트 베이비.

20 남을 잘 도와주는 아이로 키우고 싶다

에피소드

오늘도 유치원에서 아이는 크레파스를 가지고 오지 않았다. 그림 그리기 시간에 크레파스가 없는 친구와 나누어 쓰다가 챙겨오는 것을 잊어버렸다.

문제행동지도

남을 이해하고 사랑하는 '배려심'은 아이를 더 특별하게 만든다.

'배려심'은 다른 사람들과 어울리며 살아가는 과정에서 반드시 필요한 정서다. 인정받는 아이들에게는 이 배려심이 특히나 발달되어 있다. 다른 사람의 입장을 생각할 줄 알아서, 곤란한 상황에 있는 친구들에게 따뜻한 위로의 말을 건네고 힘을 주기도 한다. 아이에게 가장 중요한 것은 스스로의 마음가짐이지만, 결정을 내리고 판단해야 할 때는 다른 사람의 입장도 헤아려야 함을 알게 한다.

〈배려심〉

- 남을 이해하고 사랑하는 방법도 가르쳐라.
- 남을 이해하고 사랑하는 것도 능력이 된다. 배려심이 아이를 더 특별하게 만든다.
- 아이의 장점을 찾아 아낌없이 칭찬하라.
- 친구와 스스럼없이 어울리게 하라.
- 형제들과 물건을 나누어 쓰는 훈련이 잘되도록 돕는다. 예를 들어 종이나 크레파스를 함께 쓰고 정리하도록 한다.
- 여러 사람을 위해 일하게 한다. 이미 앞에서 다루어 진대로 집안일도 돕게 한다. 쇼핑갈 때 품목을 정하는 것에서부터 시장바구니도 함께 끌고 식탁을 차릴 때면 수저와 그릇은 아이에게 준비하게 시킨다. 그런 경험들을 통해 엄마의 수고도 알게 되고 남을 위해서 하는 일은 모두 결국은 자신에게로 돌

아온다는 것을 느끼게 해 준다. 혹은 부모가 솔선해서 자원봉사 경험을 하고 이때 아동을 동반해서 박애정신을 실천하는 모습을 보여 준다.

- 협동놀이나 협력놀이를 격려한다. 도미노 쌓기 놀이를 하거나 블록을 가지고 함께 성을 만들거나 우노 스탠코 같은 게임을 통해 협력하지 않으면 공든 탑도 무너질 수 있다는 것을 간접적으로 알게 한다.

21 긍정적인 아이로 키우고 싶어요

에피소드

갑자기 비가 오네. 오늘은 그래도 다행이다. 많이 오지 않아서 뛰어가면 옷이 많이 젖지 않겠어.

문제행동지도

칭찬 혹은 기죽이기만이 아이의 자신감 높낮이를 결정짓는 것은 아니다. 우리가 아이들에게 요구나 지시를 할 때, 말을 어떻게 하느냐에 따라 아이들의 자신감에 차이가 생긴다. 어른인 우리는 자신의 행동이나 느낌을 '스스로에게 말하면서' 방향을 잡는다('차에 기름을 넣는 걸 잊지 말아야 하는데', '이런 지갑을 깜빡했네. 나도 이제 늙었군.' 등). 스스로에게 말하는 것은 부모님이나 선생님들로부터 직접 보고 배운 것이다.

같은 이치로, 이제 우리가 자녀들의 마음속에 온갖 유용하고 긍정적인 말들을 심어 넣어 아이들이 스스로 되새길 수 있게, 그래서 평생 용기를 잃지 않게 만들 때이다. 예를 들어, 아이에게 "오늘도 학교에서 싸우기만 해 봐, 그냥!" 하는 대신 "오늘 학교에서 친구들과 재미있게 놀고, 즐거운 시간을 보내고 와라." 하는 게 어떨까? 그런 사소한 것들이 어떻게 큰 차이를 만들까?

요컨대 이건 사람의 마음이 어떻게 움직이느냐 하는 문제이다. 만약 어떤 사람이 당신에게 2분 동안 파란색 원숭이에 대해 생각하지 않으면 100만 달러를 주겠다고 했다고 하자. 그게 가능할 거라고 생각하는가?(못 믿겠다면 직접 해 볼 것!) 만약 아이가 "나무에서 떨어지지 마."라는 말을 듣는다면, 아이는 '하지 마'와 '나무에서 떨어지는 것' 두 가지 일을 생각해야 한다. 우리는 무엇을 듣든지 간에 거기에 따라서 자동으로 연상을 하기 마련이다(당신이 레몬을 콱 깨물었다고 상상해 보라. 어떤 일이 일어나는가?). 아이가 나무에 떨어지는 걸 아주 실감 나게 상상한다면 아이는 실제로 떨어질지도 모른다. 차라리 긍정적으로 말을 바꾸는 게 낫다. "나무 위에 올라가면 발 디딜 만한 곳을 찾아봐."

상황을 바로잡을 기회는 항상 있다. "차도로 뛰어들지 마." 대신 "나랑 인도에 같이 있자."가 쉽고 낫다. 아이로 하여금 어떻게 하면 안 된다고 하기보다는 어떻게 해야 할지를 상상하게 한다.

아이들에게 무엇을 시킬 때 옳은 방법을 정확하게 설명해 준다. 아이들이 사고를 저지를 수도 있으므로 지시를 명료하게 한다. "민수야, 보트의 이쪽을 양손으로 잡고 있어."가"그거 잡아 빼면 죽을 줄 알아"나"너 물에 빠지려고 그래?" 보다 낫다. 큰 차이가 없는 것 같지만, 사실은 차이가 크다. 긍정적인 말은 아이가 생각하고 행동하는 것도 긍정적으로 만들어, 예기치 못한 상황에도 여유 있게 대처하게 한다. 아이들은 성공하게 되는 것을 상상하고, 훌륭한 결과를 만들어 낼 때까지 스스로 그 말을 되새긴다. 부모의 격려는 아이들과 평생을 함께한다.

출처: 스티브 비덜프, 1999, '아이에게 행복을 주는 비결' 중에서

22 아동들도 스트레스를 많이 받는다

에피소드

초등학교 4학년인 큰아이가 아파트 현관문을 들어섰다. "다녀왔습니다." 하고 낮은 목소리로 인사한다. 얼굴이 그다지 밝지 않아서 왜 그러냐고 물어도 대답을

하지 않는다. 잠시 후 동생과 노는가 싶더니 동생에게 짜증을 부린다. 급기야 때리기까지 한다. 동생의 울음소리가 들리자 엄마는 아이들의 방으로 달려갔고 작은아이를 달랜 후 큰아이를 혼낸다. 이내 큰아이는 엉엉 대성통곡을 하듯 운다. 그렇게 많이 혼낸 것도 아닌데, 나중에 할머니에게 하는 말이 친구들과 좋지 못한 일이 있어서 아주 스트레스를 받았다고 한다.

문제행동지도

아이들도 스트레스를 받는다. 아동의 스트레스는 대부분 어른들에 의해 만들어진다. 어른들은 자신의 스트레스로 인해 자기 자신의 요구가 아동의 요구보다 우선하게 되며 아동을 재촉할 때 주체로서가 아니라 종속체로 간주하며 아무도 자신의 아이가 보통이라고 여기지 않으며 성공적이지 못한 아이들은 낙오자로 느껴지게 만든다. 아동들이 스트레스를 받는 가장 큰 요인으로는 동생의 출생 혹은 부모의 사망이나 이혼, 잦은 이사와 그로 인한 전학, 잡단 따돌림, 성적 혹은 과도한 숙제일 것이다.

스트레스를 많이 받게 되면 우울 수준이 높아져서 정신 건강에 나쁜 영향을 미치게 될 수 있다. 극단적으로는 자살 충동으로까지 진행되기도 한다.

동일한 스트레스에 직면해서도 이를 극복하는 과정이나 적응도는 아동마다 차이가 있다. 스트레스를 극복하는 과정이나 적응 또한 부모에게서 학습될 수 있다. 스트레스에 어떻게 대처하느냐에 따라 오히려 성장이 촉진될 수 있다.

화를 쌓아두지 않고 조금씩 방출하는 방법을 알아야 한다. 쌓아두었다가 한꺼번에 터지기 때문에 터트리기 전까지 당사자들의 고민이 상당히 크기 마련이다. 아이 방에 샌드백을 매달아 두고 언제든 공격성을 분출하도록 한다든가, 엄마와의 공동 일기장을 만들어 무슨 이야기든 무슨 욕이든 털어놓을 수 있도록 한다.

또한 아동의 행동적 암시나 언어적 암시를 무시하지 말아야 한다. 아이의 말이라도 "나는 살 가치가 없어"라든가 "이 세상을 떠나고 싶어" 같은 말들은 반드시 귀담아들어야 한다. 나는 진짜 도움이 필요하다는 아이의 호소이기 때문이다.

아이를 재촉하지 말아야 한다. 공부든, 사회적 성숙이든, 신체적이든 아이를 쫓듯 성급하게 발달이나 과업을 주지 말아야 한다. 자신이 가진 능력보다 요구 수준이 높을 때 인간은 누구나 스트레스나 받게 되기 때문이다. 아동이 준비될 때까지 부모는 기다릴 줄 아는 여유가 필요하고 이를 위해 항상 심리적으로 객관적인 거리를 둘 필요가 있다. 그리고 학교에서 과도한 요구를 받고 있어 아이 스스로가 자신을 재촉하고 자극한다면 잠깐 휴지기를 둘 줄 아는 여유를 갖도록 부모는 적절한 브레이크를 걸 줄 알아야 한다. 혼자서도 뭐든 잘하는 유능한 아이쯤으로 치부할 것이 아니라 신체적으로나 정신적으로 에너지를 발산할 수 있는 실외놀이나 활동, 운동을 격려한다.

실패를 두려워하지 않도록 큰일에 실패한 아동을 격려해야 한다. 특히 큰일에 실패를 하게 되면 실패가 지속되어 무기력해지는 것과 마찬가지로 아무 일도 할 수 없는 용기 없는 혹은 동기조차 없는 아동이 될 수 있기 때문이다.

23 무조건 반항하는 초등학생 우리 아이 어떻게 고칠까요?

에피소드

온통 방이 엉망이다. 몇 번이고 정리하라고 했지만 아이는 꼼짝도 하지 않는다. 결국 화가 머리끝까지 난 엄마는 아이에게 이렇게 소리친다. “너 이렇게 방 정리 안 하면 네 물건 다 버려버린다.” 그러나 곧이어 돌아온 아이의 대답은 “좋아, 버려.”이다.

문제행동지도

무조건 반항이란 없다. 우리가 아이의 행동이나 감정을 잘 이해하지 못해서 생겨난 오해에 따른 부작용이다. 아이를 무조건 반항하지 않는 아동으로 키우려면 먼저 무조건 반항과 이유 있는 반항에 대한 구분과 이해가 선행되어야 한다. 반항이라는 단어 자체가 갖는 뉘앙스가 다소 부정적이지만 무조건적인 순종은 아이의 개성과 독립심을 말살하는 또 다른 해악일 수 있다. 학령기, 즉 초등학생인 아동의 가장 중요한 발달 과업 중의 하나는 자아 존중감의 획득이다. 이것은 에릭슨의 근면성 형성이 이루어지지 않았을 때 열등감이 형성된다는 주장처럼 이 시기에 근면성의 형성은 자아 존중감의 획득이 가장 중요하다는 다른 설명이기도 하다. 자신에 대한 긍정적인 상을 가지고 자신을 사랑하며 자신감을 갖게 하는 자아 존중감 형성은 가장 중요한 이 시기의 발달 과업일 것이다.

그런데 부모나 성인의 의견만을 잘 따르는 것은 아이를 소극적인 성격으로 만들고 환경에 대한 탐색의 기회를 줄이며 자신감의 손상을 가져오는 일이다. 그러므로 무조건적 반항이 아니라면 이유 있는 반항이 수용되는 가정이어야 한다. 이런 메시지를 구별하기 위한 의사소통이 잘 이루어지는 가정이어야 한다. 그러기 위해서는 부모와의 신뢰감 형성이 중요하다. 신뢰할 만한 세상, 신뢰할 만한 가정, 신뢰할 만한 부모를 가진 아동은 주어진 규율과 명령을 따르지 않을 수 없고 기쁘게 자발적으로 순종하게 된다.

일단 부모가 모범을 보여야 한다. 아동과의 사소한 약속이라도 반드시 지키며 부모가 한 말이나 행동에 일관성이 있어야 하며 부모가 지시한 일은 반드시 지키게 하는 엄격성을 보여야 한다. 아동이 지시를 잘 수행했을 때는 적당한 칭찬으로 인정해 주는 모습을 보이고 자녀를 끝까지 믿어주고 적절한 기대를 보여 준다.

자유로운 의사표현을 존중하며 권위가 있고 믿을 만한 부모, 깊은 애정과 따뜻함을 느낄 수 있는 부모를 가진 아동은 부모와의 약속이나 명령을 반드시 지킬 것이다.

예를 들어 길거리에 침을 뱉거나 휴지를 아무 데나 버리는 아동, 공공장소에서 뛰어다니거나 지하철에서 소란을 피워도 가만히 두는 부모가 가정에서 아동에게 휴지는 휴지통에 버려야 한다든가, 아파트 아래층 사람들에게 피해를 주니 뛰어다니지 말라고 한다든가 밤 10시에는 자야 한다면서 취침 시간의 준수를 고지하면 아동이 잘 따를 것인가 한번 생각해 볼 일이다. 10시 취침 시간인데 '손님이 왔다고 한 번쯤인데 어때, 자주 오는 손님도 아닌데 오늘은 예외다'라고 아이가 자든지 말든지 내버려 둔다면 아동은 손님이 돌아간 후 10시 취침 시간을 잘 지킬 수 있을까 그것도 생각해 볼 일이다. 한 번의 예외가 10번의 잔소리와 반복된 다짐과 아이와의 규칙 지키기 위한 경쟁을 만든다는 것을 명심해야 한다.

아동이 에너지를 발산할 기회를 주어야 한다. 가급적 위험 요인만을 제거해 주고 자유롭게 하고 싶은 것을 할 수 있는 시간과 장소를 제공해 주며 운동 기구 같은 것도 위험하지 않은 사용법을 가르쳐서 적극적으로 활동을 많이 하도록 한다. 부모와 레슬링을 한다든가 달리기를 한다든가 해서 아동의 에너지를 발산할 수 있도록 한다.

타인의 입장을 이해시킨다. 아동이 난폭한 행동을 하거나 격렬한 반항을 하면 부모는 "누가 네가 그렇게 당한다면 네 마음이 어떻겠니?"라는 말로 타인의 입장을 이해해 보도록 유도한다. 그리고 뭐든 제 마음대로 하고 그처럼 난폭하게 굴면 다른 친구들이 싫어하고 결국에는 친구들이 없어질 것이라고 아동의 행동에 대한 결과를 설명해 준다.

24 정리하기 싫어하는 아이 어떻게 고칠까요?

에피소드

학습지 선생님이 오셨지만 아이는 어질러진 책상 속에서 오늘 해야 할 학습지를 찾지 못해 벌써 몇 분째 찾는 중이다.

정리 · 정돈하는 습관은 이후에 성격형성에 많은 영향을 준다. 지나치게 정리 · 정돈을 강요하였다면 완벽주의적인 성향 혹은 더 심하게는 패러노이드한 성격, 즉 편집증적인 성격이나 강박증과 같은 성격으로 발전되게 될 수 있고 반대로 이러한 의식이 전혀 없이 키워진 아동들은 산만하며 집중력이 떨어지는 등 그로 인한 학습 능력의 결여, 학업성취도 저하 등의 문제를 야기할 수 있다. 실제 산만하거나 지적 능력이 떨어지는 아동들은 물건을 제자리에 둘 줄 모르고 물건을 제자리에 놓으려다 오히려 기존 물건들의 위치를 흩트려놓거나 아예 망쳐놓기 일쑤다.

문제행동지도

정리를 잘 하지 못하는 아동들은 크게 두 가지 유형이 있다. 첫째, 생활의 경험부족으로 인해 습관화되지 않은 아동이며 둘째, 정리해야 하는지 알면서도 정리하려고 하지 않는 아동이 있다. 특히 두 번째 유형은 다시 하위 2가지 유형으로 나눌 수 있다. 하나는 제 마음대로 해왔기 때문에 누군가 자기 대신 정리해 줄 것이라 여겨 자기가 하지 않아도 된다고 생각하는 유형이고 또 다른 유형은 다른 사람이 보는 앞에서만 하고 보지 않으며 안 하는 아동이 있다.

정리하는 습관이 형성되지 않은 아동의 부모 자신도 깨끗하게 정리하지 못하므로 아동에게 강력하게 말하지 못하는 경우일 수 있다. 부모는 아동의 거울이라고 했다. 부모가 모범을 보여 주지 못하면서 아동에게 정리·정돈해야 한다는 의식을 가지게 하는 것은 무리이다. 또한 부부간의 불화나 부모 부재, 부모 이혼, 가정 경제의 위기 등의 문제로 가정이 불안하여 아동을 불안하게 만들어 정리·정돈이 되어 있지 않은 상태에 대해 전혀 의식하지 못하는 경우일 수도 있다. 이 모든 경우는 아동의 문제라기보다는 부모의 문제이므로 부모 문제, 가정 불안 요인부터 제거하는 것이 우선적인 과제다.

정리해야 하는지 알면서도 하지 않는 아동의 경우에는 누군가 항상 대신 정리해 주었기 때문에 습관으로 형성되지 않은 경우이다. 독단적이고 제멋대로인 아동이라 부모가 언제나 지저분함을 참다못해 먼저 정리해 주었거나 집안의 소황제로 아동을 다루어 뭐든 부모가 다 해 주었거나 정리·정돈이라는 것을 아동의 몸에 익히도록 하는 것에 대해 과소평가하거나 부모가 소홀히 생각하고 아동이 직접 해야 한다든가 하는 의식이 결여 되어 부모나 다른 사람이 대신해 주었기 때문이다. 정리·정돈을 몸에 익히는 것이 필요하다는 인식을 심어 주도록 아이가 스스로 하도록 격려하고 잘하지 못하더라도 칭찬해 준다. 처음부터 "네 방 정리는 네가 하도록 해." 하는 식의 과도한 양을 주기보다는 부모와 아동이 분담하여 정리하는 것부터 시작하는 것이 좋다. 잘하지 않으려 하면 슬쩍 형제끼리 경쟁을 붙이는 것도 좋다. 아동 나름대로 정리를 마친 후에는 일단 칭찬부터 해 주고 부모의 눈에 거슬리는 부분 중에 한 가지 정도만을 지적해 주고 다음번에는 더 잘하도록 독려한다.

누군가 볼 때는 잘 정리하면서 보지 않으면 정리하지 않는 아동의 경우에는 아직 아이의 의식이 확고하게 자리 잡지 못하였고 습관화되지 못해서이다. 부모가 정리·정돈하라고 하면 하기 시작하다가도 금세 다른 곳에 주의를 빼앗기거나 한다. 다시금 강도 높은 습관 형성을 위한 훈련이 필요하다. 그리고 주의를 빼앗는 거리들을 없앤다. 아동의 책상 위는 항상 학습과 관련된 것들 외에는 치워버리고 아동의 방도 장난감의 양을 조절하여 너무 많이 쌓이지 않도록 한다. 어수선하게 만들 거리가 많은 것도 나중에 아동이 정리하는 데 부담일 수 있기 때문이다. 그러나 매번 정리하라는 부모의 말이 있어야 정리를 하고 다 정리하는 데 오랜 시간을 요하며 그 사이에 부모가 여러 번 개입해야 간신히 한다면 혹시 주의가 너무 산만한 것은 아닌지 의심해 볼 일이다.

정보인(1999)은 『행동 수정을 통한 어린이의 문제행동지도』라는 책에서 간단하게 정리·정돈을 가르치는 방법을 제시하였다.

첫째, 아동이 제자리에 놓지 않은 물건들을 조사하여 목록을 만든다. 이때 보상의 종류도 정한다.

둘째, 만들어진 목록 중에서 비교적 하기 쉬운 것으로 세 가지 정도를 골라 그 물건이 있어야 할 장소를 아동과 상의하여 분명하게 명시한다.

셋째, 그 세 가지 물건이 제자리에 있는지 부모가 하루에 5회(일정하지 않은 시간에) 점검하고 점검 결과를 표로 만들어 벽에 붙여 놓는다.

넷째, 세 번째에서 물건이 제자리에 있을 때는 보상을 토큰으로 주고 제자리에 없을 때는 권리 박탈로 토큰을 뺏는다. 이때 물건이 제자리에 있지 않더라도 부모가 잔소리를 해서는 안 된다. 약속대로 토큰만 빼앗는다.

마지막으로 두 번째부터 네 번째까지 잘되면 두 번째로 돌아가 정리·정돈 목록을 만들고 다시 세 번째와 네 번째 과정을 실시한다.

25 게으른 아이, 부지런한 아이로 키우고 싶어요

에피소드

오늘도 학교에 지각이다. 책가방도 미리 챙겨두지 않았다. 잔소리하지 않았더니 학교 갈 준비가 전혀 되어 있지 않다.

문제행동지도

초등학교 시기는 에릭슨의 심리 발달 단계에서 근면성 대 열등감이 형성되는 시기이다. 즉, 이 시기에 발달 과업이 근면성 획득이라는 것이다. 학교에서의 높은 성취와 성공이 아동의 근면성을 발달시키게 된다. 자아 성장의 결정적 시기이기도 하다. 교사와 또래의 영향력이 아주 중요하다. 이 시기에는 실패보다는 여러 가지 도전에서 성공의 경험이 많은 것이 아동이 열등감에 빠지지 않게 하는 것이다. 특히 학습에서의 성공감이 일생을 좌우하기도 한다.

왜 부지런해야 하는 것인지 한 번 호흡을 가다듬고 생각해 보아야 한다. 아이가 부지런하면 아동에게 어떤 점이 좋은 것인지 부모에게 좋은 점을 말하고 생활 계획표를 짜게 해야 한다-하루의 계획표를 30분 단위로 아동 스스로 작성하게 한다. 물론 반드시 계획표상에 들어가야 하는 내용은 아동과 의논하여 미리 정해 둔다.

정리 · 정돈하는 습관을 형성하도록 한다.—자신의 방이 어지러워 자신의 물건이 어디에 있는지 모르는 경우가 많고 학교 갈 준비도 대충인 경우가 많다. 그러므로 앞부분에 나온 정리 · 정돈하는 방법을 적용하여 정리 · 정돈이 습관화되도록 한다.

적당한 운동을 하게 한다.—가족이 함께 일정한 시간을 정해 두고 가벼운 산책부터 시작해서 줄넘기나 자전거 타기 같은 가벼운 운동을 규칙적으로 하게끔 유도한다.

비만해지지 않도록 한다.—움직이는 걸 싫어하고 먹는 것만 좋아하는 경우가 많으므로 나중에는 몸이 무거워서 더 움직이기 힘든 경우가 있으므로 식습관을 조절하여 비만을 예방하도록 한다.

부모가 모범을 보인다.—부모가 먼저 부지런히 집을 청소하는 모습을 보여주고 해야 할 일을 먼저 한 이후에 휴식을 취하거나 레저를 하는 모습을 보인다.

목표를 갖게 한다.—가깝게는 학습 목표도 좋고 이후 성인이 되어서 하고 싶은 일을 함께 이야기하고 그런 일을 하기 위해서 해야 할 일들도 이야기하면서 확고한 단기 혹은 장기목표를 세우도록 한다.

26 사랑의 매 들어야 하나요, 말아야 하나요?

에피소드

아이의 친구 생일파티에 초대를 받았다. 엄마들끼리도 절친한 사이라 아이와 함께 참석했는데 많은 아이 속에서 입을 산만큼 내밀고 삐쳐 있는 아이가 눈에 들어 왔다. 왜 그러냐고 이유를 물어도 대답도 없더니 이내 눈물이 맺힌다. 집에 가겠냐고 물어도 계속 성질만 부리면서 버틴다. 남의 생일파티에서 분위기를 망치고 있는 아이 때문에 여간 미안한 일이 아니다. 한 대 때려 주고 싶은 마음이 굴뚝같다.

문제행동지도

체벌은 절대 하지 말아야 한다. 학령기에 접어들면서 아동들은 가정에서는 아니더라도 이미 교사나 학교 선배, 학원 형들, 친구들로부터 알게 모르게 맞거나 혹은 때리거나 하는 경험들을 어느 정도는 갖게 된다. 그런데 유독 가정에서만 사랑의 매든 아니든 체벌이 존재하지 않는다면 과연 아동의 바람직하지 않은 행동을 교정하고자 할 때 다른 대체 방법들이 효과적일 수 있을지 의문이 들 것이다.

체벌은 즉각적인 효과를 발휘하지만 일시적이며 체벌을 사용하면 할수록 그

강도는 높아질 수밖에 없다. 그래서 필요악이라고도 한다. 그러나 지금은 이런 생각의 전환이 이루어져야 하는 시기이다. 물론 선진국들에서도 엉덩이를 엎어놓고 때린다든가 혹은 심한 경우 혁대나 기타 몽둥이 등 무기를 사용한 거의 학대 수준의 체벌이 존재하는 것으로 안다. 하지만 우리처럼 눈에 보이는 상처가 있으면 학대고 체벌이고 눈에 보이지 않는 예를 들면 머리를 몇 차례 가볍게 때리거나 귀를 살짝 꼬집는다든가 하는 식의 상처가 남지 않는 것은 애교로 넘어가고 넘어가주는 문화는 이후에 더 큰 문제를 야기할 것이다.

아버지도 맞으면서 자랐다느니 하면서 세대 간에 전수되고, 사내아이들은 당연히 때리고 맞으며 자라는 것이라는 식의 남성만의 고유한 문화인 것으로 치부되기도 하는 것이다.

반드시 체벌이 필요한 경우라면 다음과 같은 점은 반드시 주의해야 한다.

먼저 아이에게 왜 맞아야 하는지를 묻는다.

체벌 전에 아이가 무엇을 잘못했는지 대답하도록 하면 실제로 체벌 자체는 약해도 교육 효과는 높아진다. 아이의 행동은 체벌 때문이 아니라 체벌 전후의 과정 때문에 바뀌는 것이다.

- 엄마가 감정에 휩쓸리지 않는다.

  엄마 스스로 감정을 컨트롤할 자신이 없으면 체벌은 안 하느니만 못하다. 아이를 감정적으로 혼내게 되면 아이는 자신이 잘못했다고 생각하기보다 엄마가 자기에게 화풀이를 한다고 생각하기 때문이다.

- 체벌 뒤에도 아이의 상태를 살핀다.

  체벌 뒤에 아이의 상태를 살피고 엄마가 아이를 변함없이 사랑한다는 것을 이야기해 주어 체벌 때문에 받은 마음의 상처를 어루만져줘야 뒤탈이 없다.

- 체벌 뒤에 아이에게 사과하지 않는다.

  체벌에 있어 가장 나쁜 행동은 실컷 때려놓고 용서를 구하거나 사과하는 것이다. 그것은 엄마가 아이를 위해서가 아니라 자신의 감정을 풀기 위해 아이를 때렸다는 사실을 스스로 인정하는 태도이다. 시간을 두고 냉정함을 되찾은 뒤 아이의 마음을 풀어주는 방법을 찾는 것이 좋다.

출처: 레몬트리

- 왜 때리는지 이유 설명이 필표해요.

아이가 맞을 때 이유 없이 맞게 되면 맞는 자체에 대해서 반감만 갖게 된다. 어떤 잘못된 행동 때문에 맞는 것인지를 간결하고 단호하게 말해줄 필요가 있다.

- 잘못된 행동에 대해서만 나무라세요.

잘못된 행동 하나로 "너는 왜 그 모양이야?" 하며 아이 전체를 비난, 아이 자체를 문제아로 만드는 느낌을 주어서는 곤란하다.

- 정해놓은 매로만 때리세요.

회초리는 정해놓고 사용하는 것이 좋다. 체벌할 때는 나쁜 행동의 정도와 동기에 부합하는 정도에서 한다. 손바닥이나 주먹으로 아무 곳이나 때리는 것은 절대 금물이다.

아이가 말귀를 알아듣는 나이이므로 매의 횟수와 부위를 스스로 정하게 하는 것도 좋다.

- 엄마의 개인적인 감정을 담지 마세요.

분이나 노여움에 찬 부모의 표정과 극단적인 감정이 섞인 채 매를 들지 말아야 한다. 아이의 잘못된 행동 때문인지, 부모 자신의 감정 때문인지를 제대로 구분할 줄 알아야 한다.

- 심리적으로 놀라거나 두려움을 품게 하지 마세요.

아이에게 무서운 표정이나 행동으로 잘잘못을 생각하기도 전에 심리적인 불안감을 주어서는 안 된다. 자칫 내성적이거나 폭력적인 아이가 될 수 있다.

- 때리고 나서는 반성의 시간이 지난 후 꼭 안아 주세요.

매 맞은 후의 아이는 심리적으로 많이 위축된 상태이다. 아이가 반성할 시간을 준 뒤에 꼭 안아 주며 엄마가 결코 아이를 미워해서 때린 것이 아니라는 것과 때린 이유를 말해 주고 사랑한다는 표현을 꼭 해 준다.

27 열 안 받고 말 잘 듣게 만드는 잔소리 테크닉

에피소드

퇴근해서 돌아왔더니 가사 도우미 할머니랑 아이는 텔레비전 시청 중이다. 저녁 식사 후 텔레비전을 얼마 동안 보았냐고 물었더니 머뭇거리더니 4시간이 넘었단다. 숙제는 했는지 물었더니 고개를 절레절레 흔든다. 화가 치밀어 오른다.

〈잔소리 테크닉 7〉

- 하나-혼내는 대신 상태를 설명한다.

아이의 특징 중 하나가 "너는…" 하는 식의 비난을 받게 되면 속상해지고 도리어 반대로 나가려는 마음을 갖게 한다. 그뿐 아니라 "이것은…" 하는 식으로 문제 해결에 필요한 일들을 이야기할 수 없게 된다. 문제점을 지적할 때 상태를 설명하면 아이들은 문제 자체를 해결하는 데 쉽게 주의를 집중할 수 있다. 예를 들면 "넌 늘 왜 그러니? 목욕탕 물은 틀 줄만 알았지 잠글 줄은 몰라?"라고 하기보다 "얘야, 목욕탕 물이 넘치려고 한다."라고 말한다. 아이는 자신을 나무라지 않고 문제를 설명하는 부모를 보며 문제 해결에 대하여 자신의 생각도 이야기할 마음을 갖게 된다.

단 문제의 상태를 설명할 때 빈정대거나 애정 없이 이야기하는 것은 아이의 반발심을 불러일으킬 수 있으므로 주의한다.

- 둘-정보를 알려 주는 기회로 삼는다.

아이 자신이 일을 제대로 처리하지 않을 경우 어떤 결과가 일어나는지를 알게 한다. 예를 들어 "누가 우유를 마시고 나서 밖에 그대로 두라고 했니?"라고 하기보다 "우유를 냉장고에 넣어두지 않으면 맛이 시어지고 엉긴단다. 라고 말한다. 아이들은 자신에 대해 쏟아지는 불만을 받아들이기보다 정보를 받아들이는 것이 더 쉽다. 또 어떻게 보면 아이가 일생을 살아가면서 필요한 정보 획득 기술을 익히는 중요한 계기가 될 수 있다. 사실 요즘 대부분의 부모들은 이런 정보 제공의 역할은 제대로 하는 편이다. 하지만 늘 문제가 되는 것은 정보 제공 후 끝마무리로 하는 말들. 예를 들면 "… 바보", "… 못됐어", "… 어쩔 수 없는 애야", "… 포기했어." 등이다. 인격을 무시하는 단어를 사용할 경우 정보 제공 효과를 전혀 얻을 수 없으므로 삼간다.

- 셋– "너" 대신 "나" 라는 말을 사용한다.

'너'라는 말을 쓰게 되면 아이를 질책하는 소리로 들릴 수 있다. 아이에게 잔소리를 하면서 '나'라는 주어를 사용하게 되면 아이의 행동으로 인해 '나'가 어떻게 느끼는가를 알려 주는 문장이 된다. 즉, "너 이렇게밖에는 못 하겠니?"라는 말 대신 "네가 이런 식으로 행동하니까 난 기분이 나쁘단다." 식으로 말할 수 있다.

- 넷–아이가 알 수 있는 쉬운 언어를 사용한다.

언어 능력은 아동의 발달 수준과 밀접한 관계를 갖고 있다. 어른에게는 아주 쉬운 말일지라도 아이에게는 실제로 어려운 경우가 많고, 말뜻은 알고 있지만 어떻게 해야 하는지 구체적인 방법을 모르는 경우도 있다. 따라서 아이가 알아들을 수 있는 단어와 문장으로 명확하게 이야기해야 한다. 한 예로 "네 방안 좀 정리해 봐"라고 할 경우 '정리'라는 말은 어렵고 이해하기 힘든 말이다. 그러므로 "여기의 블록은 블록 통에 담고, 저 책들은 책꽂이에 꽂아두렴"과 같이 상세한 지시를 하는 것이 좋다.

- 다섯– '절대' 라는 말을 사용하지 않는다.

'절대', '항상', '모두', '아무도' 등의 표현은 정확한 설명을 할 수 없고 갈등을 연장시키는 경향이 있으므로 사용하지 않는다. 이를테면 아이의 행동에 대해 "너는 항상… 하는구나."라고 말하는 대신 "너도… 할 때가 있구나."라고 말한다. 강조하거나 설득의 도구로 이런 단어를 사용하게 되면 엄마의 느낌이 과장돼 있다고 생각할 수 있다. 또 말투에 신경 쓰느라 엄마가 무슨 말을 하려는지 그 본질을 놓치게 되므로 따지려 들거나 방어적인 태도를 취하기 쉽다.

- 여섯–선택의 기회를 준다.

행동을 제지하는 말을 했음에도 아이가 문제를 계속 일으킬 경우 "조용히 하든지, 네 방에 가 있든지 해라", "밥을 먹든지, 네 방으로 가서 저녁을 거르든지 해라" 등으로 선택을 하게 한다. 이 같은 선택을 하게 하는 것은 지금까지 네게 생각해 보게 했고, 또 기회를 주었는데도 불구하고 제대로 행동하지 못했기 때문에 아이의 행동반경을 부모가 결정하겠다는 의지를 보이는 것이다.

- 일곱–권위적으로 강요하지 않는다.

아이에게 해야 할 행동을 지시할 때 권위적으로 말하기보다는 아이의 소중함을 부모가 잘 기억하고 있다는 것을 알려 준다. 또 소중히 느끼기 때문에 이렇게 너의 행동을 고치려고 한다는 것을 알려 주면 아이는 무시당하지 않고 존중받고 있다는 것을 인식한다.

28 우리 아이들은 형제끼리 심하게 싸워요

에피소드

차를 타고 할머니 댁에 가는 중이다. 작은아이는 자고 있다. 휴게소에 도착해서 작은아이가 일어났고 그때부터 큰아이와의 작은 전쟁이 시작되었다. 네 자리로 가라느니 왜 내 자리에 오느냐, 하지 말라느니 계속되는 싸움에 운전하던 아빠는 운전하는 데 방해가 된다며 소리를 버럭 지른다. 잠시 조용한가 싶더니 창가 쪽에 몰려가서는 다시 자리다툼이다.

문제행동지도

자매나 형제끼리 자주 다투면 부모는 신경이 많이 쓰인다. 한 명씩 데리고 다닐 때는 부모 말도 잘 듣고 하던 아이들이 형제를 데리고 다니면 백화점에서든, 차 안에서든, 식당에서든 잦은 싸움이다. 싸우느라 부모 말은 뒷전이다. 소리도 질러보고 달래도 보지만 언제나 잠깐의 평화일 뿐 이내 전쟁이다. 큰아이와 작은아이가 싸우면 보통은 생각과는 달리 작은아이 편을 들게 된다. 신체적으로든 정신적으로든 큰아이가 강자라는 생각이 들어서다. 부모가 무슨 재판관도 아닌데 형제 싸움에 개입해 누군가의 손을 들어주는 경우도 다반사다.

작은아이 편만을 들다 큰아이가 울며 삐치면 이내 다음번에는 큰아이 편을 들어줘야지 하고 마음먹는다. 아니면 부모가 나뉘어 편을 들어주자며 다짐하기도 한다. 그러나 이런 모든 방법은 좋지 않다. 아이들의 싸움에 어떤 형식으로든 개입하는 것은 좋지 않다. 일절 관여하지 않는 것이 가장 좋은 방법이다.

형제들이 다투게 되는 원인은 부모의 애정을 서로 많이 받으려는 무의식적인 대항 감정이 있기 때문에 부모가 있다는 자체가 싸움의 원인이 된다. 큰아이의 경우에는 동생이 태어나기 전까지는 부모의 애정을 독차지하다가 동생이 태어나자 생물학적으로 연약한 존재이기에 더 많은 보살핌을 하는 것인데 큰아이의 눈에는 동생에게로 부모의 애정이 옮겨갔다고 생각한다. 어떤 이는 동생의 출현이 10년 동안 함께 산 남편이 어느 날 갑자기 애인을 데리고 와서는 이혼을 요구할 때의 충격과도 같다고 했다. 그래서 어떤 아동들은 잘 가리던 대소변 가리기에 실패하기도 하고 갑자기 나이보다 어린아이 짓을 하며 요구가 늘고 애정을 확인하려는 시도가 빈번하여 부모를 귀찮게 한다. 심지어 동생에게 위해를 가하기도 한다.

이런 감정의 격변을 겪은 차에 동생이 자라 형과 대적하게 되면 싸움이 일어나는 것은 자연스러운 일이다. 부모에 대한 애정 다툼에 기인한 것이므로, 부모가 개입하지 않으면 아이들의 싸움은 이내 잦아든다. 형제간의 싸움은 서로의 갈등이나 적개심들을 해소하는 방법이기도 하고 상대방의 요구도 이해하게 되며 자기의 고집을 깨기도 하고 남의 입장도 수용하게 되는 방법도 배우는 계기가 되기도 한다.

자기들만의 규칙도 세우고 남과 나누는 법도 알고 자연스러운 서열도 생겨 아이들로서는 성공적인 사회생활을 위한 기초적인 소양들과 규칙들을 경험하게 된다.

29 TV 속으로 들어갈 것만 같은 아이TV 시간 조절하기

에피소드

아이는 벌써 두 시간째 TV 앞에 있다. 윗집 친구가 놀러 와도 TV나 함께 보자고 한다. 아이가 좋아하는 공주풍의 만화영화다. 놀러 온 윗집 아이는 잠깐 같이 TV를 보다 재미없다며 놀이를 하자고 한다. 그러나 우리 아이는 여전히 TV에 시선 고정이다. 윗집 아이는 잠시 후 그냥 슬그머니 현관문을 열고 나가버린다. 서둘러 TV 앞의 아이에게 친구 배웅도 하지 않느냐고 해도 듣는 둥 마는 둥이다. 결국 화가 난 엄마는 TV를 끄고 네 방에 들어가 공부해 하고 소리를 지르고 만다.

문제행동지도

일하는 엄마의 아이는 혼자 시간을 보내야 하는 경우가 많다. 이때 아이는 많은 시간을 TV 시청으로 보내게 된다. TV는 많이 볼수록 좋지 않은 영향을 미친다. 빠른 화면과 전자파가 아이의 뇌에 영향을 주어 뇌 기능 발달을 저해하게 된다. 또한 간접적인 교육 효과도 있어 무차별적인 학습이 이루어지는 폐해가 있다. 예를 들어 배우지 말아야 할 어른들의 오염된 세상 이야기나 과격한 언어, 욕설, 폭력, 잘못된 성 역할과 성 개념 등이다. 그러므로 부모는 아동이 TV 중독이 되지 않도록 각별한 주의가 요구된다. 그렇다고 TV를 아예 없애버리거나 억지로 못 보게 하는 것은 오히려 역효과가 날 수 있다.

요즘의 아이들이 TV를 통해 많은 공감대를 형성하고 대화 거리를 찾는 것이 사실이므로 아예 TV를 보지 못하게 하는 것은 아동이 화제에 끼어들 수 없게 하고 소외감마저 느끼게 한다.

이제 TV가 아동의 생활과도 밀접한 관계를 맺고 있으므로 효과적으로 시청할 수 있는 방법을 생각해 보는 것이 오히려 현실적인 대안이 될 것이다. 우선 아동이 볼 수 있는 프로그램과 봐서는 안 될 프로그램에 대해 아동과 협의를 한다. 아동의 흥미를 중심으로 재미있고 즐거움을 주는 오락 프로그램과 과학이나 사회 지식을 얻을 수 있는 교양 다큐멘터리 프로그램을 섞어서 보여 주는 것이 좋다.

아동을 위한 프로그램이라도 아동 혼자 일방적으로 시청하게 할 것이 아니라 부모가 함께 시청 한 이후에 이야기를 나누는 것이 좋다. 시청 후 감상이나 느낌 같은 것들을 나눈다.

시간을 제한하도록 한다. 연속해서 30분 이상 보지 않도록 한다. 특히 아동이 봐서는 안 되는 프로그램은 가족 모두가 시청하지 않도록 한다. 또한 TV에 너무 집착하지 않도록 다른 흥미 있는 놀이를 하도록 격려하는 것이 좋다. 특히 친구관계에 문제가 있는 친구들은 이런 TV나 컴퓨터 등에 몰입하므로 다른 문제로 인한 집착은 아닌지 항상 살펴보아야 한다.

30 집에서 짜증내는 아이

에피소드

초등학교 1학년 아이는 처음엔 학교 다니는 걸 재미있어했다. 그런데 한 달쯤 지나니 담임선생님이 아이의 수업 태도가 안 좋고 반항적이라고 전해 주었다. 집에서도 전보다 화를 더 많이 내고 특히 엄마한테 사사건건 말대꾸를 했다. 툭하면 "엄마, 나가 버려.", "엄마, 죽어 버려."라며 거친 말을 내뱉었다. 아이는 입학 초기에 잘 지낸 것이 아니라 잘 지내보려고 기를 쓰면서 견디고 있었을 뿐이었다. 시간이 지나도 적응이 되지 않아 아이가 참다못해 폭발한 것이다. 병원놀이를 하면서도 인형을 충치 치료한다며 일부러 15분이나 계속 울리는 등 거칠게 다뤘다.

또 나쁜 사람이 나타나 집을 폭파시킨다며 인형집을 서너 번이나 뒤집고 장난감 바구니를 확 쏟아 엎어 버렸다.

문제행동지도

아이들이 별일 없으면 부모는 아이가 잘 지내는 것으로 생각한다. 그러나 아이들의 생활을 종합적으로 들여다보면 잘 지내는 것과 잘 견디는 것은 엄연히 차이가 난다. 정말 잘 적응하며 지내는 아이들은 학교에서 잘 지낼 뿐 아니라 집에 와서도 부모, 형제, 친구들과도 즐겁게 잘 지낸다.

집에서는 동생과 싸움도 많이 하고 짜증과 신경질도 많으나 밖에서는 모범생으로 잘 지내는 아이들이 있다. 이는 잘 지내는 것이 아니다. 실제 아이는 공부하는 인내력이 좋은 것도 아니고 자발성이 있는 것도 아니다. 다만 부모님과 선생님께 인정받고 사랑받으려 잘 견디고 있을 뿐인 것이다. 그러므로 부모는 이를 구별해 낼 줄 알아야 한다. 그리고 어디선가 잘 지내지 못한다면 이유가 있는 것이니 이를 찾아 도와주어야 한다(조선일보, 2005).

31 짜증, 반항 잦은 아이는 우울증을 의심하기

에피소드

아이는 언제부턴가 예전 같지 않다. 누군가 이름을 불러도 딴생각을 하느라 대답을 못 하고, 괜한 신경질을 부리고, 자꾸 아파서 병원에 데려가지만 의사는 별 문제가 없다고 한다. 잘 알아서 하던 공부를 게을리해서 야단맞는 일도 늘었다. 학년이 바뀌어 예전의 아이 모습을 모르시는 선생님께서는 아이가 집중을 못 하고 친구도 잘 못 사귄다고 하신다. 엄마는 뭐가 문제냐고 물어보지만 아이는 왜 그런지 잘 모르겠단다.

아이들은 감정을 정확하게 표현하는 능력을 갖추지 못했다. 그런 능력은 대체로 청소년기를 지나며 얻게 되는 것이다.

그래서 아이들은 우울한 기분을 모호한 신체적 이상의 호소, 괜한 짜증, 유난히 겁을 많이 내기 같은 증상들로 표현하여 부모를 어리둥절하게 만든다. 심한 우울증을 앓고 있는 아이들도 어른처럼 우울하고 슬퍼 보이기보다는, 산만하고 게으르며 화를 많이 내는 아이로 변한 것처럼 보일 수 있다.

아이가 우울하다는 것을 알아챌 수 있는 신호로는 예전에 즐기던 일에 대한 흥미를 잃거나, 쉽게 지치거나, 수면과 식욕이 달라지거나, 집중을 못 하거나, 반항적으로 되거나, 나이에 어울리지 않는 절망적인 혹은 죽음에 대해 생각하는 것들을 들 수 있다. 또한 변화무쌍한 감정을 보일 수도 있다.

아동기 우울증의 원인은 유전적 영향도 크지만, 서로 싸우거나 헐뜯는 부모, 엄격한 규율, 냉담한 부모, 우울증을 앓는 어머니 등이 가장 흔하다.

위의 에피소드에 등장하는 아이의 어머니도 치료는 받지 않았지만 시댁과의 갈등 때문에 심한 우울증을 앓았다. 아이에게는 관심이 필요했다.

자신의 삶에 집중하고 있는 부모에게 "저 여기 있어요. 저 좀 봐 주세요!"라고 외치듯 아이는 부모가 원하는 행동을 미리 척척 알아서 했다. 부모에게 인정받고 싶었던 것이다. 하지만 부모는 오히려 그런 아이의 성실한 태도를 당연한 것으로 여겼고, 아이는 점점 지쳐갔다. 성공적인 맞벌이 부부의 아이에게 흔히 있는 일이었다.

문제행동지도

먼저 부모가 아이를 이해하려는 자세가 필요했다. 당연히 지나친 강요나 기대보다는 아이의 생각과 고민들을 있는 그대로 들어주려는 노력이 필요했다. 부모가 하루에 30분씩만 아이와 함께 기쁜 마음으로 놀아주고, 아이에게 항우울제를 복용시키는 것만으로 아이는 우울증에서 벗어났다. 관심과 칭찬과 항우울제는 모두 같은 방식으로 뇌 회로를 강화시켜 아이의 자신감을 회복시켜 준다. 우울증은 진단만 되면 쉽게 치료될 수 있다. 애써 외면해 성격적인 문제로 발전되는 것을 막아야 할 것이다(동아일보 2004).

참/고/문/헌

강경미 · 강란혜 · 송주미(2006). 아동상담. 대왕사.

강문희(2007). (아동 문제의 이해와 지도를 위한) 놀이치료 사례연구. 시그마프레스.

강승아(2002). 미술치료, 아동상담사 워크숍 자료집.

고영희 · 김동기 · 송인섭 · 심응철 · 윤영화 · 이승복 · 이양 · 이인혜 · 홍기원 · 홍준표(1990). 심리학. 양서원.

고현(2008). (매체를 활용한) 유·아동 미술교육과 미술치료. 창지사.

곽금주 · 박혜원 · 김청택(2001). K-WISC-III(한글 웩슬러 아동 지능검사) 지침서. 도서출판 특수교육.

곽금주(2002). 아동 심리평가와 검사. 학지사.

구본권 외 9인(2000). 특수교육학. 교육과학사.

김경희(2002). 부모-자녀 놀이치료. 동문사

김군자(1998). 음악치료의 이론과 실제. 양서원.

김나영 · 이승희(2001). 아동임상 및 상담심리. 동문사.

김남성(1985). 인지적 행동수정. 교육과학사.

김도연 · 옥정 · 김현미(2015). K-WISC-IV의 이해와 실제. 시그마프레스.

김동연 · 이재연 · 홍은주(2001). 아동미술심리이해. 학지사.

김동연(2002). 아동미술치료. 중문.

김민주(2004). 어린이의 상한 마음을 돌보기 위한 독서치료. 한울.

김선현(2006). 임상미술치료의 이해. 학지사.

김수연(2012). 가족상담-Satir이론을 중심으로. 한국재활심리학회 연수회, 457-465.

김순임 외(1992). 현대 상담 심리치료의 이론과 실제. 중앙적성출판사.

김순혜(2001). 아동상담. 학지사.

김양현 역, Grasser(1995). 현실치료. 원미사.

김연권 역(1999). 정신분석의 기본원리. 솔출판사.

김영태 · 이영철(1993). 조기 언어교육 프로그램. 대구대출판부.

김영희(2005). 집단발달놀이치료 : 이론과 실제. 학지사.

김유숙(2006). 가족상담. 학지사

김유정(2000). "그림놀이를 통한 아동심리치료의 교육적 효과에 대한 연구". 인천교육대학교 교육대학원 석사학위논문.

김은정 · 김항구 · 황순택 역(2001). 이상심리학. 학지사.
김인자 역, Wubbolding(1996). 현실요법의 적용. 한국심리상담연구소.
김인자(1997). 현실요법과 선택이론. 한국심리상담연구소.
김재은(1998). 그림에 의한 아동의 심리진단. 교육과학사.
김정희 · 이장호 역(2000). 현대심리치료. 중앙적성출판사.
김정희 외 9인 공저(2002). 심리학의 이해. 학지사.
김종인(2008). 아동음악치료방법론. 한국학술정보
김지은 · 김진숙(1995). 아동행동관찰. 도서출판 하우.
김창대(2003). 대상관계이론의 핵심개념. 전국대학교 학생생활연구소장협의회 2003 동계학술대회.
김청송(2003). 정신장애 사례연구. 학지사.
김춘경(2004). 아동상담. 학지사.
김충기 · 강봉규(2002). 현대상담이론과 실제. 교육과학사.
김충기 · 김현옥 공역, 제럴드 코리(1991). 상담과 심리치료의 원리와 실제. 성화사.
김현수(2000). 인터넷 중독증. 나눔의 집. Young. K. S(1998) Caught in the Net.
김현희(2003). 독서치료의 실제. 학지사.
김형태(1998). 상담의 이론과 실제. 동문사.
김화선(2004). 예술기법을 활용한 대상관계 가족치료사례연구. 동신대학교 대학원석사논문.
김흥규(2003). 상담심리학. 형설출판사.
노안녕(2005). 상담심리학의 이론과 실제. 학지사.
노안영(2002). 101가지 주제로 알아보는 상담심리. 학지사.
대상관계심리분석연구회 http://cafe.daum.net/object-relation
대학상담학회(1999). 상담의 이론과 실제. 중앙적성출판사.
도날드 위니컷(1997). 놀이와 현실. 한국심리치료연구소.
류분순(2000). 무용·동작치료. 학지사
마델레인 데이비스 외(2002). 울타리와 공간. 한국심리치료연구소.
민희석 역(2002). 프로이트 꿈의 해석. 정민미디어.
박경 · 최순영(2002). 심리검사의 이론과 활용. 학지사.
박경애(2002). 인지·정서·행동치료. 학지사.
박성수 · 유효순(1996). 아동생활지도. 한국방송통신대학교 출판부.
박애선 역, Wubbolding(2003). 21세기와 현실요법. 시그마프레스.
박영숙(1994). 심리평가의 실제. 하나의학사.
박혜원 · 곽금주 · 박광배(1996). K-WPPSI(한국 웩슬러 유아지능검사) 실시요강. 도서출판 특수교육.
서울장애인 종합복지관(1990). 언어 발달 지체 아동의 치료 교육. 서울장애인 종합복지관 & 한국언어병리학회.
서울장애인종합복지관(1992). 말하고 싶어요. 서울장애인종합복지관.
서울장애인종합복지관(2012). 장애아동의 언어지도 I. 서울장애인종합복지관.
선우인숙(2002). "도널드 위니캇의 대상관계이론에 기초한 미술치료연구". 원광대학교 보건환경대학원 석사학위논문.
성영혜(1998). 놀이치료핸드북. 상조사.
성영회 · 이경화 · 김현수 · 박인진 · 유가효 · 방은령 · 송정아 · 윤혜경 · 최영희 · 장미경(1997). 가족놀이치료. 상조사.
송영혜(1997). 놀이치료 원리, 대구대학교 출판부.
송영혜(1998). 놀이치료 적용. 대구대학교 출판부.
송영혜(2001). 놀이치료원리. 대구대학교 출판부.
송인섭 · 문정화 · 박정옥(1995). 종합인지능력검사(A형, B형) 실시요강. 도서출판 학지사 부설 학지심리검사연구소.
송인섭(1993). 유아성격검사 실시요강. 도서출판 학지사 부설 학지심리검사연구소.
송준만 · 유효순(1992). 특수아동교육. 교문사.
송지윤(1997). 애착장애 아동의 애착 Q-Set에 관한 연구. 이화여자대학교 대학원 석사학위논문.
신민섭 외(2002). 그림을 통한 아동의 진단과 이해. 학지사.
신숙재 외(2000). 아동중심놀이치료-아동상담. 동서문화원.
신현균 · 김진숙(2000). 주의력 결핍 및 과잉행동장애. 학지사.
안영진 · 장성철(2001). 아동상담. 동문사.
안영진(2006). 새아동상담, 동문사
여광응 · 정용석 공역(1995). 인지적 행동수정의 통합적 접근. 양서원.
여광응 · 조인수(2000). 발달장애아 부모 및 교사를 위한 행동수정이론과 실제. 대구대학교출판부.
여광응 · 한현민 편저(1998). 행동수정이론과 특수아동에의 적용. 특수교육.
열린 부부문제 연구소. http://cafe.daum.net/opencoupleinstitute
오경자 · 이혜련 · 홍강의 · 하은혜(1997). K-CBCL 아동·청소년 행동평가척도. 중앙적성출판사.
오승아 역(2003). 아동과 가족의 스트레스와 대처 및 복원력. 민지사.
원광아동상담센터(2001). 놀이치료워크샵 Ⅰ, Ⅱ, Ⅲ.
원호택 외 공역(1999). Beck, 우울증의 인지치료. 학지사.
원호택(1997). 이상심리학. 법문사.
유미숙(1997). 놀이치료의 이론과 실제. 상조사.

유안진(1987). 인간발달신강. 문음사.
윤순임 외 14인 공저(2000). 현대상담·심리치료의 이론과 실제. 중앙적성출판사.
이근매 · 조용태 · 최외선 (2007). 세 가지 그림심리검사. 시그마프레스
이근후 외 역(1995). 정신장애의 진단 및 통계편람 제4판. 하나의학사.
이도영(1999). 교류분석: 이론과 실제. 중앙적성출판사.
이무석(2003). 정신분석에로의 초대. 도서출판 이유.
이상금(1998). 그림책을 보고 크는 아이들. 사계절.
이상복 · 이상훈 · 이효신(1997). 주의력결핍과잉행동아동의 행동지도방법. 대구대학교출판부.
이소현 · 박은혜(2001). 특수아동교육론. 학지사.
이숙 · 우희정 · 최진아 · 이춘아(2002). 부모교육. 학지사.
이숙 · 최정미 · 김수미(2004). 현장중심놀이치료. 학지사.
이숙(2002). (현장중심) 놀이치료. 학지사.
이윤희 · 주리애(2003). 상처입은 마음의 성형. Managing Traumatic Stress Through Art, Cohen. B.M.Barnes, M-M. & Rankin, A. B. KATC.
이은해(1995). 아동발달의 평가와 측정. 교문사.
이인정 · 최해경(2000). 인간행동과 사회환경. 나남출판사.
이장호 · 정남균 · 조성호(1999). 상담심리학의 기초. 학문사.
이장호 · 정남운 · 조성호(2005). 상담심리학의 기초. 학지사.
이재연 · 서영숙 · 이명조 역(1990). 아동상담과 치료. 양서원.
이정균 · 김용식 공저(2000). 정신의학. 일조각.
이종인 역(2003). 비블리오케라피–독서치료, 책 속에서 만나는 마음치유법. 북키앙.
이현진 외(2003). 아동정신병리. 시그마프레스.
이형득(1984). 상담의 이론적 접근. 형설출판사.
이형득(1998). 상담이론. 교육과학사.
이효자 외(2000). 특수아동교육. 도서출판 정일.
임은희(1992). 음악속에 숨은 의학(음악치료 사례와 음악 활용법). 청암문학사.
임은희(1998). 인간복지를 위한 뮤직테라피. 홍익제.
임은희(1999). 음악치료학 입문. 아시아미디어리서치.
임혜숙 · 김선(1996). 주의산만 아동에 대한 이해와 훈련프로그램. 특수교육.
장미경(2004). 아동기 발달병리. 한국아동학회. 아동상담사 워크샵.
장선철(1995). 유아부적응행동의 이해와 지도. 창지사.
장혜성(1991). 자폐아동의 언어지도: 자폐아동의 교육과 치료. 서울장애자 종합복지관.
장휘숙 · 한건환(2005). 아동연구방법. 창지사.

장휘숙(1998). 발달정신병리학의 이해. 학지사.
전경원(2001). 유아의 심리검사와 측정. 도서출판 양지.
전순영 역(1999). 아이에게 행복을 주는 비결(스티브 비덜프 저). 북하우스.
전연진(2005). 청소년의 위기를 기회로 만들어 가는 해결중심 집단프로그램. 국가청소년위원회.
전용신(1973). TAT 검사 실시요강. 고려대학교 행동과학연구소.
정문자 · 정혜정 · 이선혜 · 전영주(2007). 가족치료의 이해. 학지사.
정보인(1997). 행동수정을 통한 어린이 문제행동 지도. 중앙적성출판사.
정수영(1993). “품행장애와 학생 개인적 특성과의 관계연구”. 인하대학교 교육대학원 석사학위청구논문.
정여주(2003). 미술치료의 이해 : 이론과 실제. 학지사.
정영조(2002). 음악치료. 하나의학사.
정옥분(2002). 아동발달의 이론. 학지사.
정용부 · 고영인 · 신경일(1999). 아동생활지도와 상담. 학지사.
정용부(1998). 아동생활지도와 상담. 학지사.
정은(2006). 가족치료의 이론과 실제. 창지사.
제이 그린버그 & 스테판 밋첼(1999). 정신분석학적 대상관계이론. 한국심리치료연구소.
주디트 루빈 엮음(2001). 이구동성 미술치료. 학지사.
주리애(2000). 미술치료는 미술치료. 학지사.
주리애(2003). 미술치료 요리책. 아트북스.
지경자 역 (1993). 프로이트 심리학 입문. 홍신문화사.
질 데이빗 샤르프(2002). 대상관계 개인치료 Ⅰ: 이론. 한국심리치료연구소.
천성문 · 박순득 · 배정우 · 박원모 · 김정남 · 이영순(2006). 상담심리학의 이론과 실제. 학지사.
천성문 외 6인 공역(2001). 아동상담의 이론과 실제. 시그마프레스.
최병철(1996). 음악치료학. 음악춘추사.
최순남(1997). 인간행동과 사회환경. 한신대학교 출판부.
최신형(2007). 저소득층 부적응 아동의 역량(empowerment)강화를 위한 음악치료 프로그램 연구. 이화여자대학교 교육대학원 석사학위논문.
최외선(2006). 미술치료의 이해. 중문.
최재영(1995). 교육과 미술치료. 교육개발. 80-85. 한국교육개발원.
최정윤 (2003). 심리검사의 이해. 시그마프레스.
하승민 · 강현아 · 장정백 외(2008). 아동상담. 공동체.
한국교육개발원(1986). 아동용 개인 지능검사(KEDI-WISC)개발 연구. 연구 보고, 86-24. 한국교육개발원.

한국교육개발원(1987). KEDI-WISC 검사요강. 민족문화문고 간행회.

한국미술치료학회 편(1994). 미술치료의 이론과 실제. 동아문화사.

한국미술치료학회(1997). 미술치료의 이론과 실제. 한국미술치료학회. 동아문화사.

한국상담심리학회 동계학술연수(2004). 대상관계적 접근과 상담실제. 한국심리치료연구소.

한국아동검사연구회(1996). 한국웩슬러 유아지능검사 워크샵 교재(중급). 도서출판 특수 교육.

한국아동검사연구회(1996). 한국웩슬러 유아지능검사 워크샵 교재(초급). 도서출판 특수 교육.

한국어린이문학교육학회 독서치료 연구회(2002). 독서치료. 학지사.

한국언어병리학회(1994). 언어장애의 이해와 치료: 말더듬 치료. 군자출판사.

한국언어병리학회(1994). 언어장애의 이해와 치료: 아동의 조음장애 치료. 군자출판사.

한국언어병리학회(1996). 언어장애 아동의 가정지도. 한국언어병리학회.

한국인간발달학회 편저(1996). 유아의 심리. 중앙적성출판사.

한승호·한성열 역(1998). 칼 로저스의 카운슬링의 이론과 실제. 학지사.

한국정보화진흥원(2018). 스마트폰 과의존 유아동 관찰자 척도. http://www.iapc.or.kr

현윤이(1992). 정신병 환자에 대한 시 치료 활용에 관한 연구. 원광복지, 1, 45-83. 원광대학교 사회복지학과 인문과학연구소.

홍경자 역, Glasser(1993). 현실요법. 중앙적성출판사.

황의경(1994). 언어장애아 임상지도: 언어장애 이해와 교정의 실제. 홍익재.

히라이 노요부시(2004). 착한 아이보다 인정받는 아이로 키우자. 명진출판사.

America Psychiatric Association(1994). *Diagnostic and Statistical Manual of Mental Disorder*(4th ed.). Washington, D. C.

Anastasi, A.(1982). *Psychological testing*. New York, Macmillan.

Anderson, C. M. & MacCurdy, M. M.(2000). *Writing and hearing: Taward an informed practice*. Urbaca, IL: National Council of Teachers of English. [ED436788]

Baker, S.(1996). Recollections of the boom are in school counseling. *The School Counselor, 43*, 163-164

Bandura, A.(1991) Psychotherapy based on modeling principles. In A. W. Bergen & S. L. Garfield(Eds.), *Handbook of Psychotherapy and Behavior*. Change, New York: Wiley.

Barker, R. L.(1995). *The social work dictionary*. Silver Springs, MD: NASW

Beck, A. T.(1976). *Cognitive therapy and the emotional disorders*. New York: International Universities Press.

Beck, A. T., & Freeman, A.(1990). *Cogntive Therapy of Personality Disorders*. New York: The Guliford Press.

Blau, B., & Reicher, D.(1995). Early intervention with children at risk for attachment discorders. In Levy, F. J., Fried, J. P., & Leventhal, F.(Eds.), *Dance and other expressive art therapies: When words ard not enough*(1995). NY: Routledge.

Bornstein, R. A.(1983). *Verbal IQ-performance IQ discrepancies on the WAIS-R in patients with unilateral or bilateral cerebral dysfunction*. J Cons Clin Psychol 51.

Breg, I. K., & Miller, S. D.(1992). *Working with the problem drinker: A solution-focused approach*. New York: Norton.

Breg, I. K., & Miller, S. D.(2001). 해결중심 단기가족치료.(가족치료연구모임역. 원제: *Working with the problem drinker: A solution-focused appreoach*). 하나의학사.

Burnett, J.(1997). *Opening the world to children: Using books to develop problem-solving strategies*. Portland, OR: Annual International Conference of the Association for Childhood Education. [ED414565]

Campvell, S.(1990). *Behavior priblems in preschool children*. New York: Grilford.

Carmichael, K. D.(1993). play Therapy for Children with Disabilities. *Issue in Comprehensive pediatric Nursing*, 16(3), 165–173.

Carmier, W. H., & Comier L. S.(1991). *Interviewing Strategies for Helper: Fundamental Skill and Cognitive Behavioral Intervention*(3rd ed.). Pacific Glove., CA: Brooks/Cole.

Charles E. S.(1998). 놀이치료핸드북. 상조사.

Charles, L. Thompson, Donna, A. Henderson(2008). *Counseling Child*(7th ed.). 아동상담(김택호 · 박제일 · 송재홍 · 안이환 · 양제혁 · 윤호열 · 은혁기 · 이동훈 · 이상민 · 이승희 · 이영순 · 이희백 · 천성문 · 최명식 · 허재홍 역). 시그마프레스(원전 2006년).

Chodorow, J.(1991). *Dance therapy and depth psychology: The moning imagination*. NY: Routledge.

Clark, A.(1991). The identification and modification of defense mechanism in counseling. *Journal of Counseling and Development, 69*, 231–236.

Coata, L., & Holliday, D.(1994). Helping Children cope with the Death of Parents. *Elementary school Guidance and Counselling*, 28, 206–213.

Corey, G.(1991). *Theory and practice of counseling and psychotheraphy*(4th ed). Belmont.

Cronbach, L. J.(1960). *Essentials of psychological testing*. New York, Harper & Row

Davis, W. B.,Geller, K. B., & Thaunt, M. H.(1999). *An Introduction to Music Therapyl Theory and Practice*. McGraww–Hill Companies.

Ellis, A.(1962). *Reason and emotion in psychotherapy*. New York: Lyle Stuart.

Engels, G. I., Garnefski, N., & Diekstra, R. F.(1993). Efficacy of Rational Emotive Therapy: A quantitative analysis. *Journal of Consulting and Clinical Psychology*, 61, 1083–1090.

Erfer, T.(1995). Treatuing children with autism in a public school system. In Levy, J., Fried, J. P., & Lenenthal, F.(Eds.), *Dance and other expressive art therapies:When words ard not enough*(1995). NY: Routledge.

Eric, J. Mash, & David, A. Wolfe(1999). *Abnormal Child Psychology*. Thompson Learning.

Eric, J. Mash, & Russell, A. Barkley(1998). *Child Psychopathology*. Guilford Press.

Fine, M.(1991). *The Handicapped Child and the Family: Implications for Professional*.(Ed.). Collboration with parents of Exceptional Children 3–24. Brandon, VT: Clinical Psychology.

Forehand, R., & Wierson, M.(1993). The Role of Developmental Factor in Planning Behavioral Intervention for Children. *Behavioral Therapy*, 24(1), 117–141.

Geldard, K., & Geldard, D.(2002). *Counselling Children: A Practical Introduction*. SAGE Publication Ltd, 2ed Editon.

Gladding, S. T, & Gladding, C.(1991). *The ABCs of bibliotherapy for school counselors*.

Glasser, W.(1965). *Reality therapy: A new approach to psychiatry*. New York: Harper & Row.

Glasser, W.(1976). *Positive addiction*. New York: Harper & Row.

Glasser, W.(1981). *Stations of the mind: New directions for reality therapy*. New York: Harper & Row.

Glasser, W.(1998). *Choice theory*. New York: Harper Collins.

Glen, O. Gabbard(1994). *Psychodynamic Psychiatry in Clinical Practice*. American Psychiatric Press, Inc.

Goldstein, G., & Hersen, M.(1990). *Handbook of Psychological assessment*. New York, Pergamon Press.

Goodenough, Florence(1926). *Measurement of intelligence by drawings*. New York, World Book.

Gosette, R. L., & O'Brien, R. M.(1993). Efficacy of Rational Emotive Therapy with Children. *Journal of Behavior Therapy & Experimental Psychiatry*, 24, 15–25.

Griffiths, M.(1999). Internet Addiction. *The Psychologist*, 12(5), 246–250.

Gurman, A. S.(1979). Dimensions of marital therapy: A comparative analysis. *Journal of Marital and Family Therapy*, 5(1), 5–18.

Hebert, T. P., & Kent, R.(2000). Nurturing social and emotional development in gifted teenagers through young adult literature. *Roeper Review*, 22(3), 167–171.

Hill, C. E., & O'Brien, K. M.(1999). Helping Skills: Facilitating Exploration, Insight, and Action. publication of the American Psychological Association in the United States of America. 주은선 역(2001). 상담의 기술. 학지사.

Keat, D. B.(1990). *Child Multimodal Therapy*. Norwood, N. J: ABLEX.

Kevin, J. O'Connor(1991). *The Play Therapy Primer. An Integration of Theories and Techniques*. John Wiley & Sons Inc.

Klein, A.(1992). Storybook humor and early development. *Childhood Education*, summer, 213–217.

Knell, S. M.(1993). *Cognitive-behavioral play therapy*. New Jersey: Jonson Aronson Ind.

Kottman, Terry(2006). 놀이치료 사례집. 학지사.

Landreth, G. L.(1991). *Play therapy: the art of the relationship*. Nuncie, IA: Accelerated Development.

Landreth, G., Homeyer, L. E., Glover, G., & Sweeney, D. S.(1996). *Play Therapy Intervention with Children's Problems*. Northvale: Jason Aronson Inc.

Landreth, Garry, L.(2006). 놀이치료 아동 중심적 접근. 상조사.

Levy, F. J., Fried, J. P., & Leventhal, F.(1995). *Dance and other expressive art therapies: When words ard not enough*. NY: Routledge.

Malchiodi, Cathy, A.(2001). (미술치료사를 위한) 아동미술심리 이해. 학지사.

Maranto, C. D.(1993). *Music Therapy: International Perspectives*. Pennsylvania: Jeffrey Books.

Marlowe, M., & Maycock, G.(2000). Phenomenology of bibliotherapy in modifying teacher punitiveness. *Journal of Genetic Psychology*, 161(1), 325–336.

Marry, R. Hawarth(1990). *A Child's Therapy; Hour by hour*. International Universities Press. Inc.

Meichenbaum, D.(1993). Changing Conceptions of Cognitive Behavior Modification: Retrospective and Prospective. *Journal of Consulting and Clinical Psychology*, 61(2), 202–214.

Morawski, C. M., & Gilbert, J. N.(2000). Developmental interactive bibliotherapy. *College Teaching*, 48(3), 108–114.

Myers, J. E.(1998). Bibliotherapy and DCT: Co–constructing the therapeuticme taphor. *Journal of Counseling and Development*, 76(3), 243–250.

Nancy, B. W.(1991). *Play Therapy with Children in Crisis*. A Casebook for Practitioners. Guilford press: New York.

O'Connor, K.(1991). *The play therapy prinmer*. New York: Wiley.

O'Connor, K., & Ammen, S.(1997). *Play therapy treatment planning and interveations*. the ecosystemic model. San Diego: Academic Press.

O'Connor, Kevin J.(2001). 놀이치료입문. 시그마프레스.

O'Connor, Kevin J.(2006). 놀이치료 : 이론과 실제. 시그마프레스.

Okun, B. F.(1990). *Seeking connections in psychology*. San Francisco, CA: Jossey–Bass Inc.

Palmer, B. C., Biller, D. L., Rancourt, R. E., & Teets, K. A.(1997). Interactive bibliotherapy: An effective method for healing and empowering emotionally-abused women. *Journal of Poetry Therapy*, 11(1), 3-15.

Pardeck, J. T.(1993). Literature and adoptive children with disabilities. *Early Child Development and Care, 91*, 33-39.

Pardeck, J. T.(1994). Using literature to help adolescents cope with problems. *Adolescence, 29*(114), 421-427.

Pehrsson, D., & McMillen, P.(2001). *Biblio-Therapeutic analysis tool*. Oregon State University Counseling Dept. unpublished manual.

Phillip, C. Kendal(1999). *Children & Adolescent Therapy. Cognitive-Behavioral Procedures*. Guilford Press, New York.

Powers, W.(1973). *Behavior: The control of Perception*. New York: Aldine Press.

Rapaport D., Gill M. M., & Schafer R.(1968). *Diagnostic psychological testing*, New York International University Press.

Safran, Diane Stein(2007). 미술치료와 AD/HD. 학지사.

Sandra, J. K., & David, P.(1994). Children and Adolescent. *Psychiatric Clinic of North America*, 4. 831-845.

Sattler, J. M.(1992). *Assessment of children*. San Dieg: Jerome M. Satter.

Schaefer, C. E.(1993). Therapeutic powers of play. Northvale: Jason Aronson Inc. School counselor, 39(1), 7-13.

Silverman, W. K., & Ollendick, T. H.(2001). *Developmental Issues in the Clinical Treatment of Children*. Allyn & Baon, A Viacan Company.

Sridhar, D., & Vaughn, S.(2000). Bibliotherapy for all. *Teaching Exceptional Children*, 33(2), 74-82.

Talbott, J. A., Hales, R. E., & Yudofsky, S. C.(1988). *The American Psychiatric Press Text book of psychiatry*, Washington. DC., AP Press, Inc.

Thaut, M. H.(1990). Physiological and motor responses to music stimuli. In Unkefer, R. F.(Ed.), *Music therapy in the treatment of adults with mental disorders*(33-49). New York: Schirmer.

Thompson, C. L., & Brown, D. T.(1999). *Counselling and Psychotherapy with Children and Adolescent*. John Wiley & Sons Inc.

Thompson, C. L., & Rudolph, L. B.(1991). *Counselling Children*(2nd ed). John Wiley & Sons Inc. 아동상담의 이론과 실제(천성문 · 송재홍 · 윤치연 외 번역). 시그마프레스.

Tompson, C. L., & Rudolph, L. B.(1999). *Counseling children*. Wadsworth Publishing.

Unlefer, R. F.(ed)(1990). *Music therapy in the treatment of adults with mental disordes*. NY: Schrimer.

Walrond-Skinner, S.(1978). Indications and Contra-indications for the use of family therapy. *Journal of Child Psychology and Psychiatry*, 19, 57-62.

Waters, V.(1998). *Irrational beliefs of children, adolescents, and parents*. personal communication.

Wenar, C.(1994). *Developmental Psychopathology: From Infant through Adolescence*. New York: MacGraw Hill, Inc.

Wubolding, R. E.(1988). *Using reality therapy*. New York: Harper & Row.

Wubolding, R. E.(2000). *Reality therapy training manual*(11th revision).

Wubolding, R. E.(2001). *Reality therapy for the 21st century*. 21세기와 현실요법(박애선 역). 서울: 시그마프레스(원전 1991년)

Yauman, B. E.(1991). School Based Group Counselling for Children of Divorce: A review of the literature. *Elementary School Guidance and Counselling, 26*, 130-138.

Ziegler, R. G.(1992). *Homemade books to help kids cope*. New York: Magination Press.

http://blog.daum.net/grace0802

http://blog.daum.net/nojaehee

http://cafe.daum.net/bsj58

http://cafe.daum.net/jeju-ed

http://cafe.daum.net/mmwwoo

http://cafe.daum.net/object-relation

http://cafe.daum.net/slibwater

http://cafe.daum.net/spheral

http://cafe.daum.net/ucandoicando

http://home.ewha.ac.kr/~cate

http://www.ewhamtclinic.com

http://www.gulnara.net

http://www.kamt.com

http://www.kimtherapy.com/practice

http://www.sangdam.kr/encyclopedia/cc/technic/technic14.html

저자소개

오승아

성균관대학교 아동학 박사(전공: 아동임상)

경동대학교 유아교육과 부교수

을지대학교 유아교육과 교수 역임

잔트만 아동청소년상담센터 원장 역임

〈저서〉 아동기 장애와 아동건강교육(2017)
유아언어지도(2016, 공저)특수유아의 이해(2015)
언어치료전문가과정(2004)
아동과 가족의 스트레스 대처 및 복원력(2003) 외

황성원

프랑스 국립 루앙(Rouen)대학교 교육학 박사(전공: 아동교육)

건양대학교 아동보육학과 교수

〈저서〉 프레네 교육학-표현, 소통, 협력의 교육(2016)
루소, 교육을 말하다(2016, 공저)예비교사를 위한 교육사회(2017, 공저)
어린이집에서의 보육실습지도, 양성교육기관에서의 보육실습지도(2013, 공저) 외

김경희

서울여자대학교 아동학 박사(전공: 아동심리)

대덕대학교 복지학부 아동특수보육전공 전임교수 역임

숲아띠어린이집 원장

〈저서〉 아동복지론(2008, 공저)
현대사회와 아동 : 심리학적 이해(2007, 공저) 외

조현주

성균관대학교 교육학 박사(전공: 상담심리)

전)용문상담심리대학원대학교 상담교수

현)파이심리상담센터 센터장

〈저서〉 교사와 학생의 인성을 위한 교육심리(2013, 공저)
학습이론의 이해와 적용(2013, 공저)학교상담사례연구(2013, 공저)
행동수정의 이론과 실제(2012, 공저)인지치료기법(2010, 공역)
인지치료기법 2판(2019, 공역)

권정임

이화여자대학교 소비자인간발달학 박사수료(전공: 발달심리)

대전대학교 이학박사(전공: 심리치료)

유원대학교 교양융합학부 교수

〈저서〉 인간관계를 이끄는 힘(2015, 공저)
매력이 넘치는 매너 PLUS(2011, 공저)
지혜로운 결혼, 현명한 부모(2011) 외

제3판

아동심리와 상담

초 판 1쇄 발행 2010년 1월 20일
초 판 5쇄 발행 2015년 1월 15일
개 정 1쇄 발행 2018년 8월 24일
제3판 2쇄 발행 2023년 7월 14일

지 은 이 | 오승아 · 황성원 · 김경희 · 조현주 · 권정임
펴 낸 이 | 김기섭
편 집 인 | 이현남
펴 낸 곳 | 창지사 www.changjisa.com
08589 서울시 금천구 가산디지털 1로 83 파트너스타워 1차 9층
전화 (02)719-2211~3
팩스 (02)701-9386
등 록 | 1977년 4월 28일 · 제1-421호

ISBN 978-89-426-1452-3 (93370)

값 21,000원